四川师范大学伦理学研究所高端平台建设项目经费资助

四 川 师 范 大 学 哲 学 学 院 | **承办**

哲学探索

总第4辑

唐代兴 主编

中国社会科学出版社

图书在版编目（CIP）数据

哲学探索. 2022年. 第1辑：总第4辑 / 唐代兴主编. —北京：中国社会科学出版社，2022.4

ISBN 978-7-5203-9804-6

Ⅰ.①哲… Ⅱ.①唐… Ⅲ.①哲学-文集 Ⅳ.①B-53

中国版本图书馆CIP数据核字（2022）第034174号

出 版 人 赵剑英
责任编辑 刘亚楠
责任校对 杨 林
责任印制 张雪娇

出 版 中国社会科学出版社
社 址 北京鼓楼西大街甲158号
邮 编 100720
网 址 http://www.csspw.cn
发 行 部 010-84083685
门 市 部 010-84029450
经 销 新华书店及其他书店

印刷装订 北京君升印刷有限公司
版 次 2022年4月第1版
印 次 2022年4月第1次印刷

开 本 787×1092 1/16
印 张 20.25
插 页 2
字 数 384千字
定 价 128.00元

目录

传统与当代

批评与对话

巴蜀哲人

卷首语

一

哲学研究与哲学，在方向、动机、目标、范围、方法等方面实各具个性。就整体而言，哲学始终是当世的，它必专注未有，挚诚于未来的召唤，以返本开新之姿行进于当世的泥泞之途，探究何以存在的形上之知和怎样解救的生存之法。与此不同，哲学研究从来是历史的，它必专注已有，执着于历史和传统，挖掘和诠释，使之复活或再生。

严格地讲，哲学研究属学问范畴。学问可抉发思想，解释思想，却不以创造思想为己任。好的或者高位格的哲学研究，可游弋于学问与思想之间。并且，哲学研究可成就哲学史家或哲学学家，但难以成就哲学家。如要成己为哲学家，须突破“学问与思想之间”的游弋范式，走向当世的存在之问。《在学术与思想之间披肝沥胆弘儒学》或给出这方面的很好诠释。

二

哲学的优良传统是追求确定性，特别关注动机和目的，或手段与结果，由是铺开唯心和唯物相消长的历史。但现代主义遭遇后现代解构的进程，激活潜沉于中西哲学传统中的过程思想。《中国哲学与过程思想》提出“东西方对过程思想的适切应用甚至可视为全人类的当务之急”，因为西方过程思想在中国，中国过程思想在西方，当代文明的交流与互鉴，必进入思想的交流与互鉴，思想的交流与互鉴必要哲学开道。《基于过程哲学的生态伦理：辩护与抵抗》认为，过程哲学既构成“质疑科学唯物主义的基础”，又能为消解“管理主义”重建人与地球共生“提供实现这一转变所需的生态伦理学形式”。

过程思想实是“变中不变”和“不变中变”思想，它本是中西哲学的源头传统。怀特海返本开新这一源头传统创建过程哲学。基于这一视角，《过程、进步和过度：怀特海与社会和平》指出，怀氏过程哲学强调存在的整体性，整体存在敞开过程，过程孕育生长，生长推动进步，进步重建社会，创造和平。和平构成人类存在的目的，也是自然的目的。《从体验哲学到体认哲学》和《对现代实体语言学的哲学反思》运用过程哲学方法进行体认哲学和有机语言哲学的探索，或为创建当世哲学拓展视野。《整体论与怀特海教育学的形而上学基础》运用过程哲学研究教育，指出“在文明的文化危机时期和不确定时期，教育是济世的良药”。教育要成为“济世良药”，需要哲学的牵引和激励。什么样的哲学可肩负起使教育成为“济世良药”的使命呢？《生境存在：现代社会终结的未来可能性——生态理性哲学基本概念诠释（3）》予以正面回应：“开启存在拯救的当世哲学。”或可是生态理性哲学，它的基本主题是重建生境存在。生境存在既是场态存在，也是关联存在；生境存在的敞开是限度生存。限度生存的通俗表达是“‘兔子不吃窝边草’和‘我的自由止于你的鼻尖’，前者构成人类对自然、环境的边界法则；后者成为人类建构制度社会的边界法则”。

三

哲学的存在之问敞开三个基本维度，即形而上学、知识论和伦理学，此三者生成转换鼎新的逻辑是：通过知识论的检讨和建构，道德批判和伦理学解释成为形而上学达于实践之域引导人和社会共生存在的方法论，又同时经由知识论检讨与建构回归形而上学，为形而上学提供开新的源泉。因为形而上学的存在之问，直接源于当世存在的困境和危机，并总是以层累的方式解构伦理存在和道德生活，如何解决人类伦理品质和道德生活能力弱化的状况，人工智能技术提出了解决方案，《程序性道德增强》描述了这一方案：一方面，人工智能能够开发一种在智力、经验能力、对修正保持开放、共情理解以及对偏见的避免等方面均优越人类能力的增强道德的程序性技术。另一方面，以基因工程和人工智能为两翼形态的新技术，不断衍生出最紧迫的技术伦理问题。《人类基因工程伦理辩论中的滑坡论证》指出，“允许使用影响到后代的基因治疗将必然导致优生学，导致人们想要通过使用基因技术来创造出超级人类。由此该论证主张，我们绝不允许迈出第一步，将此类基因技术运用在人身上”。如果说基因工程引发伦理溃退和道德解构，还让人们对未来心存侥幸，而《“人工情感”研究的进路分析》表现出对人工智能技术的乐观，或许没有想到人的生物情感密码被破译的后果，人的最后心灵防线也将面临溃散，人被机器奴役的可能性会不断增大。人工智能技术无阻碍地开发，正不声不响地重构着社会的结构、秩序和管理机制，形成技术专家制，《智能技术视域下的技术专家制批判》从政治、经济、伦理三个维度展开批判，没想到技术专家制的实质是技术权力专制，其所引发出来的根本问题是制度和法律应如何应对？

人口、资源、环境、新技术、疫灾以及由此形成的后经济 - 政治陷阱，将人类和平问题推到生存 - 发展的风尖浪口，人如何“生活在一起”的古老问题演变为国家与国家如何可能“在一起”的问题。谋求解决这一问题所需建构的基本框架中，法，是不可或缺的要素。《〈万民法〉中的战争与和平：康德，罗尔斯与武力的使用》的价值和意义就此呈现出来。当世人类自我解救不仅需要“万民法”，更需要共同价值诉求的责任伦理，《约纳斯的责任原理探析》响应这一主题，探求以“责任命令”为核心理念的责任伦理，或可为当代人类如何走出后世界风险，提供一种伦理准则。

四

哲学向前开新，必先返本。返本探讨可着眼于具体。《王船山立制公正论的三层逻辑》重在阐释王船山制度实施如何可以通过“立纲修制、制度修明、制度简公”而达于公正。《庄子“物”论析解》解析庄子之“物”论来透视人、物、道之存在关系，以呈现“我”的本原位态，或可为消隐的当世之人和失落之“我”，提供一自立存在的“观世情怀”和方式。《孔子伦理思想学说大纲》从孔子对人、小人、民的分类定义入手，呈现仁、礼、乐三者的逻辑关系和认知框架，抉发孔子如何以中正之道贯通仁德和公道，形成以中庸为准则，以孝、弟、忠、恕为行为规范的德性—德行体系，或为解答孔子如何创造影响人类进程的“思想范式”，打开一扇窗户。

对传统的返本开新，更需要整体视野。《如何构建世界——科学与宗教的核心冲突》揭示科学与宗教的冲突，源于近代自然主义将意志的自然改造成理性的自然和“对人性的不同认识”，由此使“科学取得了规定世界和人性的权力”，宗教不得不“将自己限制在道德和个人幸福的领域，远离公共世界，在科学主导的世界的角落寻找栖身之所，这个角落正是科学意识形态对人性的扁平化理解所带来的困境”。《从中西哲学看教育之魂》将教育置于中西哲学大框架中比较，指出“信任，希望，爱”是人类教育的内在要求。《从“信仰的竞赛”到“道德的竞赛”》呈现信仰的竞赛诉求“信仰上的专一和热诚”，道德的竞赛诉求“行为和接纳异己”，“宗教宽容就是道德竞赛取代信仰竞赛的一种后果”。

《为生态文明寻求哲学基础：中西思辨形上学》和《中西传统文化当代复兴的哲学方法论刍议》在更宏阔的视域中开新探究：前者反思全球生态危机，予以中西思辨的形上学考量重建生态文明何以可能；后者审查中西文化的思维方式、认知个性、知识构成等方面的独特性，指出“中国传统文化与西方传统文化要真正迈向当代，走向真理必须转向思维现象学的新现代主义实践哲学的方法论”，这种发散性探讨或可为哲学的存在之问提供另一面参照。

在学术与思想之间　披肝沥胆弘儒学

——当代哲学名家郭齐勇先生推介

王　锟

一　学术简历

郭齐勇先生1947年生于中国湖北省，今年75岁。他1981年毕业于武汉大学哲学系本科，1984年武汉大学哲学系硕士毕业，师从萧萐父、唐明邦、李德永教授，并留校在哲学系任教。1989年晋升为副教授。1987年至1990年在职攻读博士学位，师从萧萐父先生，1992年获武汉大学哲学博士学位。1993年晋升为教授。郭先生一直在武大哲学学院与国学院当教授、博士生导师，曾兼任人文学院院长、哲学学院院长、国学院院长、校学术委员会及学位评定委员会委员兼人文学部召集人等。社会兼职主要有：国务院学位委员会哲学学科评议组成员（2003—2015）、教育部高校哲学教指委副主任（2001—2013）、国际中国哲学会（ISCP）会长（2005—2007）和副执行长（2007—2016）、中国哲学史学会副会长（第五届至第八届，1999—2018）、中华孔子学会副会长（2005—2018）、国际儒学联合会（ICA）理事暨学术委员（2004—2018）与顾问（2018—　）、湖北省文史研究馆馆员（2013—　）等。曾被邀请为美国哈佛大学、日本关西大学、台湾大学访问学者，德国特里尔大学和台湾政治大学客座教授，香港中文大学新亚儒学讲座教授。

从1993年起，享受国务院政府特殊津贴；1997年被评为湖北省有突出贡献的中青年专家，获国家级教学名师奖（2006）、宝钢优秀教师特等奖（2011）、山东省人民政府与文化部主办的第八届世界儒学大会颁发的“世界儒学研究杰出人物奖”（2017）。

二　主要学术成果

郭齐勇先生的主要著作有:《中国哲学史》《中国儒学之精神》《现当代新儒学思潮研究》《中国哲学智慧的探索》《中华人文精神的重建》《儒学与现代化的新探讨》《熊十力思想研究》《熊十力传论》《郭齐勇自选集》《文化学概论》《守先待后：文化与人生随笔》《儒学新论》《中国文化精神的特质》《中国人的智慧》《中国思想的创造性转化》《中国哲学史十讲》《郭齐勇新儒学论文精选集》（以上为独著),《诸子学通论》《梁漱溟哲学思想》《钱穆评传》《传统氤氲与现代转型》（以上为合著）等，与冯达文共同主编《新编中国哲学史》，主编《熊十力集》《中国古典哲学名著选读》《当代中国哲学研究》《中国哲学史经典精读》《儒家文化研究》辑刊等，主编的大型十卷本《中国哲学通史》（学术版）即将问世。其中,《中国儒学之精神》《儒学与现代化的新探讨》《现当代新儒学思潮研究》三书，获岳麓书院、凤凰国学网主办的国学大典“国学成果奖”。

三　重要学术思想

学术思想在某种意义上是学人对一些复杂难解且重要的问题意识进行反思、对谈和讨论的产物。在一定的时代，复杂难解的问题意识是一般的、普遍的，但对之反应者则因人、因时、因地而是具体的、有特色的，这就形成不同的学术思想个性。郭先生从他的视角出发，回应时代问题，形成了自己的学术思想。

1. 在中国传统文化现代化争论中研究、绍述现代新儒学思潮

20 世纪 80 年代中期至 90 年代，学界掀起中国传统文化现代化争论，郭先生积极参与此热潮。从 1985 年至 1990 年，他评析当年诸名家的文化观，尤其对“儒学复兴”“西体中用”“彻底重建”诸说的文化观予以评论，阐发了萧萐父先生的“明清之际早期启蒙说”，又从人类学与文化哲学的不同维度对“传统”做出疏导，并对传统与现代的关系、传统文化的诠释与评价问题作了细致的分析。经过这次文化争论，先生的学术思想发生了大转折，开始自觉正视和开掘传统文化尤其是儒学资源，形成了其学术思想品格。先生对儒学资源的开掘，是从现代新儒学大家熊十力开始的。以 1990 年完成的博士论文《熊十力研究》为起点，陆续生成《熊十力思想研究》《熊十力传论》，主编《熊十力全集》。之后，先生还持续开掘现代新儒学这座学术思想富矿，深入研讨了现代新儒家“三代四群”十多位大哲学家的本体论、方法论、文化观，以现代性与传统之关系为中心，检

讨“五四”新文化运动，主张正确反思传统与现代、东方与西方的关系，通过理性批判传统的负面因素来创造性地转化传统，承继传统文化的资源，开发传统文化具有现代价值的精神观念。同时，他还深入挖掘熊十力、冯友兰、冯契等人哲学思想的内在张力和困局，讨论了他们对传统儒释道诸家及易学传统之重建的得失，探索中国哲学在当代重建的方向、重心和路径。这些深入研究最后结集为《现当代新儒学思潮研究》。上述成果，使先生成为熊十力及现代新儒家研究当之无愧的代表，在学界卓然成家。

2. 在中西文化比较和争论中廓清中国哲学的基本精神

1990年代以来，新一波中西文化比较和争论兴起，相对于西方哲学，中国哲学的主体性问题、中国哲学的特质成为学界研究的焦点。先生从世界主义与中国本位主义视域融合出发，主张努力确立中华民族哲学传统、哲学智慧与哲学思维的自主性或主体性，发掘中国哲学的独特价值；主张在与西方哲学的比照、对话中，超越西方哲学框架、范畴的束缚，实现中国哲学学科的自主发展，构建中国哲学学科的主体性。通过对中国哲学的“道”“气”“阴阳”“五行”等“基元概念”及儒释道诸家哲学理路的分析，从根源上揭示中国哲学的要义与特征。先生认为，中国哲学不同于西方的实体主义；其宇宙论是生成论，主流是生机主义，将世界视为连续性的创进不息的过程；注重天地人物我之间、身心之间的相互感通、整体和谐、动态圆融，在天人性命、形上形下、价值理想和现实人生之间的统一；重视存在的体验、生命的意义、人生的价值，具有很强的实践性；认为中国哲学、传统形上学的基本特征可概括为三个方面：一是创化日新、生生不已；二是相依相待、整体和谐；三是事实与价值的联系、语言与超语言的贯通。这些原创性的智慧是全人类极宝贵的思想传统和资源。他还诠释中国哲学的最高神圣性源头——“天”的意义及天人之间、人与自然之间、人与社会或他人之间、个体人的身与心之间的辩证智慧及其当代价值与意义。

值得一说的是，先生在继承前辈和自己精神研究的基础上，创造性地把中国传统文化与哲学的精神特质概括为以下七点：自然生机、普遍和谐、创造精神、秩序建构、德性修养、具体理性、知行合一。这也就是：存有连续与生机自然、整体和谐与天人合一、自强不息与创造革新、德性修养与内在超越、秩序建构与正义诉求、具体理性与象数思维、知行合一与简易精神。这些概括很有学理依据和说服力，被学界广为认可。

3. 在国学热的喧嚣声中冷静地为传统文化培养读书种子

进入21世纪，复兴传统文化的呼声和国学热有增无减。在“国学热”的喧嚣中，先生适时组建武大国学实验班。先生对国学实验班的培养，注重文字学的功夫，坚持延请文史哲名家对学生作中国古文字、音韵、训诂的训练和国学经典的研读，亲自开设“四书”、《礼记》等专题课程。先生在多种场合说过，建立国学实验班的初衷是想培养一点读书种子，一方面是做人要正派，有君子人格，有士操；另一方面是在学术上要有中国文化的基础知识，要扎扎实实地研读经典。他指出，办国学实验班还有两点原因：第一点要克服文史哲分家、分科，希望深度地打通文史哲，精专和博通互为基础。第二点是扭转文科学生的培养长期以来存在概念加通史、缺乏经典研读之不足，坚持以经典为主，通论、通史和原典相结合。因为文科学生的培养，不能没有经典的基础。读经典可启发学生的原创性思维。以国学实验班教学为契机，先生示范“经典重读”，对先秦各家经典的核心范畴、精神价值与运思风格等方面，对中国人的终极归属、政治观、伦理观、人生修养论的现代意义等作了新阐释。如他对原始儒家（孔、孟、荀）的正义论与道德心性论，郭店楚简与孟子心性论的关系，《礼记》中蕴含的社会公正思想资源，苏格拉底、墨家与儒家关于“孝”“爱”的同异，《老子》与《庄子》之“道”论及其同异，佛教的精神解脱与社会参与，马祖禅的哲学意蕴，朱熹与王夫之的心性情才论的比较等，尤其重视儒释道的心性修养论、人格境界论、生死观等在当代社会心理调节等方面的功能，重新肯定先秦到宋明的心性论这一富矿有益当代，值得发掘。他对学术前沿的课题，如儒家与自由主义的对话、公与私、公德与私德、儒学的宗教性与超越性、文明对话等论域发表了独到的见解，有拨乱反正的意义。值得指出的是，先生重点阐发了先秦儒家所蕴含的中国古代社会正义论的思想内涵与特色，指出“亲亲互隐”观念、亲属容隐制度在古代与现代的意义，唯有合乎人情、顺乎人心的法律规定才能真正保护并捍卫人民自身的权利。先生还特别关注儒家与专制王权之关系，肯定传统儒家型社会是“大社会”，认为其众多自治组织和广大的民间社会空间的传统是接植民主政治的基础。这些观点，与近年来政治哲学研究热互为表里，在学界有一定的反响。

4. 在市场经济的大潮中重建儒家伦理和宣扬中国传统文化活动

先生是具有实践性品格的学人。他常说，我们这一辈和我们的学生，要在坚持学术研究的同时，也要向社会去传达哲学智慧、国学智慧。“国学热”“传统文化热”，说明社会需要这些东西。先生时常到民间讲学，给社会大众讲中国文化的传统。先生与学界同人一道，试图在社会大众中重建中华人文精神，认为国学与中华人文精神所具有的“美政美俗”“化民成俗”的意义仍值得珍视。在宣讲过程中，他重点阐发了儒释道智慧与当代人心理调节的关系。在前贤的基础上，先生提出在现代社会重建“六伦”，即在创造转化传统“五伦”的基础上，重建新型的父子、夫妇、兄弟、朋友之道，把君臣关系改造成上下级关系，重建同事关系一伦，包括上下级关系，涵盖职业伦理。再增加群己关系一伦，以适应现代社会的需要，涵盖人与他者、人与不同人群、人与天地万物的关系。这就是新六伦：父子、夫妇、兄弟、朋友、同事、群己。相应地，扬弃三纲，重释五常，把仁义礼智信的内涵作与时俱进的改造。围绕着中国传统文化精神的再生与重建，他对现实社会和人生问题进行反思，发表多篇学术随笔，结集成《守先待后：文化与人生随笔》等书。先生在大学和民间普及推广儒家文化的演讲，结集为《中国儒学之精神》等书，深入浅出、娓娓道来，可读性强，流传影响广远。

总之，郭先生随时代脉搏而动，以人文精神探求和文化主体意识为旨归，在中国传统思想、马克思主义和西方哲学思潮的“三角张力”中，在学术与思想、书斋与社会、知与行之间披肝沥胆弘儒学，形成了自己的学术思想，并在学术思想史的长廊中留下了自己的脚步，必将启发后来者的思考、对话。

四　治学感悟

在教书育人、学术研究与公共服务工作中，先生有如下感悟、心得与体会：

> 老师们对我恩重如山，学术界与我校前辈们对我的关照、提携、扶掖，春风化雨，点点滴滴，我永远铭记心头，没齿难忘。我时刻保持敬畏之心、感恩之心、恻隐之心。我希望有志于国学与中国哲学研究的青年人甘坐冷板凳，潜心苦读、钻研中外经典，且要有一定的阅读量，全面、准确理解第一手资料和学术前史（海内外相关研究成果）。还是孟子讲得好：掘井及泉，以意逆志，深造自得。这既是态度，又是方法，更是工夫。我们需要以健康的心态体认传统社会、哲人及其智慧，在当代予以创造性转化与重建。儒学是生命的学问。作为儒者，我力求做到学问与生活一致，做人与做学问一致，洁身自好，公道正直，敬老尊贤，提携后进。我将尽心尽力推动国学（中华传统文化）的研究与普及工作，与学子们共同切磋古代经典，努力培养读书种子，教学相长，其乐无穷。

五　重要著作介绍

《熊十力思想研究》，该书从熊十力哲学架构、主要范畴、命题等核心问题入手，对“境论”（本体—宇宙论）、“量论”（认识与修养方法论）、“佛学”（儒佛心性论）、经学（政治历史哲学）、易学观、道家思想及熊十力与冯友兰、金岳霖、贺麟、唐君毅、牟宗三、徐复观学术的关系等方面进行系统而深入讨论。从内容来看，该书前五章可视为内篇，后四章可视为外篇。

就内篇看，是以“境论”“量论”为内核阐述形上学。先生认为，熊十力哲学的中心范畴是“本心”“仁体”，范畴体系围绕“体与用”而展开。他的本体，不是僵死、机械、外在、无根的自然本体，不是君临于宇宙万象和人类生活之外之上、与人的活动脱节的、虚构的“精神本体”，而是现实、能动、刚健、有活力的人类生命本体。此体即本体即主体即现象即功能。“体用不二”模型将宇宙人生打成一片，合天地万物于一体，强调了人之生命与宇宙大生命的有机、动态的整合，进而认定生生不息、翕辟开阖的宇宙本原，即吾人之真性，即人之所以为人之真宰。该书特别指出，熊氏在对传统社会和现代社会的人的异化的双向批判和扬弃过程中，发皇中国文化和中国哲学的基本精神和价值，融会儒学、佛、西方思想，建构以“仁心”为本体，以“体用不二”“翕辟成变”“生生不息”和“冥悟证会”为宗纲，熔本体论、宇宙论、人生论、价值论、认识论、方法论于一炉的博大哲学体系。熊十力哲学具有自身的特质：重人文，尊生命；反空无，箴寂灭；主健动，阐变易；严思辨，倡体悟；一理欲，明道德；合天人，扬主体。熊氏形上学的路数，大体上是孟子—陆王的路数，同时综合了佛学的变化观、周易哲学的生生不已之论，把客体面的大化流行，基建于主体面的日新其德。他的哲学洋溢着勃勃生机。他虽然间接地受到柏格森、倭伊铿哲学的影响，却严厉批判西方生命哲学把本能、欲望、冲动等与形骸俱始的习气看成生命力的本质。熊氏挺立人的道德主体、强调自我本然的道德心性（良知）的自我觉醒和自家体贴的个人生命体验，将文化生命或精神生命实存地投射或推扩到天地万物中去。熊氏借助他学到的唯识学和因明学，以缜密的理性思辨，对实存的本体论化及其所导致的宇宙论观点作了系统论证。

就外篇看，是通过解释经学来阐发政治—历史哲学。该书认为，熊先生的政治哲学镶入历史之中，在历史中求根据，并以此转而批评历史，形成了他独特的“庶民史观”。他的政治思想是民主政治与社会主义的结合。他向往一种革命、民主、公平的社会主义。由于他的政治哲学、历史哲学不是以纯思想的形式表达出来的，而是一定要镶在历史中去讲，镶在思想史中去讲，便不能不引出若干纠葛甚至误读。在这一方面，他不是一位严谨的史学家，而是以微言大义阐明自己的政治理想和庶民史观的思想家。该书还进一步指出，熊氏在外王学上继承谭嗣同、章太炎的理路，结合自己亲身参加辛亥革命的实践体验，借助心学和佛学，彰显个性、能动性和自由，强调“依自不依他”，主张舍故趋新、不守故常，努力从传统思想资源里寻找“科学、民主、革命、社会主义”的根芽。

该书最重要的特色，不仅详细阐述熊十力诸思想的概念、范畴和理论脉络，而且在熊氏前后思想变化的历程中分析其内在紧张与困局，并对之进行“批导”，许多观点值得进一步深思。透过熊十力思想特质和困境，可以理解中国哲学与文化的特质和困境。总之，《熊十力思想研究》是一部很有深度的熊十力哲学研究专著。另外，该书文笔清新流畅，富含情感和价值关怀，读来使人动容，欲罢不能，这对一部哲学研究类著作尤其难能可贵！

【作者简介】王锟，浙江师范大学特聘教授，博士生导师，孔氏南宗与儒学研究所所长，《浙学研究》副主编，现为中华朱子学会理事，浙江省朱子学会副会长，主要致力于中国哲学研究，近年主持国家、省部级科研项目5项，出版《孔子与二十世纪中国思想》《朱学正传：北山四先生理学》《怀特海与中国哲学的第一次握手》等专著5部，在《哲学研究》《中国哲学史》《光明日报》等报刊发表学术论文70余篇。

中国哲学与过程思想 *

[美] 小约翰·柯布 文　张海燕 译

【内容摘要】 中国传统哲学更具有过程性。如能与西方过程哲学彼此接纳，必能互为增益。一、几世纪来，中国文化受到西方思想全方位的围攻与影响，一度几失文化自信，向传统的回归和更新日渐兴起。绿色革命、城市化、农业现代化等诸多例证说明，西式现代化不可持续。西方过程哲学既能涵摄科学与东方智慧传统，又无二元对立之虞，在西方诸多思想流派中最能为中国的复兴运动提供助力。二、东方智慧传统在西方同样享有很高威望，西方精英和很多前沿领域乐于向东方思维敞开。这有助于西方对背离哲学传统的过程思想转向接纳。三、东西方过程思想如能结合，则世界有望重新连接到其过程性实在。而遵循此径，人类目前面临的巨大挑战或有转机。

【关键词】 过程哲学；中国哲学；怀特海；西式现代化；欧洲中心主义

本文标题起得有些颠倒。中国哲学在很大程度上就是一种过程思维。实际上，标题的颠倒之处指的是中国古代过程思想和现代西方过程思想的差别。在某些方面，甚至可以说，中国古代过程思想的形式比西方现代的更具过程性。问题是，晚近的西方过程思想对中国古代过程思想是否有贡献，这个问题反过来也成立。

答案是肯定的。我相信在严格的哲学层面上，东西双方应能互相增益。我也很确定，现在和将来我都需要更详细地多方理解中国哲学才能善负文责。因此，我想东西方两种智慧传统的悉心比较才是本文的恰当议题，并觉自己乏善可陈，所以当时拒绝了本刊的约稿。

然而，现在中国和西方出现的另一层关系，却是我当仁不让要发表议论的。

---

* 本文译自美国《中国哲学杂志》2005 年第 2 期第 32 卷，第 163—170 页。

在社会学层面，甚至在历史层面上可以认为，两个传统似乎确可增进对彼此的接受。由于目前两种智慧传统在东西方都处于边缘化，因此它们能够相互支持的任何方式都应该受到双方参与者的欢迎。本文将着重探讨西方过程思想在中国有所贡献的潜在可能，仅就东方过程思想对西方的贡献作一小段论述。

一 西方过程思想在中国

几个世纪以来，不仅在军事、政治上，而且在文化上，近代中国都感受到了来自西方的“围攻”。西方的力量在科技方面最为明显。当时西方的总体智力发展比中国更具活力，而西方人传播其思想的野心更大。许多中国人自认社会系统腐朽落后，并积极寻求国家复兴。特别是由于科学技术进步为西方带来了明显优势，这其中西方思想体系以科学性赢得尤显重要的地位。而中国传统哲学未能促进中国类似的发展，导致其丧失了自信和威望。

在 20 世纪，中国这种思潮继续发酵，导致帝制被推翻和强烈的西化倾向。“文化大革命”把这种思潮的社会情绪释放得最为彻底，并带出了对传统极大的敌意，其直接冲击已经完结，但是对现代化的追求，在毛泽东的影响下已成众望所归。西化的进程，特别是在经济和教育系统一直在继续。从如今的呈现形式来看，其并非缘自中国传统哲学。因此，即使现在仍被容忍，甚至受到尊重，这种思潮也已完全过气，只能当作古董研究，而再也不能作为活生生的力量去影响个人和社会的关系、教育和政府政策。幸运的是，在中国很多人已经不再满足于以那样的方式远离传统，意义重大的传统更新运动已经开始。

在这种情形之下，我相信，西方的过程思想能起到一定作用。过程思想运动目前的形式和活动的主要缘起是阿尔弗雷德·诺斯·怀特海。他数学家、物理学家的出身，确保了西方过程思想和科学之间的内在联系。同时，与西方以科学为基础的主流哲学不同，过程哲学与中国古典思维方式有着显著的亲缘关系，它甚至可被视为这些东方思维方式的发展，使其能进入与科学的思想交流，乃至刺激科学的新发展。这样，怀特海思想让中国传统思想得以与科学同化，从而让中国古典思想在科技文化面前无可作为的观念得以终结。

如果当今中国特色的现代化进程没什么问题，那么过程思维担当的这种角色就没有什么实际意义。然而，实际情况更为模棱两可，没人能质疑中国现代化的巨大成就。中国在西方首先发展的许多领域，将很快超过西方。它建立了一个培养西方全谱系各学科专业人才的教育体系。中国的众多城市已经迅速变得比西方任何城市都更加“现代化”。中国人大可为在自设的各项超越西方的比赛中取得佳绩而感到骄傲。现在看起来不进则退的是西方。

另外，中国的现代化在弱化传统价值体系方面的成功也为自己挖了个巨坑。历史上教育的主要功能是传递价值观，而现在大部分教育自以为荣的，与中国学过来的西方学术各学科一样，是价值中立。但要命的是这样的体系最后剩下来的价值观将仅是掌握技术和经济繁荣。而仅靠这点价值观，一个国家不可能长久存续。

中国官方意识形态仍然是马克思主义，这能保证所有人，特别是劳动者和穷人继续受到关怀。作为对过去过度追求社会公正的矫枉过正，也由于对经济增长的强劲追求，官方意识形态对社会公正的关注已经略有消退。如今，这导致了中国社会的公正追求与经济快速增长追求两者之间关系紧张。

人们对现代化的这些局限性的普遍认识为过程思维打开了大门，无论对中国经典还是西方科学，过程思维现在都有可能促成不凡的发展。在现代西方，源自希腊和以色列的传统价值观日渐腐朽。回顾它们的存续历程，都某种程度上依赖着与科学无涉的文化源流。在此源流中我们才可言及两种文化——科学和人文——以及它们之间的紧张关系。处于这个源流中的哲学，其实也并不支持科学主义还原论，而是倾向于事实和价值的二元对立。

这不是能满足中国需要的文化模型。中国自己的传统文化弱化得太快、太激烈了，现在又不能把这种文化直接端过来作与科学文化配套的第二文化来补位。无论如何，如此深度的二元论与中国传统文化完全是风马牛不相及的。对于试图解决文化定力削弱问题的中国而言，引进这种在西方都已经过气的西式二元论解决方案是行不通的。

那么还有什么选择呢？从标准的现代科学思维中是无法发展出价值体系的，这种思维的机械论倾向就行不通。但是，一种修正后的科学哲学，把真正活生生的自然世界看作充满价值的，就有希望得多。如果整个自然世界都有价值观照，那么人类价值观的发展与自然科学所研究的自然就并无间断。这是近代西方过程哲学所提出的，而且过程哲学还充分探讨了其中内涵，以对其认真评价。

中国已有的经典价值体系能涵盖所有生命，格物致知如此出色，却与西方科学完全无关。中国现在需要的是一个既能涵盖所有生命，又能与西方科学打通的价值体系。这就需要修定西方科学的标准表达方式了。当然，这些修定还不得牺牲科学研究自身的完整一致性，或忽略任何科学发现。西方的过程思想已经开始了这一修定过程，并把这个过程同一个与中国古典哲学有许多共同之处的包容性愿景联系起来。这在中国可能起到的作用并非微不足道。

现代化的一个与此密切相关的局限性表现在生态领域。西方现代化长期忽视生态考虑，这在世界范围内造成了诸多令人无法容忍的后果问题。荒漠化和全球变暖只是其中两个急症。这些问题都很可能会变得更糟。也有一些生态问题在中国呈现出极端的形式。当然，现代主义者现在认识到了这些问题，并利用技术创新来应对。有时这些新方法非常成功，但它们往往也会产生新的问题。

绿色革命就是一个很好的例证。当世界本来正似乎难以养活迅速增长的人口之时，绿色革命通过现代技术在谷物生产上的创新应用，让农业产量得以大大提高。但是，这场技术革命也带来相当麻烦的社会后果。因为鼓励单一种植，以及生产依赖灌溉和化石燃料，现代农业技术也制造了诸多严峻的新问题。如今现代主义的应对是诉诸生物技术，这无疑能抵挡一阵，但这也将使未来农业满足人类需求难上加难。

无论如何，总的来说，减轻现代化对生态的破坏性后果的现代方法并不能遏制生态衰退覆水难收的总体趋势。在中国、在任何地方都是这样。现代方法的诸多局限在某种程度上对所有人都会显而易见。

那么西方过程思维能帮上忙吗？我认为可以。过程思维可以为解决问题提供不同于以往的语境，这种语境虽不能直接作为生态良性发展切实可行的建议，但对自然世界和人类在其中的位置的基本理解可导向真正的发展将是如何的不同判断。过程思想呼吁从只重视扩展人类活动的现代价值取向转变为后现代价值观，寻求协同满足人类需求和大自然的整体福祉。由于过程思想家关注这一点已然颇久，他们可以指向表达合意愿景和目标的项目。

我只举两个例子。中国为让快速增长的城市人口能得安居，在建设现代化城市方面表现出色。但是现代化的大城市，甚至最好的城市，也有严重的缺点。其中最明显的一个就是，它们依赖化石燃料，尤其是用石油来采暖、制冷、为工业和运输提供能源。现代的方法是以这种方式建设城市，然后再依靠油价上涨来刺激替代技术的研发。而过程方法是重新思考城市人居环境的本质。

保罗·索拉里（Paolo Soleri）对城市人居环境的反思出人意料。他的过程思想更肖似泰尔哈德·德·查丁，而不是怀特海，但是过程思想家会热情拥抱他的总体设想，并鼓励在建设城市时实现他的设计。在此无须赘言细节，但建设城市不只是砌砖抹灰，还要照顾到城市居民之间关系和他们与周围乡野关系的质量。要言之，索拉里设想的是三维城市，在这样的城市里，所有的部分都可以通过电梯、自动扶梯、自动人行道，当然还有步行彼此互连，城内出行不用机动车。此外，城市建设将最大限度地利用被动式太阳能。他甚至建议，在城市中建设坡式分布的太阳能暖房，在充足发电的同时还能为全城供应足够的食物。

建造不需要化石燃料的城市的可能性尚未得到验证。但毫无疑问，索拉里设想的建筑生态学将大大减少对化石燃料的依赖，这也为改善城市生活质量提供了可能性。既然这是可能的，那么现在就正是开始试验这种城市栖居方式的时候。特别是在把现代城市的持续建设当作灾难性结局解药之一的中国，这一点比在任何其他地方都更为重要。

我的第二个例子是在农业领域。中国在农业现代化方面还有很长的路要走。毫无疑问，中国农业现代化的某些特色从任何角度都为人称道，但也有些特色却令人质疑。首先，典型的农业现代化通常以重型设备和化石燃料代替人力劳动，从而使数亿农民背井离乡。其次，这种农业还需要更多的灌溉，从而让水资源短缺的压力加剧。最后，这种农业使用石化肥料、除草剂和杀虫剂，这些因素叠加，让土地加速退化。而现代化追求者们在认识到这样的农业现代化既依赖石油，又对土壤造成冲击、退化和侵蚀，必然不可持续之后，还是指望找到新的技术手段来替代石油、修复土壤，好为后代提供食物。

过程思想家会寻求根本不同的办法。与其那样榨干土地，也许不如我们学学大自然的方式。在自然原生态中，土壤通常会越来越肥沃而非越来越贫瘠，我们会发现就算在重大的气候变化中，大自然中的植物生产也是可持续的，而且完全用不着利用化石燃料。也许我们可以顺应自然，学习它的系统效率最优，在可持续的基础上生产我们需要的东西。

在探索这些可能性方面践行得最多的过程思想家是韦斯·杰克逊。杰克逊的思想和怀特海哲学联系紧密。他认为自有农业以来，人类就一直在破坏环境，现代化的做法只是让事情变得更糟。连拒绝大多数现代化农业技术的阿米许人那样最好的农民，他们的土壤也在流失，当然，速度要慢得多。杰克逊认为，要用多样化的多年生作物来取代现在单一化的一年生作物。虽然目前人类食用的多年生作物亩产远低于一年生作物，但这主要说的是谷物。杰克逊正在致力于培育高产的多年生作物。单一种植需要大量人工，而且易受病虫害和入侵物种的影响。它们需要人类的照料，虽能增产但生态代价昂贵。多年生作物对这些考验的耐受性就好多了，还无须大量人工干预。杰克逊正在试验套种多年生谷物。当然，这种变化需要在很多地方进行大量的研究和实验。

这里我的观点是，如果中国能用这样的愿景来代替模仿西方的农业现代化，那么从长远来看，中国会少走很多弯路，少遭很多罪，还能引领世界进入一个充满希望的新时代，并与中国传统文化的终极理想愿景和谐一致。

二　中国过程思想在西方

正如西方思想在东方享有巨大的威望一样，传统东方思想在西方也有很高的威望。西方的许多人都意识到了他们的科学、技术、经济和军事成功都是外强中干。他们感到无尽的空虚，却在自己继承的宗教传统中无法找到令人信服的回应。

西方哲学很大部分比西方宗教传统对此能提供的回应更少。西方哲学在解构传统假设上用功已久，但却几乎没能提出取而代之的思路。休谟和康德创设了供哲学探索的这个解构舞台，不仅如此，还确立了大多数西方思想家认为其必须遵守的舞台规则。因此，形而上学是被禁止的，这意味着哲学家谈及事物真正实相的任何言语道断都是不被允许的，只剩下极端的人类中心主义，且与自然的世界两相疏离。许多人都已转向本末倒置的语言，并以之为语境，声称一个语素只有在与其他语素的关系中才能获得其意义。没有超越语言之外，脱离语言仍然存在的真实的人与物。

这样的意识氛围很难让西方精英圈听得进过程思想。它突破了休谟、康德和语言至上派所立下的边界。作为一种西方哲学，胆敢如此就是离经叛道，罪无可赦。

与此同时，人们越来越认识到欧洲中心主义同样不可接受，西方人应该承认其他文化的同样合理的思想和主张。只要与其他文化有接触，只要允许互动，那种包容的限度就让人舒服。像东方文化对自然的欣赏，以及对天人合一的认知，就让西方人钦慕。

西方的许多科学发展也已经向东方思维敞开。当物理学家开始研究亚原子世界时，他们发现原来建立的研究范式不成立。在主流哲学圈，这一失败正好用来确证，科学从不研究任何独立于人类而存在的现实。但是仍然有很多哲学家相信，科学能向我们揭示现实世界的某些真相。其中一些人更认定，与西方思想传承相比，东方古典思想为理解这个量子世界提供了更好的通路。而东方思想中适合用来解释这种情况的内容，正好与西方的过程思维不谋而合。因此，通过这种方式，东方古典思想为过程思想打开了大门，让过程思想从西方思维中生发，却另辟蹊径地对量子世界的诠释得以被认真看待。

如今，领先的量子理论家对怀特海哲学的可能贡献抱有不寻常的开放态度。我相信是亚洲的接引促成了这份开放的机缘。因此传统东方思想在西方的威望和西方科学思想在东方的威望都有助于一方面打破科学的还原论唯物主义主导；另一方面打破哲学的形而上学禁忌。人类也许通过东西方思想“双剑合璧”就能重新连接到世界的过程性实在。

三　结论

在我看来，东西方对过程思想的切适应用甚至可视为全人类的当务之急。继续按照现代主义的模式思考和行动，人类会更加难免遭遇巨大危机。批判现代主义哲学的主流形式并没有提供能疗愈的替代方法。对此东方传统思想应能有所帮助，但其“前科学”特征导致其在东方边缘化。不过，东西方过程思维如能联姻则有机会成功挑战主流哲学传统，并为回应人类面临的巨大挑战提供新的思想基础。

Chinese Philosophy and Process Thought

Abstract: Chinese traditional philosophy is more procedural. If they can accept each other with western process philosophy, they shall be favorable for each other. 1. Over the past few centuries, China has been besieged and influenced by the West in all aspects. For a time, China has lost its cultural self-confidence, and its society has been westernized seriously. Green revolution, urbanization, agricultural modernization and many other evidences show that western modernization is unsustainable. Western process philosophy can not only prehend the tradition of science and Oriental wisdom, but also avoid the danger of dualism opposition. Among many Western schools of thought, it can help for China's renewal movement the most. 2. Oriental wisdom tradition enjoys high prestige in the west as well, and Western elites and many frontier fields are willing to open up to Oriental thinking. This is helpful for the west to accept the process thought which is not acceptable by the philosophical tradition yet. 3. Only the joint of the eastern and Western process thoughts could assure the world's reconnection to its process reality. Following this path, the great challenges facing mankind may turn for a better chance.

Keywords: Process Philosophy; Chinese Philosophy; Alfred North Whitehead; Western Modernization; Eurocentrism

【作者简介】小约翰 · 柯布院士（John B. Cobb，Jr.），世界著名后现代思想家，生态经济学家，过程哲学家，建设性后现代主义的领军人物，中美后现代发展研究院创院院长，美国生态文明研究院创始人，美国人文与科学院院士，中央社会主义学院特聘教授。柯布院士多年来一直从事过程哲学、后现代文化和生态文明研究，发表著作 50 余部，是一位具有世界影响的后现代思想家，他既是世界第一部生态哲学专著（《是否太晚?》）的作者，也是西方世界最早提出“绿色 GDP”的思想家之一。早在 20 世纪 60 年代末，他开始注意到美国和西方世界的生态危机。1969 年他实现了自己人生的“生态转向”，并于 1971 年发表了《是否太晚?》一书。按照美国北得克萨斯大学哲学系主任、《环境伦理学》杂志主编尤金·哈格罗夫（Eugene Hargrove）教授的考证，这本书是“第一本由一个哲学家独立写作的、以书的篇幅来讨论环境伦理的专著”。书中柯布预见性地警告了生态危机的严重性，并提出要适当调整国家事务的优先顺序。其后的几十年间，柯布写了大量有关生态方面的著述。主要代表作有:《是否太晚?》(1971)，《超越对话》(1982)，《生命的解放》(1990)，《可持续性社会》(1992)，《可持续共同福祉》(1994)，《绿色 GDP》(1994)，《地球主义对经济主义的挑战》(1999)，《为了共同的福祉》(1989)，《后现代公共政策》(中国社会科学文献出版社，2003)。与其学生格里芬等合著《建设性后现代哲学的奠基者》(中央编译出版社)；《后现代科学》(中央编译出版社，1995)；《后现代精神》(中央编译出版社，1998)，《我们共同的家园》(2015)；《让哲学发挥作用：走向一种生态文明》(2018)，《中国与生态文明》(2019)。他与世界著名生态经济学家、世界银行首席经济顾问赫尔曼·达利合写的《为了共同的福祉：面向共同体、环境和可持续未来的经济》一书曾获美国国家图书奖（该书的中文版《21 世纪生态经济学》2015 年由中央编译出版社出版）。

【译者简介】张海燕，硕士，中美后现代发展研究院生态实践项目主任。

基于过程哲学的生态伦理：辩护与抵抗

[澳大利亚]阿兰·盖尔 文　詹敬秋 译

【内容摘要】环境伦理被比作国际客机上的自行车刹车；它根本是无效的。我将通过本文展示，基于过程哲学的生态伦理，是如何以及为何能够成为有效对抗全球环境破坏的驱动力量的。然而，这将涉及伦理问题的根本转变，以及人们对伦理哲学的重新理解。环境伦理需要集中关注发展问题并维持理想社会形式所需要的美德。也即要解决全球环境问题，生态伦理必须关注到发展和维持民主所需要的美德。有人认为，要发展这些美德，就需要扭转工作中日益分散的局面，使人们重新承担起创造一个更美好世界的责任感。与此同时，生态伦理不仅指导人们的行动，也要使人们意识到自己在历史并自然中的地位和作用，并激发起人们为建设一个更美好世界而努力的愿景。过程哲学之所以能够提供这样一种生态伦理，原因不仅在于它为尊重一切有生命之物进行辩护，也在于它抵抗在智力、文化与社会生活等领域出现的碎片化趋势，而这种碎片化导致了哲学的琐屑化。

【关键词】生态伦理；环保运动；过程哲学；马克斯·伯恩；怀特海；克里斯托弗·亚历山大；政治哲学；管理主义

一　环保主义的困境

1. 我们的困境

我们有关伦理学和生态学的争论，目前已经进入了一种特殊状态。从某种意义上说，环保主义者正在占据上风。尽管存在一些有影响力的持不同意见者，现在人们已经普遍认识到，全球范围内的生态破坏，即或不是对人类未来的威胁，也是对文明的一大威胁。这一点已由全球变暖及其影响得到了清楚的展现，人们也越来越意识到，这只是我们所处的破坏性轨道中最具威胁性的症状而已。不仅如此，人们也前所未有地认识到，承受破坏代价最多的将是经济上更为贫穷的人，至少开始时是这样。任何不关注该变化的伦理都将是有缺陷的，因为即或没有别的原因，穷人应对环境问题的手段也将威胁到富人们的生活方式。最后，人们正在认识到，造成我们目前危机的根源在于，人类和非人类生命的动态原理及其内在意义未能得到充分理解。

然而，从更根本的意义上讲，环保主义者正在走向失败。尽管人们的环境意识日益觉醒，对于环境问题的关注程度愈发增强，然而环境遭受破坏的速度却在加快。环保主义者对政府政策的影响力堪称史上最弱。正如迈克尔·谢伦伯格（Michael Shellenberger）和特德·诺德豪斯（Ted Nordhaus）在《环保主义之死》（*The Death of Environmentalism*）一书中所指出的那样，环保主义者已被降格为一个相对无效的压力团体。[1]更令人担忧的是，尽管人们的态度明显符合政治正确的标准，即承认环境问题极其重要，但在真实的实践当中，多数人的行为与解决环境问题的要求往往背道而驰。正如托马斯·普鲁格、罗伯特·科斯坦萨（Constanza）和赫尔曼·戴利指出的那样，“（指美国）流行的环保主义是只有宽度，没有深度的”[2]（p.90），通常而言，很少有人努力将个人活动与共同面临的集体问题联系起来。这几乎是道德的全面崩溃。

引发这种情况的因素有很多。其中最重要的是全球经济和政治秩序的权力结构。这种结构剥夺了世界上绝大多数人的权力，并将其广泛集中于维持现存秩序及其破坏性动力方面的既得利益者手中。在这种秩序中，占主导地位的国家在世界体系中争权夺势，借由促进经济增长来控制资源，最重要的是，它们通过对自由市场的推动，并允许由其决定社会发展方向，得到了在该体系中蓬勃发展的跨国公司的支持。这些公司越发利用自身权力摆脱民主国家的控制，进而操控它们，并逐渐损害残余的民主，迫使国家间为吸引投资而彼此争竞，榨取其财富，并将其机构转变为自身的扩张工具。

这涉及公共资产私有化和消除阻碍全球市场力量的问题。世界上很多人都在为生存苦苦挣扎，他们无力关心文明中的环境可持续问题。而更富有的人已经丧失了经济安全感。他们中大多数人所拥有的唯一自由便是选择购买和消费什么的自由。由于他们将自己定义为消费者，因而同时也在推动经济扩张以增强购买力方面拥有既得利益。伴随着人们在广告和公共关系上投入巨资以促进消费，并庆祝这种社会秩序及其承诺的福利，因此鲜有人站出来反对也就不足为奇了。跨国公司的管理者手握更多的权力，但他们能否保住职位，则取决于能否提高公司的盈利水平。即使他们关心环境问题，也只能服从和服务于社会的趋势，而很少有多余的空间可供发挥。这看起来就像是人类创造了一个无人能够控制的全球权力体系，它通过对人们行动的限制增强该体系的权力，如此它就会持续扩张，直至最终破坏了自身的存在条件。

2. 环保主义者的失败

然而，那些关心促进环境可持续性的人，包括生态伦理学家，并不能如此轻而易举地摆脱困境。环境运动的弱点还有待说明。首当其冲的是想象力的缺乏，他们无法提出一个鼓舞人心的、环境可持续的美好愿景。正如普鲁夫（Prugh）等人所说：

> 目前似乎只有两种愿景。在传统愿景中，人类的经济和人口持续蓬勃增长，每个人都在热切追求消费更多的梦想。环保主义者的观点否认了这一愿景的可行性，取而代之的是一种全球性的素食主义。因此，大多数人选择第一条道路并不奇怪。[3]（p.41）

但为什么会如此缺乏想象力呢？这里涉及更深层面的东西。谢伦伯格和诺德豪斯所抱怨的是环保主义者的如下倾向：在适应自己解决环境问题的角色时，他们想要融入这个体系，所采取的立场于其自身有利，却无法真正有效地解决更大的问题。在这个社会认可的角色中，他们不仅远远不如20世纪70年代的环保主义者有效，而且也将其他人排斥在外。谈及对劳工运动的态度，谢伦伯格和诺德豪斯指出："问题在于，环保领袖们已经说服自己，关心'环境'问题是他们的职责，而关心'劳工'问题是劳工运动的职责。"[4]（p.29）环保主义者将自己定位为既定秩序的一部分，尽管他们处于其中相当从属的地位，因此对于设想一个全然不同的社会秩序，他们缺乏真正的兴趣。

这种心态也渗透到学术界。多数学者接受4000个学科领域的存在，并乐于开枝散叶，不断开创新的子学科，以便他们能够以此为基础打造自己的学术生涯。我们有作为伦理学分支的生态伦理学，而伦理学作为哲学的分支，又是跟政治哲学和社会哲学分离的，这反过来又在很大程度上忽视了经济学与作为新"学科"的公共政策研究的崛起，后者已在涉及影响政治如何实际运作时取代了它们。所以生态伦理学家将自己设定为环境伦理思想的托管人，其做法不仅低估了该领域之外学者的研究，同时也切断了对环境问题进行回应的适当反思，这种反思原本可能来自诸如经济学与公共政策研究等更有影响力的学科。尽管如此，生态伦理仍声称与每个人息息相关。然而，即便这种有限的普遍性也在遭遇挑战。随着大学逐渐转变为向客户销售服务的跨国商业公司，众多的学科和子学科也越来越多地把自己推销为职业培训的提供者。因此，环境管理学正在取代生态伦理学，成为一门为环境管理的未来从业者提供职业培训的新学科。环境管理者将其视为自己的专业领域，排除该领域的其他参与者，强化角色分工，允许公众把环境问题留给专家进行处置。

3. 工作碎片化与伦理的衰退

谢伦伯格和诺德豪斯所关心的社会异常，是由核物理学家马克斯·伯恩（Max Born）发现的一个更普遍问题的具体表现。通过对第一次世界大战和第二次世界大战、犹太人大屠杀及“冷战”的反思，伯恩致力于理解技术进步反而导致了更大的人类暴行及对人类的更大威胁这一逻辑的悖论。他认为，这是因为工作的碎片化削弱了人们思考自己与他人关系的能力，也削弱了人们从更广泛的视角看待自己和自身行为的能力。在对过去的反思中，伯恩注意到人类历史是何其的千篇一律，和平与战争交替，建设与破坏交织，增长与衰退更迭。然后突然之间，现代科技在300年前诞生了。然而科技的进步虽因头脑而兴起，却不受头脑的控制。医学的进步延长了人们的寿命，也导致人口过剩。拥挤在城市里的人们失去了与大自然的联系。野生动物正在消失。通信技术的进步，导致世界上的每个小危机都能产生波及其余地方的影响。然而，伯恩认为，这些问题都是可以解决的。他继续说：

> 真正的问题还在更深层面。它涉及所有伦理原则的崩溃，这些伦理原则在历史进程中不断发展，即使在激烈的战争和大规模破坏时期也保留了一种值得延续下去的生活方式。在和平时期，努力工作是社会的基础。一个人对自己所学和亲手制造出来的东西感到自豪。技能和应用受到高度重视。如今，这一切几乎荡然无存。机器和自动化降格了人类的工作，破坏了人的尊严。如今，工作的目的和回报就是金钱。为了金钱需要花钱购买他人生产的技术产品。现代大规模杀伤性武器几乎没有任何道德限制的余地，从而使士兵沦为无情的技术杀手。道德贬值的原因在于，人类行为与其最终效果之间的漫长距离与复杂性。大多数工人只知道他们生产过程中一个特殊环节的微小操作，几乎看不到整个产品。他们理所当然觉得不需要对该产品及其使用负责。这种行动和效果的分离所造成的最可怕的结果，是纳粹统治期间对德国数百万人的毁灭：艾希曼类型的杀手拒不认

罪，因为他们认为自己不过是“完成了他们的工作”，与最终目的没有任何关系。[5]（p.52f.）

这就是全球生态危机的根源。如同第二次世界大战期间参与到致使数百万人被消灭于集中营的过程中各步骤的个体一样，那些人认为自己不过是在履行工作职责而已，无数过着普通日常生活的人们，也在采取对全球环境无情破坏的小步骤。

环保主义者献身于解决环境问题的事实，表明情况并非完全如此。但如果谢伦伯格和诺德豪斯的说法是正确的，这就是工作碎片化、责任丧失和道德腐蚀的进一步发展。环保主义者只是履行他们的工作，却并未真的正视其行动能否会产生所期望的结果。他们只是宣称要扮演那样的角色，他们似乎要解决环境问题，而事实上却在加剧生活的碎片化。他们自称专家，任凭人们对自己行为与生活方式的后果推卸责任，同时也不能采取必要的行动来纠正因责任心缺乏而导致的问题。要使生态伦理有效，这是必须解决的问题。但无论是一般的伦理哲学还是生态伦理学，都几乎没有开始着手处理该问题。

二　解决困境：基于过程哲学的生态伦理

1.过程哲学与生态伦理

提供让人们了解自己行为后果的手段和方法，是克服上述痼疾的最起码条件。首先，人们需要超越支离破碎的分裂观点，重新连接起伦理学和政治哲学，连接起哲学与文化的其余方面，包括艺术、人文、科学、技术和日常生活的文化等，并且都要以普通人容易理解的方式进行。这难道真有可能吗？如果有，那么过程哲学就是最有可能实现它的基础。只有过程哲学在社会与自然两方面的自主动态语境下，提供了将人类作为有意识的存在和主体这一构想的基础，同时也展现了包括人类和非人类在内的所有存在的内在价值。

也许最为重要的是，过程哲学提供了克服人文和科学之间对立的基础。它支持叙述的认知主张，同时提供了一种科学形式的形而上学基础，这种科学形式可以解释：人类是如何通过叙述来进行自我理解和自我定位的。这对于伦理而言是无比重要的。正如阿拉斯代尔·麦金太尔（Alasdair MacIntyre）、戴维·卡尔（David Carr）等人所主张的，在故事被讲述之前，生活就像故事一般存在。我们通过故事学会了如何生活。正如麦金太尔所说：

> 我只有首先回答“我在哪个故事中扮演一个角色？”这个问题，才能接着回答“我该怎么办？”的问题。我们进入人类社会，这也就意味着，我们扮演着一个或者多个被拟定的角色，我们必须学习它们，以便能够理解他人对于我们的回应，以及如何使他们更容易理解我们的回应。正是通过听故事……孩子们才学习到或错误地学习到：孩子和父母的角色分别是什么，这些角色在他们出生时的剧本中有着怎样的地位，以及世界的运行规则是怎样的，等等。如果我们剥夺了孩子们听故事的机会，就会导致他们变得如同没有剧本的演员一般，在舞台上结结巴巴，局促不安。[6]（p.216）

特定的行动、个体、角色、机构、社区和文明等，都通过故事相互联系。正是故事对于人们生活的重塑，才使得他们改变了生活方式，以及制度、社会和文明。通过提供一种可以调和科学与人文，并使故事角色合法化的形而上学，也转而使得构建基于过程哲学视角的人类历史叙事具有了正当性。这样，人类的成败得失与趋势潜能，从文明与国家到机构与个人，都将予以重新理解和重新评价。这样的宏大叙事可以指引人们审视并重构文明、社会、社区、机构和个体的故事，从而引导他们在历史长河中占据自己的一席之地，并承担起参与创造未来的责任。正如我在别处所言，这是动员人们有效地直面环境问题的必要条件，也是为建立一种社会、政治和经济秩序提供观念的必要条件，这种秩序在实践中确实会增强而非破坏人类生存的环境条件。[7]（p.217）

然而，所需的不止于此。还有必要激发人们的渴求，促使其全面了解自己在历史与自然中的地位。伯恩在 20 世纪 60 年代的写作中所诊断出来的道德沦丧，现已大大加剧。在新自由主义（或者更准确地说，管理主义的市场原教旨主义）大获全胜并统治世界之前，伯恩就写过这些文章。社会上充斥着这样的观念，即生命的终极目标是挣到更多的钱，从而有能力购买和消费更多的东西，这种观念已经被等同于自由和民主。随之而来的是，人们更加关心如何控制事物和赚取更多的钱，而对任何其他知识的兴趣却日渐衰退。这导致人们对于教育的理解方式发生转变以及教育机构自身发生转变。[8] 如上所述，教育目前是一种投资，大学的运营如同跨国公司一般，通过出售各种培训和证书，承诺增加其客户的赚钱能力。这种趋势该如何扭转呢？

2. 生态伦理与民主

从本质上说，我们所看到的道德的腐蚀与消费主义的兴起，都是真实民主的衰落。在一定程度上，这本身就是伯恩所指出的趋向专业化与全球互联性的结果，这也使得合理的政治成为不可能。当人们感到无能为力时，就会减少对政治、历史和宇宙学的兴趣。正如卡斯托里亚迪斯（Cornelius Castoriadis）所指出的那样，只有在民主的环境下，人们才开始承担起对于社会和创造未来的责任，从而历史和哲学才变得至关重要。[9] 然而，公众对这些东西丧失兴趣，导致他们更加无能为力。也正是在这种情况下，人们开始几乎完全通过消费来定义和证明自己。如果人们把自己主要看成消费者，那么，正如前面提到的，他们最感兴趣的，就是赚更多的钱并用其获取更多。这种身份定位不利于正视社会和人类的更广泛问题及其解决方法。这是普鲁格（Prugh）、康斯坦斯（Constanza）和戴利（Daly）等人得出的结论，他们进一步的结论是，公民的概念必须得到加强，以便让人们思考社会中更广泛的问题。正如他们指出：

> 目前，公民偏好取向已减弱到微乎其微的程度。然而，它的增强将不可避免地让人们直面治理问题，包括那些有关可持续性的问题。公民通过亲身参与来对抗社区管理中出现的严峻问题……将受到教育，从而了解社区问题的根源，了解他们的生活方式的起源，了解在任何集体选择中必须接受的权衡取舍。特别是在可持续性问题方面，自治公民更有可能了解其社区的生活方式和社会经济特征的生态代价。[10]（p.99）

普鲁格、康斯坦斯和戴利等人认为，有民众积极参与政治的“强”民主（“strong” democracy），是增强公民责任感的必要条件。他们追随本杰明·巴伯（Benjamin Barber）的思想，认为通过增强民族国家的代议制民主，以及更为直接的、参与式的地方民主，这一目标就可达成。尽管他们同时也指出，穆雷·布克钦（Murray Bookchin）提供了“强”民主的另一种替代形式——一种基于直辖市的组织——会破坏并最终取代民族国家。然而迄今为止，这些作者所提供的都是探索性的，旨在表明实现这样的“强”民主是合理目标，并表明为何缺少了这种“强”民主，环境问题将很有可能得不到解决。而且除非反对导致道德腐蚀的碎片化而进行的抗争，同时也成为争取“强”民主的一部分，否则将不太可能取得成功。

过程哲学再次显示出其重要性。民主意味着权力掌握在能够形成集体意志的人民手中。它假定人们都是自由的行为人，或者至少有能力成为自由的行为人，可以深思熟虑地就如何集体行动达成共识，并致力于这样的集体行动。从科学唯物主义的角度来看，这一切都不可理解。虽然还有其他哲学支持自由的人类活动的概念，但其中大多数都与某种广义的理想主义形式有关。

过程哲学（也是广义的）为自由行为人辩护，方式就是质疑“科学唯物主义”的基础，并与另一种与将人类视为自由个体的科学形式相互兼容。除此之外，过程哲学为考虑和选择目标以及如何行动提供了参考支点。过程哲学奉行一种理性的概念（但反对逻辑实证主义和相关的知识运动），这一概念不仅包含科学思想的发展，也包含伦理和政治思想的发展，因而破坏了那些无视道德理性和政治理性的主张，后者的理由是这些思想不符合“科学”推理。过程哲学也主张一种囊括人类与非人类的生命的观点，这并非虚无主义，而是使人们能够同时重视人类与非人类的生命，并弄清楚如何维护生命并为之创造生的条件。

最后，也是一个很少被探究的维度是，过程哲学坚持将叙事置于个人与集体行动的核心地位，这种自然主义的基础，提供了一种无须将人类工具化的集体意志形成方式。

通过对叙述有效性的否认，“科学唯物主义”已经被用于支持那些使人们沦为权力精英工具的隐秘的、单一的叙述，而过程哲学培养的则是自我反思的主体，他们能够通过明确的、复调的叙述进行自我塑造。复调叙事为相互竞争的观点（包括其竞争对手）提供了空间，也为那些实现这一价值理念的人提供了持续质疑与重新构想的空间。民主的实践涉及使这些叙述及其不同版本清晰易懂，使人理解它们、可以从中选择，并对其进行承诺，而且供给人们参与质疑及修定它们的知识与方法。

3. 克服管理主义

然而，问题仍然存在，这种“强”民主对普通民众的吸引力，还不足以真正挑战新自由资本主义的消费主义。此外，维持民主的条件也没有得到充分考虑。传统上，民主一直饱受批评，现存的民主也在日趋衰败，因为人们普遍没有充分致力于公共利益。民主社会有一种因其内部分歧而分裂的倾向，或者仅仅由于过度的利己主义而导致衰败。似乎目前所缺的是一种令人信服的道德，能使民主可能并且可持续。显然这是当前的一个重大问题。伯恩的观点是，如果人们想要为民主而奋斗并维持民主，工作碎片化所导致的伦理缺失问题仍然必须得到解决，以便可以发展出所必需的思考形式和动机。如何才能做到这一点呢？

这方面的指导，是由建筑和城市规划理论家克里斯托弗·亚历山大（Christopher Alexander）提供的。亚历山大一直致力于诊断如下问题：现代主义和后现代主义的建筑师为何没能打造出美丽的建筑、建筑环境以及充满活力的社区？他的结论是，问题出于对世界的想象，或者说建筑师所假设的世界图景，这种图景“从根本上使建筑不可能造得好”。他说：

> 我相信，我们有一个本质上属于机械主义世界图景的残留，可称为机械论理性主义的世界图景。它像传染病一样侵入我们的身体，左右我们的行为，影响我们的道德，也影响我们的美感。它控制着我们建筑时的思维方式，在我看来，它使得美丽的建筑几乎不可能建成。[11]（p.7f.）

> 为判断并克服这种世界观的影响，亚历山大主张另一种世界观，一种以秩序概念为核心的世界观。这种世界观允许不同的整体中存在不同程度的生命，因此“关于和谐、生命和整体（它们属于秩序的基本方面）的相对程度的陈述，有可能理解对，也有可能理解错”。[12]（p.22）

亚历山大认为怀特海的形而上学不够充分，并予以排斥（尽管他承认怀特海有些作品的重要性）。然而，他发展了与过程哲学相关并受过怀特海影响的一些科学家的观点，其中包括C.H.沃丁顿（C.H. Waddington）和大卫·波姆（David Bohm）等人。他们的工作可被理解为，试图超越其所认为的怀特海思想的局限性而进行的卓有成效的努力。因而，可将其作品理解为对怀特海所提主题的重大贡献。亚历山大反对怀特海的有机体概念，认为存在的并非实体的模式，而是模式的模式，他否认将这些模式视为根本。他还认为，被当作实体的存在其实是各种各样的“无边界中心”[13]（p.107f.n12）。亚历山大提出了一种怀特海形而上学的替代物，但其对于“无边界中心”所给予的优待，却与怀特海在《观念的冒险》中所做的一个评论别无二致。怀特海在书中指出了现代物理学的内涵，在描述物理事物时他写道：“存在着一个焦域，用寻常的话来说，就是事物的所在地，但事物的影响却以有限的速度溢出自己的焦域……同时，外部的焦域也不可能与外部的流动分离。”[14]（p.157）更重要的是，在涉及发展一种生态伦理时，亚历山大认为，“感觉”是生机勃勃且美丽非凡的环境建筑过程的核心，这一过程同样也是对美和生机的欣赏（亚历山大将其大约等同于：我们所看为更加美丽的，是我们所看为更有生机的），这一观点符合怀特海后期的哲学。

正如怀特海在《过程与实在》中所主张的，康德创作了一种不充分的先验美学，即对于最基本的经验形式的不充分分析。怀特海将自己的作品作为克服该不足的一种尝试，从而为康德所关注的哲学的各个方面提供更充分的解决方案。怀特海批评康德，认为他没有充分考虑经验最原始的维度，即感觉。他将其视为实际存有的核心。怀特海实际主张的是，对感觉的充分欣赏和分析可以为描述物质存在、生命和美提供基础，并为伦理学提供根基。他隆重地宣称：

> 有机哲学站在康德在《纯粹理性批判》中的哲学立场上，渴望建构一种对于纯粹感觉的批判。这同样应该取代康德哲学所要求的其余批判。因此，在有机哲学中，康德的“先验美学”成了本应作为其主题的一个扭曲片段。[15]（p.113）

然而，怀特海只在《观念的冒险》的最后一章对美进行了简要的刻画。我们可将亚历山大的工作视为对于怀特海主张的辩护和推进，该主张就是：感觉是理解物质存在、生活与艺术的中心，同时也是伦理的中心。由于对亚历山大而言，建筑是自然界中的一个过程，它与其他模式具有同样的本体论地位，因此也可以认为，其工作有助于理解“感觉”在根本上被视为“过程”的物理存在中的作用，也即合生。亚历山大所发展的思想洞见，涉及感觉、整体性、中心、建筑中的美与生命，以及建筑环境和更广阔意义上的生命，可将这些工作视为他对过程哲学的主要贡献。[16]

在亚历山大看来，机械主义世界观对于建筑最有害的影响方式之一，就是建筑设计师、金融家、建筑者、开发商和建筑的入住者之间的彼此关系模式。建筑本身已经受到泰勒制的染指。在大多数人心目中，泰勒制是与福特生产线联系在一起的。这是 20 世纪早期的一种学说，不仅得到福特的支持，也受到了列宁的吹捧，它导致了某些领域生产力的巨大进步，但代价是劳动本身的非人性化。通常人们认为它已经陈旧过时，因为生产线正在促使电脑化的机器人取代真人，现在要将人们部署在更具创造性、较少伤害心灵的工作上。但亚历山大指出，泰勒制的创始人弗雷德里克·泰勒（Frederick Taylor）所主张的，是更为基本的东西，并且在这方面他的思想远未消亡；它们依然存活，并且影响力还在持续增长。他指出：

> 我们所知的现代官僚主义——美国的、英国的、俄罗斯的、瑞典的或中国的——其规则体系、问题和答案都几乎不考虑人类的现实差异或个体差异，其根源在于应用了弗雷德里克·泰勒的大型人类机构思想。我们所知道的现代建筑，就是泰勒制在物理组件生产线上的具体运用。我们所知道的现代农业，就是泰勒制在农场、动物、作物、水资源、肥料以及土地上轰轰隆隆的机器中的具体运用。[17]（p.515）

泰勒制意味着知识和决策权尽可能多地掌握在经理人手中。工人被简化为纯粹的工具，仅仅作为机器中的齿轮而存在。这不仅会破坏技艺，也会破坏工作中的专业精神以及与此相关的一切。泰勒制实际上是工作碎片化的极致，而这种碎片化被伯恩诊断为道德沦丧的根源。

在建筑中，这种碎片化的影响显而易见。工人们非但不考虑其工作将如何贡献于建筑本身，以及将要住进或使用建筑的人的生活；相反，他们对于建筑商的指示言听计从，而建筑商则反过来又将建筑师的设计付诸实施。设计本身是为了给投资人留下深刻印象，其主要关心的是图片出现于杂志中的样子。投资者的盈利能力是最终极的考虑。所有关于最终产品的决定都始于建造之前。结果就是，建筑商不再建造有利于生活和社区活力的美丽建筑与建筑环境。我们现在所拥有的丑陋建筑不仅有害生活，也有害社区活力。通过对比新旧建筑，亚历山大已经弄清楚了那些正在流失的部分，他呼吁对古旧建筑方式的回归。

这将涉及什么呢？建筑是形式的生成，即形态发生（或形态生成）。亚历山大认为，产生活体结构的那种形态生成往往出现在通过结构保存转化的过程中，各种“无边界中心”以一种相互增强的方式产生其中。首先和最重要的是，回到旧的方式将涉及发展一种对于整体及各中心之间相互联系的感觉。发展这种感觉对于好的建筑必不可少，这正是亚历山大作品中的中心结论。如他所说：“我坚持认为，简单地说，一切有生机的过程，都取决于某种深切感觉的产生。我断言这种观念囊括了所有其他的观念，并且涵盖了生活过程的所有方面。”[18]（p.370）亚历山大指出，整体和深层结构非常难以鉴察，尤其是在真实世界的情境中，而我们目前的感知模式并不习惯于看到我们周围的整体世界。然而，为达成共识，必须有一种切实可行的方法，以确保我们可以看到完整性，并且评估所提议的“下一步”在多大程度上增进了发展结构的生命力和完整性。虽然这看似难以置信，但传统社会的人们的确处理了这样的任务。他们是如何做到的呢？亚历山大是这样描述的：

> 每个观察者都能够通过关注如下问题来判断整体，看到并体验整体，即新兴的建筑是否增加了我自己的整体性？当我接触它时，它是否增加了我的感受？一座建筑多么富有生机，取决于它多么富有感情，以及我们所体验到的感情有多么深厚。这适用于任何新兴的实体。因此，当建造者始终如一地使用对于整体性的感觉作为他洞察力的来源，作为他所操作的隧道尽头的指路明灯，生活的过程就可以被引导并保持在通向真实整体的道路上。[19]（p.370f.）

澄清亚历山大此处所说的“感觉”的内涵是很重要的。受机械主义的世界观的支配，人们的语言受到影响，以至于感觉往往被认为是主观的情绪状态，由此就导致人们难以理解这种整体的感觉究竟是什么。但亚历山大认为，“感觉”不应该仅仅被认为是主观的，或者等同于情感。他解释说：“这是一种来自整体的单一感觉。”“它在我们心中升起，但它起源于真实存在的整体。对整体的尊重、扩展并创造的过程，与感觉运用的过程是同一码事。真实情感与真实感受就是有关整体的体验。”[20]（p.371）亚历山大认为，这是由于传统建筑商的工作就是根基于此的，所以他们造出了美丽的建筑：“他们关注对于新兴建筑的整体感觉……在这种感觉的导引下，他们能使每个建造的小步骤都有助于展现一个全新的整体。”[21]（p.371）

我在这里想说的是，这一点阐明了由伯恩所暗指的工作和伦理间的联系，同时也证明了怀特海有关感觉对于伦理和美学的重要性的主张是正确的。亚历山大证明了在过去为人们所理解的某些东西现在丢失了，他也展现了需要恢复的东西。而要对其恢复，就需要培养一种对于整体的感觉，并以此对建筑加以引导。

亚历山大并不满足于仅仅复兴建筑和城市规划；他相信，创造美丽的建筑环境能够重振社区，改造社会，促进生态伦理。他建议，可在整个社会中采用这种行为和建设模式，并用其取代泰勒制。这将涉及手工艺的复兴和专业主义的复兴，人们不再只是工具般的存在，而是可以自视为正在参与到更广泛的形式生成，或“形态形成”的过程中去的主体。这能培养人们对整体的感觉和采取相应行动的能力。亚历山大认为，这对于改变我们与土地的关系至关重要。如他所说：

> 我们都将逐渐感到一种具体而现实的义务，即确保任何人、在任何地方采取的每一项行动都能一直治愈这片土地。一种广泛的道德变革开始出现。对土地的愈合被越来越多的人理解：在全社会范围，每个人都慢慢地认识到他或她的基本义务，从而确保自身无论以何种形式、何种行为，都在尽其所能地恢复土地，以及革新、重塑、装点并改善它之所属的地球。[22]（p.548）

三　朝向生态可持续的世界秩序

1. 工作、民主与环境

通过以上的表述，我的意思是说，在亚历山大描述的建筑案例中，因工作需要并由其引发的对整体的感觉，是伯恩所主张的那种工作相关伦理的核心，它曾经存在，但目前已受到侵蚀。亚历山大正在制定一项规划来扭转这一局面。在这一点上，亚历山大的观点与罗伯特·所罗门（Robert Solomon）对商业伦理整体主义的辩护是一致的，并为后者提供了支持。所罗门认为，亚里士多德主义的商业方法的最终目标是培养整体性的人类。他接着说："这种对员工或经理个体完整性的探索延伸至公司本身。"他说，整体主义关注的是整体，而非部分；注重的是大局，而非对利润的分析等有限的细节。这就导致了对伦理学的不同理解。我们必须拒绝所有那些在商业和道德之间进行错误对抗的二元对立，包括在追求利润和做慈善事业之间的二元对立，以及个人与企业之间在价值观和美德方面的二元对立。[23]（p.180）

这种整体主义可以提供争取自由和民主的条件。正如亚历山大所说，社会中的形态发生增强了生活和社会，它既需要人们自由地参与这种形态发生，也为这种自由提供了条件。可以说，自由是人们能够按照自认为正确的方式进行生活和行动的条件。这是确保他们能够活出完整的、人的生活的条件，他们可以通过亲身参与创造和增强他们的社区与社会生活，以及参与对人类生活和其余自然的形成与增强过程，从而获得一种自我意识。亚历山大指出，只有具备了这种自由，我们才能在整体感觉的引导下展开产生形式的创作过程：

> 为什么自由与社会过程的形态发生这种相联系的特征？因为它是形态的创造，是组织的生成，是过程中的一个方面，它最终允许人们去追逐其所想要的、所渴求的、所需要的东西，以及那些深深适应生命并且体验生命的东西。只有当过程是形态形成的时候、是整体寻求的时候、是被置于一个逐渐允许每个人都可以参与其中的生活整体环境的时候，环境中的人性才会凸显出来。[24]（p.509）

形态形成的参与与自由是互为前提、互为补充的。对特定整体的感觉往往会产生对更广泛整体的感觉，从当地社区到社会、到人类，再到大自然的其余部分，莫不如此。对这些整体的感觉反过来又会导致人们珍视参与创造和参与生活的整体的自由。这是一种面向公共利益的自由。正是这种对公共利益的感觉和承诺，使人们能够理解彼此的观点，并就哪些目标值得追求达成共识。

一种以非支离破碎的、创造性的工作形式为基础的道德，将会增强维护和维持民主所需的其他美德。我在早些时候曾提出，民主需要明确表述的、复调的故事来引导人们采取行动，并为质疑制度和社会目标提供参考支点。近年来，随着后现代主义的发展，人们的娱乐能力已经衰退，更不用说创作复杂叙事的能力了。[25] (pp.80-101:80f.) 结果就是，人们越来越无法通过叙述确定自己的方向，越来越无法把自己的生活同他人的生活、传统和自身所属的机构及更广泛的社区目标联系起来。他们也不太能够从别人的角度来看待自己的故事，不太能让自己的故事受到质疑。叙事的衰退，尤其是历史叙事的衰退，似乎与人们权力的丧失有关；但这种影响是相互的，因为人们无法通过编纂故事来确定自己在历史上的位置，这也严重限制了他们团结和动员以实现共同目标的能力，从而削弱了民主。我想说的是，叙事能力的衰退至少部分是由于工作的碎片化，以及与之相关的获取整体感受能力的丧失。这种感觉的发展同时也会促进人们理解和参与故事制作的能力。

对于多样化整体的感觉，尤其应该使人们更容易拟定故事，使行动中心多样化，从而使人们更容易理解并参与到多层次的民主。在推动“强”民主方面，普鲁夫、科斯坦萨和戴利，所支持的并不只是一个层面的民主。然而在这项工作中，他们主要关注美国及其问题，并未考虑地方民主与全球体系之间的关系。正如我在导言中指出的那样，目前主导全球系统的内在逻辑有可能造成对环境的大规模破坏。我们如果要建立一个可持续的世界秩序，就必须解决这个问题。赫尔曼・戴利和约翰・科布在其他地方更充分地解决了这个问题，主张以“共同体的共同体”来组织新的世界秩序。[26] (p.176f.) 如前所述，亚历山大捍卫了以模式的中心而非实体为基础的本体论。他还认为生命的特征是，在多个尺度上相互增强的中心的发展。虽然他主要关注的是建筑，但亚历山大认为这种分析是可推广的，它可以推广到人类社区和生态系统。如此一来，一个充满活力的人类社区或充满活力的生态系统也将由多个强化的中心和多个层次组成。在工作中培养的对整体的感觉不仅仅包括对整体本身的感觉，同时也包括对中心以及中心之间如何互相增强的感觉。这种感觉的发展，将极大提升人们认识并欣赏社会的能力、欣赏世界上多个相互增强的中心的能力，以及支持这些中心的必要性。增强人们对于多中心欣赏的整体感觉，也将促进人们理解和支持这种全球秩序所需要的思维。

工作的碎片化所带来的道德腐蚀与民主的衰落有关，并受其影响而日益加剧。有鉴于此，培养一种对整体的感觉作为生活的基础，并以此来克服碎片化应该有助于民主的复兴。依照这种整体的感觉行事需要自由和民主，同时也提供了维护、捍卫和维持后者所需的能力和美德。这种对整体的感觉，是将每个层面——从地方到全球——人们的个体生活与政治和环境问题关联起来所必需的，它促使人们在民主框架内组织并行动起来，同时也支持并增加彼此在有助而非破坏全球生态系统方面的自由。它也是思维全球化与行动本地化所必需的，唯有如此，本地化行动才能真正融入全球化思维中去。

2. 朝向生态可持续的世界秩序

在这篇论文的引言中，我简要描述了全球系统的动态原理，它正推动人们朝向对地球环境的破坏。生态伦理不仅需要考虑，如果我们生活在其中的社会秩序使我们极难促进（而是破坏）对人类生活有益的生态过程时，我们该如何作为；而且也需要考虑如何改变这种社会秩序。我试图通过本文表明，过程哲学可以提供实现这一转变所需的生态伦理学形式。该提议能否被认真对待？乌尔里希·贝克（Ulrich Beck）认为，面对全球生态危机，道德“就像国际航班上的自行车刹车”[27]。如果道德以其目前的形式被视为对个人利益的束缚，是被作为哲学分支的道德哲学进行检验并时而为之辩护的（哲学也不过是众多学科中的一门），那么贝克对伦理学的怀疑就是合理的。但这是文化、生活和工作碎片化的一部分，它们已经逐渐破坏了现代世界的道德规范。如果过程哲学能够为生态伦理学提供基础，那是因为它首先是对这种分裂的一种反叛。哲学要完成这一反叛所必须做的不仅仅是为伦理学提供一种统一话语的语境。它还必须激励人们行动起来。而要做到这一点，它就必须提供比“全球芹菜饮食”更多的东西。我已经建议，人们需要坚持的愿景就是民主；它是真正的民主，而非由市场力量和那些拥有财富的人统治世界的所谓民主。反对环境破坏的斗争应该被看作一场从地方到全球的民主斗争。这将涉及对于叙事的重塑，作为个体和社区的人们将生活建基在一个崭新的未来愿景上，也即人们将不再受市场力量的奴役，并将有能力创造生态上可持续的社会。

但这本身不太可能构成对消费主义的挑战，目前在世界大部分地区的人们中，消费主义都占据主导地位。我认为马克斯·伯恩的说法是对的，过去人们的伦理建立在工作的基础上，但工作的碎片化侵蚀了任何有效的伦理。亚历山大的建筑思想为伯恩的观察提供了有力支持，同时也为工作与道德的关系以及重建这种道德所包含的东西提供了更深刻的见解。亚历山大的分析本身就是过程哲学的一种形式，而他所寻求培养的工作和生活方式，实质上就是实践中的过程哲学。亚历山大的提议为人们提供了一个更加具体的目标，也即改变工作的性质，使工人们不再沦为泰勒式管理结构的工具，而成为生产美丽的自然与社会形式的积极参与者。

这能否为生态伦理提供基础，从而有效地对抗当前全球体系的迫切需要？亚历山大认为，这些模式相当于小型的、可以剪辑的基因，可以传播到整个社会并改变它。他自己的建筑理念就可以通过这种方式传播开来，并且最终取代泰勒制，从而带来更广泛的社会变革。虽然这种分析有许多值得称道之处，但我认为，我们可以更加乐观地认识到，在地方一级传播新的模式可以导致迅速的全球变化，从而提供更有利于这种模式发挥的社会环境。如果一种生态伦理致力于推动可以培养创造更美好世界的工作模式，它也将培养能够在地方一级建设民主组织的人们。这些民主组织反过来可以支持更高层次的民主结构。重要的就是，生态伦理不仅与个体有关，也与机构、组织和社区有关；也就是说，在政治哲学方面，生态伦理应该被视为与维持生态上可持续的社会形式所需的美德相关。与此相反，政治不应单纯地从权力和为达某种特定目的而组织等角度进行考虑，而应集中关注于在人民中培养民主组织所需要的道德，这种道德致力于创造更美好的世界。唯有如此，过程哲学才能通过整合这些所有的方面，提供一个鼓舞人心的未来愿景，并成为改造文明和避免环境灾难的生态伦理的基础。

参考文献

[1] [4] Michael Shellenberger and Ted Nordhaus, *The Death of Environmentalism: Global Warming Politics in a Post-Environmental World,* 2004.

[2] [3] Thomas Prugh, Robert Costanza, and Herman Daly, *The Local Politics of Global Sustainability,* Washington D.C., Island Press, 2000.

[5] Max Born, *My Life and Views,* New York: Charles Scribner's Sons, 1968.

[6] Alasdair MacIntyre, *After Virtue*, Notre Dame, Notre Dame University Press, 2nd ed., 1984.

[7] Arran Gare, "Narratives and the Ethics and Politics of Environmentalism: The Transformative Power of Stories", *Theory & Science*, Vo1.2, No.1, Spring, 2001.

[8] See Bill Readings, *The University in Ruins,* Cambridge, Mass., Harvard University Press, 1996.

[9] Cornelius Castordiadis, "The Greek *Polis* and the Creation of Democracy", *Philosophy, Politics, Autonomy: Essays in Political Philosophy*, New York: Oxford University Press, 1991.

[10] Prugh, Costanza and Daly, *The Local Politics of Global Sustainability,* 2000.

[11] [12] [13] Christopher Alexander, *The Nature of Order: An Essay on the Art of Building and the Nature of the Universe, Book One, The Phenomenon of Life,* Berkeley: The Center for Environmental Structure, 2002.

[14] Alfred North Whitehead, *Adventures of Ideas,* New York: The Free Press, 1933.

[15] Alfred North Whitehead, *Process and Reality,* [1929] Corrected Edition, ed., David Ray Griffin and Donald W. Sherburne, New York: The Free Press, 1978.

[16] As argued in Arran Gare, "Architecture and the Global Ecological Crisis: From Heidegger to Christopher Alexander", *The Structurist,* No. 43/44, 2003-2004 – special issue: "Toward an Ecological Ethos in Art and Architecture".

[17] Christopher Alexander, *The Nature of Order: An Essay on the Art of Building and the Nature of the Universe, Book Two, The Process of Creating Life,* Berkeley: The Center for Environmental Structure, 2002.

[18] [19] [20] [21] [22] Alexander, *The Nature of Order: Book Two, The Process of Creating Life*, 2002.

[23] Robert C. Solomon, *Ethics and Excellence: Cooperation and Integrity in Business,* Oxford: Oxford University Press, 1992.

[24] Alexander, *The Nature of Order: Book Two, The Process of Creating Life*, 2002.

[25] See Arran Gare, "Narratives and Culture: The Role of Stories in Self-Creation", *Telos*, Issue 121, Winter, 2002.

[26] Herman E. Daly and John B. Cobb, *For the Common Good: Redirecting the Economy Toward Community, the Environment, and the Sustainable Future,* Boston: Beacon Press, 1994.

[27] Ulrich Beck, "From Industrial Society to Risk Society", *Cultural Theory and Cultural Change,* Mike Featherstone ed., London: Sage, 1992.

Process Philosophy and Ecological Ethics

Abstract: Environmental ethics has been compared to a bicycle brake on an international jet airliner; it is ineffective. Here I show how and why an ecological ethics based on process philosophy could be effective against the forces driving global environmental destruction. However, this will involve a radical transformation in what are taken to be the problems of ethics and how ethical philosophy is understood. Ethics needs to be centrally concerned with the virtues required to develop and sustain desirable social forms. To address global environmental problems ecological ethics must concern itself with the virtues required to develop and sustain democracy. Developing these virtues, it is argued, will involve reversing the growing fragmentation of work to revive a feeling of responsibility for creating a better world. Such an ethics must not only provide guidance for action, but also provide people with a sense of their place in and role in history and nature and an inspiring vision to motivate them to work for a better world. Process philosophy can provide such an ecological ethics not only because it can justify respect for all living beings, but also because it is a revolt against the fragmentation of intellectual, cultural, and social life which led to the trivialization of philosophy in the first place.

Keywords: Ecological Ethics; Environment Protection Movement; Process Philosophy; Bourne Max; Whitehead; Alexander Kristoff; Political Philosophy; Managerialism

【作者简介】阿兰·盖尔（Arran Gare）系澳大利亚环境哲学家，澳大利亚斯威本科技大学（Swinburne University of Technology）哲学与文化研究系教授，《宇宙与历史》（*Cosmos and History*）杂志主编、李约瑟复杂过程研究中心（Joseph Needham Centre for Complex Processes Research）创始人。他在环境哲学、过程形而上学和科学的形而上学基础、思想史、复杂性理论、人类生态学、经济学、心理涌现论、社会文化理论、伦理学和政治哲学等领域发表了大量论文。主要著作包括《后现代主义与环境危机》（1995）、《虚无主义公司：环境破坏与可持续性的形而上学》（1996）和《生态文明的哲学基础：未来宣言》（2017）。

【译者简介】詹敬秋，哲学博士，系西交利物浦大学中国文化教学中心讲师。

过程、进步和过度：怀特海与社会和平 *

[奥地利]罗兰·法勃尔 文　刘静远 译

【内容摘要】 不同于德日进对不可阻挡的和平之判断，以及世界和平是人类“全球化”的必然结果的信念，怀特海基于其建设性后现代的立场和过程哲学的思维方式，追问和回答了我们“怎么能”或者我们“能不能”以任何有意义的方式敢于断定，世界和平是不可阻挡的。这一探讨不仅关涉人类的进步问题，而且凸显了怀特海有机宇宙论下内在关系的新文明观。本文正是通过文本考察和比较研究，以期系统地呈现怀特海有机宇宙论下新文明观的社会和平思想。

【关键词】 怀特海；过程；进步；过度；社会和平；文明

我将通过下面这段发言来引出今天想要讨论的问题：

> “伟大的和平”，这个多少世纪以来让满怀善意的人群所倾心追寻的目标、数以代计的先知和诗人所展望的愿景，以及人类世世代代的神圣经典里所一直信守的承诺，现在终于来到了世界各国触手可及的地方。这是人类历史上第一次让每个人都有可能从一个视角看待整个星球及其形形色色、多样化的人种。世界和平不仅是可能的，而且是不可阻挡的。这是这个星球进化论的下一个阶段，用一位伟大思想家的话说，就是“人类的全球化”(planetization)。[1]

---

* 本文最初发表于 Roland Faber, “Process, Progress, Excess: Whitehead and the Peace of Society”, *Recent Advances in the Creation of a Process-Based Worldview*, Edited by Łukasz Lamża, Jakub Dziadkowiec(Newcastle upon Tyne: Cambridge Scholars Publishing, 2016), pp.6-20。

我的问题是：从怀特海的角度看，我们*怎么*能或者我们*能不能*以任何有意义的方式敢于断定，世界和平是不可阻挡的。鉴于世界国际事务的现状，维持一种全球规模上的和平是不可能的——这种说法是不是更合理一些呢？甚至试图设想它的单纯可能性，难道不是让我们陷入了一种不流血的想法的魔爪之中吗？

发表这番声明的“伟大思想家”就是德日进（Pierre Teilhard de Chardin），他满怀热忱地相信，世界和平是人类“全球化”的必然结果。他可以说得上是个倡导者，阐明了人类社会向着由和平所驱动，并在和平中实现的文明而进步——一种与整个地球以及整个宇宙有机关联着的和平。在怀特海的《思维方式》中，这一观点被大胆地标注为“文明的宇宙”。然而，正如怀特海的学生所认识到的，不可避免的“进步”将德日进与怀特海区分开来，因为对怀特海而言，整个宇宙和人类的努力中所蕴含的创造性“过程”，*如果有的话*，也只是*模棱两可地*朝着任意一个注定的目标前进。“过程”似乎总能战胜任何有目的的“进步”，无论是走向文明还是最终的和谐状态，都与人类和生物圈的星球和平有关。

我们也可以回顾一下“进步”的其余轨迹，比如在怀特海《观念的冒险》中的语言[5]（p.19）——这组以探究和平（也译作“平和”）的概念而著称的系列论述，被人彻底地批判过，尤其是从后现代的视角。它们所表达的，不外乎怀特海挥之不去的理性主义倾向，或者说是他无法从《过程与实在》中所表现的启蒙运动的根源中解脱出来。除了怀特海重拾“那一始于笛卡尔而终于休谟的哲学阶段”[2]（p.11）的情怀以外，《过程与实在》的第一句话就被当作对后现代敏感性的一记耳光：这门“讲演课程的宗旨是论述思辨哲学”[2]（p.3），并且是为了阐述一个“融贯的合逻辑的和必要的一般思想体系”。第一次世界大战后的社会所经历的思想和现实分裂之严重程度，在社会疲惫的领域中，并反映在虚无主义的、多元化的、存在主义的和彻底批判的氛围里，从根本上杜绝了这种可能。

然而，让我们回溯片刻：德日进的“全球化”是在第二次世界大战所造成的对物质、文化、社会和心理的破坏之后才出现的。在德日进有意识地反击这些破坏的过程中，他期待地球的和平，即使世界和平的缺席与反对假定和平不可能是可怕的。人们普遍认为，这种“乐观主义”是因为他出于宗教动机，相信人类的命运。虽然把握人类的轮廓远远超出了我们的能力范围，但是人类正不可避免地接近一个由神圣机构从一开始就塑造了的统一的“终结点”（omega point）。对研究怀特海的学者而言，这或许只是证实了德日进的线性目的论与怀特海否认线性进步之间的鸿沟，因为宇宙纪元的周期是无限循环的，没有起点和终结。

但是，容易令人忽视的是，德日进的思想也并不是那么简单。与其假设一个我们可能会漠视的幼稚的进步形式，不如让我们再仔细地聆听一次。在下面这段《人的现象》的节选文字里，德日进用深刻危机及其影响反驳了所有关于平稳进步的假设。

> 早在新石器时代就开始严重爆发，并在现代世界达到顶峰的双重危机，起初源自人类的大规模形成（我们可以称它为人类的“全球化”）。民族和文明的发展水平达到了边境往来、经济依赖和心理共融的高度，除非相互渗透，否则无法再发展下去。但这也源于这样一个事实：由于受到了机械和思想过热的综合影响，我们正在见证一种未曾使用的力量的强势崛起。现代人已经不知道应该如何使用他所释放出的时间和潜能。[3]（p.252）

与进化论者——无论是生物的还是哲学的——不同，他们假设资源匮乏会造成驱逐各部分人群的压力，这种情况又确保了只有强者和适者能够幸存；而德日进颠覆了该观点。诚然，全球性的压力存在，但它不会必然导致全面冲突，而是将所有人群彼此生态的内在的必然性带到了物理意识中。与其说是匮乏，不如说是以在实现全球人类和生态相互依存的过程中产生的未实现的潜能为形式的自由能量过度的激增，促进了进步。确认了这个含义之后，他继续问道：

> 当我们考虑到元素在自由能量的热度下持续压缩，且这种自由能量同时也在无情地增加时，从这种双重的现象中我们怎能看不到“激进的”跃进时——也就是说，在思想起源的新的一步——的两个长期症状？[3]（p.253）

的确，对过剩能量需求的认识不一定就会导致对文明与和平的乐观。乔治·巴塔耶（George Bataille）在他的《宗教理论》中表达了他对圆满完成或是彻底毁灭这种能量的渴望，用相似的方法充分地证明了这一点。人类注定要抛弃自己不幸的存在，为了自然的状态，动物的内在，如同水中之水一样，放弃了它。然而，对德日进而言，在共同的全球内在的热能中产生的能量和潜能的“过度”，成了“进步”的推动力。在德日进看来，这些“激进分子”不仅唤起了“心灵的起源”，而且发明了一种对普遍相互性的新*觉识*，这种认识具有生态性和精神性。它们恰好成为那个把不可能转变为焦点的力量：“和平”与“欢乐”——德日进总结道：

> 正在那条帝国间彼此对立的界限之外，在世界自身的内部整体化中，在一种地球的精神的一致建构中等着我们。[3]（p.253）

正是由于这种“精神”的出现，德日进认为，“成熟和突发通向越来越高的不可能，而我们正是萌发自这种不可能”，这也会使人类重生，所以，“无论这看起来如何不可思议，[它]*必须实现目标*，不一定，毫无疑问，但却是绝对无误的”[3]（p.276）。换句话说，“进步”认为“目的论”并非在不可避免的预设目标中，而是在一种宇宙的起源中，这种起源在全球相互内在和在这一过程中释放自由能量的压力下展开。因此，我们不应以一种目的的耗尽为满足，而是可以在*过度*的波涛里冲浪，因为它们可能蕴藏一种反向运动，在其中不可能发生的事情——和平——或许也会成为不可避免的。

对怀特海而言，情况则不同，正如上文所述，因为他的宇宙论并不意味着任何“世界的终结”。[3]（p.276）在世界无休无止更新的框架中，成为“不可避免的”并非自然或社会*走向*和平的过程。怀特海敏锐地意识到，“进步”总是跟“衰落”成对出现。[5]（p.15）即使无论发生什么都是相互内在的*必然*实现的说法是真的，自由能量的“激进分子”和未实现的潜能也只能*模棱两可*地“成功”：要么作为进步，要么作为退化。然而，这种从德日进全球目的论到无限的世界设想的转化还有另一个令人震惊的含义，那就是，相互性及其激进的进化危机为受到压力的生命提供了*三种*选择：如怀特海所说，它们将

> 或不复存在，或失去对导致这种疼痛的洞察的敏感，或在身体各部分之间发展出一种更加精细和微妙的关系。[4]（p.96）

这里是我们要掌握的核心观点：*如果*自由能量和未实现的潜能的整合模式可以避免相互毁灭和分裂瓦解，变成怀特海在《观念的冒险中》所提到的“麻木”[5]（p.256），那么它就会以一种进步的形式，向着一种可以理解为和平的转变发展。这将是*不可避免的*，因为这是剩下的*唯一*选择。

让我再放慢速度来展开这个论题的一些要素。如果怀特海的宇宙不是直线形的，而是无限开放的，“和平”除了作为怀特海技术意义上的“初始目标”[2]（p.244）以外，并不能够成为任何社会或整个宇宙的终极目标。然而，作为一个在其单纯的潜能中总是重新产生释放出自我建构力量的目标，它只能通过作为实现手段的单一事件来得以实现。由于没有任何一个事件的微观缩影可以涵盖这个世界，以至于使其停止，那么任何初始目标都不是“终极的”，也不是字面意义上的“终止”；相反，它始终都是一个*新开始和有限性*，*处在新的开始之中*，*也作为一个新的开始*。[5]（p.276）并且，既然宇宙的宏观仅仅反映了这些有限的实现过程的无限性，那么它就更加无止境地开放给无穷无尽的新实现，没有尽头，也没有永恒

的终极状态。

在这种意义上，前文所涉及的这种不可避免的“和平”不可能成为生成的最终产物，但是，如果它真有意义的话，就必须在所有事件和社会彼此的相互内在中表明*生成原则本身*。正如怀特海所表达的“创造性发展”[5]（p.286）的概念，与其说它（和平）是“终结”——“过程”的终结——不如说是*伴随过程的原动力*。和平看起来似乎既不是目的也不是结果，而是一种*伴随性或共在性*（withness），跟怀特海的“身体与共性”[2]（p.81）类似。从这个意义上讲，*如果和平成功*地实现了在过度过程中的相互内在，就是一种成功的必然与共性。它必须两者都是：一是将这一*过程*作为将过度融入相互内在的精致表象中的*进步*；二是将这一*进步*作为一个全球化社会的*进程*，通过过度来避免消灭这种过度，反而增加了其必然性。

另一个值得强调的要素就是，自由能量和未实现的潜能的出现对于怀特海的“有机的”宇宙论至关重要。它认为，形成结构和秩序，或社会的任何系列事件的构成中心都蕴含着一种创造性的过度，使生命和意识、艺术与科学、理性与想象、爱与价值的形式得以进化出现。在怀特海对事件和社会联结性的后康德式理解中，它标志着它们通过经验和感受的相互纠缠。这种*感性*（aesthesis）[2]（p.103）具有两重性质：它反映了古希腊关于*感知*（perception）的哲学术语——怀特海在他早期的作品如《自然的概念》中曾用这个术语做过实验。而且它是在19世纪哲学的认知基础上发展起来的，例如对浪漫主义和尼采的认识，对“生活的艺术”的认识——在他后来的著作如《理性的功能》中出现。在第一种意义上，美学通过坚持一切经验表象的基本关联性来反驳唯我论的实体论本体论。[2]（p.51）在第二种意义上，它描述了一种创造性进步的宇宙论原动力，通过从任何社会特征中解放出来并超越该特征的一种丰富的过度性来对抗熵的减少。因此，这种真实事件的表象及其秩序在越来越复杂的生命和意识形式中的*美学*，在其连通性和过度性的*压力之下*构成现实。

让我举三个例子来说明怀特海的这种审美压力。在《宗教的形成》中，怀特海描画出人类思想的演变与人类社会在生物和文化现象方面的组织。如果我们问：什么才是引发和更新人类面貌的整体“进步”的动力？——我们找到了这个答案：通过仪式的“逐渐出现”[4]（p.19），将*过剩的能量和未实现的潜能的激进分子从单纯的重复*里解放出来。怀特海写道：

> “仪式”可以追溯到历史的黎明之外。从动物身上，从它们的个体习惯里，甚至从它们的集体进化里，都可以看出这种仪式。仪式可以定义为

> 确定动作的惯常表现，与行为者的生物有机体的保存没有直接相关性……仪式是多余的精力和空闲的原始结果。它体现了生命体重复自身行为的一种倾向。因此，在猎取食物或其他有用的追寻中所必需的行为是由于其本身的缘故而重复的，他们的重复行为同时也重复了操练的快乐和成功的情绪。[4]（pp.20-21）

“多余的精力和快乐”是第二个例子中的主角，来自《观念的冒险》。他回溯到上一段引文，并收获了他所提到的*超越必然性的生活*，即向文明进步的*艺术*本质。

> 在某些重复的模式中，我们需要通过个人行为或感知将过去和未来戏剧化，从而重新体验我们自己和祖先的情感生活……因此艺术起源于仪式的演变，由此产生戏剧、宗教仪式、部落仪式、舞蹈、洞穴图画、诗歌文学、散文和音乐。在这个列表里的每一个成员都以更简单的形式奉献着一些“努力”，以再现一种从日常生活必需品中闪现的生动体验。但艺术的秘密在于它的自由。情感和经验本身的一些元素又脱离了它们的必然性得以重生。紧张已经结束了，但是这种强烈感觉的快乐依然存在。这种强烈的感觉起初来源于某些极端的需要；但在艺术里，它已经超出了作为其起源的强迫性。如果处在阴影中的奥德修斯能听到荷马吟唱他的《奥德赛》，那么他就会带着自由的享受重新演绎他流浪的危险。
>
> 现在文明的艺术源于多种起源，包括物质的和纯粹想象的。但它们都是升华，以及升华的升华，是对自由享受生活的活力的简单渴望的升华，而这种渴望最初产生于必要的时刻。[5]（pp.271-272）

第三个例子来自《理性的功能》，讨论了奥德修斯的例子。但在这个解读中，它“使目的有效”，并且只“与维持生命有关”[6]（pp.37-38）。由于实践功能受制于“遍及自然界的奴性顺从”，所以它无法“伸出任何手臂将自然界从其最终的衰败中拯救出来”。熵可以说是超越了自然。但它的相互性压力也导致了超出功能的过度，即“纯粹的无秩序因素”的出现，没有这种因素，“自然注定会慢慢地走向虚无”。然而，它的持久影响只有在“无秩序欲望的野蛮力量”的文明化进程中才能产生。对于怀特海而言，这就是“思辨理性”的功能——“在我们身上一个拯救世界的有纪律的反作用的特殊体现”。[6]（p.36）也就是说：**当超出生存压力的过度和由必然性的相互性所产生的热量重新连接时，进步就会产生。**

在这一点上，另外一系列问题出现了：如果“和平”作为一种存在，与成为文明的过程一*起*，是以相互内在和剩余能量、潜力的无秩序运动为条件的，那么这些力量在何种意义上促进了*朝向*全球和平的*进步*呢？如果有这样的进步，人类文明最终会在没有全球和平的情况下继续存在吗？如果没有*最终的*达累斯萨拉姆（Dares Salam），即“和平之家”，我们该如何*衡量*进步、辨别近似的程度，而不是被无限的推迟和*差异*所限制，嘲弄毫无意义地陷入自我困境中的和平概念？

然而，我们已经从上例子中获得了一个提示：诚然，自由能量和未实现的潜能的激进分子*的确*是文明崛起的条件，但只有在它们同时被思辨理性所*驯服*的情况下，它们才能做到这一点。换句话说：怀特海说的是，熵不仅是由单调的重复所*缓慢*引起的，而且反过来也由仅是被孤立的过度无秩序的闪电式攻击所加速。为了“拯救世界”，使其不至于最终陷入彻底的虚无，还需要一些其他的东西，通过这些东西，将高强度的突发模式化为持续新奇的网络和途径。可以确定的是，怀特海并*不是*说，理智必须被加冕为文明的一个包罗万象的目标——理性主义的谬误。怀特海说的是，只有无政府状态的生活的*相互性关系网络*，以一种思想自由和好奇心的持续心态来表达自己[6]（p.38），才能实现对衰败的反作用。它不是目的，而是一种服务于“生活的艺术”的*媒介*。[6]（p.5）

令人惊讶的是，这一关于人类起源及其对向文明进化的概念，让人联想到德日进对覆盖地球的既薄且脆弱的心智层，即理性圈的出现的渲染。[3]（pp.286-289）但问题依然存在：理性圈，这个精神网络的物理实现，在物理上和精神上与地球生物圈的相互影响之下，蕴藏着生命和意识的过度，如何成为一个新兴文明的标志，从而意味着或释放其社会的和平？

这里，我们必须再次审视一般形而上学的图景：怀特海是如何阐明过度与相互性（关系）的重新整合，从而在全球社会中释放出促进和平的能量和潜力的？毫无疑问，怀特海坚信这种无秩序的过度，为了使它自身的强度和永久性超越短暂的独创性闪光，不仅需要“因果独立性”[5]（p.198），还需要一种*媒介*，借以*维持*其“从自由的享受获得的享受的自由”[5]（p.258）。他谈到自由的*渠道化*，除此之外，“独创性的深度会给动物身体”或任何形式的社会组织“带来灾难”[2]（p.107）。被过度所调节带来的更高的生命*潜力*，如果它的激进分子不仅仅是“相互阻挠的场合的精神自发性”，就只能*成为生命*。因此，即使是生命的出现和生命的持续组织，也已经*是*遍及宇宙的*文明进程*。当多样化的社会组织学会通过“对新奇的目的论的引入”来*模式化*过度，它们还增强了重复性社会组织创造和维持遍及整个社会的现存的无政府状态的能力，“尽管不一定包括该社会的所有，甚至大多数场合”。过度转化为文明生活，“在整个社会场合中精神自发性的协调”[5]（p.207）

越多，就越是既不会破坏这种无秩序的自由赖以建立的*模式*，也不会摧毁这个社会发挥功能所导入和强化的*生活*。

这个概念可以回答文明是如何产生的问题，即作为高度脆弱但稍微稳定的模式与释放并强化这些模式的过度—激进整合的进展。但是，我们仍然感到困惑的是，为什么这个文明的过程*必须*要成为和平的进步，在和平中的进步，以及走向和平的进步，因为在一个非常现实的意义上，过度—自由似乎与它*背道而驰*。生活的过度主要是对它维持自由所需要的模式具有破坏性。现存的社会——就像怀特海如此恰当地认识到的那样——建立在“抢劫”[2]（p.105）的基础上。这种“抢劫”是由熵的问题所迫使的，即任何结构，特别是当它被其内部的无秩序状态瓦解时，就需要其他生物有机体，它在作为社会的结构功能的再生中，把这些有机体还原为燃料。生活是肮脏的。它永远都是生与死。生命的维持是建立在坟墓上的。

那么，文明进程如何抵制这一致命的游戏呢？在任何时候，趋向和平的“进步”又是如何进入这一画面的？显然，无论是暗示连通性和模式化的相互内在，还是激进分子的过度——要求在这种结构内和摆脱这种结构的自由——*本身*都不能产生文明或和平。由于某些特点的存在或缺乏，它们中的每一个都表现出效果相反的倾向。然而，正如已经表明的那样，相互性和过度的*某种*程度上的整合是*不可避免的*，并且可能是论述它们促进文明及其和平进步的关键。让我们再仔细看一下。

相互内在是《观念的冒险》中的一个关键概念，它唤起了柏拉图的*场域*（khora），即宇宙存在的场所和“相互沟通的媒介”。[5]（p.134）就其基本性质而言，它在怀特海的宇宙论中是终极的，因为它的空虚没有对宇宙强加任何具体的特征，除非任何组织或从其强大协同作用中获得的自由，必须表现出*这种*基本的关联性。[5]（p.201）从这种意义上说，对事件、结构和社会的相互运作的更具体特征的任何形式的调节都漠不关心，却在促进这种调节——这种“宇宙的恒量”*深刻地缺乏*促进文明进程的渐进或其和平共处的任何必要性的能力。它可以维持抢劫或盗窃、赠予或和谐、不和谐或毁灭。然而，怀特海恰恰利用这种相互内在的概念，不仅表明了文明进程的进步，而且——更令人惊叹的是——表明了在社会的文明努力中的和平进展。在《新改革》一章的三重计划中，怀特海围绕着相互内在，将文明的习语精心设计成[5]（pp.166-169）作为社会、文化、政治和宗教中说服力高于强制力的进步意识，通过这种意识，达尔文式的竞争、破坏和流离失所的力量的升华被“爱、同情与和平”[5]（p.167）所抵消。

那和平方程的另一个要素：生命的过度性呢？它指出了“截然相反的”[5]（p.295），

也是相互内在所缺乏的东西，即创造性和冒险。对于相互内在而言，在怀特海的宇宙中，它的确对文明进程同样至关重要，但正如之前所阐述的那样，它的无政府性质既不一定是文明的，也不必然是和平的。以其最强烈的形式，或者更好的形式：无形化，它构成了一种“生命的聚合体”，也就是一种没有社会特征的聚合体。更重要的是，它随附于一个高度复杂的社会组织，而且必须由这个社会组织所保护；否则，它就无法生存。[2]（pp.105-106）

如果说文明中有进步，那么它似乎潜伏在社会组织和自由生活的夹缝中。但是，那些没有形态的怎么可能变得文明？靠破坏结构而生存的东西，又如何能够变得和平？在这一点上，另一个线索可能不容忽视：相互内在和一个完全活跃的聚合体都有相同之处：它们的*无形性*。从某种意义上说，存在的基础和创造性的过程性的最高表现形式是一致的，因为它们不是结构性的现象；因为任何结构的基础，以及宇宙模式化和社会组织表达其最高生活强度的基础都是指同一现实；因为它们的无形性一方面是接受性和关联性的无差别；另一方面是活动性和能量的无差别。那么，文明中的进步——随着文明的进步，和朝着文明的进步，可能只是反映了*一方在另一方身上实现的等级层次*——在这里，和平成为过度的生命存在的*象征*，但却是超越任何个性、对立*和*无政府状态的相互内在的表达，而相互性不过是生命的相互创造性的过度或超越的地方。

就像德日进的“世界在自身内部的总体化”[3]（p.253）一样，催生出世界的精神，接受性和创造性作为生命的相互性和相互性的生命共同存在——共在。象征着这种共生关系，我们可以说：这种精神渗透并涵盖了它们的所有结构性实现，是任何社会组织能够释放出一种可能蕴含着和平希望的创造性进展的*媒介*——正如怀特海那句话可能暗示的那样：“自然创造性通道的奥秘。”[7]（p.73）

然而，与德日进明显不同的是，怀特海的“创造性通道”概念并不知道在一个到来的末世论事实中，该过程的“整体化”。但是它的*奥秘*很可能是*朝向自身的进步*：既向着连接性和过度性的相互性，也向着任何封闭的相互性的总体性的过度或超越。由于它们的运动总是在“形式”之前并超越“形式”，怀特海很容易将它们概念化为*内在过度*的模式：作为“创造性”的模式，它是“所有形式背后的终极”[2]（p.20），以及创造性的“原始的、非时间性的意外”[2]（p.7），表明其固有的拯救行动。与思辨理性和无秩序的过度的关系类似，用怀特海的话说，它“拯救了世界”[6]（p.36），这种拯救活动象征着过度在超越形成的残骸之相互内在中的创造性升华。[2]（p.346）

如果说，正是*这种精神*在全球范围内的实现——而不是任何政治上的和平化或宗教上的整体化——才激发怀特海提出和平的概念。它不是一种原初的、乌托邦的或理想的状态——而是世界进程*中的*一种“感觉”[5]（p.295）。它的进步不是文明的一个目标，而是朝着它的全球相互内在进展的动机。对怀特海在《观念的冒险》中关于和平概念的一些标志性观点进行粗略的回顾，就足以证实这一论点：和平“指的是精神的真正动机的兴趣，而不是杂乱无章的观点的肤浅游戏”[5]（p.285）；它“是对悲剧的理解，同时也是对悲剧的保留”[5]（p.286）；它只出现在“自我”的陷阱之外，在那里，“兴趣已被转移到比人格更广泛的协调中”[5]（p.285）；由于以上所有原因，它“对文明是至关重要的”[5]（p.286）；然而，它的“经验……在很大程度上超出了目的的控制 [并且]……是作为一种礼物而来的”[5]（p.285）。

现在，在所有情况中最好的一种是，你可以说这种形而上的表现占了上风，表明或诱发了地球精神的深刻体验；在最坏的情况下，你也可以说，它们容易将最紧迫的世俗事务仅仅“精神化”，无视对社会的任何实际后果。事实上，怀特海是在第一次世界大战结束之后，在预期着更黑暗的对残酷的非人道行为的重演中，写下这些思想的，却连提都不提，这甚至可能会加深人们对他与现实政治考虑完全脱节的印象。但是，根据怀特海在第二次世界大战期间与查尔斯·林德伯格（Charles Lindbergh）在他的剑桥寓所里的一次谈话，他对“高贵”文明的未来的信任，可能会帮助我们描绘出一幅不同的图景：那就是一个人不是用仇恨的言语，而是用文明的真正美德来反击野蛮主义，即援引一种“审美的和谐，作为一个活生生的理想站在它面前，在它破碎的进步中塑造一般的流变，使之走向更细微、更微妙的问题。[12]（p.18）

亨利·科宾（Henry Corbin）将这种形而上学的运作模式命名为“想象力”。它的力量就是象征的力量。作为介于可理解的或理想的和物理的现实化之间的现实，*象征主义*很可能为怀特海在阐述和平时为文明所规定的“思辨理性”的*形而上*程序的重要性提供了线索。如果将其简化为寻求事实和原则的真理的操作，那将是一种深深的误解。相反，它被规定为吸引有趣的感觉的手段，唤起和引导一个*不同的*社会世界。[2]（p.259）它旨在作为一种程序，重建我们*以不同方式*来想象和预设社会现实的语言。作为“隐喻缄默地吸引着想象力的飞跃”[2]（p.4），唤起不同的、创造性的、替代性的、富有想象力的现实化模式的纽带，这种符号化并不是徒劳的、抽象的，也不是仅仅服从于遥远的未来，而*是*对不同的社会现实具有建设性的模式的真实潜力。以怀特海关于宇宙模式的偶然性的大胆表述为例：

想象一个世界——一个宇宙时代——在这个世界中，算术对于梦想家而言是一个有趣的幻想话题，但对于全神贯注于生活中的实干家来说却毫

无用处，这并不困难。事实上，我们似乎只是被勉强从这样的状态中拯救出来而已。[2] (p.199)

人类社会是一个巨大的宇宙社会交叉的实例，它*可以*是不同的，可以*进展*为不同的——这种纯粹的形而上的见解，可能会加强我们象征一个新现实的能力，充满着过剩的能量来实现它。正是在这个意义上，怀特海坚持认为，不是事实、政治、科学或宗教，而是“形而上学的理解，引导想象力并证明目的的合理性”，以至于“脱离形而上学的预设，就不可能有文明”[5] (p.128)。例如，正是通过这些形而上的象征，我们才“相信物质的永恒，比如望远镜、天文台、山脉、[和]行星”[5] (p.128)；“伦理的直觉，[因为它们]是形而上学说的直接应用，用以决断实践”[5] (p.18)。通过它，“发明了人类自由的社会学概念”[5] (p.24)，“柏拉图的灵魂形而上学概念[展示了]它对宗教以及社会理论的影响，[并]决定性地承载了这种道德”[5] (p.24)。因此，任何试图将单纯的事实性概括为：

不依靠任何形而上学原理和宇宙学一般化的历史，都是一种想象的虚构。对它的信念，只能发生在沉浸在偏狭的思想中——一个时代的，一个种族的，一个学派的，一种兴趣趋势的偏狭——这种思想无法预知他们自己不言而喻的局限性。[5] (p.4)

因此，怀特海的“和平感”是通过对文明的替代符号化的形而上学认识来发挥作用的。我把它的认识和激活称为*对无总体性的过程现实的减法肯定*。这种和平感总是从任何总体化中*减去自己*，也就是“偏狭主义”，无法认识到自己“不言而喻的局限性”，同时也*肯定*了和平的动力，通过“塑造其破碎进展中的一般流变，使之朝着更细微、更微妙的问题发展”[12] (p.18)，把社会转变为“其各部分之间更精细、更微妙的关系”[4] (p.96)。

对这两个方向的减法和肯定，反映了形而上学符号化对社会的任务。一方面，对整体化偏狭主义的形而上学批判，在提醒社会注意对其挥之不去的偏见。使之意识到自身“未被发现的局限性是哲学研究的课题”[5] (p.245)，这又使不同的社会模式得以有目的的现实化。另一方面，它也扩大了我们对快速的、未被发现的、超出我们意识范围的相互内在网络的敏感度——重复性的社会命令深深地烙印在“‘偏见’的神奇力量中”[8] (p.2)，并由“安全的本能反应”对“社会顺应”[8] (p.66)一次又一次地颁布。为了摆脱这些机制，需要一种替代性符号化的力量。然而，由于这些符号带有和平的含义，因此不能将其简化为对社会未能认识到其虚假的统一和对其未被披露的多重性的压迫的批判性评估。相反，和平的符号化力量使社会力量能够用“抑制的消除”来*充斥*这种“麻木”——这种和平的“低劣替代品”[5]（p.285），从而“引起更广泛的有意识的兴趣”和“关注的领域”[5]（p.285）。这种和平感*肯定*了隐藏的多重性，并将一种新的“‘生活和运动’的质量”[5]（p.285）注入了社会进程。

另一个例子可以证实这一观点：怀特海将宗教作为一种象征和平的模式。怀特海没有细说，他把宗教理解为“伟大的社会理想……应该是文明统一的共同基础”[5]（p.172），并在这个程度上“证明它的洞察力超越了短暂的蛮力冲突”[5]（p.172）。在维持上帝概念的过程中，怀特海扩大了相互内在和过度的象征，以包含一个生命的循环，其中，“已经失去的东西 [转变] 为 [上帝] 自己的本性中一个活生生的事实”[4]（p.155），并再次“由于上帝本性的包含而进入现实世界”[4]（p.155）。在这样的象征中，“天国”[4]（p.72）与宇宙的意义，以“精神上提升”[4]（p.160）的强度来抵消其“物理上浪费”的熵。这样的象征使社会有机会以不同的方式来感知“时间的流逝”，即“世界走向将新思想汇集成实际事实的旅程”，从而抵制“衰败之路”上迟钝的体面。通过拒绝只将“较轻微的实际情况”[4]（pp.159-160）传入遗产，和平的象征成为文明的*本质*，即其“世界忠诚”[4]（p.60）和全球成熟的精神的表现。

最后一个想法。怀特海在其《符号论》一书中，直接评论了相互性与过度性互动的象征性特征是如何促进人类社会创造文明未来的谈判的。在这本书中，相互性与过度性之间的干扰构成了它们之间的*象征性转移*。而在其结尾，怀特海给我们留下了一个重要的警告，反映了未能认识到和平意识对于任何文明的生存、想象和未来的*必然性*（的失败事实）。

> 人类通过其精心设计的符号传递系统，可以实现对遥远环境和有问题的未来的敏感性的惊奇。但是，由于每个符号转移都可能涉及任意赋予不合适的字符这一危险的事实，人类付出了代价。在任何一个特定的有机体中，自然界的单纯运转在所有方面都有利于该有机体的存在，或有利于它的幸福，或有利于该有机体所处的社会的进步，这是不对的。……任何精心设计的有机体的复杂群落都不可能存在，除非它的符号系统在总体上是成功的。[8]（p.87）

这里的成功既不是思想与现实的对应问题，也不一定是内部和谐的问题，而是一种“想象性的实验”[2]（p.5），它本身就蕴藏着对自身成功的判断。怀特海说：“象征主义可以是正当的，也可以是不正当的。”它的“正当性检验”总是在未来等待着自己，在未来，它要么导致了“幸运的进化”[2] (p.181)，要么没有。我们象征的和平谈判是否会成功，这取决于我们——运用新的审美感知、想象力构思和艺术感情的范围。如果一个文明要成功地在全球范围内崛起，那么它们的创造性召唤和实现是*不可避免的*，这正*是*它们的正当理由，因为其他的替代方案不是衰败和破坏，就是麻醉。它们的促进作用——唤醒全球的“地球精神”——可能是唯一值得我们花时间的“全球化”。

参考文献

[1] 巴哈伊 . 关于和平的声明：世界正义院，1963—1986 年通讯，第 681 页；转引自德日进 . 人类的未来 [M]. 纽约：哈珀罗出版公司，1964.

[2] A. N. Whitehead, *Process and Reality: An Essay in Cosmology*, Edited by D. R. Griffin and D. W. Sherburne, The Free Press, 1978.

[3] Teilhard de Chardin, Pierre, *The Phenomenon of Man*, New York: Harper Perennial, 2002.

[4] A. N. Whitehead, *Religion in the Making*, New York: Fordham University Press, 1996.

[5] A. N. Whitehead, *Adventures of Ideas*, New York: Free Press, 1967.

[6] A. N. Whitehead, *The Function of Reason,* Princeton: Princeton University Press, 1929.

[7] A. N. Whitehead, *The Concept of Nature*, Cambridge: Cambridge University Press, 1993.

[8] A. N. Whitehead, *Symbolism: Its Meaning and Effect,* New York: Fordham University Press, 1985.

[9] Faber, Roland, “Three Hundred Years of Whitehead: Halfway”, *Process Studies,* 41(1), 2012.

[10] Universal House of Justice, *The Promise of World Peace*, Wilmette, Ill.:Bahá’í Publishing Trust, 1985.

[11] A. N. Whitehead, *Modes of Thought*, New York: Free Press, 1968.

[12] A. N. Whitehead, *Science and the Modern World*, New York: Free Press, 1967.

Process, Progress, Excess: Whitehead and the Peace of Society Roland Faber

Abstract: Unlike Pierre Teilhard de Chardin's belief in the inevitability of world peace as a consequence of the "planetization" of humankind, this paper answers such a question: *how* can we, or *can* we dare to say that world peace is inevitable, according to Whitehead's constructive postmodern perspective and process philosophical approach? This study not only concerns the progress of mankind, but also highlights the new view of civilization of internal relations under Whitehead's organic cosmology. Through a textual analysis and a comparative study, this paper aims to systematically present the idea of the peace of society in the new view of civilization in terms of Whitehead's organic cosmology.

Keywords: Whitehead; Process; Progress; Excess; Peace of Society; Civilization

【作者简介】罗兰·法勃尔（Roland Faber），奥地利维也纳大学博士，现任美国威利姆特大学过程研究中心主任，怀特海研究项目主任。

【译者简介】刘静远，文学博士，美国国家自然疗法医学院教师，从事比较文学研究。

整体论与怀特海教育学的形而上学基础 *

[保加利亚]文森林·彼得罗夫 文　周邦宪 译

【内容摘要】本文首先回顾那些专业文献，它们讨论了怀特海教育学的原则以及该学说提出的问题。显然，对于怀特海教育学的形而上学基础，迄今为止尚无足够的学术考察专注于他那过程形而上学体系的整体论方面。本文的目的就是：厘清目前一些对怀特海教育学形而上学基础的考察；提出一些新的原则；假设一些新的联系。教育被视为人类文明的文化灾难期和文化不确定期的治病良方。本文提出并论证了两个新的观点：第一，怀特海的教育观和人类文明发展观之间存在着共同的特色，至少存在着相似之处；第二，怀特海的教育理论是过程哲学对其普遍形而上学的应用。

【关键词】怀特海；过程教育；过程形而上学；整体论

一　导言：怀特海形而上学及其教育理论二者关系的初步考察

本文欲强调的是“整体论”这一概念，它体现怀特海形而上学的特点，并与他的教育观相关。整体论在怀特海的形而上学中极其重要，它在很大程度上影响了他的教育观。不过愚以为，对于怀特海整体论的形而上学观与他的教育观之间的联系，学界虽有零星考察，似乎至今并未深研。且先举几个这方面的例子：《怀特海过程思想手册》（2008 年）有一章写道：

---

* 译者按：本文中《科学与近代世界》的译文均采用“商务印书馆”《科学与近代世界》何钦的译文，特此致谢。

我们需要的是以更加整体论的方式来思考教育，来积累人类的智慧。整体论的思维能使人有重大发现，能使人以新的方式对过去产生洞见；能使人对过去的洞见部分地否定、部分地重建，或者能使人根据人对世界的持续经验而全然否定。用机体来做比喻，有助于表现整体论的思维模式。根是有生命的东西，它出现于植物的历史中，并随时间的推移而继续发挥作用，继续生长；因此，根极能使人对怀特海的教育观产生联想。基础知识、基本原理、经典作品犹如有生命的根，意义重大：根把植物与数代的智慧（既是人的也是地球的）结合在一起。同时，根也不断地变化和生长。它们对于人的学习十分重要，因为它们体现了人类不断积累的智慧。[1]（p.206）

马尔康姆·伊万斯也说：

过程哲学不同于普遍教育哲学和理论的又一个地方是，它对教育的过程和内容执一种整体论的观点。诚然，我们应关注部分——课程呀，课文呀，语境呀——但永远都要把它们当作完整的机体置于一个由学生、课程、机构组成的框架之内。整体论的概念引申了，它还要把经验考虑在内。[2]（p.174）

此外，乔治·阿兰指出：

受怀特海思想影响的教育者所提出的解决方案是：进行整体思维，支持关于事实、概念、人，关于真理、理解以及成熟的自我如何发展的关系性理论。[3]（p.227）

人们都认为，在怀特海的学说中，“怀特海的教育哲学……不过就是用教育学的术语来重申了他在《过程与实在》《科学与近代世界》中所表达的他的普遍哲学的那些核心原则”[4]（p.1）。

这些核心原则包括他的整体论。也就是说，有必要更详尽地阐发那一概念，以便系统而具体地表达新的原则、它们之间的联系，以及它们之间的相似之处。

二　怀特海的整体论与其教育哲学的关系

自人们开始对怀特海的教育哲学展开研究以来，他们便一直认为，“只是读《教育的目的》以及他的其他关于教育的文章，并不足以正确理解怀特海关于教育的观点”[5](p.632)。

照亨利·福尔摩斯的说法，“无论是《过程与实在》或《观念的冒险》，都未直接说教育是一个过程，虽然后者有一段很重要的文字谈到了教育中的专业培养”[6](p.626)。

更有甚者，福尔摩斯坚持认为：

> 对怀特海的普遍教育观感兴趣的人，应首先读他的哲学书，特别是《观念的冒险》《宗教的形成》《符号的意义及效果》《理性的功能》，然后再读他的《教育的目的》。[7](p.632)

沿此思想路线追溯下去，一个重要的来源，特别是与怀特海整体论主题有关的来源，就是他的《科学与近代世界》(1925)。这是因为：怀特海最受欢迎的书——《科学与近代世界》，其总的策略首先是论证：现代哲学立足于一个出自17世纪科学的概念，但它却没有留意这一事实：过去三个世纪科学的微妙变化，已逐渐削弱了那一概念的基础；其次它要证明，由于我们现代的科学观念不再支持17世纪诸哲学观念，我们便需要一个新的哲学概念……任何充分的形而上学都应能克服这一事实和价值的分岔。价值一旦与事实分离，两者便再不能结合。这个观点，怀特海常引用这个句子来强调：“我把‘价值’这个字用来说明事件的内在实在性。”[8](p.81)总的说来，在他大多数的哈佛时期的成熟著作中，怀特海都写到了人类文明的发展史，而不只是宇宙论或形而上学。事实上，他宇宙论方面的启示，出自他对文明的研究。(参见《思维方式》[1938],《观念的冒险》[1933],《科学与近代世界》[1925]，甚至《过程与实在》[1929]中的很多章节)。在文明这一整幅图画中，教育这一话题就是个不可分割的部分。所以说，教育的诸问题是怀特海形而上学中的一个不可分割的部分：宇宙是一个机体，教育就是该机体的功能之一。那就是为什么怀特海的教育原则就是他的形而上学原则的直接应用。

在《科学与近代世界》一书中，怀特海写道：

> 在上面我还简单地提出了另一种科学哲学，其中机体代替了物质。为了这一目的，唯物论中的精神便分解成了机体的机能。心理领域就表示着事件的本质。我们的躯体事件是一个非常复杂的机体形式，所以它包括认识。同时，时间与空间从最具体的意义上来讲，便是事件发生的场所。机体是一定形式的价值的体现。某种实际价值的发生要依靠对调和

> 各种不同意见的限制。因此，事实上，事件本身便由于这种限制而成了价值。但正是由于这一点，它才同时也需要整个的宇宙参与才能成为其自身。[9]（pp.193-194）

此处的关键概念是“机体”和“事件”。把宇宙视为机体就表现了一种整体观。我们且深研一下何以如此。

总的说来，20 世纪的下半叶以及 21 世纪之初有一个明显的特点，那就是，人们重新对整体论产生了兴趣，不过表现为一种新的、当代的形式。正如我在他处有机会解释过的那样[10]（pp.119-134），简言之，整体论的世界观有几个典型的、相互关联的方面：（1）纯粹机体论的自然观。这种自然观把自然视为一个机体，无论它是何种类型的机体；它把人同周围世界的关系解释成与一个共享世界相联系的关系；（2）拟人化的自然观，即把自然视为人（母亲或女人），并对其有所期待，似乎人与自然处于某种关系之中，诸如一种友好的合作伙伴关系；（3）对自然作个体化的理解，即把自然看作一类个体，它有合法的财产，人类对它自有其义务和职责，彼此间似乎有法律关系。也就是说，照当代的思维，存在着不同的整体论的自然观，其中一个就是系统方法，它导致一种有机的自然观。这一方法与怀特海的过程方法是一致的，后者表现为怀特海的机体哲学，它有助于进一步推进系统方法。

在当代的整体论形式中，有三个要素再次流行。第一，虽然照机械论的思维，任何整体中的部分在根本上是恒常不变的，但照整体论的思维，情况却截然不同。整体论认为，部分是根据整体而定义、而修改的，因为它们依赖于整体。第二，整体并不被视为仅仅是部分之总和，因此，整体优于部分。第三，整体被视为是有生命的，也就是说，它是一个机体。这一观点正是怀特海方法的特点。

在《教育的目的》中，怀特海强调：“食书不化的人在这个星球上最无用……我们要培养的，是既有文化又在某一特别方向有专业知识的人。”[11]（p.1）在《科学与近代世界》中，这一观点得到更详尽的引申：“其实有效的知识应当是以专业知识为主，然后再在某种程度内对为事业服务的有益题目具有一定的认识。”[12]（p.197）他进一步解释道：

> 现代社会所遇到的另一个大问题是专家训练法的发现。这些人在特殊的思想领域中专业化……由于这种知识专门化获得了成果，于是就有两个特点使现代不同于古代，这是值得注意的。第一，现代的进步速度十分迅速，一个普通寿命的人，在一生中便会遇到沧海桑田的变化……第二，现

代知识专门化的结果在知识领域中也发生了相反的效果。一个现代化学家可能对动物学方面的知识很差，而对伊丽莎白时代的戏剧的一般知识就更差，对英文诗的韵律毫无所知。[13]（pp.196-197）

在谈到专业化的不可避免的必然性时，怀特海指出：

这种情形埋伏着一个危机。它将产生出限于一隅的思想，每一个专业都将进步，但它却只能在自己那一个角落里进步……这个角落将成为人们跨过原野的障碍，而抽象概念所概括的东西，是没有人再加以注意的了。但任何抽象角落都是不足以包括人生的。因此，中世纪知识分子的禁欲主义，到近代就被一种不用具体方式考察全面事实的知识禁欲主义所代替了。当然，任何人都不会仅是一个律师或数学家。人们在自己的专业以外都有其他的活动。但问题是真正的思想被局限在一个角落里。生活的其余部分只是由一个事业中引申出来的不完整的思想范围来作浮面的处理。

这种事业化的趋势所产生的危险是很大的，在我们的民主社会中尤其如此。理智的指导力量减弱了。知识界的领导人物失去了平衡。他看到的只是这一种或那一种环境，而没有看到全面。调度的问题只交给庸碌无能、因而不能在某种事业中获得成就的人。简单地说，社会的专化职能可以完成得更好、进步得更快，但总的方向却发生了迷乱。细节上的进步只能增加由于调度不当而产生的危险。[14]（p.197）

就在下一页，怀特海继续说道："19世纪的各种发现都是朝专业化发展的，因此我们在指导智慧上便得不到发展，这样就有更迫切的需要。"[15]（p.198）

作为哲学家，我们所能说的就是：每一个发生重大文化变革的时代，就是一个充满不确定、充满疑虑的时期。不过，每一充满危机的时期也是一个充满机会的时期。在那样的危机时期，哲学家的使命就是：创造性地提出可供个人和社会采纳的新的可能的方向。

三 在文明的文化危机时期和不确定时期，教育是济世的良药

在这种情况下，什么才是济世良药？怀特海对此怎么看？据他的看法，解决的办法在于遵循恰当的教育目的。在《科学与近代世界》中，他说：

智慧是平衡发展的结果。教育所要达到的正是这种个性的平衡发展。

对于不久的将来来说，最有用处的发现，就是能增进这一目的而不妨碍必要知识专业化的发现。[16]（p.198）

后来，怀特海在《教育的目的》中明确地说：

教育之难，就难在让学生见树而知林。我所极力主张的解决方案是：根除扼杀我们现代课程生机的那一致命的学科分离。教育只有一个主题，那就是表现为种种形式的生活。[17]（pp.6-7）

这一解决办法明确地与他的整体论相关，该理论见于他的过程形而上学体系。在《科学与近代世界》中，怀特海也说道：

专家并不是世界上新出现的东西。但过去专家形成一种不进步的阶层。而现在的专家则是和进步分不开的。目前世界已经面临着一种无法控制的体系……现在的问题不是怎样产生伟大的人物，而是怎样产生伟大的社会。伟大的社会将使人知道如何应付这局面……作为教育家说来，我们必须对这一点具有清楚的概念。因为这一点能决定我们将产生哪一类的人物，也能决定我们应向人们灌输哪一类的实际伦理。[18]（p.205）

这一说法中有精彩的东西。为了强调，我不妨重复一下怀特海的这个观点：“现在的问题不是怎样产生伟大的人物，而是怎样产生伟大的社会。”也就是说，没有整体论的社会观和宇宙观，便不可能产生伟大的社会，因为根据整体观（包括怀特海的机体观），系统的要素从属于整体，并依赖于整个体系的普遍原则。所以，在考虑教育的普遍原则和目的时，整体论的原则又是很重要的。

说到整体论，我们感到特别有趣的是，在《教育的目的》中，怀特海明确地提到了黑格尔。我们知道，怀特海很少在他的文章中提到或引用黑格尔，即便提到通常也是批判地或略为嘲讽地。但在此处，怀特海却赞许地提到黑格尔关于发展的普遍原则或规律的普遍而重要的观点。他说：

我认为黑格尔把进步分为三个阶段是对的，那三个阶段被他称为正题，反题，合题。不过，若把他的思想应用于教育理论，我并不认为他所提供的这些术语能引起悦人的联想。对于智力进步，我愿把它划分为浪漫阶段，精确阶段和综合阶段。[19]（p.17）

在下一页他又说：

> 浪漫阶段是首次领悟的阶段。所学的内容都具有新东西的那种生动性……在这个阶段，知识主要并非是系统性的。即便必须提到系统，也是临时拼凑出来的……浪漫的情感实质上是一种兴奋；人开初只认识到事实，继而首次意识到事实间那些未经探索过的关系的含义，于是便有了兴奋感。[20]（pp.17-18）

我们应注意到，黑格尔的形而上学宇宙观是一种整体论的宇宙观，其中正题、反题、合题三个普遍阶段把一切事物和过程结合在一个发展中的连贯整体中。怀特海把黑格尔所说的发展阶段和他自己的教育发展阶段（浪漫阶段、精确阶段、综合阶段）联系起来了。这意味着，首先，他认为，教育与形而上学紧密相关；其次，他自己的形而上学观是整体论的。照黑格尔看来，宇宙间的一切生长都是三位一体的。怀特海同意此说，但他把生长称为“节奏性”。正如他在《教育的目的》中所说：“本讲演（关于“教育的节奏性”的讲演）的要点是人成长的节奏性。”[21]（p.27）就在同一页稍后处，怀特海说：“智力的发展表现为由各种周期交织而成的节奏，整个过程被一个更大的周期所支配，它的性质与它下面的小涡旋的性质是相同的。”[22]（p.27）他又说：

> 我对诸位的第二个告诫是，不要把一个周期的三个阶段夸张到判然分明的程度……朦胧的浪漫阶段、精确阶段、综合阶段始终都是存在的。然而支配性的阶段却是交替的，正是这一交替，造成了不同的周期。[23]（p.27）

一方面，上面的引文也暗示，浪漫阶段、精确阶段、综合阶段并不仅属于教育，也是认识世界过程中的诸阶段——这个观点证明，怀特海的形而上学整体论与他的教育哲学是相关的。另一方面，在该引文中怀特海说到了不同的周期，即“更大的周期”和“小旋涡”。在解释他的想法之前，我先说说我所得到的启发：宇宙的形而上学结构有着同样的特点——它包括更大的周期和周期内的小涡旋。此说与黑格尔用不同术语表达出来的宇宙观不谋而合。次要的怀特海文献曾指出过教育领域里的这种怀特海式的周期，但它却并未指出这些周期同宇宙的普遍形而上学结构之间的类似处。不过也可能，这一类似性几乎显而易见，它表明，怀特海的整体论形而上学宇宙观影响了他的教育观。

关于这些周期，容我再说几句。怀特海说：

从婴儿到成人这整个生长期，构成了一个大周期。它的浪漫阶段跨越人生的第一个12年，它的精确阶段包括整个中学时期，进入成人期就是进入了综合阶段。对于那些其正规教育延长到中学之后的人来说，大学的课程，或对等的课程，就是重要的综合时期。[24]（p.25）

在别的地方他还说过：

教育就应不断重复这样的循环。每一节课都应以其小的规模形成一种涡流循环，该循环会造就它自己小型的过程。更长的周期应产生彰显的成绩，这些成绩又形成新的循环的起始基础。我们不应认为，教育有一个神秘的、遥不可及的目的。学生应该不断地享受阶段性成果，不断地再上新台阶。[25]（p.19）

怀特海进一步解释了教育中发生的那类小周期：

16岁后，新问题出现了。对于文科学生来说，科学的学习进入了综合阶段，他们只需听一些关于科学主要成果以及普遍观点的讲座。语言、文学、历史等学科学习的新周期开始了……对于理科生来说，前一阶段的那种精研细读一直要维持到中学毕业，对于更广泛的普遍概念也应有了越来越多的认识。[26]（p.25）

他还说，“精确阶段会延长，也就是说，它会反复出现在小循环中；那些小循环在重要的浪漫阶段形成了涡流”[27]（p.22）。怀特海书中很多地方都提到大小周期，提到它们彼此间的关系。关键的一句话就是：“教育就应不断重复这样的循环。”[28]（p.19）此话不仅对教育有效，对于整个宇宙也同样有效。不过，黑格尔说的是正题、反题、合题的诸阶段，而怀特海则常说的是“将教学中形形色色的元素协调成相继的周期……将各种模式形成的和谐织入学生的心灵”[29]（p.21）。怀特海下面的话把这点说得更清楚：

并不存在一个独一无二的自由—纪律—自由的三重周期；然而心理的发展都是由那样的周期，以及那样的周期组成的周期构成的。那样的一个周期是一个单位细胞，或者说是建筑物中的一砖一瓦；而整个生长阶段则是由那样的细胞构成的一个有机结构。在分析任意一个那样的细胞时，我都把第一个时期，即自由，称为“浪漫阶段”，中间的那个纪律时期称为“精确阶段”，最后的那个自由时期称为“综合阶段”。[30]（p.31）

此处，怀特海教育哲学中关于周期的思想，与他的整体论的形而上学宇宙观（把宇宙视为机体，其中，构成它的每一个实有都自有其单位细胞，犹如构建它的砖瓦）的关系相当引人注目。

四　怀特海的教育哲学与其文明发展观的共性

就教育和自然中的周期概念而言，重要的是要指出，在思考怀特海的教育观和他对文明进步的研究时（特别是在《科学与近代世界》中），我们会发现一些共同的主题。一个重要的相似之处指的是，他的两个思想领域——有关教育的和有关文明发展的思想——的形而上学基础是相似的。我甚至想斗胆说，一者对另一者有同构映射。人类的发展有点类似于一个小孩的发展。人类的古代好比是小孩的浪漫期；后来，到了现代（特别是现在），就是人类的精确期；人类成熟的综合期在于将来，现在尚未达到。因此，我们此处不必详尽解释，那样的一种相似性（甚至是一者在另一者上的同构映射）主要是由于可在怀特海形而上学中发现的整体论。

上面所说到的认识，会促使人进一步去寻找怀特海形而上学（或他的普遍哲学）和他的教育理论所共有的概念或范畴，以证明两者间确实有联系（无论是不是一种同构映射）。当我们认为怀特海的教育理论是他的过程哲学对他的普遍的形而上学的应用时，我们一定要密切注意二者间的相互作用。怀特海的教育观具有整体论的特点，对此的又一证据是他对教育的定义：

教育是引导人去理解生活的艺术；所谓生活的艺术，我指的是：个体在面临其实际环境时，他的那些显露其潜力的形形色色的活动所达到的最圆满的成就……每一个体都体现了一种存在的冒险。生活的艺术就是对这一冒险的引导。[31]（p.39）

这是因为，对于生活的艺术的理解，只能是整体论的。可以给出很多论证来支持这一说法：怀特海的整体论的形而上学观在很大程度上影响了他的教育理论，但此处不必把它们全都列举出来。相反的说法也是成立的：通过科学进行的恰当教育也有助于形而上学的发展。布莱恩·亨德利曾指出：“怀特海关于‘不朽’的讲演可被视为用来说明那类宇宙观的例子，该宇宙观出自一种实际的教育体系所提供的一般结论。”[32]（p.228）但要得到更有说服力的论证，我们还是遵循怀特海自己的思想为好：

> 教育是一种培养人在生活中敢于冒险的训练；研究就是心智的冒险；大学就该是让年轻人和老年人共同冒险的场所。成功的教育肯定总是让所学的知识中含有某种新鲜的东西。[33]（p.98）

且让我们细思这句话，它解释道，“研究就是心智的冒险”。科学事实上就是一种研究，所以它属于同一冒险。一方面，怀特海说，“大学应该是冒险的场所”（首先是心智冒险——它包括科学研究——的场所）；另一方面，对他来说，大学又是教育机构。怀特海强调，“成功的教育肯定总是让所学的知识中含有某种新鲜的东西”，而正是科学研究提供了那样新鲜的东西。所以，大学教育与科学研究是紧密联系的，它激发了科学的“新鲜性”。然而，准确来说，它与形而上学的联系是什么呢？怀特海指出：

> 科学只是使得这一形而上的需要更迫切。在解决形而上问题方面，科学本身所能发挥的直接作用很小。但它确实有所贡献，也就是说，它揭示了这一事实：我们对可感知的表面事物的经验，经分析后能化为某种科学理论……在过去，虚假的科学一直是糟糕的形而上学之源。不管怎么说，科学体现了一种严格的考察精神，它要考察形而上学家从中推论出他们的结论的那些所有证据中的一部分。[34]（p.153）

此处，怀特海阐明了正确的科学与良好的形而上学（或者说，虚假的科学与糟糕的形而上学）之间的紧密联系。所以，正是通过大学实现了的正确教育理论与科学的联系，我们最终能发现正确的教育理论对良好形而上学的影响。

五　结论

本文研究怀特海教育理论的形而上学基础，提出的论点有二：（1）怀特海的教育哲学和他关于人类文明发展的研究二者间有共同的特征和相似之处，因为人类发展的诸阶段极类似于一个小孩发展的诸阶段；（2）怀特海的教育理论是过程哲学对其普遍形而上学的应用。这两个论点丰富了当代关于怀特海思想的学术研究。

在作此结论时，就教育与形而上学的关系，我愿提醒读者注意怀特海下面的这一说法：

> 我急于要提出的观点之一就是：科学的基础并不取决于任何形而上学结论的假设；但科学和形而上学都始于同一给定的直接经验的基础，不过总的来说，它们却以相反的方向朝各自的任务奔去。[35] (p.108)

我想加上一句：教育理论与形而上学之间的联系也同样如此，这主要是因为教育理论是人文学科的一部分。我们可以确定地说，教育和形而上学始于同一给定的直接经验的基础，不过总的来说，它们却以相反的方向朝各自的任务奔去。

最后，我想强调，在阅读怀特海的教育理论时——诸如《教育的目的》《科学与近代世界》《科学与哲学论文集》等书中所表现的——我们不得不承认，怀特海在教育研究中所使用的主要范畴就是"美""浪漫""冒险"等。所有的这些范畴使我们不禁想起柏拉图描绘世界的那一幅"浪漫的"图画。因此，我们就更明白了，何以怀特海说："关于欧洲哲学传统的特点，最保险的概括莫过于：它不过是对柏拉图学说的一系列的注释。" [36] (p.39) 因为怀特海的哲学，包括他的教育理论，明显地为我们提供了支持这一著名论断的令人信服的论据。

参考文献

[1] Mary Elizabeth Moore, "Education as Creative Power", *Handbook of Whiteheadian Process Thought—Volume One*, eds., Michel Webrand Will Desmond, Frankfurt: Ontos Verlag, 2008.

[2] Malcom Evans, "Process, Teaching, Learning", *Process Studies*, 34(2), 2005.

[3] George Allan, "Solomon's Dream and Whitehead's Rhythm of Education", *Process Studies,* 34(2), 2005.

[4] Robert Mellert, *Searching for the Foundations of Whitehead's Philosophy of Education*, Lincroft, NJ: Brookdale Community College, 1998.

[5][6][7] Henry W. Holmes, "Whitehead's Views on Education", *The Library of Living Philosophers—The Philosophy of Alfred North Whitehead*, ed., Paul A. Schilpp, La Salle, IL: Open Court Publishing Co., 1951.

[8] Donald W. Sherburne, "The Process Perspective as Context for Educational

Evaluation", *Process Studies* 20(2), 1991, in reference to Alfred North Whitehead, *Science and the Modern World,* New York: The Free Press, 1925 / 1967.

[9] [12] [13] [14] [15] [16] [18] Alfred North Whitehead, *Science and the Modern World*, New York: The Free Press, 1925 / 1967.

[10] Vesselin Petrov, "Constructive Postmodernism as Dynamic Holism", *Beyond Whitehead: Recent Advances in Process Thought*, eds., Jakub Dziadkowiec and Lukasz Lamza, Lanham, MD: Lexington Books / Rowman and Littlefield, 2017.

[11] [17] [19] [20] [21] [22] [23] [24] [25] [26] [27] [28] [29] [30] [31] [33] [34] [35] Alfred North Whitehead, *The Aims of Education and Other Essays*, New York: The Free Press, 1929 / 1967.

[32] Brian Hendley, "Robert Brumbaugh: Towards a Process Philosophy of Education", *Process Studies,* 17(4), 1988.

[36] Alfred North Whitehead, *Process and Reality: Corrected Edition*, eds., Donald W. Sherburne and David Ray Griffin, New York: The Free Press, 1929 / 1978.

【作者简介】文森林·彼得罗夫（Vesselin Petrov）博士，保加利亚科学院高级研究员，哲学与社会学研究所所长，《巴尔干哲学杂志》主编。

【译者简介】周邦宪，著名过程哲学翻译家，译有怀特海《过程与实在》《观念的冒险》《宗教的形式》《符号的意义及其效果》，格里芬《怀特海的另类后现代哲学》和《空前的生态危机》等著作多部。

从体验哲学到体认哲学

——兼谈体认语言学对认知语言学的继承与发展

王　寅

【内容摘要】本文阐明了为何将 Embodied Philosophy 译为“体验哲学”的理由，论述了其三项原则“心智的体验性、思维的无意识性、抽象概念的隐喻性”所具有的后现代主义特征，体验哲学当可视为后现代哲学的一个分支，它具有超越性和前沿性。笔者还指出其不足之处，进而尝试建构本土化的“体认哲学”，且基于此反思了认知语言学之不足，将其修补为“体认语言学”，力主将马列主义的辩证唯物论和后现代哲学的体验人本观融入哲学和语言学的研究之中，可望为这两个学科提供一个新的研究思路。

【关键词】体验哲学；体认哲学；认知语言学；体认语言学

一　体验哲学的正名

译界一直流传着严复一句耐人寻味的话：“一名之立，旬月踌躇。”严复先生的这一感慨确实道出了翻译的苦衷。20 世纪末，美国两位著名学者雷科夫和约翰逊（Lakoff & Johnson, 1999）所建构的 Embodied Philosophy（又名 Philosophy in the Flesh）传入我国，很多学者都在尝试翻译该术语，先后出现了很多不同的译法。有人将 Embodiment 译为“切身性、涉身性、附身性”等，将这一理论译为“体现哲学、表现哲学、形体哲学、身体哲学、涉身哲学”等，甚至还有人根据括号里的说法直接译为“肉身哲学”。笔者经过这么多年的思考，认为译为“体验哲学”较为妥当。

首先，从其英语术语 embodiment 的构成来看，词根为 body（身体），身体是用于感知世界、认识环境的初始基体，是形成心智的生物机体和生命源泉。由此彰显出 Embodied Philosophy 这种哲学流派的唯物论取向。

其次，从哲学发展史来看，近代的认识论出现了 Empiricism 和 Rationalism 的争论，前者认为经验是人类一切知识或观念的唯一来源，片面强调经验或感性的根本性和高度确定性，时而贬低乃至否认理性认识的作用和确定性。后者将理性视为知识的唯一源泉，是衡量一切现存事体的唯一标准，认为只有理性认识是可靠的，通过它才能得到真正可靠的知识。因此，哲学界将 Empiricism 译为“经验主义”，将 Rationalism 译为“理性主义”，还是很确切的，译名与所述内容相吻合，取得了“以名举实”的效果，我们认为这样的译名就是“善名”，为译界佳作。

雷科夫和约翰逊（1980，1987）认为这两种哲学派别都属于“客观主义”（Objectivism），他们针锋相对地提出了“非客观主义理论”（Non-objectivism），时而称其为 Experientialism，以此来批判传统的认识论，挑战了西方流行 2000 多年的传统哲学。这个术语究竟如何翻译，国内有些学者处理得较为轻率，随笔将其译为“经验主义”，想当然地认为它与“Experience”（经验）同源，如此误译是因为他们缺乏对西方哲学的深入了解，造成与 Empiricism 所说的“经验主义”相混淆。笔者曾主张将其译为“新经验主义”以示区别。

雷科夫和约翰逊于 1987 年开始启用 Embodiment 这一术语，后来他们在 1999 年的合著中直接称“新经验主义”为 Emboided Philosophy，在封面上为能吸引读者的注意，称为 *Philosophy in the Flesh*。他们（1999：497）指出：概念、意义、语言等是通过身体、大脑和对世界的体验而形成的，并只有通过它们才能被理解。

为能与西方哲学中的“经验哲学、超验哲学、先验哲学”等相对应，展示哲学发展呈现出来的由外而应、由客体而主体、由分而合的研究理路和方向，笔者主张将其译为“体验哲学”，还是十分妥当的，这就在“验”的哲学家族系列中又多了一个新成员。

二　体验哲学三原则

雷科夫和约翰逊在 1999 年著作中开门见山，在第一页上就列出了体验哲学的三项基本原则：

（1）心智的体验性。（The mind is inherently embodied.）

（2）思维的无意识性。（Thought is mostly unconscious.）

（3）抽象概念的隐喻性。（Abstract concepts are largely metaphorical.）

上述的每一条都曾被过去的学者论述过，但将这三者整合在一起作为一个哲学理论的基础，实属一项创举，我们应当学习这种创新方法[①]。

1. 心智的体验性

"心智的体验性"原则，在我们这个信守唯物论的国度里理解起来并无困难，而在西方世界横行唯心论的形势下，他们提出这样一个基本观点，确实具有后现代的反潮流精神。这条原则显然是以唯物论为基本出发点的，为西方哲学、语言学等文科研究中确立唯物论取向立下了汗马之功。

20世纪的语言学界出了两位大师：索绪尔和乔姆斯基，前者的结构主义语言学理论是建立在"先验语言观"立场上的；后者的转换生成语法是建立在"天赋语言观"立场上的。可见，他们所信奉的都是唯心主义哲学理论。"心智的体验性"与两位大师的哲学观和语言观背道而驰，开启了一次语言学研究回归"直觉"和"体验"的转向，基于体验哲学之上建立起来的认知语言学当可视为20世纪语言学界的一次对索、乔两场革命的又一场革命。我们完全可以认为，这一原则的提出使得马克思主义的唯物观再次回到了语言学阵地。

2. 认知的无意识性

弗洛伊德20世纪初对"思维的无意识性"的关注，扭转了传统哲学仅聚焦研究有意识性思维的倾向。他认为，"无意识"生于先天，是由"生本能、死本能"组成的（前者包括口渴、饥饿、性欲等，尤以性欲为主），代表着人类更深层、更隐秘、更原始、更本质的心理能力，它体现了人的本质，支配着我们的命运。这条原则显然也具有反潮流精神，现已成为后现代哲学家所研究的重要内容之一。

雷科夫和约翰逊接受了弗洛伊德的这一论述，将其视为体验哲学的第二条原则。他们（1999）以人们的言语交际为例论证了该原则的存在，若认真分析人们简单的两句对话，可析出十几个心智运作的步骤（接受声音、分析它们所代表的意义，组合意义，得出语内之义、推测语外之义；选择如何作答、寻找词语、组词成句，驱动口腔、表达思想……），但它们并不为常人所觉察。在如此之快

---

① 马克思将费尔巴哈的唯物论和黑格尔的辩证法相整合，建构了"辩证唯物论"，这就是认知语言学所论述的"概念整合论"，理论的两两结合可产生 1+1 ＞ 2 的效果，它既可用来解释人类创造力来自何处的问题，也能为"跨学科、超学科"研究提供理论基础，同时也为文科的创新研究提供了一种行之有效的方法。

的对话过程中，人们不可能意识到这些步骤的存在。他们还指出，语言习得也是在无意识状态下进行的。可见，无意识认知就像一只“看不见的手”，始终在指挥着人们对外界不断进行范畴化和概念化，大量的隐喻机制和表达也是基于此原则而形成。

3. 抽象概念的隐喻性

亚里士多德曾撰写过四本重要著作，《形而上学》《物理学》《诗学》和《修辞学》。前两本书是哲学著作，以“讲真话”（符合事实的表达、追求真理）为圭臬；后两本书是关于文学方面的专著，以“讲假话”（违反事实的表达）为主，专门讨论语言层面的表达效果（包括隐喻、修辞等）。这说明亚氏的头脑很清楚，充分认识到我们的语言中既有真话，也有“假话”，前者适用于讨论哲学问题，后者属于语言层面的修辞现象，不适用于论述“以追求真理为宗旨”的哲学。因此哲学家试图绕过“讲假话”的隐喻（故意混淆范畴，难以达至真理），因其专注于讲符合事实的表达，这就有了学界的一句名言“隐喻是哲学的敌人”。据此，文科研究中一直有“哲学”和“文学”的分野。

只是到了后现代时期，人们才认识到亚氏所犯的这一错误，特别是雷科夫和约翰逊（1980）在 *Metaphors We Live By*（《以喻为生》）中指出。隐喻（含转喻）是一种人们须臾不可或缺的认知机制，是人类得以生存的基础。事实真是如此吗？假如我们不说“瓶口、河口，山头、火车头”（只有人才有“口”和“头”）又该怎么说呢？

据此他们发现，不管是哲学还是文学，必然都要大量使用隐喻，它使得横隔在这两个学科之间的鸿沟得以填平。雷约（1999：543）指出：“There will be no philosophy without metaphor.”（没有隐喻就没有哲学），有力地帮助后现代哲学家论证了“哲学家与文学家为同路人”这一重要命题。这才是两本论著的历史价值和学术意义之所在，很可惜，一大批国内外学人并没有认识到这一点。

三　体验哲学的超越

从人类思想和认知发展的历程来看，人类只有进入“后现代”社会，体验哲学和认知语言学才能应运而生。若认识不到这一点，不能从这个角度来研读体验哲学和认识科学及其内在关联，就不能很好地看清楚当今人类文明的特征和趋势，也就无从很好地理解它们的历史贡献和学术价值。正如他们（1999）在《体验哲学》一书的副标题所示：“The embodied mind and its challenge to western thought”（体验性心智及其对西方思想的挑战），在该书封面右上角还有一句重要的话："A ground-breaking work that radically changes the tenets of traditional western philosophy."（这是一本开山之作，彻底改变了传统西方哲学的信条）他们所要"挑战"（challenge）和"颠覆"（radically change）的西方传统哲学，就是流行了2000多年的形而上学客观主义哲学理论。

基于此，我们才能深刻认识到这两位学者为哲学和语言学所作出的划时代贡献。也正是他们的努力，有力地推动了后现代哲学的发展，终于将落后于文学和译学（它们早已进入后现代哲学时期）的语言学，带到了人类文明的"后现代"这一新时期，这一新境界、最前沿真的值得从事文科研究的同人去认真琢磨、继承发展！（王寅，2019）

四　体验哲学和认知语言学之不足

雷科夫和约翰逊这两位伟大的美国学者所建构的"体验哲学"和"认知语言学"，顺应了西方后现代哲学的发展潮流。他们在认知语言学的研究中所论及的哲学理论之多、之广，是先前任何一个语言学派都无法比拟的。因此，要想学好认知语言学，必须学好哲学，这是一个显而易见的事实，这也是国内外语言学专业培养中一直被忽视的重大失误。

我们发现，20世纪主流语言学派的流行周期约为50—60年，认知语言学已有50多年的历史，其缺点也逐步暴露出来。近来有学者开始反思其不足之处，提出了很多有益的建议，这完全符合学科发展所遵循的"否定之否定"的基本规律。但是我们不同意达布罗斯卡（Ewa Dąbrowska）在《认知语言学》（*Cognitive Linguistics*）期刊上以"Cognitive Linguistics' Seven Deadly Sins"为题所论述的观点（Dąbrowska, 2016），她语气十分苛刻地谴责了认知语言学的七宗重罪，大有"言过其实、好走极端"和"语不惊人誓不休"之嫌。正如上文所言，若不从哲学高度来学习认知语言学，就不可能很好地发现其历史贡献。

当然，任何事物有优点就会有缺点，体验哲学和认知语言学也不例外，但绝非"罪大恶极"。我们在《认知语言学》一书的第十七章已作了论述，现再补充几点。

其一，雷科夫和约翰逊虽涉及众多的哲学观点，论述了认知语言学的体验哲学基础，强调了心智的体验性，以此与西方哲学中所流行的"唯心论"分道扬镳。但遗憾的是他们的哲学视野仍不够开阔，论著中只字未提马列主义的唯物论。他们虽提到了后现代哲学思潮中的解构派，但全然不知还有"建设性后现代哲学"，更未能从这一高度来探索语言研究的新进路。体验哲学所应涉及的哲学立场"唯物论、人本观、社会性"等在他们的论著中尚付阙如。

其二，他们在认知语言学中提出了要用“认知方式”（互动体验、意象图式、范畴化、概念化、认知模型、概念整合、隐转喻、识解、凸显、关联等）来解释语言的成因，但未能从哲学高度来论述认知方式的“人本性”。他们虽已认识到索绪尔在语言研究中无视人本观，乔姆斯基过于依赖“理想人”来建构转换生成语法理论，但一直未能从哲学的“人本观”这一高度来充分认识“语言学是人学”这样一个重要命题。在体验哲学和认知语言学中一直未能提出“体验人本观”（后来我们将其简称为“体认观”）这样一个在哲学界和语言学界都十分重要的观点。

其三，他们宣称要深刻反思英美分析哲学（thorough rethinking of Anglo-American analytic philosophy），但在论著中一直未见具体要反思的是什么东西。我们知道，分析哲学的基本原则之一为“语言与世界同构”（isomorphism），他们虽提出了“心智的体验性”，但从未述及这一原则与“同构论”有什么关系。分析哲学的主旨为“通过语言分析解决哲学中‘存在与思维’的关系”，这一研究进路确实很有见地，甚为高明，但在雷科夫和约翰逊的论著中鲜有提及，倘若不能认识分析哲学的要旨，又何以能“深刻反思”？

其四，这两位美国学者也宣称要深刻反思后现代哲学（Postmodernist Philosophy），但究竟要反思后现代哲学中的什么，通过这种反思想得出什么样的观点，结果不得而知。他们未能充分认识到后现代哲学的理论性和前沿性，也未能将其建构的体验哲学归入其内，这就使得他们在 1999 年一书的封面上所宣称的：挑战整个西方哲学，彻底改变传统信条，失去了时代感和理论基础。正如上文所言，体验哲学中提到的三条基本原则都具有后现代性，但他们未能认识到这一点。

其五，他们在 1999 年合著中的第 343 页倒数第 15 行中提到要“理性重建”（rational reconstruction），这似有“将体验理性视为唯一正确”之嫌，不时还流露出体验哲学及基于其上的认知语言学可以包打天下的念头。这一观点显然不符合辩证法的基本精神，有违于我们提出的“象豹观”[①]，因而也遭到学界的诟病。人类只能永远沿着“否定之否定”之路前行，走在不断探索真理的漫漫路途之

① 汉语有两个常用成语：“盲人摸象”和“窥斑见豹”。前者是说四个盲人从不同角度摸到了大象的不同部位，从而说出了整个大象为何物；后者是说只看到一个斑点就认准它是“豹”，这两个成语故事都意在批评“以偏概全”的片面观，自有可取之处。但后现代哲学家却主张为其平反昭雪，因为我们不可能一下子摸到或见到一个事物的全部，通过局部来认识整体在所难免，因为人们永远不能同时看到正方体的六个面。顺此思路可知，人类永远走在探索真理的路途之中，而不可能认清世界的全部真面貌。或许，认知语言学所详细论述的转喻机制“以部分代整体”的认知方式，是人类难以逃脱的命运。

上，离绝对真理距离遥远。只要生命尚存，就要奋斗不止。

其六，认知语言学中所用同义术语甚多，如“框架、模型、图式、原型、脚本、常规”等，它们的内涵和外延有较多交叉，其间的界限模糊不清，因为从事这类研究的学者众多，他们各执一词，术语不统一，常使很多读者迷惑。更为糟糕的是，他们将学科名称定为“认知语言学”也有失偏颇，因为我们知道，乔姆斯基是第一个将语言转向“认知”研究方向的。他们虽与乔氏的TG理论针锋相对，但又未能在学科名称上区分开来。两位美国学者所情有独钟的，也是最具特色的“心智体验性”未能在学科名称上得到体现，这不免令人感到遗憾！他们在论著中对“认知”的解释前后不一致，时而认为它无所不包，只要经过心智运作的都可视为“认知”，时而又强调了“体验性、无意识性和隐喻性”的认知。

最后，雷科夫和约翰逊接受了梅洛-庞蒂的“知觉现象学”，在体验哲学中强调了“身体经验”对人类的心智、思维和语言所具有的基础性作用，据此严厉批判了客观主义（objectivism）哲学立场，这是可取的，但还不够。我们认为，不仅要基于“身体”，还应进一步考察身体之外的“现实世界”（包括社会、文化、语言等），根据“唯人参之”的原则来建构哲学理论、分析语言成因，既要体现唯物观和体验哲学的原理，也要顺应后现代哲学中的体验人本观，而他们未能很好地认识到这一点，甚为遗憾。

五　本土化的体认哲学

针对体验哲学和认知语言学上述之不足，我们提出了弥补方案（王寅2014；2019；2020），拟将前者修补为“体认哲学”（Embodied-Cognitive Philosophy），将后者修补为“体认语言学”（Embodied-Cognitive Linguistics，ECL），意在弥补雷科夫和约翰逊所述两个理论的自身不足。

我们真的很佩服汉民族先民的智慧，自宋朝就创建了“体认”这一术语，一直沿用到中华民国时期，中国大陆与台湾地区都在用，且频率还不低。仅以张立文主编的《中国学术通史》（人民出版社2004年版）为例，在“总序”中该词就出现了四次。《现代汉语词典》（第5版）2005年开印前两天才收录进来（同时被收进的还有“愿景”一词），因为当年4月胡锦涛总书记在大陆会见时任中国国民党主席连战一行后所发表的新闻公报中出现了这两个词。

“体认”一词的含义十分宽广，“体”强调的是经验、实践、外延和客观，相当于“感性知识”；“认”强调的是心智、认知、内涵和主观，相当于“理性知识”。哲学家一直认为，我们的知识就分这两大类，一个“体认”竟然囊括了人类全部知识的来源。因此我们完全可以认为，人的一生就是体认的一生，人类的文明史就是一部体认发展史。

我们在“体认哲学”和“体认语言学”中，主张用“体”强调马列主义的辩证唯物论，“认”凸显后现代哲学的体验人本观。我们还认为，在建设性后现代哲学的观照下，社科人文研究中当持“象豹观”和“多元化”立场，不必仅局限于一家之言，更不能信口开河，发表极端过激的言论，当持“风物长宜放眼量”“海纳百川”的观点，不断推动学科建设的健康发展。

四川外国语大学体认团队（王寅，2014，2019，2020；林克勤，2020；廖巧云等，2020；刘玉梅，2020；赵永峰，2021；刘云飞，2019；彭志斌，2019；等等）于2014年和2019年提出ECL之后，得到国内外很多学者（胡壮麟，2021；钱冠连，2020；王铭玉，2021；张克定等，2019；牛宝义，2021；魏在江，2019；廖光蓉，2019；雷卿，2019；帖依、覃修桂，2019；刘国辉，2020；李勇忠等，2021；张智义，2021；等等）的响应和支持，现已逐步流行开来。ECL所大力倡导的核心原则“现实—认知—语言”具有较大的解释力，适用于语言的所有层面，还可用来解释人类一切知识的起源。我们团队围绕这一核心原则已发表了几十篇文章，并于2020年在商务印书馆正式出版《体认语言学》一书，很多著名语言学家还在国内外语界的若干主要期刊上发表论文对此表示赞同，这也为普及和发展该学科起到了积极的推进作用。

学界历来主张理论与实践紧密结合，ECL也在努力践行这一基本精神，它不仅在理论上做到了有所发展，而且在实践上也具有较大的意义，用“语言体认观”来指导语言教学定会收到较好的效果（王天翼等，2019）。

六　结语

由于西方哲学第四转向的后现代论（王寅，2019）出自许多学者，言出多门，较为复杂，还有很多自相矛盾之处，到目前为止尚未形成一个统一的学科，真的是一派“百家争鸣”的景象。为了便于理解和论述，我们暂且将后现代哲学分为三个时期：人本性 / 批判性、解构性 / 破坏性、建设性 / 体认性。同时我们还认为，雷科夫和约翰逊（1980，1999）于20世纪末所建构的“新经验主义”和“体验哲学”可视为后现代主义的一个分支，它不仅颠覆了西方语言学界基于唯心主义所建立的结构主义和转换生成理论，同时也提出了一个较好的建设性方案。

但是，“体验哲学”和“认知语言学”也有诸多不足，我们尝试用“体认哲学”和“体认语言学”来加以修补，可看成一种学术上的继承与发展。说是“继承”，是因为体认语言学接受了认知语言学的理论基础“体验哲学”及其语言研究中若干认知分析方法；说是“发展”，是因为体验哲学和认知语言学未能阐明马列主义的唯物论，也对语言研究中的人本观和社会性认识不清。我们基于此反思了索绪尔和乔姆斯基的唯心论语言观，并纠正他们在语言研究中无视人本观和去社会性的错误。同时，雷科夫和约翰逊对“认知”论述模糊，时而将其范围定得太广，时而又局限于体验性认知，两者未能自圆其说。故此我们提出体认语言学，以期能对当前亦已流行的认知语言学的发展做出点滴贡献，对21世纪哲学研究和语言学理论的深入发展提供一个参考方案，欢迎各位同人批评指正。

参考文献

[1] Dąbrowska, E., “Cognitive Linguistics’ Seven Deadly Sins”, *Cognitive Linguistics*, 27 (4), 2016.

[2] Lakoff, G. & M. Johnson, *Metaphors We Live By*, Chicago: University of Chicago Press, 1980.

[3] Lakoff, G. & M. Johnson, *Philosophy in the Flesh*: *The Embodied Mind and its Challenge to Western Thought*, New York: Basic Books, 1999.

[4] Lakoff, G., *Women, Fire, and Dangerous Things: What Categories Reveal About the Mind*, Chicago and London: University of Chicago Press, 1987.

[5] 胡壮麟．系统功能语言学视野中的体认语言学 [J]. 浙江外国语学院学报，2021(1).

[6] 雷卿．体认视角下指类句的外延内涵分析 [J]. 中国外语 2019(5).

[7] 李鑫颖、李勇忠．体认语言学与语言类型学互动性视角下的英汉跨类表量结构对比研究 [J]. 解放军外国语学院学报，2021(2).

[8] 廖光蓉．体认语言学观照下的汉语语义组构超常及其典型性 [J]. 中国外语 2019(6).

[9] 廖巧云、翁馨．体认视域下的反语生成机制研究 [J]. 中国外语，2020(5).

[10] 林克勤．体认传播学的马克思主义哲学观 [J]. 新闻界，2020(3).

[11] 刘国辉．体验认知与语言表征之间呈等值对应关系吗？ [J]. 外文研究，2020(3).

[12] 刘玉梅．基于体认识解机制的汉语修辞格分类研究 [J]. 外语教学，2020(6).

[13] 刘云飞．体认语言学视角下致使类兼语构式的概念套叠研究 [J]. 外国

语文，2019(5).

[14] 牛保义．浅析体认语言学的核心原则 [J]. 天津外国语大学学报，2021(1).

[15] 彭志斌．体认语言学的后现代哲学渊源再探 [J]. 外国语文，2019(5).

[16] 钱冠连．一条新的语言普遍性质：再论王寅之路．序《体认语言学——认知语言学的本土化研究》，北京：商务印书馆，2020.

[17] 帖依、覃修桂．体认语言学视角下的名词谓语句研究：构式界定与认知动因 [J]. 外国语文，2019(5).

[18] 王铭玉、康喆文．后现代体验人本视域下的符号体认观 [J]. 解放军外国语学院学报，2021(2).

[19] 王天翼等．基于体认语言学的英语语法教学 [J]. 外语界，2019b(1).

[20] 王寅．后现代哲学视野下的体认语言学 [J]. 外国语文 2014(6).

[21] 王寅．体认语言学——认知语言学的本土化研究 [M]. 北京：商务印书馆，2020.

[22] 王寅．西哲第四转向的后现代思潮——探索世界人文社科之前沿 [M]. 上海：上海外语教育出版社，2019.

[23] 魏在江．体认语言学视域下汉语成语的转语机制研究 [J]. 中国外语，2019(6).

[24] 张克定．体认原则及体认者、现实和语言的相互关系 [J]. 解放军外国语学院学报，2019(6).

[25] 张智义．试论体认语言学的中国认知哲学向度 [J]. 南京师范大学学报（社会科学版），2021(1).

[26] 赵永峰．基于体验认知的英语基本味觉形容词通感模式研究 [J]. 西安外国语大学学报，2021(1).

From Embodied Philosophy to Embodied-Cognitive Philosophy: Double Talk on the Inheritage and Development of Embodied-Cognitive Linguistics based on Cognitive Linguistics

Abstract: The present paper explains why we translate “Embodied Philosophy” into “tiyan zhexue”(体验哲学)in Chinese, and how its Three Principles “embodied mind, unconscious thought, metaphorical concepts" have the features of postmodernism, thus Embodied Philosophy being regarded as a branch of postmodernist philosophy, with transcendency and leading role. The author also points out its shortage, attempts to construct nativized "Embodied-Cognitive Philosophy", rethinks the weakness of Cognitive Linguistics, and revises it as "Embodied-Cognitve Linguistics", aiming at the integration of Marxist dialectical materialism and postmodernist Embodied Humanism with philosophical and linguistic researches, in the hope of offering a new approach for these two disciplines.

Keywords: Embodied Philosophy; Embodied-Cognitive Philosophy; Cognitive Linguistics; Embodied-Cognitive Linguistics

【作者简介】王寅，四川外国语大学二级教授，资深教授，博士生导师，语言哲学和认知科学研究中心主任，重庆市社会科学联合会兼职副主席，四川大学兼职博导，广东外语外贸大学兼职研究员，美国中美后现代发展研究院高级研究员。现任中西语言哲学研究会会长，体认语言学研究会会长，中国翻译认知研究会顾问，曾任中国英汉语比较研究会副会长，全国语言与符号学会副会长，中国认知语言学研究会副会长。曾数十次出国访学和讲学。主要研究领域：英汉对比、语言哲学、认知语言学。共出版著作和教材40多部，发表论文300多篇。

对现代实体语言学的哲学反思

——一个过程哲学的视角*

王治河　张学涛　张桂丹

【内容摘要】 对现代人类生活和人类语言产生巨大影响的现代语言学是根植于西方启蒙哲学土壤中的一种“实体语言学”。它不仅将语言做了去场景化的理解，而且将语言看作独立自主的、自我包含并自我参照地凌驾于人之上的超验的封闭系统，体现浓郁的机械世界观、人类中心主义和科学主义倾向，严重地妨碍了我们对世界实相的理解，扭曲了人与自然的关系。对于今日弥漫全球的生态危机、社会危机、道德危机和信仰危机，实体语言学负有不可推卸的责任。从过程哲学出发，对这种实体语言学三大内在局限，即对语言独立自主性神话的迷信、对语言确定性的迷恋以及对过程视角的漠视予以解构性的反思性分析，在此基础上提出探索性建构一种服务生态文明服务的有机语言学构想。

【关键词】 过程哲学；有机语言学；体认语言学；生态语言学；第二次启蒙生态文明

发轫于17、18世纪西欧的第一次启蒙以反传统和标举科学与理性著称于世，其在促成工业文明高度发展的同时，也渐渐暴露出它的诸多弊端。对于今日弥漫全球的生态危机、社会危机、道德危机和信仰危机，第一次启蒙负有不可推卸的责任。由于第一次启蒙对西方社会的影响是空前和全方位的，其中自然也包

* 本文系国家汉办重大项目“跨文化交流理论与实践研究”（编号：[2019]2504）的阶段性成果。

括对语言学的影响。现代实体语言学或机械语言学就是这一影响的产物。反过来，现代实体语言学也构成了第一次启蒙的重要组成部分。自然，对于今日的现代性危机，现代实体语言学也难辞其咎。要走向第二次启蒙，发展一种有机语言学，有必要首先对第一次启蒙视域下的实体语言学进行彻底反思。

对现代人类生活和人类语言产生巨大影响的“现代语言学”，实际上是根植于西方第一次启蒙以来的哲学思想的一种“实体语言学”。所谓实体语言学，是一种视语言为实体的语言学，它不仅将语言做了去场景化的理解，将其看作独自自主的、自我包含的、自我参照的，而且将语言视为一种凌驾于人之上的超验的封闭系统。实体语言学的理论支撑是实体哲学。所谓“实体”，按照西方现代哲学之父笛卡尔的界定，就是某种独立不依、永恒不变的东西，“它自己就可以存在，无须依靠别的什么东西”[1](p.192)。依照同样的思路，实体语言学将语言看作独立自存的研究对象，奉行“关门打语言”的策略，“将语言视为一个封闭系统，从其内部分析符内和符间各种关系”[2]。

在过程哲学看来，受第一次启蒙的影响，实体语言学至少有如下三大特征：强调语言的独立自主性；追求语言的确定性；过程视角的缺席。实体语言学的这三大特征发展到极端就演变成它的三大内在局限，即对语言独立自主性神话的迷信、对语言确定性的迷恋以及对过程视角的漠视。从一种有机世界观出发，过程哲学用一种动态的、有机整体的观点对实体语言学的这三大局限一一进行了反思和解构。

一　解构语言独立自主性的神话

从现代语言学的巨擘索绪尔到诸多结构主义语言学家无不强调语言是一个独立的自治系统，“是一个内在的同一系统”。[3]语言被认为“构成一个封闭的系统”[4](p.679)，这就需要从复杂的言语活动中剥除言语而得到语言。用索绪尔的表达就是：“语言就是言语活动减去言语。”[5](p.21)语言甚至被等同于“句法”。句法和语言被看作“同一的”。[6]在这样的实体语言观里，语言发生的语境、语言的使用者统统被摒除了，似乎语言可以不依赖任何其他东西而独自存在。结构主义语言学坚持认为语言的意义是由语言系统本身决定的。人们如何与外在的世界互动，如何感知和认知外在的世界并不会对语言系统本身发生任何根本性的影响，一句话，语言是自主的。在一篇为语言学的自主性辩护的文章中，迈克尔·卡克坚称：语言学一定是“自主的”，也“应该是自主的”。[7]

尽管携带着对结构主义语言学的胜利，乔姆斯基的生成语法给语言学研究开辟了一个新领域，甚至被认为是给语言学界带来了一场“革命”。但从根本上说，支撑乔姆斯基的生成语法的也是实体思维，“其基本的理论假定”即语言是个超验的封闭系统“也是可疑的”。[8]不论生成语法的产生，还是其局限性，都与结构主义语法有着紧密联系，都没有完全逃脱实体语言学的窠臼。乔姆斯基整个理论强调句子是独立的，句子的生成和理解独立于它们在交流中所起的作用。在乔姆斯基那里，“语言的语音和句法可以作为纯形式的系统加以描写，而无须涉及语义问题”[9]。可见内在联系概念依然在他的视野之外，因此其理论也无法在语言与交流、意义与言语行为之间建立任何内在的联系。

不仅许多现代语言学家将语言作为独立分析的对象，一些现代哲学家在这方面也不遑多让。用英国过程哲学家迈克·哈勒伍德的说法：“当语言在 20 世纪被看作是独立分析对象的时候，在弗雷格、索绪尔、罗素、维特根斯坦、海德格尔、卡尔纳普和奎因的研究中，语言登上了中心舞台。”[10]（pp.176-195）按照我国有学者的分析，“分析哲学的主要缺陷是只探讨语言的本质，而不探究与之相关的经验的本质，不探讨人类经验与世界的关系。这样，他们在探讨分析哲学的过程中，就走向了忽视生活的极端”[11]（p.81）。这个意义上的语言学转向，用柯布的话说，其实是一种“本末倒置”。[12]

从一种有机整体的立场出发，过程哲学否弃这种实体语言观。用著名建设性后现代理论代表大卫·格里芬的话说：“后现代有机主义拒绝这种语言观。”[13]（p.680）因为对有机过程思想家来说，语言总是被卷进我们日常事务的旋涡，整体地与意识的其他部分相互作用。按照著名后现代哲学家德勒兹和夸塔里的说法：“语言并非来自内部一个业已构成的主体，语言已经是集体的、社会的和人际的，它先于我们而存在。”[14]（p.93）

其实，从语言学开始放弃模块化，进行“社会转向”（social turn），进而对语言的结构及其运用进行综合性的统一展望开始，语言学有机转向就已经渐渐开始了。人们开始意识到，语言不是自我界定的，而是“根据其他更基本的现象（如记忆、认知、注意和意象）来界定的”[15]。世界著名语言学家、认知语言学主要奠基人之一的兰盖克就曾强调：“我的核心论点是：语言学研究是一项高度复杂的多面性的事业，它需要众多方法和专业的介入。”[16]在他那里，语言被看作一个多面的无限的复杂体，“涉及许多兴趣、利益、方法和各种专业学科”[17]。用比利时鲁汶大学语言学系主任吉拉兹的话说，如果意义是社会建构的，“它们更可能存在于共同体中，而非个人的头脑中”[18]。也就是说，语言是一种关系性的存在。用生态语言学家安德鲁·格特力教授的话说：“无论如何，内在关系既是一种社会的律令，也是环境和精神的律令。”[19]如果说，实体语言学为我们描述的世界是建立在离散的物质基础上的，那么有机过程哲学所建构的世界则是建立在有机联系之上的。

为了诠释事物之间深度的互依关系，美国物理学家、女性主义科学哲学家芭拉德提出了“互成”（intra-action）概念。所谓“互成”指的是“纠缠在一起的对象相互构成”[20]（p.33）。用“互成”的概念进行思考，就意味着放弃主体—客体的二元对峙，放弃线性的时间观、传统的因果关系以及传统的个体能动性概念，也就是证明有机过程哲学所说的我们在本体论上注定是相互内在、不可分离的，从而拒绝笛卡儿式等级式的二元对立思维，超越主体—客体、主观—客观、主词—谓词、能指—所指等一系列作为现代哲学基石的对立概念。这就从根本上瓦解了现代实体语言学赖以建立的哲学基石。

二　破除对语言确定性的迷恋

追求语言的确定性，是现代实体语言学的另外一大特征，发展到极端就演变成对语言确定性的迷恋。实体语言学家希望语言的意义尽可能清楚。而且能够知道“何时讲的话有意义，何时讲的话是胡言乱语”[21]（p.58）。这一要求无疑是有其合理之处的，问题是以何为标准？实体语言学家给出的答案是：凡是没有科学地传递话语的，就是“胡言乱语”，像诗歌和宗教。为此他们将语言分成科学语言和情感语言。那么科学语言和情感语言如何划界呢？他们的标准是：“一个陈述能被用来做参照真假的，就是科学的语言，反之，用来表达态度和主观情绪的，就是情感语言，是语言的‘情感使用’。”[22]（p.267）在实体语言学家那里，“唯一有意义的语言”是“指涉物质世界中的事物、事件和关系的语言。如果不指涉物质世界，它等于什么都没说，因此严格讲来是无意义的”。[23]（p.57）这与笛卡尔以来的实体哲学将主—客分离册封为正统有关。其结果就是真理成为认识与对象的机械符合，语言成为某种“主要描述‘客观的’的自然世界的东西”[24]（p.56）。

从笛卡尔的理性主义出发，乔姆斯基坚持语法官能的客体性甚至物理性，曾宣称：“我们有非常强的理由相信：所有可能的人类语言都是非常相似的；一个在火星上观察人类的火星科学家可能会得出结论：只存在一种语言，其余都是它的若干小小的变种。”[25]（p.354）

在过程哲学家看来，这无疑是对语言的窄化。因为这种实体语言观“没有给外在于或超越于自然世界的东西留下任何空间”[26]（p.56）。它唯一认可的就是所谓的科学语言。莱特发明了“狭窄语言”（Steno-language）一词用来指称这种“科学语言”。这是一种特殊科学、逻辑、数学和理性哲学的理想语言，这种语言是单义的、精确定义的。在他看来，对于理性的解释和为了特殊的目的而操控世界，狭窄语言是非常有用的，但这种精确的、确定的语言实际上是对经验的世界的具体整体的一种高度抽象。它“代表了表达性语言的负面局限”[27](p.74)。其实，后现代科学家如大卫·玻姆早已指出实体语言在摹状现实的过程性和生命与其环境的不可分离性方面的“不恰当性”[28]。在他看来，实体语言反映了牛顿式的古典世界观。按照英国著名语言学家、系统功能语言学创始人韩礼德的分析，为了认识事物，牛顿式力学不得不把世界看作静止的，一如要解剖一只活生生的动物，必须先要麻醉它一样。该物的不动无疑有助于你认识它。为此科学家不得不创造一个由物（things）构成的世界，不得不采用分类的方法，所谓分类首先是对客体的分类。相应地，语法也不得不把它们转成名词，即使“运动”“变化”也成了名词，在这个过程中内在关系被遗漏了。“然而其实即使你在考察它的那一刻世界也是在变化的。20 世纪的科学正在处理此事。”韩礼德预测“今后 500 年内，科学话语的语法大概将非常不同于今日的语法”[29](p.344)。也有学者注意到科学语言在民主性方面的欠缺，认为“科学语言，虽然最初是富有前瞻性的，但却日益变得反民主，因为其晦涩难懂的语法比喻将理解它们的人和不理解它们的人区分开来”[30](p.21)。

显然，实体语言学对科学语言的迷恋与第一次启蒙中的科学沙文主义的影响是分不开的。所谓科学沙文主义就是将科学看作唯一“客观”“公正”的学科，将科学方法看作唯一正确的认识方法。凡不能实证的、不能用数学表达的，就被视为非科学的。以此为标准，它否定了一切不能实证的人类价值及精神活动。此外，这种科学沙文主义对现代西方文化之外的其他文化和科学也必然持一种拒斥和蔑视的态度。它笃信，“全世界唯有现代西方科学传统才充分实现了对现实的真实本质的理解”[31](p.24)。正是在这种思想意识的指导下，几乎所有其他民族固有的文化因其“不够科学”而“遭到日益扩大的反省、问责、批判，并不断地被贬低，甚至妖魔化”[32]。以追求文字科学化的文字改革为例。文字改革者们认为，中国文字的最大弊端是其用象形、会意等手段努力表义而不直接精确表音的特征，这使它与科学“大相刺谬”[33](p.269)，用现在的话说，就是“不科学”。与此相比较，西方的“切音字”则是科学的，是“格致”（科学）的重要代表。它与轮船、火车等器物一样，都属于科学技术事物中的一种。“近世民事日繁，恒苦限于时地，西人精思立法以通之，如火轮、舟车、电报及诸机器皆是，快字亦其一也，制弥简而用弥宏矣。”[34](p.40)这无疑为“废除汉字”的呼声提供了理论依据。

然而在过程哲学家和后现代哲学家看来，这种将科学乃至科学语言捧上神坛的做法是成问题的。因为犹如科学只是人类认识事物的一种形式一样，科学语言也只是人类丰富多样的语言表达的一种形式。由于这个经验的世界是变动不居的，它是一个由无数内在联系的时间中的事件（动在）构成的环境，而非离散的实体构成的世界。因此，语言表达永远是“因人而定、因时而异、因地而妥”[35]。

这就是为什么一些著名的过程哲学家和后现代思想家要拒绝语言和现实之间僵硬的线性的联系，要强调语言的不确定性。在怀特海那里，“语言是彻头彻尾不确定的”[36]（p.12）。语言之所以是不确定的，是因为语言表达和反映的事件只能根据它与场域的关系来加以理解。人类的经验永远是极为丰富且复杂的，语言无力对其全面而动态地反映。也就是说，言说者在直觉中感受到的、经验到的材料非常广博，而通过语言表达出来的只是其中的一部分。正如有西方学者所指出的“我们经验的要多于我们知道的，我们知道的要多于我们想的，我们想的多于我们能想的，我们想的多于我们能说的。因此，语言落后于直接经验的直觉”[37]（p.94）。如果说经验是座冰山的话，那么语言只表达了露出海平面的经验冰山之一角。[38]德里达也强调，语言的意义从来就不是确定无疑的，而是境域性的、流变的。“从某种角度说，‘词不达意’‘言不尽意’以及模糊是语言的常态。”[39]

按照后现代物理学家、诺贝尔奖得主普里戈津的说法：“现实的丰富性不是任何单一的语言和任何单一的逻辑解构能够容纳的。每一种语言只能表达部分的现实。”[40]（p.225）怀特海在其巨著《过程与实在》中更是明确指出：“哲学家永远不能指望最终制定出这些形而上的第一原理。洞察力的薄弱和语言的贫瘠就是顽强的拦路石。为了走向贯通性，词语一定要超越其寻常的用法；然而不管这些语言的成分如何固定为专门的术语，它们仍是一些隐喻，暗中需要想象实现自身的跃迁。”[41]（p.4）

事实上，基于对理性语言局限性的体认，怀特海本人在自身的哲学建构就自觉地运用了想象。按照吉尔的说法，为了提供一个对世界系统性的描述，“整个怀特海的过程哲学（他称为‘有机哲学’），就是建立在各种‘想象的跃迁’基础上的”[42]。也正是基于对语言精确性的解构和对语言有限性的分析，怀特海甚至主张“重新设计语言”[43]（p.11）。

三　揭示过程视角的缺席

在过程哲学看来，实体语言学的第三大短板是过程视角的缺席，这与上述两个特征密切相关。可以说，过程视角的缺席是实体语言学强调语言自主性和追求语言确定性的认识论根源。这与实体思维在西方文化中一直占统治地位不无关系。按照《生命的解放》一书作者的分析，“亚里士多德以降，所有统治西方的思想范式无不把客观实在看作实体性的和恒久不变的”[44]（pp.84-85）。在这种实体思维的引导下，一代又一代的西方思想家认真研究着山川树木、动物和人，努力在这些研究对象中发现比这些东西更实体和更持久的东西。其目的是“解释在本质不变的实体的运动中世界所经历的质变”[45](p.85)。德谟克里特的原子论就是这种实体思维的清晰表达。笛卡儿的实体学说，更是将这种实体思维大大地推进了一步。在他那里，不仅物质是独立存在的实体，而且精神也是独立存在的实体，其自身的变化不受他者、场域和关系的影响。尽管其间经历了“反形而上学”思潮，但实体思维并未在根本上受到撼动。用雅克布森的话说，“时至今日，西方一直不能将自己从非过程视角中解放出来”[46](p.74)。这种非过程视角对直接经验的、令人惊叹的丰富的当下从未给予充分的关注，从未接受时时更新的我们在世生活的经验的具体性。它仅仅执念于主体与客体、思维与存在、身与心、自我与世界、精神与物质、人与自然、时间和永恒、事实与价值的二元对峙，而置川流不息、活泼圆融的生命世界于不顾，其结果必然是用一种机械的、碎片化的方式看待生命，对待生命，既妨碍了科学的发展，也戕害了纷繁多样的生命。

为什么实体思维如此顽固，如此难以根除呢？一些过程哲学家对之也进行了探讨。在柯布和伯奇看来，这与实体思维在非生命世界的成功不无关系。实体思维可以“游刃有余地描述我们的感官所体验的世界中的无机的非生命体”，但一旦涉及生命世界，它就“捉襟见肘了”。[47](p.89)

然而在法默看来，实体思维在西方世界的根深蒂固也许与西方语言有关。如果真像维特根斯坦所说，“语言的边界决定世界的边界”[48](p.148)，语言组织世界的方式影响着使用该语言的人看待世界的方式的话，那么，“强调名词的印欧语言的语法实际上鼓励了实体思维。其结果就是西方人倾向于根据实体性的存在来思考实在，从而把事件看作这些实在之间的互动。这些语言意味着先有实体性的实在，然后才有它们之间偶然性的互动。因此人们倾向于用实体解释事件，而不是相反”[49](p.68)。

或许正是意识到实体语言对人们思维的负面影响，怀特海要跟当时在伦敦读研究生的诺斯若普说：“无论是在哲学中还是在日常生活中，我们不能不对日常语言持怀疑态度。”[50](p.19)怀特海这里所说的“日常语言”就是深深影响西方人的实体语言。正是这种语言为了齐一化的目的，而将赏美的、个性化的、具体的、自发的和新奇的经验从自然之中剔除。在雅克布森看来，要摈弃这种实体思维，“要使过程的概念成为可能，西方传统中许多粗心大意的习惯不得不被克服，这包括它盲目地对世界物化的臣服，对日常语言和常识性假定的臣服”[51](p.29)。

这种过程视角的缺席，表现在现代西方实体语言学中就是重名词轻动词。现代语言中普遍存在的“主体—动词—客体”句式结构映照了一个形而上学的假定：实体是分离的。“行动源自分离的实体。”[52] (p.29) 在本杰明·沃尔夫（Benjamin Lee Whorf）看来，把世界分成物体（如“石头”）和行动（如“落”）的习惯不是现实的真实反映，“而只是欧洲语言语法强加给我们的分裂”[53] (p.5)。按照罗素的分析，西方哲学家往往“忽视”*介词和动词。因为与*形容词和名词解释了单个物体的性质不同，动词和介词则趋向于解释两个或多个物体之间的关系。*对介词和动词*的忽视*导致了这样一种信念*：每一个命题都可以看作将性质归于一个物体，而不是解释两个或多个物体之间的关系。“因此有人认为，像事物之间的关系这种东西最终是不可能存在的。”[54] (p.107)

对名词的偏爱集中体现在热衷于动词的名词化上。“技术上的动词总有一个相应的名词化的形式，只有这样它们才能在文本中被当作物来处理。”[55] (p.146) 这就是为什么英语语法中有大量关于实体性静态存在的资源组织物，但用来组织动态性存在和过程的资源“却很稀少”[56] (p.146)。“技术上的动词很稀少，但名词却很多。”[57] (p.146) 在一些有机语言学家看来，“这不是偶然的，为了用语言组织分类，我们首先需要把现象变成事物或名词”[58] (p.146)。

应该指出，实体语言学家强调语言的自主性、精确性和确定性的本意是使语言学科学化，“确立一种关于语言的真正的科学”[59] (p.190)。这种令语言学科学化的努力自有其合理之处，也是学科成熟化的一个标志。然而，不应忘记的是，科学本身也是发展的。不仅哥德尔的不确定原理早已宣告了确定性的崩塌，而且量子纠缠理论也暗中消解了“主—客对立”的高墙，从而宣告了纯粹的语言独立王国的虚妄。韩礼德对此有过一个精彩的分析：“符号系统的原型是……一种自然语言。这导致了悖论。在将自然语言改造成适应经验科学的建构的过程中，科学话语的创造者发展了一种强有力的新的语言形式。这导致将现实看作某种特殊的类型：固定的、确定的。在其中，客体居支配地位，过程仅仅服务于界定和分类它们。然而，20世纪物理学走的恰恰是相反的方向：从绝对到相对、从客体到过程、从确定到概率、从稳定到流动。许多作者意识到这转变带来的可能性并希望以某种方式通过重新设计语言的形式而逃避它。他们并没意识到，不是语言本身，而是科学语言这一特殊的表达形式呈现了这种过分确定的面貌。他们在母亲膝盖上学会的语言与他们最深度的理论认知是更为一致的。”[60] (p.223-224)

因为在过程哲学家那里，整个宇宙就是个川流不息的发展和变化的过程，它的存在就是它的生成。过程哲学家将宇宙看作一个有机的整体，认为“作为整体的宇宙是一个无缝的相互联系的事件之网，其中没有一个事件能够与其他事件完全分离。万物互联，万物互涵”[61] (p.241)。

正是从这样一种视域出发，过程哲学家认为将科学语言视为唯一的正确的语言，看作“理解和报告经验的现实最恰当的语言”，无疑是犯了怀特海所批评的“误置具体的谬误”。因为这一假定“失之于意识到在言语形成过程中所涉及的抽象程度”[62](p.96)。事实上，这些所谓高度精确的语言是对我们所经验的具体世界的高度抽象。将这种高度抽象的表达视作具体的现实不啻于误把地图当风景。而将这种对实体语言的钟情发展到膜拜的程度也是危险的。正如怀特海明确指出的那样，“由一种语言系统和文化系统支配、控制我们的生活，交往，记忆，宏愿和希望是一种邪恶的倒行逆施”[63](p.82)。

在过程哲学家看来，由于其内在的机械世界观，浓郁的人类中心主义倾向和科学主义倾向，现代实体语言学严重妨碍了我们对世界实相的理解和把握，扭曲了人与自然的关系，对于今日弥漫全球的生态危机、社会危机、道德危机和信仰危机，它也负有不可推卸的责任。

此外，由于第一次启蒙的欧洲中心主义的作祟，在现代实体语言学中也基本没有汉语的位置。正如我国有学者分析的那样，“无论是索绪尔建立的普通语言学还是乔姆斯基建立的形式语言学均无汉语和中文信息处理的理论地位”[64]。

因此第二次启蒙呼唤一种有机语言学，一种为生态文明服务的语言学。其实当过程哲学家法默说“也许未来的某一天，一种更适合事件思维的语言将被发展出来”[65](p.68)的时候，他其实也就是在憧憬一种有机语言学。而当后现代物理学家大卫·玻姆提出“流变式语言”（Rheomode of language）一词时，他实际上是在实实在在地探索这种有机语言学。按照保加利亚语言学家马克西姆·斯塔门诺夫的说法，玻姆的流变式语言“不是逻辑原子主义为了科学的目的所梦想的完美语言”，而是“对语言，经验和实在关系的重塑”，也可以说这是一种“旨在与实相同频的重建”[66]。同样，当代西方日益兴起的生态语言学，也可以看作有机语言学的重要理论构成，而中国学者王寅教授所提出的“体认语言学”可以视为中国学者对有机语言学的理论贡献。

所谓有机语言学，又曰过程语言学，它是一种建设性后现代语言学，它“主张用一种有机的和动态的视角看待语言，视语言为能量，为关系性的存在和生成性的存在。它不仅将语言本身看作有机的存在，而且将语言和生活视为一个有机的整体”[67]。在这个意义上，它是一种大语言学、一种生态语言学，它既是对现代实体语言学的超越，也是克服人类中心主义的利器。

有机语言学并不否弃实体语言学和科学语言的存在，它否弃的仅仅是它的霸权。这就给其他语言形式留下了广阔的发展空间。

在有机语言学家看来，尽管科学的确定性的语言用处巨大，但最具体的历史性的语言表达方式往往是诗意的表达。与之相比，精确的科学语言的重要性是

"第二位的"[68](p.97)。著名俄裔美国诗人、诺贝尔文学奖获得者布罗茨基也认为，诗歌"是语言的最高存在形式"[69](p.22)。与"狭窄语言"相对，有机语言学家提出了"张力语言"（Tensive language）的概念。这是一种善于运用负载价值和情感的多义词的语言，它传递了反映事物本质的联系性和特殊性。在有机语言学家看来，"虽然张力语言无法很好地服务于特殊科学功能性的目的，但却可以栩栩如生地、具体地报告和帮助人类理解经验的世界"[70](p.97)。这样一种语言学注定是生态的，是能够更好地为生态文明服务的。

深入详细地阐发有机语言学的理论内涵和现实意义已经不是这篇小文所能胜任的，我们将另文对之展开讨论。

参考文献

[1] René Descartes, *Philosophical Writings*, ed. and trans., Elizabeth Anscombe and Peter Thomas Geach, London: Thomas Nelson & Sons, 1954.

[2][35] 王寅．后现代哲学视野下的体认语言学 [J]. 外国语文，2014, 30(6).

[3] [18] Dirk Geeraerts, "The sociosemiotic commitment", *Cognitive Linguistics,* 2016, 27(4).

[4] [13] David Griffin, The Reenchantment of Science, in Lawrence Cahoone(ed), *From Modernism to Postmodernism.* Cambridge, Mass: Blackwell Publishers, 1996.

[5] 索绪尔．普通语言学教程 [M]. 高名凯译．北京：商务印书馆，1980.

[6][8][15][16][17] Ronald W. Langacker, "Working toward a synthesis", *Cognitive Linguistics*, 2016, 27(4).

[7] Michael B.Kac, "In defense of autonomous linguistics", *Lingua*, 1980, 50(3).

[9] 李丹．从结构主义局限性看乔姆斯基的语言学理论 [J]. 辽宁教育行政学院学报，2007(09).

[10] Michael Halewood, "Language, the Body and the Problem of Signification", Faber, R., Halewood, M. (eds.), *Butler on Whitehead: On the Occasion*, New York: Lexington Books, 2012.

[11][美]杰伊・麦克丹尼尔，怀特海过程哲学研究 [M]. 杨富斌译．北京：中国人民大学出版社，2018.

[12] John Cobb, "Chinese philosophy and Process Thought", *Journal of Chinese Philosophy,* 2005, 32(2).

[14] Deleuze, G. and F. Guattari, *A Thousand Plateaus: Capitalism and*

Schizophrenia, B. Massumi (Trans.), University of Minnesota Press, 2005.

[19] [28] Andrew Goatly, "Green grammar and grammatical metaphor, or language and the myth of power, or metaphors we die by", *Journal of Pragmatics*, 1996, 25(4).

[20] Karen Barad, *Meeting the Universe Halfway: Quantum Physics and the Entanglement of Matter and Meaning*, Durham: Duke University Press, 2007.

[21] [23] [27] Philip Wheelwright, *Burning Fountain: A Study in the Language of Symbolism*, Indiana University Press, 1954.

[22] I. A. Richards, *Principles of Literary Criticism*, Routledge, 2003.

[24] [26] [37] [49] [62] [65] [68] [70] Ronald Farmer, *Beyond the Impasse: The Promise of a Process Hermeneutic*, University Press, 1998.

[25] Noam Chomsky, *Chomsky on Anarchism*, Barry Pateman, 2005.

[29] M.A.K. Halliday, *Studies in Chinese Language, Continuum*, New York &London, 2006.

[30] M. A. K. Halliday & J. R. Martin(eds.), *Writing Science: Literacy and Discursive Power*, Bristol/London: The Falmer Press, *1993*.

[31] [美] 斯普瑞特奈克 . 真实之复兴 [M]. 张妮妮译 . 北京：中央编译出版社，2001.

[32] 汪林茂 . 工具理性思路下的清末文字改革运动 [J]. 浙江大学学报 (人文社会科学版), 2008(05).

[33] 沈学 . 盛世元音 [M]. 北京：文字改革出版社，1956.

[34] 蔡锡勇 . 传音快字 [M]. 北京：文字改革出版社，1956.

[36][41] [43] Whitehead, *Process and Reality*, New York: The Free Press, 1978.

[38] 郑承军，陈伟功 . 论怀特海的语言观 [J]. 世界哲学，2019(03).

[39] 许嘉璐 . 卸下镣铐跳舞 ——中国哲学需要一场革命 [J]. 文史哲，2009(5).

[40]Ilya Prigogine, Isabelle Stengers, *Order Out of Chaos: Man's New Dialogue with Nature*, Bantam New Age Books, 1984.

[42] Jerry H. *Gill*, "*Language* and Reality: Whitehead, Wittgenstein, and the Analytic", *Process Studies*, 2014, 43(1).

[44] [45] [47] Charles Birch and John B. *Cobb*, *Liberation of Life*, *Environmental Ethics Books*, 1990.

[46] [51] Nolan Pliny Jacobson, *The Heart of Buddhist philosophy*, Carbondale and Edwardsville, IL: Southern Illinois University Press, 1988.

[48] Ludwig Wittgenstein, *Tractatus Logico Philosophicus*, New York: Harcourt Brace & Company, 1922.

[50] F. S. C. Northrop, *Man, Nature, and God*, New York: Simon and Schuster, 1962.

[52] David Bohm, *Wholeness and the Implicate Order*, Routledge, 1980.

[53] Guy Deutscher, *Through the Language Glass: Why the World Looks Different in Other Languages*, Picador, 2011.

[54] [英] 伯特兰·罗素 . 哲学问题 [M]. 天津：天津人民出版社，2021.

[55] [56] [57] [58] P. Wignell, J.R. Martin and S. Eggins, "The Discourse of Geography: Ordering and Explaining the Experiential World" , *Writing Science: Literacy and Discursive Power*, Routledge, 1993.

[59] R. Harris, & T. Taylor, *Landmark in Linguistic Thought*, London: Routledge, 1997.

[60] M.A.K. Halliday, *The Language of Science Vol.5,* Continuum, 2006.

[61] Jay McDaniel, "Twenty Key Ideas in the Process Worldview", *Replanting Ourselves in Beauty: Toward an Ecological Civilization*, ed., by Patricia Adams Farmer, Anoka: Process Center Press, 2015.

[63] Whitehead, *Modes of Thought*, New York: Free Press, 1966.

[64] 邹晓辉，邹顺鹏 . 当代中国大学新使命：基于汉语思维与双语处理的文化传承和创新 [J]. 南京理工大学学报（社会科学版），2012, 25(05).

[66] Maxim Stamenov, "The Rheomode of Language of David Bohm: Is this an idea without a precedent in the history of thought?" *Conference paper*, 2003.

[67] 王治河，蔚蓝，樊美筠 . 从机械语言学到有机语言学 [J]. 天津外国语大学学报，2019, 26(3).

[69] Carol Dingle, *Memorable Quotations: Jewish Writers of the Past*, Winnetka, Illinois: Iuniverse, 2003.

A Philosophical Reflection on Modern Substance Linguistics: A Perspective of Process Philosophy

Abstract: The prevailing modern linguistics based on European enlightenment philosophy is a substance linguistics at root. It not only decontextualizes language, conceives it as independent, self-contained, self-referenced, but also pictures language as a transcendent, closed system. Such a linguistics not only significantly impedes our understanding of the reality of the world as a interconnected-interdependent organic whole, it also distorts the real relationship of humans and nature. Therefore it is responsible for today's severe ecological crisis, social crisis, moral crisis and faith crisis due to its mechanistic world view, deep-seated anthropocentrism and scientism. From the perspective of Process Philosophy, this paper reflects on modern substance linguistics, deconstructs its three intrinsic defects, namely its obsession with linguistic autonomy, linguistic certainty, and nonprocess perspectives. Based on these reflections, the paper proposes an organic linguistics which serves ecological civilization.

Keywords: Process Philosophy; Organic Linguistics; Embodied Cognitive Linguistics; Ecological Linguistics; Second Enlightenment; Ecological Civilization

【作者简介】王治河，哲学博士，美国中美后现代发展研究院执行院长（洛杉矶 91711）；张学涛，北京师范大学中文信息处理研究所博士；张桂丹，华东师范大学国际汉语文化学院文艺学博士研究生。

哲学与人类未来

程序性道德增强 *

[英] 欧文·舍费尔　[英] 朱利安·萨沃斯库 文

黄　各 译

【内容摘要】 尽管哲学家们时常关注道德知识或者道德证成的条件，但在实践过程中，这些具有争议的条件其实与可靠而正确地做出道德判断同等重要，甚至后者还更为重要。法官和陪审团成员应该做出公正的判决，政府官员应该制定公正的法律，伦理委员会成员应该提出合理的建议，等等。我们希望这些行动者能够尽可能多地做出正确的决定。这篇文章的主旨在于提出一种增强这些行动者道德可靠性的方法。我们还特别强调采用一种程序性的方法；某些内在的程序通常能够提高人们的道德可靠性。以罗尔斯的前期作品为基础，我们确定了几个与道德推理相关的特殊要素，其足以成为实践干预的目标：逻辑能力、概念理解力、经验能力、开放性、共情和偏见。对这些程序的改进可以反过来使人们面对各种境况时在道德上更为可靠，并对近期有关于道德增强问题的争论产生影响。

【关键词】 道德增强；可靠性；罗尔斯；程序主义

虽然道德和政治哲学家们时常关注涉及善和正义的条件的高阶问题，但在实践中，个人的判断却在实现道德要求上扮演着重要角色。为了达到公正的结果，我们需要法官等行动者尽可能多地做出正确的决策。因而，相关团体中，行动者之间的互动对于商议和慎思（deliberation）的质量来说非常重要。[1] 本文的目的就在于提出一种增强个体行动者道德决策的方法，尤其是采取程序性的方法，因为一些内在的程序能够强化人们的道德可靠性。我们确定了几个与道德推

* 本文原发于 *Neuroethics*（2019）12:73-84，经作者授权后使用。

理相关的独特因素，其足以成为实践干预的目标，对这些程序的改善可以反过来使人们在道德上更为可靠。①

需要澄清的是：我们通过“可靠性”仅能表明的是行动者得出正确道德结论的可能性，而不是某些知识和证成概念所需的那种较强的可靠性[2]-[4]。这也就意味着，我们并非是用乞题论证（beg the question）来支持道德实在论；可靠性能够依据“善”和“正当”的准实在论的概念（这些术语并不代表与心灵无关的客观事实）来实现。在某些结果的正确性并没有被预设的情况下，将出现关于如何以程序性的方式来评估可靠性的复杂状况。这些将在“错进，错出”部分进行介绍。

程序性分析不是道德可靠性唯一可采取的方法，但它的好处是避免了对广泛的实质性道德主张的探讨。这些主张中的一部分将不可避免地引发争论。我相信，我们在后面提出的阐释将通过更为广义的规范伦理和元伦理理论被普遍接受。在此过程中，可能必须要做出一些实质性的论证（如涉及与道德毫不相关的考虑），但这些论证是微不足道的。通过避免这些预设，我们可以基于施加在道德价值上的议题来回避对道德增强的一些反对意见，比如哈里斯[5]（pp.102-111）和乔特兰德[6]（pp.3-9）的观点。事实上，哈里斯也明确接受了我们强调的（比如经验和逻辑能力）与道德可靠性的某种类型能力的相关性。此外，还有一个关于建立在推理上的方法如何与乔特兰德所持有的美德伦理学相适应的冗长论证。[7]（pp.223-234）

程序性方法还避免了支持或者反对道德特殊观点的乞题论证。可靠的行动者基于他们如何频繁地做出正确的道德判断来确证自身，这种更为实质性的方法将要求我们预判道德判断的内容。不过，这将时常意味着要预设一个特殊行动者被明确认定的对道德问题的回答。并且，它同样也揭示了一个回溯问题（regress problem），即为什么我们应该认为，对行动者的判断进行可靠性评估的那些人就是可靠的呢？②

不过，一般意义上的程序性方法以及我们所采用的特殊方法并不与其他可靠性的阐释相抵触。我们的目标并不是为道德可靠性建立必要和充分的条件。相

---

① 我们的论证与杰斐逊有一定的相似之处（参见其“Enhancement and Civic Virtue”一文），尤其是其中的一个争论：认知增强能够为道德慎思带来益处。然而，其论点集中在更为一般的生物增强的政治副作用上，而不是道德增强的一般性框架。而且，即使这一论点以一般道德增强的形式被重新提出，其对于公民德性概念（更深层意义上）的依赖使得它在本质上具有实质性。

② 我们可以通过将增强的重点放在一些毫无争议的规范上来避免这些问题，比如肆意的挑衅或者自私自利。即使那种策略成功了，其也会受到必要的限制。程序性架构的优势在于可以在有争议的领域里实现可预期的道德改善。可以说，那些有争议的领域才是我们期望能够取得最大改善的领域。这并不排斥更为实质性的或者实质性与程序性干预相结合的方法的可行性。我们可以更为适度地主张，程序性方法能够对人们道德判断的可靠性进行重要的组合。

反，我们将确定几种能获得更高可靠性的程序能力。这并不排除能够增进可靠性的其他额外要素。实际上，一个满足我们提出所有要求的人仍然可能是在道德上不值得信赖的；相反，某些在所有方面都不能胜任的人却是值得信赖的。但是，这种分析仍然是很有用的，因为从某种程度上说，我们所提出的那些能力的改善将会产生更高的可靠性——与那些缺乏这些能力的人相比，拥有它们的人将更可能做出正确的道德判断。

另一个需求是可应用性。我们希望确定出能够同时在行动者的选择和改进过程中被潜在采用的道德可靠性的因素。过于抽象和高阶的程序在实际情况下并不会非常有用。同时，我们的目的也不是对我们所确证的能力进行某些特定的测试。给定的测试或者干预在我们确定的一个领域中是否有效是一个经验的问题。我们真正要做的是提出对这些干预进行评估的清晰标准，以及为今后在改善行动者道德可靠性的创新方法的研究中提供指导。

一　罗尔斯式合资格的评判者

我们所提出的对道德增强的阐释首先是程序性的；其次是它概述了人们的道德判断的更为可靠的条件；最后是可以提供更为细节性的实践指导。一种符合所有这些标准的阐释能够在罗尔斯早期的作品中被发现；我们将在这里简要对其进行概述，并解释它至少是如何作为一种程序性道德可靠性的阐释的。

这一阐释来自罗尔斯《一个伦理决策程序的纲要》[8]一文，这是他最早期的成果之一，它在某种程度上为《正义论》[9]中所完整阐释的反思性均衡方法奠定了基础。这篇文章的目的是明确地制定一个决策程序；即使这一程序是好的，但它在确定道德上可靠行动者的过程中作用有限。不过，制定这一决策程序的第一步是确定“合资格的评判者”。其总体的框架大致如下：（1）确定合资格的评判者的类别；（2）确定深思熟虑的判断类别；（3）制定这些深思熟虑判断的原则性阐释；（4）确保这些原则是合理的 / 可辩护的。在此过程中，判断本身做了大部分的工作——原则就是建立在其之上的，并且合资格的评判者只有在他们进行了深思熟虑的评判后才会发挥作用。尽管如此，合资格的评判者的理念能够从余下的结构中抽离出来，并在为提出一种道德可靠性的阐释中被重新定位。

我们可以依次研究与道德增强阐释有关的三个可期待标准（程序性的、可靠的和实践的），并看看罗尔斯的合资格的评判者的阐释是如何满足每个标准的。首先且重要的是，他的阐释是程序性的。罗尔斯对这点的表述非常明确：“能力只能通过某些特征来单独的被决定……一个合资格的评判者不是根据他说了什么，或者他使用了什么原则而被定义的。”[8]（p.180）罗尔斯程序主义的理由与我们的类似；他不想用其阐释来预设某些道德原则。毕竟，其阐释的目的是想提出一种确定道德原则的方法。虽然在道德可靠性阐释的发展中没有严格的循环论证问题，不过其也仍希望能够避免一系列实质性的、有争议的假设。

其次，尽管罗尔斯设想了一个能产生良好判断的总体上的决策程序，但合资格的行动者判断的可靠性会被认为是建立在自己之上的。罗尔斯对那些特别能够“了解”某些道德真理的行动者感兴趣。由此一来，“合资格的评判者是那些最可能做出正确决策的人”[8]（p.183）。特定判断和原则完善的进一步标准可能会改进那些具备资格的能力——深思熟虑的判断是极易被认为是正确的观点的子集。基于此，所有合资格评判者判断的更大范围的集合（既包括深思熟虑，也包括未深思熟虑）都将会是可靠的。或者，相较于不合资格的评判者，至少他们将会被认为是更可靠的。并且那种相较而言的主张就是我们当前目的所需要的。当试图决定哪种类型的个体应该对伦理问题负责的时候，相对道德能力就是一个完全可接受的标准。

最后，经过适当的改进，罗尔斯的阐释能够被作为道德可靠性的实践标准。在一定程度上，罗尔斯并没有正面阐释其合资格的评判者是如何实践的。在他看来，在某些情况下，我们无法使用他的标准来决定谁在一个群体中是合资格的。这肯定存在一定程度的模糊性。同时，罗尔斯强调了会有一些个体在一些特定的标准中表现突出，以至于我们不得不将其视为合资格的评判者。这或许有些令人不太满意，因为罗尔斯没有详细地阐释我们将如何能够准确地衡量（表述）某人的共情（empathetic）理解力。本文下一节的部分目的就将是对一个更具吸引力的标准进行扩展，并提出如何能够将其在实践中进行应用的建议。

二　一种改良的罗尔斯方案

我们已经看到罗尔斯的阐释是如何符合道德可靠性的程序性阐释标准的。不过，仅有这些是不够的；如果这种阐释能在实践中被应用，才会更令人信服。事实上，虽然罗尔斯的阐释在某些方面需要进行适当修改，但其总体结构在如何运作这一程序上为我们提供了有益的指导。

1. 智力

罗尔斯提出的合资格评判者的首要特征是智力，“其可能被视为人们在智商测试中希望检测出的那种能力”[8]（p.178）。不幸的是，他没有对智力进行更充分的讨论，亦没有讨论为什么我们应该认为智力在道德可靠性中是非常重要的。从表面上看，把智力测验本身作为道德可靠性的指标是没有吸引力的。例如，数学定量能力是智商测验的核心领域，却与我们参与到大多数场景中的道德推理的能力并不完全相关。① 良好的程序可靠性必须将判断形成的相关特征与其过程联系在一起。

话虽如此，有时通过智力测验来衡量的一项特殊功能：**逻辑能力**，却在道德上是有用的。这项能力包括逻辑推理和演绎能力，发现自己和其他人的信念中存在着张力的能力，以及以突出对话者间真正争执的点的方式提出论点的能力。这并不是说所有的道德推理都必须始终以严格的前提—结论形式来予以界定，而是当推理至少采用形式是正确的隐式逻辑形式时，结论至少能够从前提中得出。

此外，逻辑能力是可靠性程序阐释的关键，因为正确的道德判断，无论结果如何，都至少是相互符合逻辑的。逻辑能力能够帮助人们确证他们观点中的逻辑内涵。因为人们有时可能意识不到他们的观点被整合在一起时会出现不连贯性。例如，我们可能会持有以下三个论点：所有腐败的政治家都应该受到惩罚，不管其腐败程度是多么轻微；A 最喜爱的政治家有轻度的腐败；鉴于其所做的出色工作，A 最喜爱的政治家不应该为轻度的腐败受到惩罚。这就是整合的不一致性，在这之中的一个观点是必须被放弃的。因而，对逻辑规则清晰的理解能够帮助我们避免这些不一致并予以更正。②

但是，如果推理者要通过他们论述的含义和矛盾来进行正确的思考，那么拥有逻辑规则的意识是远远不够的。人们应该有能力去反思、理解和领会正在发挥作用的那些观念、原则、直觉和其他想法。在这些观念是道德观念的情况下，与之相关的理解力将会部分是抽象的——更清晰的**概念理解**将会对道德推理者有价值。这包括对道德观念的内容、强度和范围的清晰把握，以及有效传达对其理解的能力。内省（introspection）可以使人充分了解一个观念的内容，但人们也会因此变得困惑甚至开始自我欺骗，这将极大地影响这些判断的可靠性。强度在帮助决定放弃两种相互竞争观念中的哪一个时，以及在是否要将道德上的考量置于非道德考量之前时会变得很重要。确定一个观念的范围（应用在哪里）对于确

---

① 这并不是说一般的智力甚至是计算能力与道德行为毫无关联；例如，在利他主义与智力之间就发现了一些相关性。[10]（pp.94-100）[11]（pp.316-326）然而，这些研究并没有将智力特有的领域剔除，它们之间是相关性而非因果性的，其也没有提出程序可靠性本身以及涉及道德（利他主义）的狭义领域。无论如何，出于本文的目的，我们将关注道德可靠性与推理能力之间关联的理论基础。

② 这假设了人们在面对不一致的时候会受到正确判断的激励。在实践中，有些人可能会满足于让这些不一致存在——这不是因为他们是辩证主义者，而简单的只是他们不太在意改变自己的观点。这些观点中的一部分将会在下一节“对修正保持开放态度”中讨论，不过这也指向了一种意志薄弱的案例——按照一些人接受一些人不同意的方式行动。虽然对意志薄弱的克服还并未包含在我们现有的框架中，因为它不是很易于与我们关注的判断相吻合，但“我们还是接受者”可能是实现程序性道德改善的良好补充手段。

保其被正确的使用是必要的。

此外，为了理解一种特殊道德观念（例如谋杀是错误的）的准确内涵，它还有助于把握所涉及的相关概念。模糊和歪曲的观念将会导致不可靠的推论，并引发与某人深思熟虑的判断所不一致的行为。相反，对观念正确的理解将做出正确的推论。这样，概念理解会在逻辑能力方面提供帮助——虽然它们足够特别，值得单独分类。特别是，对逻辑能力的衡量将不会被视为对概念理解的衡量，反之亦然。

这似乎揭示了：评估概念的能力将自然地预设某些实质性的论证，这些论证是与我们所提出的程序性框架背道而驰的。例如，确定正义的概念到底是如何极大地塑造人们关于正义决策、机构和政府的实质性观点的。虽然此处确定的能力不应以乞题论证的方式（预设了规范性概念的内容、范围和强度）被评估。相反，它将涉及更一般的反思能力，对细节的关注能力以及对抽象内容的澄清和理解能力。这些能力旨在帮助个人确定不同种类概念的内容、强度和范围。他们由此将会更为可靠，因为这种思维的清晰性将帮助避免由概念模糊不清所导致的误解和错误。

2. 经验能力

我们可以更为直接地采用罗尔斯合资格的评判者的第二个特征，即关涉我们所处世界的知识。这种知识涉及“他所在的世界的各种事物以及一些经常性行为的结果，这些都是智力水平在平均线之上的人们应该知道的。还有，我们所期望的合资格的评判者，在他被要求提供意见的所有情形中，他应知晓关于这些情形的特殊事实”[8]（p.178）。这类知识涉及有关于世界非道德的、经验的事实，因而我们将其称为经验能力。

考虑如下有效的道德论证，这能很清楚地让人明白对现实世界中非道德的事实的意识是如何提高道德可靠性的：

P1：参议员巴尼（Barney）收受了贿赂

P2：任何受贿者都应受到惩罚

C：参议员巴尼应该受到惩罚

P2 和 C 是道德主张，因此无须进一步的阐释也不会受到经验问题的影响。不过，P1 却是经验的、非道德的主张。道德结论只有在它是正确的情况下才能得出。任何人基于上述推理，做出赞同参议员巴尼应该受到惩罚的结论都需要有充分的理由来证明参议员巴尼收受了贿赂。一些诸如受贿目击者等的证据就将是重要的。而且，那些评估这种证据的人也有必要评估众多的因素。比如，目击者是可靠的么？我们是如何知道所目击的事件是行贿呢？行贿者得到了什么？那些通常来说更有评估经验的人将在确定P1真实性方面更具可靠性，进而对是否应该惩罚巴尼这一道德问题做出更可靠的评估。

这一点能够被普遍化，因为非基本的道德判断通常基于经验前提的论证（或接近于论证的事物）。经验能够提高人们有效评估这些前提的能力，从而提升依赖于这些前提的道德结论的可靠性。这将使人们的经验能力得以提升，并成为道德可靠性的重要特征。按理说，这并不是可靠性一个严格的程序特征。它指代的是特殊判断的内容，而不是所涉及的程序。不过，采用程序性方法的重要原因是，在评估道德可靠性时，对有争议的和会犯乞题论证错误的道德主张予以避免；同时将非道德能力整合到阐释中也会让我们避免一些实质性的道德问题。

经验能力相较于逻辑能力而言是一个更为模糊的概念，因此对它关涉的内容进行一定说明是有用的。就像推理自身一样，经验能力是一个涵盖了很多不同子能力（sub-capacities）模糊性概念（umbrella concept），我们将着重描述其中的两个（本讨论旨在说明经验能力的性质，而不是详尽地说明其可能被改进的所有方式）。一个是长期记忆，正确回忆起以前的观察会有助于人们做出自己所经历过的事件的判断；另一个是与道德判断潜在相关的一系列事实的知识。它们可能类似于一般的物理学定律或者类似于具体的不同历史事件的发生。这类知识的范围是很宽泛的，以便可以在不同的和未曾预料到的环境中被应用。它也与记忆能力相关，因为对某类主题知识的了解涉及把先前信奉的信仰回忆起来的能力。尽管如此，通过探寻允许人们正确理解和运用相关事实的更深远的理解条件，它超出了一般记忆的范围。

3. 对修正保持开放

在某人的推理进程中对错误进行识别并不是特别有用，如果他对错误置之不理的话。基于此理由，罗尔斯要求合资格的评判者要虚心地接受对其错误的修正。这可以分为多个层级：接受某人观点中令人“惊讶”的部分；耐心寻找支持和反对这些观点的理由；愿意在认真思考以后改变自己的看法。①

① 不接受修正的开放性的失败与海特（Jonathan Haidt）所倡导的道德的社会直觉模型之间存在某种联系。[12]（pp.814-834）根据他的观点，我们的道德判断源于直觉主义的情感反应，然后事后被合理化。之所以出现道德不妥协，是因为明确的推理和论证是在理性化的层面，而不是情感进程中进行的。但事情并非如此绝对——海特（像休谟一样）接受了推理过程（尤其是在社会环境中）的确会对判断产生因果影响，即使它们是次要的直觉反应。我们的方法关注这些推理过程的影响，这可以导致可靠性的改善。

开放性是有利于增强道德可靠性的动机性特征。不过，这并不是在行动中起作用的那种动机，正如在意志薄弱案例中，人们以一种认为自己不应该做的方式去行动一样。相反，在一个人面对无法抗拒的理由去行动的时候，去修正他的道德观念是一个更为理论性的动机。诚然，让一个人放弃其观念是很难的。人们会依附它们，会为它们的真理和价值进行“投资”。当一个人的判断有着巨大缺陷时，如果没有对修正保持开放的态度，任何通过推理来修正和改善其理论性的观点的尝试都注定会失败。道德上的进步也就变得不可能。

对道德可靠性的修正保持开放态度的重要性很容易被佐证。假设有人指出了两种道德直觉之间的不一致。在以前，我会认为这二者只能取其一。但现在，有人能够把自己置于逻辑矛盾之中。也许对自己想法的自傲或者个体的依赖会使在矛盾中所做出的选择具有吸引力。但是，这一决定会产生很严重的后果：它让人们获得一个更为可靠观点的黄金机会流逝。只要有人会关心如何行动才道德，他们就应该愿意在这种情况下做出改变。①

通常而言，一个人在经过缜密的推理过程后还拒绝改变（增加一个新的道德判断或者更改、放弃之前所持有的判断）的这种情形将会损害他们的道德可靠性。如果有人断然拒绝改变自己的判断，那么在这些判断中，任何道德方面的改善都将是不可能的。或许，如果有人已经达到了人类道德思想的巅峰，那么他就无须做出任何改变。然而，达到这种高度显然是不合理的。②

4. 共情理解

罗尔斯提出的最后一个标准是同情的知识。不过同情（sympathy）这一术语却有一定的误导性。同情通常意味着看到有人正经历痛苦，有一种想要去减轻它的意识。而共情则是对人们主观经验的一种更深刻的感同身受。因为对同情的促进将预设一个特殊的规范性框架（我们应该减轻他人的痛苦），所以不适用于我们的程序模型。共情则较为中立，它清楚地表明推理的一个特征，即对他人处境的理解。因而，我们将更关注对共情的理解。

获得共情理解的最简单方式是让评判者去感知相关方面的经验。例如，

---

① 保持开放可能不仅包括想要改变的意愿，而且还包括去学习的意愿，以此来寻求辩证地与对立的观点进行辩驳，从而支持推理的进程。

② 人们可能会认为这与某些拒绝改变和修正的教条式宗教传统之间存在一些张力。然而，这些宗教教却是对开放性持欢迎态度的。具体而言，它们依靠开放性来使不是教徒的人转变他们的信仰，并用持续的开放性来发展这种信仰。或许他们不愿对拒绝这种信仰持开放态度，但他们不会不假思索地那样做，或者刻意地忽视这种反驳；相反，他们会依靠这些深思熟虑的判断，即他们的信仰是正确的，而反驳意见是不成功的。

如果有人在调查严刑酷法的道德性，那么自己去感受酷刑将对此提供特殊的洞察力。不过这种直接的经验或许要求太高；要求酷刑的评判者自己去感受既不合理也不合实际。罗尔斯承认并指出，“没有人能直接地了解到所有利益”[8](p.179)。① 他认为在直接经验缺乏的情况下，一个更为合理的标准是进行想象力的评估。其所包含的内容还未进一步明确，不过却是一种增强道德可靠性的合理能力。这或多或少是一种换位思考的能力；在各种情况下考虑并使别人正经历的事情内在化。想象力可能不构成实际的经验，却应该导致对所述经验理解的合理阐释。

共情能力，类似于经验能力，将会在通过提高与道德思想相关联的非道德主张的可靠性的道德慎思中发挥重要作用。回到酷刑的例子，对于道德理性人而言，能够理解和感知（即使只是在有限的程度上）酷刑，都会是一笔巨大的财富。如果要将酷刑与其他诸如防止恐怖主义之类的社会益品相比较，那么那些能够共情地感受酷刑是如何糟糕的人会享有更多可靠性的权重。这说明共情在道德推理中的作用会是更为广泛的，在此种情况下，内部动力与关键的外部因素同等重要。

我们可以像罗尔斯那样将共情理解为：评判者应该像他人对待自己那样来看待他人的心理状态。这是一个很强的标准，一个人的某些心理状态并不一定表示其他人就会具有。例如，有些人可能会有更高痛苦的阈值，因而相同的经历就会有不同的阐释等。我们不应该预设评判者对某种经历的反应指示了所有人将对此如何应对。同样，存在一种想要采纳这种方法论的合理的动机——避免将自己的利益凌驾于他人的利益之上，这也暗示我们现在要转向关涉偏见的另一个标准之中。

5. 偏见的避免

尽管没有将其划分到一个单独的范畴，但罗尔斯认为评判者应该设法避免各种偏见。他最为强调的是自我利益的偏见——道德判断会被无论如何要让自己变得更好这一论断所粉饰。可以肯定的是，这种自我利益的偏见本身是有问题的，但是它也预示着能够阻碍道德推理的一种偏见的更宽泛的种类。避免偏见通

---

① 有趣的是，密尔在《功利主义》中也将前一种类型的相似性发展成了合资格的评判者的一个种类——不过他没有像罗尔斯那样将其扩展到更为一般的共情能力。但是，鉴于密尔对于想象能力重要性的坚持，共情知识在目前的案例于密尔的框架中也同样是可以接受的。

常会提高道德可靠性。① 基于当前的目的，我们将使用偏见如下的定义：在道德判断中考虑与此判断不相关的因素。② 这把握住了偏见中出现问题的本质，即种族主义者在不应该考虑种族问题时考虑了它。质言之，依赖相关信息输入的判断将会更加可靠——这来源于关联性的本质，即除非存在一种道德相关性的差异，否则同样的情况必须同样对待。

然而，这种阐释可能会受到其是否真正是程序性的质疑：它预设了一个概念，即哪些因素在道德上与某些判断相关，而哪些又不相关。这是一个实质性的问题，也有可能被视为过度的乞题论证。

作为回应，我们首先要说的是，偏见定义中实质性的假设不一定是有问题的。我们寻求一种道德可靠性的程序性阐释的理由是避免以某些结果的正当性作为前提，以及陷入有争议的假设中。但是，以某些因素在道德上的关联为前提并没有预设某类结果的正确性。毕竟，实质性的假设是二阶的。减少或消除对某些因素的影响仍然为人们做出实际的判断保留了空间。而且，可以预见的是，偏见的多种形式（如种族主义）是有问题的；它将不会阻碍做出某些二阶假设的实际可操作性。

不过，有些偏见的来源仍存在争议——例如，优先考虑同一个国家的人是偏见还是公正的优先，这是会引发讨论的。因此，一个可替代的解决方案是进一步缩小定义的范围：当人们以自己的视角来考量与道德无关的因素时，就会出现偏见。它通过不依赖于客观的而是自己的标准保持了程序上的中立。然而，这种阐释是较为宽松（permissive）的。它可以阻止我们批评那些真正考虑到了相关因素的被视为偏见的人。例如，内心认为白人在道德上比其他种族优越的彻底的种族主义者，不会在考虑种族的各种道德判断中受到偏见。基于此，这种阐释可能无法被视为对偏见概念的完整分析。但是，在实践中，这不会经常产生过于宽松的结果。这种彻底的种族主义者在现代社会非常稀有；真实的种族主义者更多地表现为人们是在无意间考虑到种族问题的。③ 其他种类的偏见在其标准中同样也是无可争议的：你如何构建一个问题与人们对此问题的看法无关；一个人不应

---

① 参见 Sinnott-Armstrong 一个相似的观点 [13]（pp.288-289）。他谨慎地指出，我们同意减轻或消除偏见不足以保证对行动者的判断有全面的信任。但这本身可以说明推理者自身的相对可靠性。在其他条件相同的情况下，我们有充分的理由认为，在 A 的偏见程度不及 B 的时候，对 A 判断的信心是比 B 高的。我们将使用如下对偏见的定义：在道德判断中纳入与其无关的那些因素。

② 这与诺奇克对作为标准的不均衡应用的偏见的理解有些类似 [14]（p.103），不过为了避免包括所有不一致的情况，其包括的范围要小一些。

③ 这种方法仍然有一些资源来解决彻底的种族主义者。对于涉及种族的经验事实有更好的理解，以及对种族本身概念以及与之相关联的道德概念，比如公正和平等的理解，可以从道德上改善彻底的种族主义者。

该同其他人保持不一样的道德标准；在公共领域，一个人不应该优先考虑自己的亲属等；鉴于此种标准的普遍接受性，在这种情形中是可以接受偏见的属性的。当然，诸如民族主义之类有争议的案例将只能得到部分地解决，但是一种更为广泛的偏见的无争议形式仍将被视为目标。我们认为，关于道德可靠性的实质性二阶的标准不会干扰到现阶段阐释的程序主义本质。如果有人不同意，我们会用其他中立的阐释来代替。偏见的避免将会是一个更为狭窄的范畴，而在这一领域中的改进提高道德可靠性的程度将会受到更大的限制。不过鉴于许多偏见甚至没有得到内在的认可，这种窄化的实际效果会相对不那么明显。

将此定义牢记，避免偏见和道德可靠性之间的联系就会更加明确。通过移除无关因素在道德推理中的负面影响，与其相关的其余因素所占的比重将会增加。由于相关的因素比起无关的因素更容易导致良好的判断，由此可靠性也就相应提高。

避免偏见应该采取什么样的形式？这是一个更具经验性的话题，不过一些建议可以在此处做出。对偏见的避免能够部分帮助人们认识到这样一些矛盾（如在标准的制定中更加突出个人，或在矛盾产生时明确指出违规的标准），同时其也能够使我们认识到可以可靠地减少考虑到各种因素的错误情形的技术。因此，对于一个将种族主义视为有问题的人而言，对其他种族敏感的程序可能被视为一种间接的道德增强，因为它能帮助人们确证他们具体的判断符合他们制定的标准，当种族问题被纳入考虑范围中时。

6. 盘点与评估

上述几种能力都有助于提高程序性道德可靠性。它们可以自己单独作用，也可以协同作用。它们都共享了一种共通的理性主义思路，并且在结构上似乎是柏拉图式的：道德判断受到深思熟虑的道德推理的控制。不过，这种理性主义的方法并不意味着独断性。我们对一些其他的特征也可能对道德可靠性产生影响这种理念持开放态度。这些特征很容易被识别，也很适合于程序主义的范式。

此方法的另一个优点是，由于相对较少的允诺，它与一系列规范伦理和元伦理观点是兼容的。我们在此不做过多论述，不过这与亚里士多德的《尼各马可伦理学》和休谟的《论趣味的标准》存在一些重叠之处。① 有人也可无须采纳罗尔斯式的整体框架来接受我们方法的优点；虽然拉兹[15]（pp.307-330）拒斥了罗尔斯

① 虽然这是一种理性主义的结构，我们的阐释同时也与情感主义方法相容；甚至像休谟一样的情感主义者也接受理性的使用与做道德判断时的推理。

的反思均衡，但他接受了道德推理中逻辑约束和偏见避免的重要性。由此，它是一个最低限度的程序性阐释——采取了一种相对广义上的较小的功能集合，即道德推理最为可靠的阐释应该是能够彼此调适的。这种广泛的接受度有助于实践的应用与实际改善道德推理的能力。①

三 错进，错出

在继续讨论我们观点之前，我们将针对上述观点提出一个重要的反对意见。迄今为止，程序性方法的中立性一直被视为合理的，但是它也有一定的缺陷。如果不受程序性约束（如道德输入）的道德推理受到了严重的误导，那么程序性改进在道德推理上就是无价值的。如果我们对这些输入的合理性保持中立，那么程序的改进将对无法改善有输入缺陷的人（他们的直觉、感知或其他）的可靠性。实际上，对输入有缺陷的人进行程序性改进可能会使他们的道德判断不那么可靠。

比如，哈克正在研究是否要把他的朋友吉姆（战前南部逃跑的奴隶）归还给其主人。根据一种解读[16](pp.123-124)，哈克认为，按道理来讲，应该将吉姆归还——然而，对其朋友的同情阻止了他那样去做。哈克最终放弃了做正确的事，而是让吉姆回归自由。但是，令人担忧的是，如果哈克是一个更好的理性人，并且愿意根据理性的要求来修正其判断，那么他该如何办呢？他可能会意识到他想要去采纳的理由的分量，并从中排除掉友谊的“偏见”，并将吉姆归还。

这一类事例有两个相关的隐忧。其一是没有受到程序性批判的道德前提（包括对奴隶制的认可）存在缺陷。伴随着对人们观点的更好的理解，从而得出更加具有误导性的结论。其二是在判断中面对明显冲突时，我们无法保证人们会做出正确的选择。虽说哈克的选择是正确的，但这是基于实质性的假设，其意味着排除了程序性的阐释。那么，是否存在任何程序性理由来支持人们可以进行可靠而正确的选择呢？

我们可从两个方面予以回应。首先，严格的逻辑一致性在哈克的例子中是有问题的。对奴隶制的道德认可可能基于的是错误的经验假设，即种族主义者关于先天优势或者自然适应性的主张。如果我们对此有更多的了解，是可以拒斥此说法的。由此，相关的理由就不会让哈克选择将吉姆归还。开放性可以让哈克放弃他的同情心，但同时也可以让其拒绝反社会的道德。共情理解将会使吉姆的困

---

① 一个更深入的问题是，这个框架是否与理性主义认识论的女性主义批判相冲突，例如，对理性的强调强化了一种特别的男性化思维模式。我们并不打算在这里进行充分的回应；我们仅仅是认为，我们所确定的特征并不完全是理性主义的。虽然其中一个特征是逻辑能力，但另一种特征却涉及共情能力。其他诸如开放性和避免偏见等特征也是可以与女性主义相契合的。

境得到更好的理解，从而确保充分考虑到他的利益和他作为奴隶所遭受的苦难。并且，偏见的避免也能够帮助哈克摆脱任何种族主义的偏见，其先在性地削弱了为黑人奴隶辩护的道德性。

其次，如果人们对道德决策持有特别悲观的看法，那么像哈克这样的例子就会威胁到我们对道德可靠性的阐释。仅基于中立的观点（行动者在正确的方向上与错误的一样），仍然会对一种明显错误观点进行消除，即共同持有的错误主张。即使我们不能够确证新的观点是正确的，也能够预期行动者的（道德）认识论立场至少会有所改善（绝对错误的观点是很少的）。

如果有人认为行动者犯了系统性的错误，那么这种回应就不适用。在不一致的观点纠正中的系统性错误将导致更为严重的认知状态。按照此观点，一致性可能是一种积极的恶，可能会严重威胁到道德可靠性。然而，这种观点很难得到证明。人们为什么会错误地进行系统性选择呢？也许是因为特殊的系统偏见，但从我们的角度来看，偏见的避免已经成为改善道德可靠性的一部分。有人会被认为是错误的理论家，但没有特别的理由使人们将系统地去选择积极的道德主张（错误的理论家通常认为这是错误的），而不是消极的道德主张（他们可能接受）。在缺乏一种消极观点的合理依据的情况下，这种反对意见就无须被正确地对待。

然而，可能会有人反对，道德判断中普遍存在的错误（以及伴随而来的不公正）并不是在程序层面发生的，而是由于规范性输入的缺陷。我们的方法虽然在一定程度上影响了某些收益，但从这种观点来看，不会对道德可靠性产生实质性的影响。但是，这种担忧很难评估。我们如何说明错误来源的比例？我们可以尝试确认来源的不一致，以查看它们是否真的是程序性的或极具价值的。但是，即使深刻的价值也会受到程序性批判的约束（它们可能是不一致的、缺乏信息的、思想封闭的等）。

不过，积极方面的因素是，在程序性层面很多道德纠纷的发生其实是合理的。在我们社会中，种族主义和性别歧视所带来的分歧主要不是由于这二者是否是有害的，而是这种偏见存在的程度以及它们的危害程度——可通过经验能力和共情理解的特征来解决。虚伪，一种逻辑不一致的形式，在规范性话语中是一种常见的且可接受的批评。政治话语本身，就其服务于某种变革性的目的言，至少在某种程度上依赖于人们愿意改变他们观点的意愿；相反，封闭的思想才是阻碍政治进步的真正问题。程序性的议题虽不是全部，但它们在各个领域都扮演着重要的角色。

四　结论

道德可靠性是一个重要的概念，能够为回应道德增强其他形式的批判提供一种可取的方式。我们提供了一种程序性框架，该框架确定了有助于增强道德可靠性的六个特征。这种阐释在如下四个维度获得了成功：它避免了有争议的规范性假设；有助于提高道德可靠性的可预期特征；它关注的是行动者本身；能够在各种情况下提供有益的指导。

由于本文旨在发展一种程序性道德增强的框架，因而我们无须深入地研究这些特征实际的含义。不过，其中的几个应该更为清楚。我们的框架呈现一种程序性道德教育的有用形式，其可以促成一个更好的道德慎思者，同时又不会对其强加特别的价值。① 我们确证了某些能力——尤其是经验能力——已经是现代课程的标准部分。其他能力可能还较为缺乏，但对逻辑课程的强调，对偏见意识的避免，甚至是在学校中进行共情的训练是需要得到保证的。

此外，各行各业都需要优良的道德审议者——伦理委员会及陪审团成员、法官，甚至是政治家。我们已经建立了确定了胜任这些不同职位能力的程序，但是我们的框架合理地给出了选择的更进一步标准——对现有标准进行补充而不是替代它们。类似于教育，其中的一些程序与我们框架的某些部分相匹配；陪审团的选择通常会涉及试图找出潜在偏见的一些问题。不过，或许我们应该考虑其他类型的测试——例如，提高陪审员的共情能力可以更好地理解目击者陈述的真实性，而逻辑和概念能力则可能有助于理解律师有时略显复杂的论证。

更具前瞻性的是，我们的建议给出了一种更具前途的道德生物增强的方法。除了尝试改善动机或行为，我们还应该考虑改进慎思程序本身。这样一来，就可以避免在将个人价值观强加到个人身上的同时仍然承诺道德改善的争议性话题。我们所确定的很多能力至少在原则上应该易于生物性的改善——不过在干预能够被视为可行的之前，还有很多这一领域的研究需要进行。②

观察到我们的程序性阐释在本质上是哲学的，这并不公平。实际上，人们能够将程序性道德可靠性描述为被设计来使人们成为更好的哲学家——毕竟，逻辑和概念分析等特征是分析传统的标志。如上所述，我们并不认为，哲学家能够凭

---

① 用此种方式，我们能够在道德教育范式中保持自由中立，这是一些当代罗尔斯主义者所强调的（如沃尔德伦[17]（pp.71-83）和 Ebels-Duggan[18]（pp.34-63））。

② 我们对于生物增强的建议应该被视为是与 Pesson 和 Savulescu 的观点兼容的[19]（pp.162-177）[20]。我们应该可以对提高已确定能力的干预措施进行深入研究。但是，本文的论点在关于我们是否应该追求非程序性道德生物增强的研究方面是中立的。

借其训练比其他人群更胜一筹。但是，我们会有一些自信的是，解决道德问题的哲学方法至少在某种程度上可以可靠地纠正道德判断——至少，它们比非反思性的选择更为可靠。并且，在本文中我们也只是提出了最低限度的要求。程序性道德可靠性不能确定道德典范或者毫无疑问的正确理论。它只是确定了使人们在道德上，比起其他情况而言，更加可靠的特征（在其他所有条件都相同的情况下）。

参考文献

[1] Sperber, D., and Mercier, H., “Reasoning as a social competence”, *Collective wisdom: Principles and mechanisms*, Cambridge: Cambridge University Press, 2012.

[2] Goldman, A.I., *What is justified belief. In Justification and knowledge*, Dordrecht: Reidel, 1979.

[3] Ramsey, F.P., “Knowledge”, *The foundations of mathematics and other essays,* New York: Harcourt Brace, 1931.

[4] Nozick, R., *Philosophical Explanations*, Cambridge: Harvard University Press, 1981.

[5] Harris, J. Moral enhancement and freedom, *Bioethics* 25(2), 2011.

[6] Jotterand, F., “Virtue engineering and moral agency: will post-humans still need the virtues?”, *AJOB Neuroscience* 2(4), 2011.

[7] Fröding, B.E.E., “Cognitive enhancement, virtue ethics and the good life”, *Neuroethics* 4(3), 2011.

[8] Rawls, J., “Outline of a decision procedure for ethics”, *The Philosophical Review* 60(2), 1951.

[9] Rawls, J., *A Theory of Justice*, Cambridge, Mass: Belknap Press of Harvard University Press, 1999.

[10] Krebs, D., and Sturrup, B., “Role-taking ability and altruistic behavior in elementary school children”, *Journal of Moral Education* 11(2), 1982.

[11] Millet, K., and Dewitte, S., “Altruistic behavior as a costly signal of general intelligence”, *Journal of Research in Personality* 41(2), 2007.

[12] Haidt, J., “The emotional dog and its rationalist tail: a social intuitionist approach to moral judgment”, *Psychological Review* 108, 2001.

[13] Sinnott-Armstrong, W., “Emotion and reliability in moral psychology”, *Emotion Review* 3(3), 2011.

[14] Nozick, R., *The nature of rationality,* Princeton: Princeton University Press, 1993.

[15] Raz, J., "The claims of reflective equilibrium", *Inquiry* 25(3), 1982.

[16] Bennett, J., "The conscience of huckleberry Finn", *Philosophy* 49(188), 1974.

[17] Waldren, M.S., "Why liberal neutralists should accept educational neutrality", *Ethical Theory and Moral Practice* 16(1), 2013.

[18] Ebels-Duggan, K., "Moral education in the liberal state", *Journal of Practical Ethics* 1(2), 2013.

[19] Persson, I., and J. Savulescu, "The perils of cognitive enhancement and the urgent imperative to enhance the moral character of humanity", *Journal of Applied Philosophy* 25(3), 2018.

[20] Persson, I., and Savulescu, J., *Unfit for the future: The need for moral enhancement,* Oxford: Oxford University Press, 2012.

Procedural Moral Enhancement

Abstract: While philosophers are often concerned with the conditions for moral knowledge or justification, in practice something arguably less demanding is just as, if not more, important – reliably making correct moral judgments. Judges and juries should hand down fair sentences, government officials should decide on just laws, members of ethics committees should make sound recommendations, and so on. We want such agents, more often and as often as possible, to make the right decisions. The purpose of this paper is to propose a method of enhancing the moral reliability of such agents. In particular, we advocate for a procedural approach; certain internal processes generally contribute to people's moral reliability. Building on the early work of Rawls, we identify several factors related to moral reasoning that are specific enough to be the target of practical intervention: logical competence, conceptual understanding, empirical competence, openness, empathy and bias. Improving on these processes can in turn make people more morally reliable in a variety of contexts and has implications for recent debates over moral enhancement.

Keywords: Moral enhancement; Reliability; Rawls; Proceduralism

【作者简介】欧文·舍费尔（G. Owen Schaefer），新加坡国立大学 Yong Loo Lin 医学院生物医学伦理学中心教授；朱利安·萨沃斯库（J. Savulescu），牛津大学哲学系实践伦理中心教授。

【译者简介】黄各，中共中央党校（国家行政学院）哲学教研部讲师，研究方向：道德—政治哲学。

人类基因工程伦理辩论中的滑坡论证

[美]道格拉斯·沃尔顿 文　汪　萍 译

【内容摘要】本文运用论辩理论的工具，分析当前基因编辑的伦理辩论中用到的滑坡论证。这些工具包括论辩型式、基于价值的论辩、批判性问题和举证责任。本文主张，诸如社会接受度、技术的快速发展等驱动因素也是重要的，需要和论辩型式放到一起考虑。本文表明滑坡论证基本上是一种合理（但可废止）的论证形式，不过，如果不能满足自身型式的要求，它在用于伦理辩论时常常会有缺陷。

【关键词】论辩型式；基因增强；基因编辑；种系治疗

在讨论可代际传递的人类基因修饰时，我们把滑坡论证（slippery slope arguments）视作与之相关的主要论证之一。滑坡论证和未来（尤其是遥远未来）可能产生的危险后果有关，也就是说，目前所考虑的行动或策略可能会也可能不会导致长远的灾难性后果。基因工程领域的滑坡论证主张用最简单的形式表达就是：允许使用影响到后代的基因治疗将必然导致优生学，导致人们想要通过使用基因技术来创造出超级人类。由此该论证主张，我们绝不允许迈出第一步，将此类基因技术运用在人身上。然而逻辑学的进展已经表明，滑坡论证不仅在某些例子中是合理的，满足了诸多正当要求，而且它也有一个可以具体展开的基本逻辑形式，能清楚说明这些要求。之前的研究说明，滑坡论证如果符合基本的论辩型式可以是合理的。[1]（pp.273-331）本文在此基础上作了延伸，将这一研究运用于当前基因工程伦理辩论中用到的若干滑坡论证。本文主张的方法是将我们所说的论辩型式运用于被提出或被拿来讨论的一个个具体的滑坡论证。按照这种方法，我们可以比较某论证被放入型式的方式，以便了解型式的要求是否得到满足，从而查验到该论证是否有错误。

一　基因治疗的进展情况

基因治疗（Gene therapy）的定义是：将正常基因移植到细胞中以代替缺失的基因或有缺陷的基因，从而治疗遗传性疾病。

人类基因治疗有两种——体细胞基因治疗和种系基因治疗。“体细胞”一词指的是除生殖细胞以外的任何生物体细胞。体细胞基因治疗是指将治疗性基因植入患者的体细胞。它的影响仅限于患者个体，不会被患者后代遗传。当前研究的主流路线是体细胞基因治疗，用于治疗严重的遗传疾病，如免疫缺陷、血友病和囊性纤维化。种系是一系列生殖细胞，每个生殖细胞都从该系列中较早的细胞那里遗传或发展而来，被认为在生物体的连续世代中延续。种系基因治疗影响未来数代，其结果是治疗者后代相同的疾病也会得到治疗。

当前，科学家利用了被称为“常间回文重复序列丛集”（CRISPR）的特征，制造出一种基因编辑工具，这种工具可以切割DNA序列，精确瞄准DNA序列中被破坏的部分，将旧片段剪掉，然后用无缺陷的新片段取而代之。该技术已在几十种动物身上应用成功，而且与以前的基因技术相比，它使用方便，成本也不高，在治疗人类疾病方面具有巨大的潜力。这一潜力已吸引大型制药公司的投资，推动研究向前发展，并催生了基因治疗的创业公司。尽管人们对基因编辑大量应用可能导致的后果存在伦理上的担忧，但据推测，病患的需求将继续推动基因编辑技术在科学和医学领域进一步发展。

在未来，对动物进行种系基因的修饰可实现种群范围内的基因驱动（gene drive），将特定基因的遗传散布到整个种群的染色体中。例如，我们对蚊子实施特定基因的驱动，蚊子就再也无法传播导致疟疾的微生物源。

总之在当前的社会舆论氛围下，这些潜在可得的有益前景是推动人们接受基因技术和治疗的强大力量。

1. 滑坡论证的先前版本：简要概述

滑坡论证广泛用于生物医学伦理和法律中，尽管评估起来有些棘手[2]（pp.361-383），但它们被认为是该领域里的合理论证。另一个相对新近的趋势是，滑坡论证正被纳入非形式逻辑的教材[3]，通常放在非形式谬误的部分，如乞题问题或诉诸权威论证。而谬误研究的文献倾向于不再把许多谬误视为本质上是错误的论证，而是认为在很多情况下它们也可以有合理的用途。问题在于，我们得设计出一套标准和方法，使论证的分析者能够区分哪些是合理的论证，哪些是谬误的论证或者至少是在某一方面有缺陷的论证。

“滑坡论证”这一说法从何时起被纳入逻辑学学科作为一种论证类型，目前还没有定论。但众所周知，滑坡论证与古希腊哲学家的连锁三段论（sorites）有关。[4]（p.114）该论证形式有两个前提和一个结论。

> 前提 1：从一堆谷物中拿走一粒不会产生显著差别——我们仍然有一个谷堆。
>
> 前提 2：每次我们重复这一步都没什么不同，因为一颗谷粒太小，无法使人区分这个东西还是不是一个堆。
>
> 结论：重复足够多的次数后，这个推理的结论将变得荒谬，因为显然，我们再也不能把剩下的东西描述成谷堆了。

秃子论证具有同样的形式：满头秀发的人每次拔掉一根头发，一开始他不是秃子，最后他成了秃子。然而我们不可能确定，确切地在哪个时间点他从不是秃子的状态变成了秃子。这种论证形式常常被认为是一种悖论。然而，本文所关注的那种滑坡论证和它的结构不同，因为本文所讨论的论证是关乎一系列导向某种危险后果的行动——一方警告另一方不要采取这一系列行动中的第一步，不然将导向危险的后果。我们说这类论证合理，并不是要求它们应该是有效的演绎论证。它们通常代表的是容易遭受反驳的可废止的论辩形式。这类论证能够从可被接受的前提引向一个推定是可被接受的结论，这种推定受制于能够进入讨论案例的新证据。

尽管如此我们还是可以看出，这两类论证存在一些有趣的相似点：两者都是基于一个持续的序列，对于这两种形式的论证来说，序列一旦向前发展而没有被制止，就会进入灰色地带，缺乏任何可以特定的点来确定某个属性是否存在。

在早期的非形式逻辑教材中，比尔兹利把滑坡论证描述成常常引起恐慌从而足以起到说服效果的（即使论证本身软弱无力、缺乏证据），但他似乎为这种论证并非本质上谬误的可能性留下了空间。[5]（pp.273-331）

胡克对滑坡论证作了如下概述[6]（p.471）：

> 这种思维模式的出发点是：原则或价值的冲突有时会迫使我们承担风险，这种风险是必要的，同时其危险也是显而易见的。那么它就会问：我们要在什么地方停下来？因为事先没人能指明一个具体的停止点，所以它假定我们永远不能停止，无论之前如何设想，一旦踏上滑坡，我们都必定加速坠入可怕的灾难深渊。

胡克举的第一个例子是那些抗议在饮用水中加氟以防止蛀牙的人，这些人的立论基础是，一旦开始添加氟这种毒物，我们就不知道自己会在哪里停下来，甚至可能最后会在水里加氰化物。胡克的例子以及他在描述该论证时所用的“我们永远不能停止”的字眼，或许表明他把滑坡论证视作是谬误。他没这么说，但他确实建议读者在见到这种类型的论证时，要学会如何批判性地质疑，以及如何通过提出反驳来回应这种论证。

滑坡论证的命名也有语言上的困难。我们有各种与滑坡论证相关的丰富多彩的词语，如楔子论证、水坝决堤论证[7]（pp.341-352）、雪球论证、多米诺骨牌论证和伸到帐篷里的骆驼鼻子论证。萨利格认为水坝决堤论证与滑坡论证是相同的，但他将多米诺骨牌论证归为与其他两种论证不同。滑坡论证的别名还有楔子薄边论证、开闸论证等。[8]（p.342）

要试图处理这些令人困惑的词汇，从而描述和划分相关类型的滑坡论证，仅靠本文是不够的。本文的一点进展在于区分滑坡论证和另一种重要的论证类型——消极后果论证。本文不会给所有的这些术语分门别类或给出定义，但是会提出一个基本滑坡论证的论辩型式，这个型式将为所有滑坡论证的研究确立起点。

2. 滑坡论证的基本论辩型式

由于在识别滑坡论证上的困难，如果没有本文提出的那种精确分析，运用滑坡论证的人不仅将处于防守地位，而且还会是无能为力的。另外，许多滑坡论证的表达方式都很精简，因此除非人们有某种精确的论辩型式来界定，一个论证要符合什么要求才能被视为是滑坡论证，否则似乎很难（甚至不可能）知道下一步该怎么做。即使是一个粗略而且站不住脚的滑坡论证，也会使对方处于防守状态，毕竟这个论证看起来很可怕，而且由于缺乏明确的证据，似乎也找不到令人信服的方法来处理它。考虑到这些原因，要处理任何看起来像是滑坡论证的论证，第一步要看它是否符合一个精确制定的论辩型式，这种型式将它的前提和结论确定为一种论证类型。型式是一个抽象的结构，它可以作为一个规范化的模型应用于具体的自然语言论辩，看所给论证是否符合它的要求。

根据里佐和惠特曼的观点，所有的滑坡论证都有3个共同特征：（1）一个看上去可被接受的初始决定；（2）一个不可接受的危险后果；（3）一个从初始决定导向危险后果的过程或机制。[9]（pp.539-592）科纳等人的论述更全面，他们指出滑坡论证有4个组成部分：（1）一个初始的行动建议；（2）一个不良的后果；（3）一种信念，即对该行动的允许将导致在未来重估这一不良后果；以及（4）基于这一信念，拒绝被提议的初始行动。[10]（p.135）用这两种说法作为滑坡论证的定义会有一个特别的问题——它们没有提供一种方法，能够区分开滑坡论证和消极后果论证。

消极后果论证是一种符合论辩型式的论证。[11]（p.332）

> 前提：如果行动 A 发生，将（或可能会）出现消极的后果。
>
> 结论：因此，A 不应该发生。

但消极后果论证与滑坡论证并不是同一种，前者更具普遍性。要成为滑坡论证，消极后果论证必须具备其他几个要素：首先，行动 A 必须是经由灰色地带通往最终后果的序列中的第一步；其次，必须有一个发生在灰色地带的失控因素；最后，最终后果必须可以被我们描述为是灾难性的，即它必须具有高负值（high negative value）。

科纳等人提供了两个例子，可以说明消极后果论证与滑坡型论证之间的区别：对于大麻合法化，有一种反对意见，其理由是大麻会导致肺部疾病增加，这是一个消极后果论证。而另一种反对理由是：如果大麻合法化，人们对烈性更强的毒品的态度就更正面，导致合法化的毒品烈度越来越高，最终导致的后果就是海洛因等毒品合法化。如果能找出一些隐含的前提，我们就可以把这个例子归为滑坡论证。确定滑坡论证中的隐含前提是论辩研究的一项重要任务。完成此任务的第一步就是制定滑坡论证的论辩型式。

沃尔顿建立的滑坡论证模型给出了 10 个一般特征作为标准，用来判断自然语境中的某一论证是否符合滑坡论证的要求。[12]（p.208）

（1）在涉及选择的情境中，双方可采取何种行动商议对话，行动者在考虑开展某一行动，另一个（批评者）则怀疑采取该行动实际上是否正确。

（2）批评者假定了行动者可能会采取的进一步行动的序列，行动一步一步进行，每一步都会自然而然导致下一步。

（3）批评者认为，序列中的最后一步是灾难性的，即对行动者来说是高度负面的，行动者会想要不惜一切代价避免它。

（4）存在一些驱动因素（参见“驱动因素”部分），它们推动论证沿着序列从这一步走到下一步。

（5）在序列的早期阶段，行动者仍然可以控制，能够决定是否停止从一行动进入下一个行动。

（6）行动序列上有一个灰色区域，在其中某个地方，行动者失去了从一个行动持续进入下一个行动的控制。

（7）灰色区域不再能通过定位到某一特定的行动来精确地确定，也就是在那里，行动开始失控。

（8）一旦进入灰色区域，行动者必定继续导致序列中进一步后果的过程。

（9）一旦行动序列走出灰色区域，行动者便已失控，不可避免地走向最后的灾难性后果。

（10）批评者认为，行动者不应该迈出第一步，因为如果他迈出第一步，就会导致不可预知的失控，接着就避免不了灾难性的后果。

沃尔顿曾提出一个覆盖4种滑坡论证的论辩型式[13]（p.288），并进而用10个特征来定义该基本论辩型式。[14]（p.288）序列前提使滑坡型论证具有递归属性。随着一系列行动的推进，该论证在每一步都得到反复应用。

初始前提：行动者α正在考虑开展行动A_0。

序列前提：执行A_0会导致A_1，而A_1又会导致开展A_2，以此类推，经过的序列是A_2，…，A_x，…，A_y，…A_n。

不确定性前提：存在序列A_0，A_1，A_2，…，A_x，…，A_y，…，A_n。它包含一个被称为灰色地带的子序列A_x，…，A_y，其中x和y是不确定点。

控制前提：在到达灰色地带A_x，…，A_y的某个不确定点之前，α对于是否停止序列中的行动是可以控制的。

失控前提：一旦到达灰色地带A_x，…，A_y的不确定点，α将失去控制，被迫继续开展行动，直到抵达A_n。

灾难性后果前提：A_n是一个灾难性的后果，应该尽可能避免。

结论：A_0不应产生。

符合该论辩型式全部要求的滑坡论证可以是一个合理论证。这并不意味着该论证必须是演绎有效的。它仅仅意味着该论证是可废止有效的，亦即这些前提共同提供了一个暂时接受结论的理由，而这个理由会受到批判性质疑，以及受制于随协商而来的可能涌入的新信息。换句话说，在给定的情况下，前提暂时给出了接受结论的理由，其假设是：（1）所给的论证包含型式中的全部前提；（2）这些前提有足够的证据支持，使得论证符合适当的证据标准。

沃尔顿所给例子的浓缩版本最为出色地证明了滑坡论证在某些情况下是合理的。[15]（p.285-286）这个例子是这样的：有人在聚会上给了女孩一些毒品并且女孩自己也想尝试一下，但女孩的母亲建议她不要吸毒。母亲可以劝她说，毒品是会上瘾的，一旦开始吸食它就会给人一种愉快感，因此她很可能会继续吸食。但实际上母亲说，问题在于随着吸毒过程的持续，她最终会因为戒断的症状非常难受而越来越难以停止吸食。母亲指出，危险的地方是不存在一个特定的点，你刚好知道必须停下来以避免出现灾难性的后果，也就是成为一个无可救药的瘾君子。要使这样的个案符合滑坡论证论辩型式的要求，我们有相当多的工作要完成，但这里我们可以假设在某些情况下这个例子是符合要求的。如果假设正确，那么有时滑坡论证确实可以代表一个合理论证。也就是说，如果大家都同意某项行动可能导致的后果是灾难性的，那么这个假设可以为那些参与协商来决定是否采取某种行动的人提供充分理由，使其重新考虑采取该行动。

二　公共协商的背景

本质上看，上述类型的滑坡论证是一种消极后果论证。消极后果论证是一种合理的论证形式，尽管在某些情况下其运用可能存在缺陷。滑坡论证是消极后果论证的一种特殊类型，需要附加大量的前提。为此，它是一种本身就需要特殊论辩型式的论证类型。

在撰写本文时，和该类滑坡论证相关的主要伦理议题是，我们目前正处在灰色区域，尚可以决定是否要允许将种系治疗应用于人类。一种更有可能的后果是，种系治疗将为人类疾病提供绝佳的治疗方法，相关的医学应用也会因此向前发展，而我们将面临法律、社会和伦理的问题，即在哪里划定界限从而将它的应用限制在某些类别的疾病中。目前正是讨论这个问题的时刻，滑坡论证就是需要讨论的论证之一。未来最有可能出现的情况是，不管我们喜不喜欢，由于这种技术发展的方式，我们都将逐步采用基因增强技术，所以一旦种系治疗获得成功，每个人都将渐渐被迫接受并参与其中。尤其是个人竞争和国家竞争都将推动基因技术的改善并使公众接受它。最终，基因增强技术将得到采纳，并被吸收进竞争性国家的法律和政治制度中。[16]（pp.65-84）这一问题我们并不陌生。假设一项技术发展到了可以应用的程度，并且已经证明对那些将应用它的人有巨大的好处，那么，只要它逐渐为公众和法律所认可，我们几乎就会不可避免地使用它。所以在这种情况下大致可以看到，滑坡论证作为反对将种系治疗应用于人类的论证是适用的。

接下来我将说明，目前关于种系治疗的伦理商议如何相融于当前的事实条件网络，以及相融于从中得出的、关于不久的将来可能发生之事的合理假设。下面列出的 12 个命题记录了事件的连接序列，它们符合滑坡论证论辩型式的序列前提。

（1）体细胞基因治疗的成功使得公众接受基因治疗。

（2）使儿童致残的疾病使父母和研究人员考虑其他基因技术。

（3）种系治疗已经显示出有治疗遗传性疾病的希望。

（4）种系治疗的巨大潜力引来医药公司大笔的投资。

（5）基因治疗将成为父母可以享受的标准医疗服务。

（6）公众一旦认为种系治疗是安全而廉价的，将发生一个态度转变，变为赞成基因增强。

（7）家长开始把基因增强看成是孩子的优势。

（8）父母采用基因增强的倾向性提高。

（9）人的能力出现了越来越明显的差异。

（10）接受基因治疗的孩子在竞争中的表现比其他孩子好。

（11）其他人看到了使用基因技术的优势。

（12）想要竞争的国家采用基因治疗。

这些事件的序列揭示了滑坡论证在推进基因技术伦理辩论中的一个重要特征——公众对新基因技术的接受程度这一社会因素非常重要。

公众接受度之所以重要，是因为基因治疗需要公共政策协商，亦即所有国家都要努力制定法律，来确定哪些行为是允许的，哪些是禁止的。一旦公众对安全的基因增强技术越发熟悉，并认为这一过程是高效安全的，就会出现赞同基因增强的态度转变[17]（pp.65-84）；一旦安全有效的种系治疗开发出来，基因工程就成为父母能享受到的标准医疗生殖服务；一旦这些好处为公众所认识，就很难从政治上阻止人们不去获得这些好处。推动这一滑坡前进的是公众对新技术的接受程度。为了将公众接受度纳入滑坡论证的结构中，我们需要认识到，滑坡论证的基本论辩型式要想应用于现实案例就应该放置到对话的语境中。在基因工程的案例中，公共政策协商的语境是指基因技术的进步正迫使公众根据现实情况做出决定，即对于这个可以影响人类繁衍、消除人类痛苦的技术，我们是允许它出现还是禁止它出现。因此，对于基本论辩型式所模拟的滑坡论证的核心论证结构，我们需要做些补充，把在公众协商的社会背景中推动论证前进的其他因素也纳入进来。

1. 驱动因素

在滑坡论证中推动论辩向前发展的社会因素，因实际例子的不同而产生差异。驱动因素是催化剂，它将论辩的序列从这一步推向下一步，使行动者更加难以抵制继续地滑坡。一旦行动者实施行动 A_i，他就被驱使向前，采取序列中的下一个行动 A_j。在滑坡论证中，驱动因素可以有多个，如先例、社会接受度、模糊性和技术变革等，不同的驱动因素可以在序列的不同位置发挥作用。

基因工程中的滑坡论证其实极好地说明了，驱动因素是如何推动这个序列的各步向前发展，使滑坡不会一直处于潜在状态。基因研究每天都在进步，取得的成就令人瞩目。CRISPR 的出现增加了三种新的驱动因素：医学研究人员希望为患遗传病的儿童贡献力量的意愿，新技术的盈利能力（特别是对风投和制药公司而言），以及利用基因编辑工具为癌症和艾滋病提供急需治疗的潜力。第 4 种驱动因素则是支持性的社会氛围，希望在教育、工作和其他利益竞争的社会领域中更广泛采用这项技术。没有获得基因增强技术优势的儿童，将在社会竞争中越来越吃亏。[18]（pp.65-84）竞争的需要会驱使弱势儿童的父母以及其他人使用基因增强治疗。

图 1 和图 2 展示了一些驱动因素及其在行动序列中的过渡位置。作为背景，这些驱动因素给我们提供了一种方法来估计在当前条件下有多大的可能，滑坡论证向前推动最后会产生灾难性的后果。

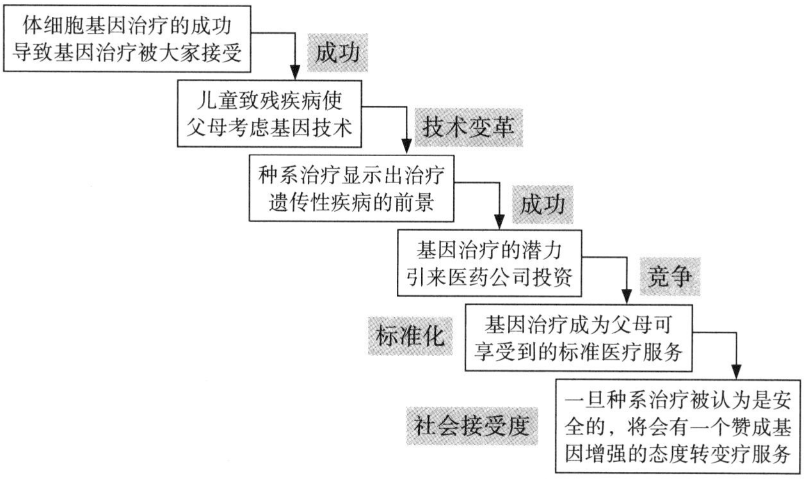

图 1　行动与事件序列中的顶部驱动因素

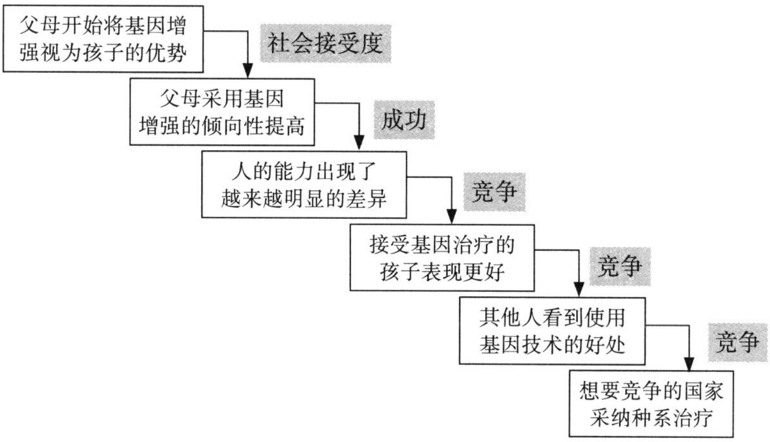

图 2　行动与事件序列中的底部驱动因素

这两幅图放在一起表明，驱动因素（图中深色部分）和证据链相关，这些证据链支配着行动序列中的一步过渡到该时间线的下一步。

上文提到，体细胞基因治疗已在临床试验中用于治疗遗传性疾病和骨髓植入。这些情况支持了图1所示的行动序列的前两个命题。图1序列中的前四步已落实，成了过去式，但最后的两步将我们带到未来。在这条时间线中，我们已经跨出了滑坡论证的第一步。

图2将图1最后两步推进到另一个命题序列。这些命题从图1所示的事件序列而来，是对未来可能发生之事的假设。当我们看到这条行动和事件的时间线，尤其是参考近来基因编辑技术的快速发展，也许会得出结论说，我们不仅仅处在一个可能的滑坡上，甚至可以认为我们已经沿着这个序列行进得太远而不可能回头了，或至少是越来越难回头了。但我们可以在某处画出一条明线，让法律禁止或最起码遏制一些治疗方法，从而阻止这一序列向着许多人所认为的灾难性的后果前进。

这些符合基本滑坡论证论辩型式的序列前提，它们的驱动因素已确定，之后我们就可以着手解决一个问题，即基本型式的其他前提以及结论，能否适用于目前人类种系治疗的伦理辩论中似乎最强和最有说服力的那种滑坡论证。

2. 考虑价值和驱动因素

滑坡论证是消极后果论证的一个亚种，消极后果论证又是价值论证的一个亚种。消极后果论辩给出了暂时拒绝某一行动建议的理由，这个理由会受到之后提出的相反论证的影响，而积极后果论辩给出了暂时接受某一行动建议的理由，会受对方可能提出的相反论证的影响。二者都被证明是一种更普遍的论证类型，即价值论证。

积极价值论证的论辩型式是：

> 大前提：如果价值V是积极的，它会支持行动者去追求目标G。
>
> 小前提：价值V由行动者a判断为积极的。
>
> 结论：V是a追求目标G的一个理由。

消极价值论证的论辩型式是：

> 大前提：如果价值V是消极的，则它会给出一个理由不去追求目标G。

小前提：行动者 a 判断的价值 V 为消极的。

结论：V 给了 a 不去追求目标 G 的理由。

可以看出，后果论证的两个变体均为基于价值的论证。它们都基于一个假设，即行动的后果可以被指定为具有积极价值或消极价值。然而，积极价值论证或消极价值论证也可以独立于后果论证，作为单独的论证来发挥作用。我们需要意识到，滑坡论证倚赖着一个前提——序列的最终后果是灾难性的。这一主张需要被看作建立在价值论辩的基础上，这样一部分的新前提会主张说它是基于价值的，如安全的价值。

从这一观察结果得出的重要结论是，我们需要重新制定滑坡论证的基本论辩型式。[19]（p.280）根据以前的版本，灾难性后果的前提是，序列中的最后行动是一个灾难性后果，应该尽可能避免。如上所述，这个结论在一定程度上是多余的。既然前提说如果可能，我们应该尽力避免这一后果，那么它就意味着初始行动 A_0 不应该产生这一结论。这种制定型式的方式需要重新设定，使得灾难性后果的前提只是说，A_n 是一个灾难性的后果。

一旦按这种方式重新设定滑坡论证，有两件事情就变得更清楚。一是滑坡论证的提出者要想真正支持自己的论证，就必须承担明确而清晰的举证责任，以证明存在证据可支持后果具有高负值的主张；二是为了真正符合滑坡论证的条件，任何在自然语言中提出的论证，都必须建立在一个特定的前提之上，即明确指出论证的后果是灾难性的，也就是说，它强烈地违背了受众或一方所持有的价值观。滑坡论证这一前提的表述及其与结论的联系，尤其表明它依赖于价值论证，以及容易受辩护者和攻击者的不同定义以及充满价值观的术语选择的影响。

上述过程所带来的结果是，本文模拟的滑坡将接收输入并将其连接成一个特征序列，进一步产生输出。图 3 展示了这些要素是如何组合起来产生后果的。箭头上的虚线表示一系列中间行动中的持续序列。第一个输入是由行动者展开的初始行动序列 A_0，A_1，…，A_i，在这个序列中，行动者处于可以叫停的控制状态。第二个输入是这个序列必须继续下去，使其进入灰色地带的行动序列 A_x，…，A_y。一旦发生这种情况，在该地带的某个不确定的点，行动者会失去控制，无法停止序列的前进。输出是行动序列 A_z，A_m，…，A_n，最终产生灾难性后果 A_n。在实际的应用中，这些要素都必须通过满足论辩型式的所有要求而组合成这个序列。该型式展示了如何通过确保正确的前提，并通过使用图 3 底部所示的证据来源支持论证。它还说明了如何通过攻击前提或攻击为支持这些主张而提出的证据来攻击滑坡论证。

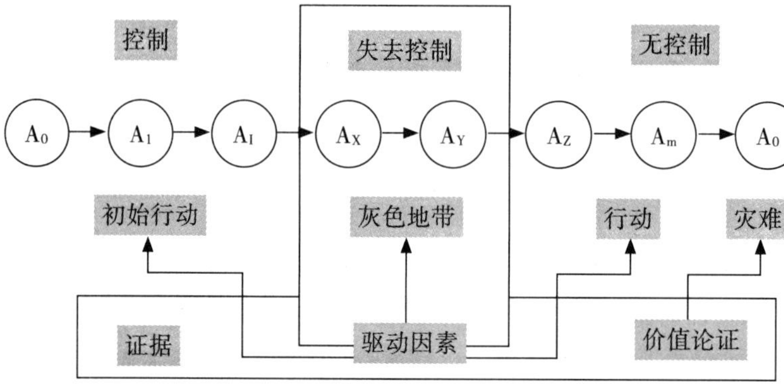

图3　滑坡论证的输入、证据和输出

我们有不同方式引入价值论证从而重新表述滑坡论证。一种方式主张的是，这些步骤的序列将导致人类能力的差异越来越明显，也就是意味着不平等，而平等是一种重要的社会价值。另一种方式认为各国采用基因增强技术，实际上等于采取了与纳粹德国时期类似的优生学政策。现在我们无疑有一些特征能强有力地表明这是一个滑坡论证。用第二种方式重新阐释滑坡论证也就是宣称改善儿童认知能力的基因增强技术等同于“优生学”。出于种种原因，采用优生学将是一个灾难性的后果，除此之外我们有更多的组成部分，以建立一个看起来强大但非致命的滑坡论证，即反对采取体细胞基因治疗这第一步。

“优生学”一词是由查尔斯·达尔文的同父异母表兄弗朗西斯·高尔顿（Francis Galton，1822—1911）于1884年创造出来的。[20]19世纪末20世纪初，优生学运动流行于美国、欧洲和包括加拿大在内的其他国家和地区，并在20世纪20年代达到高峰。在优生学被用于论证纳粹德国种族政策后，它的科学声誉开始下降。优生学运动将遗传理论应用于生殖实践，包括绝育、避孕、隔离、堕胎和残疾人的安乐死。优生学认为，被视为有缺陷的人应该绝育，从而确保他们不会将缺陷传给下一代。[21](p.9)在当下，“优生”这个词的负面含义，可以追溯到纳粹德国，意味着邪恶和恐怖的东西。

1939年希特勒签署的安乐死法令把纳粹的安乐死计划称为“T4行动”，在这个计划之下，数以千计的人因为医学检查判定自己是不治之症而遭杀戮。[22]该计划的其他论据包括达尔文主义、种族卫生和优生学。医生和助产士有义务对严重残疾的儿童进行登记，这些报告由一个医学专家小组进行评估，专家小组必须给出他们的意见。报告批准后，纳粹才能选择杀死一个孩子。

一旦引入“优生学”一词，让它代表基因治疗的伦理辩论中所说的滑坡后果，那么用“灾难性的”一词来描述滑坡的结论自然是再恰当不过了，它代表了一种高度负面的后果。不过本文并不试图讨论基因工程中的滑坡论证是否应该扩展，从而考虑，通过与“优生的”一词联系起来将滑坡论证的结论表示为灾难性是否可能。这就变成了一场口头辩论，涉及的是如何界定“优生的”一词，以及如何将其与该词可追溯到纳粹德国的负面内涵联系起来。

于是，滑坡论证的结论是如何提出的就变得尤其重要。对结论的攻击在很大程度上取决于滑坡论证的提出者在表述结论时使用的术语。承载价值的术语在这里就凸显出来，如同它在生物医学问题的伦理辩论中经常出现的那样。[23] 加德纳并不反对基因治疗技术的发展。他暗示基因治疗的好处可能过于巨大，所以我们有理由从积极的角度去看待它。[24]（pp.65-84）雷斯尼克似乎同意加德纳的观点，他将基因增强被广泛接受这一结果描述为本质上并不坏，或者说并不是应该避免的灾难。[25]（pp.23-40）当然，任何关于后果会有多坏的争论，或者说它真的是好的还是坏的，都是推测性的，目前我们缺乏足够的证据来断然接受或拒绝它。雷斯尼克采取与加德纳一致的观点，他的结论是:（1）我们无法阻止从体细胞基因治疗到基因增强的滑坡;（2）在不违背伦理学或社会正义原则的前提下，实施基因增强是有可能的。然而，在论及从消极的优生学滑向积极的优生学时，雷斯尼克使用的语言与加德纳的有所不同。[26]（p.28）“优生学”这个词是非常有争议的，事实上它的历史内涵让许多人觉得可怕。如果我们要用“优生学”这个词来描述滑坡论证的结论，那就会以一种完全不同的方式来重构论证的结构。它将表明，在行动序列的底部广泛采用基因增强治疗将是一个灾难性的后果，或至少是可怕的，我们应该不惜一切代价去避免。

三　批判性问题、举证责任和谬误

前面我们已经认识到滑坡论证的四种特殊子类型，每一种都有自己独特的论辩型式，除此之外，每一种子类型都有一套与之匹配的批判性问题。[27] 批判性问题是用来开启评价某一滑坡论证程序的工具。表 1 列出了一系列新的和滑坡论证的基本型式匹配的批判性问题。

表 1　与基本的滑坡论证相匹配的 5 个批判性问题

问题 1	在事件序列 A_1，A_2，…，A_i 中，用于推动斜坡从 A_0 前进到 A_n 的中间环节有哪些得到了明确说明？
问题 2	从 A_0 到 A_n 的事件序列中，为了使从 A_0 到 A_n 的过渡变得可信，需要哪些缺失的步骤作为填补的链条？
问题 3	序列中最薄弱的环节是什么，从而需要提供额外的证据来证明一个事件是否真的会导致另一个事件？
问题 4	论辩的序列是否意味着论辩是演绎性的，即如果采取了第一步，就能声称最终的后果 A_n 一定会出现？
问题 5	通过支持这一主张所需的基于价值的推理，最终的后果 A_n 是否被证明是灾难性的？

当辩论一方提出的论证被认为是滑坡论证时，应答者开启评价过程的方式应该是，根据哪一个问题似乎最适合这个例子来提出一个或多个批判性问题。如果提出者未能给出合适的答案，我们就认为他预设了滑坡论证。但如果给出了合适的答案，就保持状态不变，直到在对话中应答者提出另一个批判性问题或提出一个攻击最初滑坡论证的反论证。

论辩方法考察论辩中的正反两方，通过权衡正方论证与反方论证来评价具体的论证。一个符合这种论辩型式的论证可以带有推定的分量，同时又是可废止的，也就是说，如果有新的证据进入该讨论，它就会废止。本文表明，滑坡论证是另一种具有论辩型式的论证，即消极后果论证。例如，为了决定采取某种形式的医疗措施，需要考虑到潜在的消极后果（副作用）。滑坡论证则更为复杂，因为它指的是一系列相互关联的行动，这些行动可能会也可能不会发生，可能会或不会在未来某个遥远的时刻导致消极后果。原则上，这种形式的论证在协商中是合理的，因此，我们已经证明：滑坡论证是合理的，前提是满足（由型式指定的）其他条件。

另外，滑坡论证可能是软弱无力的，因为它对批判性问题保持开放，可以接受反驳。在论辩模型上，攻击一个可废止论证有三种主要方式：攻击其一个或多个前提，提出针对这个命题的反论证来攻击结论，或者攻击前提和结论之间的推理链条，例如提出批判性问题。在决定原初论证和反论证哪个更强时，本文认为需要考虑到我所说的驱动因素提供的证据，这些因素与推动从前提到结论（声称将发生预测的灾难性后果）的论证链有关。它们是社会和政治因素，如科学研究的进步、利益动机、当前公众接受的氛围等本文所确定的因素，这些因素推动着论证的序列向最终结论前进。在上述模型中，这些因素是正确评价本文所研究的各类滑坡论证所需证据体系的一部分。

评价一个滑坡论证有两个主要步骤。第一步是将型式应用到被认为是滑坡论证的真实论证上，看型式的所有前提和结论是否都能从中识别出来。要成为一个有效的滑坡论证，该真实论证必须证明它能够符合型式的要求。第二步是检验例子中现有的证据能否充分支持这些前提。在我们研究的这个例子中，这意味着要看参加辩论的人所提供的支持和反对滑坡论证的论据。我们已经表明，在这场基因工程的辩论中，滑坡论证的前提和结论之间的联系的证据价值，取决于推动滑坡向最终结论前进的驱动因素。

在当前关于继续进行基因治疗的辩论框架内，提出符合型式所有要求的滑坡论证的后果就是，辩论中的举证责任转移到运用滑坡论证来反对继续进行基因治疗的一方。研究这种转变的一个重要组成部分是要更好地理解驱动因素是如何起作用的。未来的工作需要扩展论证结构，将其融入协商对话的语境中，以更精确的方式展示驱动因素是如何被整合到型式中的。

要让滑坡论证发挥作用，必须履行举证责任，通过进一步的论证来支持两种假设。与第一种假设相关的问题是，本文提出的基因工程的论证能不能得到修改或扩展以满足型式的要求。扩展的要求是，如果走向灾难性后果的过程已经超出了起点，但仍在灰色区域之前，那么某件事情就可以成为滑坡论证，这样行动者仍然可以选择是否停止。支持这种假设的是这样的可能情况，即行动序列已经超出起点，但还没有前进到没有可能通过回头来停止滑坡的地步。

第二种假设只有从分析基因增强危险性的论证那里获得充分的支持，从而表明继续进行基因增强会导致灾难性的后果。对于充分支持这一假设所应承担的举证责任，如何才能完成？我们可以用先例论证来论证，由于先前的灾难性先例与目前基因治疗快速推进的情况类似，有充分的理由担心未来会出现类似的灾难性后果。或者也可以说，允许基因治疗将导致利用基因增强技术制造出被认为具有卓越能力的孩子，而随之而来的人类能力的差异将违背平等的价值。

滑坡论证也许有错误之处，但它并非总是谬误的。有时我们只需提出一个关键性问题就能发现它的错误，不过这只是一个弱点，只要适当地回应问题就能弥补。但有时错误非常严重，就值得使用“谬误”一词。这种情况通常发生在应答者试图回避问题时，例如，通过引入一个不相关的论证或以其他方式试图转移听众的注意力，以掩盖逻辑上的弱点。与这组批判性问题有关的弱点主要有3个。

（1）没有具体说明所说的从 A_0 到 A_n 的序列。一个事件与下一个事件之间的联系步骤都是隐含的，甚至更糟糕的是，这些步骤要靠读者的想象力来填补。

（2）后果 A_n 是灾难性的（具有高负值）这一说法，没有足够好的基于价值的论辩，这种论辩建立在证据的基础上，能具体说明为什么会如此糟糕。

（3）将初始行动 A_0 到后果 A_n 的序列说成是必然的，即假设滑坡论证是演绎的（单调的）。

逻辑教科书和其他关于滑坡谬误的著作常常指出，滑坡论证是一种谬误，因为从第一步到灾难性后果的事件序列是不可避免的。例如，巴里将滑坡谬误定义为“假设一个行动将不可避免地导致一个后果，而事实上并不存在这种必然性的谬误”[28]（p.132）。但是，本文所研究的人类基因工程的滑坡论证，是关于要做什么的协商问题。这种论证是关于未来可能或必定发生的事情，因此是可废止的（非单调的），也就是说，结论只能是暂时性地得出，如果有新的证据出现，就会被撤销。因此，在滑坡论证中“不可避免”一词的使用应被视为一个危险的信号。即使论证已经进入灰色地带，行动者已经失去控制，灾难性的后果也未必就是不可避免的。例如，在吸毒的案例中，行动者可能已经失控，但其他行动者也许会有所作为，例如提供药物治疗，这可能会避免灾难性的后果。

四　结论

本文表明，在涉及将当前的基因技术应用于人体的基因工程伦理辩论中，主要有两类不同的滑坡论证。一类是说，目前技术的发展将使我们越过体细胞基因治疗和种系基因治疗之间的界限，这一论证的提出者认为，接受种系基因治疗本身就是一种灾难性的后果；另一类的滑坡论证并不反对接受种系基因治疗本身，它反对的是这样一种危险，即一旦将种系基因治疗作为一种可接受的医疗操作，它不可避免地会被那些把基因增强看作孩子的一种优势的父母使用。这两个论证可以通过以下主张结合到一起，那就是：种系基因治疗本身就是灾难性的，但让它更具灾难性的是，它将导致父母利用它来让自己的孩子变得更高大或更聪明。

正如本文所强调的，允许还是禁止基因治疗这个问题，并非基于某个孤立论证，并非由某一个体试图决定是否接受这种治疗。相反，这种论证需要放在一个社会甚至是国际层面的协商框架中，这一框架高度依赖于颁布适当法律的形成性政策。随着技术的发展，辩论还会继续，政府会来制定法规提出规则，这些规则会对法院产生约束力，并经过法律论证。要避免在灰色地带产生滑坡论证的因素，需要形成清晰的界限和明确的规则，告诉我们在行动的序列上只能走到这一步，不能再往下走了。这里应该指出的是，随着技术的发展和立法辩论以及法院越来越熟悉这一问题，我们是有可能形成这样的法律的。值得注意的是，体细胞治疗和种系治疗之间已经有了相当明显的分野。体细胞基因治疗本身就经过了当前患者的同意，但种系治疗并不是把孩子或胎儿带到诊所去治疗。你可以说基因修饰针对的是尚不存在的病人。两种基因治疗之间的这种内在定义表明，在法律和伦理上有可能划出一条清晰的界限，阻止从一种治疗滑向另一种治疗的滑坡论证。

我们还处在讨论的早期阶段，缺乏滑坡论证的前提所需的证据支持。尽管体细胞基因治疗的原则在技术上是可能的，但由于各种政治和经济上的原因，患者仍然很难享受这种治疗。本文的思考仍然具有理论性，因为它们是关于未来可能会或可能不会真正发生的事件，可能难以辩护。在“公共协商的背景”这一节中我列出了12个行动和事件的序列，其中有许多从这一步到另一步的滑坡论证的过渡，这些过渡仅仅表明，如果所有的中间步骤最后都发生，那么理论上第一步有可能导致最后一步。但现在是一个很好的时机，我们还可以协商未来可能发生的事情，从现在就考虑到那时必须做出的选择。通过基本的论辩型式，我们目前可以提出和批评这些论证，从而更能有助于指导未来如何制定法律和社会政策的协商工作。

参考文献

[1] [14][15] Walton, D., "The basic slippery slope argument", *Informal Logic*, 35(3), 2015.

[2] Schauer, F., "Slippery slopes", *Harvard Law Review*, 99(2), 361–383; Van der Burg, W. (1991), "The slippery slope argument", *Ethics*, 102, 1985.

[3]Barry, V. E., *Practical logic*, New York: Holt, Rinehart and Winston; Hurley, P. (1982), *A concise introduction to logic*, Belmont: Wadsworth, 1976.

[4] Kneale, W. & Kneale, M., *The development of logic*, Oxford: Oxford University Press, 1962.

[5] Beardsley, M. C., *Thinking straight*, Englewood Cliffs: Prentice-Hall, 1966.

[6] Hook, S., *The paradoxes of freedom*, Berkeley: University of California Press, 1970.

[7][8] Saliger, F., "The dam burst and slippery slope argument in medical law and medical ethics", *Zeitschrift fur Internationale Strafrechtsdogmatik*, 9, 2007.

[9] Rizzo, M. J. & Whitman, D. C., "The camel's nose in the tent: Rules, theories and slippery slopes", *UCLA Law Review,* 51, 2003.

[10]Corner, A., Hahn, U. & Oaksford, M., "The psychological mechanism of the slippery slope argument", *Journal of Memory and Language*, 64, 133–152, 2011.

[11] Walton, D., Reed, C. & Macagno, F., *Argumentation schemes*, Cambridge: Cambridge University Press, 2008.

[12] [13] Walton, D., *Slippery slope arguments*, Oxford: Oxford University Press, 1992.

[16] [17] [18] [24] Gardner, W., "Can human genetic enhancement be prohibited?" *The Journal of Medicine and Philosophy*, 20, 1995.

[19] Walton, D., *Slippery slope arguments*, Oxford: Oxford University Press, 1992.

[20] Galton, F., *Hereditary genius*, London: Macmillan, 1869.

[21] Bashford, A. & Levine, P., "Introduction: Eugenics and the modern world", A. Bashford & P. Levine (Eds.), *The Oxford handbook of the history of eugenics* (3–24), Oxford: Oxford University Press, 2010.

[22] Lifton, R. J., *The Nazi doctors: Medical killing and the psychology of genocide*, New York: Basic Books, 1986.

[23] Macagno, F. & Walton, D., *Emotive language in argumentation*, Cambridge: Cambridge University Press, 2014.

[25] [26] Resnik, D., "Debunking the slippery slope argument against human germ-line gene therapy", *The Journal of Medicine and Philosophy*, 19 (1), 1994.

[27] Walton, D., *Slippery slope arguments*, Oxford: Oxford University Press, 1992.

[28] Barry, V. E., *Practical logic*, New York: Holt, Rinehart and Winston, 1976.

The Slippery Slope Argument in the Ethical Debate on Genetic Engineering of Humans

Abstract: This article applies tools from argumentation theory to slippery slope arguments used in current ethical debates on genetic engineering. Among the tools used are argumentation schemes, value-based argumentation, critical questions, and burden of proof. It is argued that so-called drivers such as social acceptance and rapid technological development are also important factors that need to be taken into account alongside the argumentation scheme. It is shown that the slippery slope argument is basically a reasonable (but defeasible) form of argument, but is often flawed when used in ethical debates because of failures to meet the requirements of its scheme.

Keywords: Argumentation Schemes; Genetic Enhancement; Gene Editing; Germline Therapy

【作者简介】格拉斯·沃尔顿，哲学博士，温莎大学CRRAR研究中心特别研究员，研究方向为论证型式、逻辑谬误、非形式逻辑等。

【译者简介】汪萍，哲学硕士，后浪出版公司社科编辑。

智能技术视域下的技术专家制批判

兰立山

【内容摘要】技术专家制自兴起以来，一直饱受批判，如政治批判、经济批判、伦理批判等。但在互联网、物联网、大数据、人工智能等智能技术的推动下，技术专家制在当代社会得到很好的发展，对于它的很多批判在一定程度上被弱化或应对。首先，在智能技术的推动下，技术专家制可以很好促进民主的运行，这在一定程度上应对了学界对技术专家制的反民主批判。其次，以智能技术为支撑，技术专家制受到的经济批判被弱化，如技术专家制不关心人类价值、不关注分配问题等。最后，智能技术在当代社会的一些应用可以弱化学界对技术专家制的伦理批判。因此，对于技术专家制的态度不应再一味批判，而是将其放在具体的语境中去进行评价，这样才能充分发挥技术专家制的积极作用和避免其风险。

【关键词】智能技术；技术专家制；政治批判；经济批判；伦理批判

技术专家制（"Technocracy"，国内也有翻译为技治主义、专家治国论、技术统治论等）兴起于20世纪三四十年代的美国，一般可追溯至培根（Francis Bacon）、圣西门（Henri de Saint-Simon），较具代表的人物有凡勃伦（Thorstein B. Veblen）、加尔布雷思（John K. Galbraith）、丹尼尔·贝尔（Daniel Bell）、托夫勒（Alvin Toffler）等。目前，技术专家制虽未形成统一定义，但都秉持两个核心原则，即"原则1：科学管理，即用科学原理和技术方法来治理社会；原则2：专家政治，即由接受了系统的现代自然科学技术教育的专家来掌握政治权力"[1]（p.118）。由于过于强调科技专家和科学技术在社会运行与治理中的重要作用，技术专家制提出之后一直饱受批判，典型如自由主义者批判技术专家制将侵犯人的自由和导致极权、人文主义者批判技术专家制将人视作机器以及束缚人性等。[2](p.27) 然而，在互联网、物联网、大数据、人工智能等智能技术的支撑和推动下，技术专家制在当代社会得到很好发展，对于它的很多批判在一定程度上被弱化或应对，如技术专家制可以与民主兼容且推动民主的运行、促进价值理性的彰显等。[3](p.76) 为全面认识技术专家制诸多批判在当代社会的合理性和深入理解技术专家制在当代社会的理论内涵，论文从智能技术（本文所说的智能技术是指互联网、物联网、大数据、人工智能等信息通信技术的统称）视域对技术专家制的三个主要批判，即政治批判、经济批判、伦理批判进行系统分析，这不仅对推动技术专家制的理论研究具有重要价值，而且对充分发挥技术专家制在当代社会的作用具有重要意义。

一 智能技术视域下的技术专家制政治批判

在对技术专家制的诸多批判中，政治批判无疑是最重要的批判，主要聚焦于批判技术专家制的反民主倾向。一方面，这与技术专家制的理论内容有关。从培根提出由科技专家组成的“所罗门之宫”来治理国家[4](pp.32-42)，到圣西门主张由科技专家和实业家组成的“牛顿会议”来统治世界[5](p.23)，再到凡勃伦构想由科技专家、工程师等组成的“技术人员苏维埃”来实施国家计划经济[6]，都非常明确地提出了由科技专家掌握国家政治权力的观点。尽管三者在关于科技专家应掌握多少政治权力的问题上观点有所不同，如培根主张科技专家代君主行使一切行政权力、凡勃伦则主要强调科技专家掌握国家经济权力，但都很好地体现了技术专家制的反民主倾向。另一方面，这与斯科特（Howard Scott）等人在技术专家制运动中的实践有关。20世纪三四十年代，斯科特等人以凡勃伦的著作《工程师与价格体系》为蓝图，在美国开展了轰动一时的技术专家制运动。在技术专家制运动中，“斯科特直接贬低民主制、支持精英制”[7](p.76)。由于技术专家制影响颇巨，这致使技术专家制一直给人以反民主的印象。对此，首先对技术专家制政治批判的主要内容进行概述，在此基础上从智能技术视角来分析技术专家制政治批判在当代社会的合理性。

技术专家制政治批判主要包括两方面的内容：其一，技术专家制主张由科技专家掌握政治权力具有明显的反民主倾向。普特南（Robert D. Putnam）指出，技术专家制从根本上不同情政治民主的开放与平等。[8](p.386) 而梅诺（Jean Meyanud）则认为，技术专家制是直接反对民主的，它蔑视公众的反应，倾向于走向技术官僚（Technocrat）的专制。[9](pp.58-59) 其二，技术专家制强调将政治技术化，即通过科学方法、技术手段来解决政治问题，极大侵蚀了民主的空间。芬伯格（Andrew Feenberg）指出，“无论技术专家制是受人欢迎还是憎恶，它的决定论提前都没有给民主留下空间”[10](p.75)。不难看出，芬伯格批判技术专家制反民主的核心并不是技术专家制反民主这一事实或结果，而是指向技术专家制反民主的原因，即技术决定论。在芬伯格看来，当所有政治问题都被技术化之后，公众无疑就将被排斥在政治决策之外，因为公众并不具备专业的技术知识来参与政治设计和政治讨论。不可否认，以上两种批判具有其合理性，它们很好地抓住了技术专家制两个核心原则存在的局限。但是，也需要看到，以上两点技术专家制批判并非完全合理或成立，特别是在以互联网、物联网、大数据、人工智能等智能技术作为技术支撑的当代社会。就主张政治技术化而言，技术专家制并非必然导致反民主的结果，而是也能很好推动民主的运行，如智能技术可以提高公众参与民主的积极性、推动民主决策的发起、促进民主反馈的运行等。

智能技术可以让公众更好地参与民主，这可以在一定程度上弱化技术专家制必然反民主的批判。首先，智能技术可以提高公民参与政治的积极性。当前民主运行存在的一个重要问题是公民参与政治的积极性不高，这既与代议制民主自身的发展有关，也与当代社会公众生活压力过大有关，他们并无过多时间去了解和参与政治。对此，冰岛程序员设计员贡纳·格里姆松（Gunnar Grímsson）设计了一个名为“积极公民”（Active Citizen）的政治人工智能助手。这个智能助手根据公民所输入的偏好、习惯、政治观点等信息，帮助公民在网上搜集与其相关或者公民可能会感兴趣的政治信息，并将这些信息推荐给公民，这样公民就可以快速决定是否参与这些政治决策的讨论或投票。由于智能助手推荐的政治信息大多都是公民感兴趣的，这会大大吸引公民去参与政治讨论或投票。[11](p.118)其次，智能技术可以不分昼夜地为公众提供政治咨询，这不仅能促进公民参与政治，还能提高公民参与政治的平等性。在2014年的印度大选中，由于全国8.8亿的农村人口中文盲率达36%，一家名为沃斯塔（Voxta）的公司专门为此设计了一个名为“政治Siri”的人工智能助手，以为人们提供四种不同语言的政治选举相关信息语音服务。最终，这个政治人工智能助手接到了数百万个电话，极大提高了选民对政治选举信息的了解程度，很好地提高了公民参与政治的积极性和平等性。[12](pp.116-117)

智能算法可以精准分析出公众所关心的政治或政策问题，进而推动民主政治的高效运行，这也可以被当作技术专家制必然反民主的一种回应。民主运行的首要问题是确定需要对哪些政治或政策问题进行民主决策，如果没有明确的问题，民主就无法开展。然而，这并非一件易事，因为面对数不胜数的政治问题、公共问题，确定哪些问题需要被重点关注、哪些问题需要尽快制定出相关政策以及哪些政策需要通过民主决议通过等，都需要谨慎决策。毕竟政府精力和财政有限，一旦应对不及时或应对出错，都将付出极大代价。人工智能的快速发展和成功应用，在一定程度上解决了这个问题。“从复杂问题中得出精准化的结果，是人工智能的巨大优势所在。相比于经济领域而言，社会和政治领域的问题更具复杂性，但是如果能够恰当地利用人工智能的基本方法，包括机器学习、自然语言识别、自动搜索和数据采集等，那么复杂的社会与政治事务同样也可以获得精确化的处理。”[13](p.72)因为“在大数据时代，人们的情绪、偏好、心情都通过智能设备反映在网络之中，因此各种论坛、社交网络、评论等都透露了民众的政治态度。这样，大数据更加全面、多维地反映了政治生活的复杂性”[14](p.79)。通过智能算法对现有大数据的分析，政府就可以准确了解公民关注的政治问题、公共问题，从而发起民主决策，以使民主政治高效运行。

通过智能算法来推动民主反馈的运行，也是对技术专家制民主批判的一种很好应对。民主反馈是民主运行的重要环节，通过智能算法分析，可以准确了解公民对民主决策结果的态度，以调整民主决策结果最大程度地符合民意，从而推动民主的高效运行。一般而言，在民主的运行中，人们更多地关注民主决策的程序是否合理，如是否给公民提供了参与决策的机会，对于民主结果及其反馈并不重视。然而，民主反馈在民主运行中其实非常重要。第一，“任何意义上的民主决策并不能真正、充分地实现全员参与，所以，其不可避免地存在集中和精英倾向，这要求不断修正民主决策，以更好地符合公共意志；第二，即使充分地实现精英决策与大众参与的有效结合，并不能保证民主决策结果的理性与正确，因此，需要通过反馈环节来实现民主结果的合理化”[15](p.20)。对此，戴维·伊斯顿（David Easto）就直言：“像在其他社会系统中一样，在政治生活中也能够表明，反馈对于误差性调节和目的性导引两者都是根本性的。”[16](p.445)在当代社会中，运用智能算法对政治大数据进行分析，可以精确得出公民对于民主决策的满意程度和改进意见。以此为基础，政府通过综合各方建议，可以适当对已经形成的决策结果做出微调，以使通过民主决策的结果产生最大化效果。这样，在智能算法的支持下，民主决策就更加接近实现结果的“民主”，即个体理性与集体理性达成一致。

综上，从民主参与、民主发起到民主反馈，智能技术都很好地推动了民主政治的运行，这说明技术专家制所主张的政治技术化可以在一定程度上促进民主政治的运行，同时表明技术专家制与民主政治可以兼容。技术专家制政治批判的合理性在当代社会显然就大打折扣，即技术专家制并不必然反民主或与民主不兼容。但也需要看到，智能技术对于民主的影响也并非完全都是积极的，特朗普在2016年大选中运用算法分析最后影响大选结果就是佐证。对于技术专家制与民主的关系需要在具体的语境下去讨论，而不能简单地认为技术专家制是反民主或是与民主兼容。这样，也就能很好理解为何一直饱受批判的技术专家制能成为当代社会运行与治理的主要特征和重要趋势。

二　智能技术视域下的技术专家制经济批判

经济批判是技术专家制的主要批判之一，这主要与技术专家制主张计划经济有关。技术专家制计划经济思想可追溯到圣西门，他认为，为了推动经济发展，政府应该对国家经济进行整体计划，政治也就成为为经济服务的计划体系。[17]（pp.195-196）圣西门的计划经济思想经凡勃伦、斯科特等人的传承和发展，在加尔布雷斯这里达到顶峰。加尔布雷斯在《新工业国》一书中系统阐述了他的计划经济思想。在他看来，计划经济已成为社会经济发展的主要特征。[18]在《新工业国》出版后，诺贝尔经济学奖得主詹姆斯·米德（James E. Meade）在书评中指出，加尔布雷斯并未对自己的计划经济进行明确区分，即市场经济制度下的计划经济还是计划经济制度下的计划经济。[19]（pp.391-392）在《新工业国》的第二版导言中，加尔布雷斯回应了米德的问题。加尔布雷斯指出，他是在企业层面来谈计划经济的，并没有否定市场经济的作用，只是强调大企业统治着市场而已。[20]（pp.xx-xxi）显然，加尔布雷斯将自己的计划经济定位为市场经济制度下的计划经济。但是，需要看到，米德的质疑无疑很好地说明了人们对技术专家制强调计划经济颇有微词。结合当时西方资本主义国家对以苏联为首的社会主义国家坚持计划经济一直批判不断，就能很好理解人们对技术专家制经济批判的主要缘由。本部分将首先阐述技术专家制经济批判的三点主要内容，之后从智能技术的维度来分析这些批判在当代社会的合理性。

总的来说，技术专家制经济批判主要包含三点内容。其一，技术专家制计划经济不能实现。批判者对于技术专家制计划经济的批判首先是批判这一经济构想能否实现，在批判者看来，技术专家制计划经济并不具备实现的科学技术基础。[21]（p.11）其二，技术专家制只关注经济增长而忽视人类价值。由于过于强调经济发展和效率的重要性，致使批判者认为技术专家制并不关心人类的价值追求。批判者认为，技术专家制者“均主张效率第一和唯一，科学技术是最为有效和有力的方法，专家们为了经济效率必须牺牲其他人类价值目标，否认文学、艺术、风俗和宗教等的价值，社会运行最高的目标应该是越来越发达的科学技术、越来越丰裕的物质财富和人类文明不断地扩展”[22]（p.143）。其三，技术专家制不关心经济分配问题。由于技术专家制的重要思想家，如培根、圣西门、凡勃伦等基本上没有提及经济分配问题，这导致批判者认为技术专家制者并不关心分配正义问题。普特南指出，技术官僚坚定地致力于技术进步和经济发展，他们并不关注物质的分配正义问题。[23]（p.387）以上技术专家制经济批判如若放在科学技术发展水平较为低下的20世纪，显然是非常合理的。但在当代社会，由于互联网、物联网、大数据等智能技术的快速发展，很好地推动了技术专家制计划经济的发展，这极大地弱化了人们对技术专家制的经济批判。

大数据技术很好地支撑了技术专家制计划经济的施行和发展，这从技术上弱化了技术专家制经济批判。在上文的论述中，已经指出技术专家制是在企业层面来谈计划经济。按照加尔布雷斯的观点，“当时的经济体由两部分组成，一部分是技术上充满活力、大规模资本化和高度组织化的公司，称之为‘计划体系’；另一部分是数十万传统的小企业，称为‘市场体系’”[24]（p.60）。由于以大企业组成的“计划体系”掌握着先进技术和雄厚资本，因此“计划体系”主导着整个市场经济的发展。在当代社会中，大数据技术为技术专家制的计划经济提供了重要的技术支撑。一方面，大数据技术强大的收集、储存、分析数据能力，能为技术专家制计划经济提供重要的技术支持。计划的核心是数据和信息，当所拥有的数据和信息越完整时，计划也就越准确，而这恰好是大数据技术所具有的优势。另一方面，大数据技术以实时数据为基础，这可以很好地避免出现计划滞后问题。在互联网、物联网等技术的支撑下，使得现有的很多数据都是实时更新，这使得计划者可以随时调整计划，以使计划更加准确。[25]（pp.146-147）当前，商家运用大数据算法（定价算法）对网上消费情况进行分析，在此基础上不断改变产品价格，以此来达到利润最大化就是技术专家制计划经济的一个很好例子。由于很多商家都运用具有自主学习的定价算法，这就使得这种“计划经济”并非仅限于某一企业，而是扩展至某一行业，也即加尔布雷斯所言的“计划体系”。

通过大数据技术对消费者数据进行分析，可以为不同消费者提供个性化的商品和服务，这在一定程度上应对了技术专家制忽略人类价值的批判。目前，大数据技术在经济领域得到广泛应用，平台经济便是主要代表。“平台经济是以互联网等现代信息技术为基础，基于平台向多边主体提供差异化服务，从而整合多主体资源和关系，从而创造价值，使多主体利益最大化的一种新型经济。”[26]（p.114）具体而言，“它比传统商业模式更有优势的关键，在于数据方面的优势，因为一是平台的定位在用户之间；二是平台是用户活动发生的基础，从而使其有权记录他们的访问”[27]（pp.50-51）。基于消费者在各大平台留下的数据，商家可以通过两种不同方式为消费者提供具有个性化的服务。其一，对消费者进行精准购物推荐。当前，精准的购物推荐已经非常普遍，这些购物推荐并非随机产生，而是根据消费者在各大平台留下的数据痕迹来进行推送。因此，这种精准购物推荐成功率很高，这大大节省了消费者的购物时间成本。其二，企业根据消费者留下的数据，可以设计出消费者喜欢的产品。不同消费者的购物数据都会储存在平台上，企业可以根据消费偏爱的颜色、款式、可接受的价格等进行分析，然后推出消费者偏爱的产品，以实现利润最大化。不难看出，基于大数据技术来满足消费者个性化需求的平台经济，无疑是一种很好的计划经济，只是它强调的是个性化的“计划”，而非同质化的“计划”。如此，平台经济就可以为技术专家制计划经济忽略人类价值追求的批判提供很好的辩护。

以大数据为基础的平台经济极大地提高了社会商品的分配效率，这也能在一定程度上弱化批判者对技术专家制经济分配问题的责难。事实上，技术专家制并非如批判者所言不关心分配问题，而是技术专家制关于分配问题的观点一直被批判者所忽视。如在技术专家制运动中，斯科特[28]（pp.14-15）和罗伯（Harold Loeb）[29]（p.24）都表达了技术专家制是按需要进行分配的观点。在当代社会，平台经济很好促进了技术专家制按需分配思想的发展。因为通过网上平台，消费者可以快速得到自己想要的商品，就算这些商品没有成品，消费者也可以通过平台直接向商家定制，如在亚马逊上消费者可以快速买到需要的商品、优步可以随时给消费者提供用车服务、消费者可以在青岛红领集团网上平台定制适合自己的西服等。现在的问题在于成本，技术专家制所说的“按需分配”只需要极低成本，如每周只需工作20小时即可。而平台经济所提供的“按需分配”则不同，消费者仍需要为此付出不小的成本。对此，杰里米·里夫金（Jeremy Rifkin）指出，平台经济“带来的创新民主化正孕育着一种新的激励机制，它更多的是基于提高人类社会福利的期望，而不那么重视物质回报”[30]（p.21）。也就是说，平台经济极大地提高了社会价值的分配效率和降低了社会商品成本。尽管仍达不到技术专家制所主张的“按需分配”，但平台经济确实通过技术的方式极大促进了技术专家制经济分配思想的发展，因此，这可以在一定程度弱化批判者对这一问题的批判。

据上所述，技术专家制经济批判在当代社会被一定程度弱化，这与互联网、物联网、大数据、人工智能等智能技术的快速发展与广泛应用密切相关。然而，大数据、人工智能等智能技术本身也存在着诸多问题，典型如大数据强调相关性分析方法而忽视因果性方法、大数据技术导致的数据监控问题等。[31]（p.115）因此，对于智能技术对于技术专家制经济思想的推动，需要谨慎对待。

三　智能技术视域下的技术专家制伦理批判

由于对技术专家制的很多批判都涉及伦理问题，如经济批判、政治批判，因而，伦理批判在对技术专家制的诸多批判中具有重要地位。技术专家制经济批判的核心问题之一，即技术专家制只关心经济效率的提高而不关心人类价值，这本身就是一个伦理问题。因为这一批判的本质是人被当作提高经济效率的工具以及人被降低为整个社会机器的一个部件，典型如泰勒（Frederick W. Taylor）的科学管理思想，这使得人失去了自主性和自由。当人的自主性和自由被限制时，这无疑就成了一个伦理问题。技术专家制政治批判也会涉及一些伦理问题。一方面，技术专家制的反民主批判会涉及一些伦理问题。技术专家制反民主的主要原因在于技术专家制强调科技专家掌握政治权力，这使得公众的利益诉求被忽视。[32]（p.147）当科技专家为了自身利益而有意改变决策结果，这显然就是一个伦理问题。另一方面，批判者对于技术专家制将政治技术化的批判也会涉及一些伦理问题。如当前运用大数据技术进行政治决策已经非常普遍，为了决策的精确需要收集很多数据作为基础，但这些数据往往有一些会涉及个人隐私，这时就会带来一些伦理问题。在本部分中，将首先总结技术专家制伦理批判的主要内容，在此基础上从智能技术视域来分析这些批判在当代社会是否仍然合理或成立。

关于技术专家制的伦理批判问题，可以从两个方面来概括。首先，技术专家制主张由科技专家进行决策，这会带来一些伦理问题。在贾萨诺夫（Sheila Jasanoff）看来，科学技术知识本身具有不确定性特点，这使得科技专家在决策时很容易受到政治集团的影响以及与政治集团形成联姻。[33]（p.11）布奇普（Massimiano Bucchip）则认为，当代科学已经进入一个“大科学”时代，学术、工业和政府形成了一个新的综合体，共同决定着科学的发展。这使得科技专家的研究成果、决策建议等的中立性受到极大质疑，因为他们很有可能受到政府、资助企业的影响，以使决策结论更有利于政府和经济集团。[34]（pp.23-24）当科技专家为了自己的利益做出一些不客观的决策，这显然会涉及一些伦理问题，如职业伦理。其次，技术专家制强调应用科学方法、技术工具来进行决策和治理，也会带来一些伦理问题。克里斯汀・施拉德－弗雷谢特（Kristin Shrader-Frechette）指出，由于科学方法具有诸多局限，如使用小样本或非代表性样本、歪曲不确定性、滥用统计显著性等，将会造成很多不可挽回的损失，而这些损失中包括很多伦理问题，如环境不公正、环境伦理等。[35]（pp.36-44）而在埃吕尔（Jacques Ellul）看来，技术将人降低为技术的奴隶并极大束缚人性，在面对技术的自主性时，人类并不存在任何自主性可言。[36]（p.14）毋庸置疑，就目前技术专家制的发展来看，以上批判在当代社会仍然具有很强解释力。但是，也需要看到，随着智能技术智能化程度的提高及其发挥的道德作用愈加明显，这可以在一定程度上弱化技术专家制的伦理批判。

目前，通过智能算法进行决策已经比较普遍，除了能提高决策的中立性和客观性，还能在一定程度上弱化人们对技术专家制主张科技专家决策会带来诸多伦理问题的批判。尽管当前人工智能仍然处于弱人工智能阶段，但这并不影响智能算法通过自主学习来进行自主决策，基于智能算法的行政审批、司法裁决、福利分配等就是典型的例子。对此，斯坦纳（Christopher Steiner）指出："以前，人类是所有重要问题的决策者；而今，算法与人类共同扮演这一角色。"[37]（p.197）而在比尔（David Beer）看来，由于算法在当今社会中发挥着重要作用，如预测选举政治、推荐商品等，它已然成为一种新的社会权力。[38]（pp.1-13）当智能算法在决策中的独立性、自主性越来越明显时，人类在决策中的作用就会逐渐下降。与人类决策容易受个人情感、外界因素影响不同，"人工智能本身就是一种程序，在进行裁决过程中，会相对于人更加客观中立。将人工智能客观性与中立性的特点纳入政府裁决体系，将更有利于促进政府裁决与施政更加公平公正。人工智能将会成为'智能的哲学王'，与政府的高阶人才形成互补"[39]。这样，通过将智能算法决策与人类决策相结合，这将很好地提高决策的准确性、客观性、中立性，同时也能很好地避免人类决策所存在的有限理性风险、伦理风险。如此，技术专家制主张由科技专家进行决策所存在的伦理风险也就减小，而技术专家制强调科技专家决策会带来诸多伦理问题的批判也就随之被弱化。

智能技术在当代社会道德治理中发挥着重要作用，如通过信用工具来对人的行为进行规范，这可以为技术专家制强调运用科学方法、技术工具会引起诸多伦理风险的批判提供很好辩护。信用工具指治理主体通过对治理对象的公共信用信息进行收集、评分及公开，并依此对治理对象进行监督、惩罚和奖励的规范工具。通过信用工具来对人的行为进行规范首先兴起于企业，如银行通过对贷款人员的信用进行评分来决定是否向贷款人员发放贷款以及发放多少贷款。随着互联网、大数据、人工智能等智能技术的不断发展，信用工具的应用不断扩展，当前较为典型的应用为网络商业平台根据用户的消费情况以及用户相互间的评价来对用户进行信用评分，据此来限制用户的消费权限或给予用户某些消费奖励，以此来达到对用户信用行为的规范。在此背景下，一些政府开始将这一模式纳入自己的社会治理体系中，中国就是其中之一。[40]"无论是商业力量还是国家机构，（信用）评分都代表了一种新型权力机制，这种机制和数据、算法紧密结合在一起"[41]（p.22），也即智能技术在信用工具的运行中发挥了重要作用。由于信用具有"道德寓意和法律原则"[42]（p.159）两重内涵，因而根据治理主体的不同，信用工具所发挥的功能也有所不同。如当企业作为治理主体时，信用工具发挥的主要是道德治理功能；而当政府作为治理主体时，信用工具发挥的主要是法律治理功能。据此，关于技术专家制主张运行科学方法、技术工具进行治理会带来诸多伦理风险的问题，需要放在具体的问题去讨论，不能简单批判或支持。

除了在道德治理中发挥重要作用外，智能技术还可以让人从机械、危险的工作中解放出来，这也可以视作对技术专家制伦理批判的一个辩护。随着人工智能智能化水平的提高，人工智能逐渐可以代替人们去做一些机械化、形式化的工作。如“人工智能可以从四个方面在政务服务领域中发挥作用：①解放（relieve），即由人工智能技术接手简单的常规工作，释放人力以从事更有价值的工作；②分解（split up），即将相对复杂的工作进行流程分解，并尽可能采用人工智能技术对各步骤进行自动化处理，而由人完成剩下的工作，或者对自动化进行监督；③取代（replace），即由技术取代人工，完成一整套具有一定复杂性、以前由人类才能承担的工作，这将带来行业的变化和工作岗位的变迁；④增强（augment），即人工智能技术对人类技能进行增强和补充，通过优势互补，完成以前人类很难或无法做到的任务”[43]（p.24）。此外，智能技术的广泛应用还有一大益处，它可以逐渐代替人们去执行一些具有危险性的任务。如伯利兹就利用固定翼无人机来打击非法打捞，这些无人机的主要任务是在非法打捞严重的区域进行巡逻，特别是对那些警察不易进入或不太安全的区域进行巡逻。当无人机准确定位到非法打捞的地点后，警察则可以直接去实施抓捕即可。这既提高了效率，也保证了警察的生命安全。[44]（pp.105-106）显然，这与上文技术专家制伦理批判所言技术专家制会束缚人性、剥夺人的自主性等观点相悖。在当代社会中，技术专家制伦理批判关于技术专家制会束缚人性、剥夺人的自主性等观点就明显被弱化。

综上，基于智能技术的支撑，技术专家制的伦理批判在当代社会被一定程度弱化，但需要看到这种弱化是间接的。也就是说，智能技术并非直接让技术专家制的伦理批判失效或变得不合理，而是智能技术的应用可以说明技术专家制本身具有诸多积极的道德功能，对技术专家制进行伦理评价或道德判断不能仅仅看到技术专家制存在的伦理风险，还应该看到它所具有的道德作用。关于这一点，维贝克（Peter-Paul Verbeek）的道德物化思想非常具有代表性。在维贝克看来，技术确实存在诸多伦理风险，但我们也可以通过技术上的设计将道德规则嵌到技术中，使得技术具有更多积极的道德功能，即道德物化。维贝克承认，他的道德物化观点具有技术专家制的倾向。但他解释说，真正重要的不是去担忧通过技术设计影响人们的道德选择会不会成为一种技术专家制，而是如何通过民主的方式来实现这种技术设计。[45]（p.133）不难看出，按照维贝克的观点，对于技术专家制的伦理问题，不应该仅仅去聚焦于它可能存在何种风险，而应该关注如何充分发挥它的道德功能。有学者将维贝克的观点进一步推广，认为如果技术专家制能很好发挥道德功能的话，那么它同样也可以很好发挥法律功能，如此便可以形成技

术治理、法律治理、道德治理相结合的新社会治理模式。[46](p.44)

结语

从智能技术的视域来看，技术专家制的政治批判、经济批判、伦理批判在当代社会显然被一定程度弱化。据此可知，技术专家制在当代社会进程中与过去有很大不同，不能再用传统的观点来看待它，比如不能简单将技术专家制看成反民主的。当然，本文并非是在为技术专家制作单纯辩护，或是认为技术专家制是一个非常完美的理论。而是希望通过对技术专家制的主要批判在当代社会的合理性进行分析，使人们能够深入理解技术专家制在当代社会的理论内涵，进而对技术专家制不再一味持批判态度以及辩证地来看待它的作用与风险。这样，才能充分发挥技术专家制在当代社会运行与治理中的作用，同时避免其风险。

参考文献

[1] 刘永谋 . 技术治理的逻辑 [J]. 中国人民大学学报，2016(6).

[2] Liu Yongmou, “The Benefits of Technocracy in China”, *Issues in Science and Technology*, 2016, 33(1).

[3] 刘永谋，兰立山 . 大数据技术与技治主义 [J]. 晋阳学刊，2018(2).

[4] [英] 弗・培根 . 新大西岛 [M]. 何新译，北京：商务印书馆，2012.

[5] 圣西门全集 [M]. 第 1 卷 . 王燕生等译 . 北京：商务印书馆，2010.

[6] Veblen B. Thorstein, *The Engineers and the Price System*, B. W. Huebsch Inc., 1921.

[7] 刘永谋 . 高能社会的科学运行：斯科特技术专家制思想述评 [J]. 科学技术哲学研究，2019(1).

[8][23] Putnam D. Robert, “Elite Transformation in Industrial Societies: An Empirical Assessment of the Theory of Technocracy”, *Comparative Political Studies*, 1977, 10(3).

[9][17] Meyanud Jean, *Technocracy*, Paul Barnes (Trans.), Free Press, 1969.

[10] Feenberg Andrew, *Questioning Technology*, Routledge, 1999.

[11][12] [美] 卢克・多梅尔 . 人工智能：改变世界，重建未来 [M]. 赛迪研究院专家组译 . 北京：中信出版集团，2016.

[13] 杜欢 . 人工智能时代的协商民主：优势、前景与问题 [J]. 学习与探索，2016(12).

[14] 黄欣荣 . 大数据：政治学研究的科学新工具 [J] 马克思主义与现实，2016(5).

[15] 徐圣龙 . 从载体更新到议程再造：网络民主与“大数据民主”的比较研究 [J] 社会科学，2019(7).

[16][加] 戴维·伊斯顿 . 政治生活的系统分析 [M]. 王浦劬译 . 北京：中国政法大学出版社，2016.

[18][美] 约翰·肯尼思·加尔布雷斯 . 新工业国 [M]. 嵇飞译 . 上海：上海人民出版社，2012.

[19] Meade E. Jams, "'The New Industrial State' Inevitable?" *The Economics Journal*, 1968, 78(310).

[20] Galbraith K. John, *The New Industrial State*, Houghton Mifflin Company, 1971.

[21] 刘永谋，兰立山 . 泛在社会信息化技术治理的若干问题 [J]. 哲学分析，2017(5).

[22] 刘永谋 . 试析西方民众对技术治理的成见 [J]. 中国人民大学学报，2019(5).

[24] 兰立山 . 论加尔布雷斯的技治主义思想 [J]. 凯里学院学报，2019(4).

[25]Wang Binbin, Li Xiaoyan, "Big Data, Platform Economy and Market Competition: A Preliminary Construction of Plan-Oriented Market Economy System in the Information Era", *World Review of Political Economy*, 2017, 8(2).

[26] 叶秀敏 . 平台经济的特点分析 [J]. 河北师范大学学报 (哲学社会科学版), 2016(2).

[27] [加] 尼克·斯尔尼塞克 . 平台资本主义 [M]. 程水英译 . 广州：广东人民出版社，2018.

[28] The Technocracy Inc., *Technocracy in the Plain Terms: a Challenge and a Warning*, Continental Headquarters, Tecnocracy Inc., 1942.

[29] [美] 哈罗德·罗伯 . 技术统治 [M]. 蒋铎译 . 上海：上海社会科学院出版社，2016.

[30] [美] 杰里米·里夫金 . 零边际成本社会：一个物联网、合作共赢的新经济时代 [M]. 赛博研究院专家组译 . 北京：中信出版社，2014.

[31] 兰立山，潘平 . 大数据的认识论问题分析 [J]. 黔南民族师范学院学报，2018(2).

[32] Winner Langdon, *Autonomous Technology: Technics-Out-of-Control as a*

Theme in Political Thought, The MIT Press, 1978.

[33] [美] 希拉·贾萨诺夫 . 第五部门——当科学顾问成为政策制定者 [M]. 陈光译 . 上海：上海交通大学出版社，2010.

[34] Bucchi Massimiano, *Beyond Technocracy: Science, Politics and Citizens*, Adrian Belton (Trans). Springer, 2009.

[35] Shrader-Frechette Kristin, "How Some Scientists and Engineers Contribute to Environmental Injustice", *The Bridge*, 2017, 47(1).

[36] Ellul Jacques, *The Technological Society*, John Wilkinson (Trans.), Vintage Books, 1964.

[37] [美] 克里斯托弗·斯坦纳 . 算法帝国 [M]. 李筱莹译 . 北京：人民邮电出版社，2014.

[38] Beer David, "The social power of algorithms", *Information, Communication & Society*, 2014, 20(1).

[39] 岳楚炎 . 人工智能革命与政府转型 [J]. 自然辩证法通讯，2019(1).

[40] 国务院关于印发社会信用体系建设规划纲要（2014—2020 年）[S]. 国发 [2014]21 号 .

[41] 胡凌 . 数字社会权力的来源：评分、算法与规范的再生产 [J] 交大法学，2019(1).

[42] 王瑞雪 . 政府规制中的信用工具研究 [J]. 中国法学，2017(4).

[43] 陈涛，冉龙亚，明承瀚 . 政务服务的人工智能应用研究 [J]. 电子政务，2018(3).

[44] [荷] 朗伯·鲁亚科斯，[荷] 瑞尼·凡·伊斯特 . 人机共生——当爱情、生活和战争都自动化了，人类该如何自处 [M]. 粟志敏译 . 北京：中国人民大学出版社，2017.

[45]Verbeek Peter-Paul, *Moralizing Technology: Understanding and Designing the Morality of Things*, the University of Chicago Press, 2011.

[46] 兰立山，刘永谋 . 技治主义的三个理论维度及其当代发展 [J]. 教学与研究，2021(2).

Criticism of Technocracy from the Perspective of Intelligent Technology

Abstract: Since the rise of technocracy, it has been criticized, such as political criticism, economic criticism, ethical criticism and so on. However, with the promotion of Internet, Internet of things, big data, artificial intelligence and other intelligent technologies, technocracy has been well developed in contemporary society, and many criticism about it has been weakened or dealt with to some extent. First of all, under the promotion of intelligent technology, technocracy can promote the operation of democracy, which to a certain extent responds to the anti-democratic criticism of technocracy. Secondly, with the support of intelligent technology, the economic criticism of technocracy is weakened, such as technocracy does not care about human value and distribution. Finally, some applications of intelligent technology in contemporary society can weaken the ethical criticism of technocracy. Therefore, the attitude towards technocracy is not just critical, but evaluated in a specific context, so as to give full play to the positive role of technocracy and avoid its risks.

Keywords: Intelligent technology; Technocracy; Political criticism; Economic criticism, Ethical criticism

【作者简介】兰立山（1987—　），男，哲学博士，中共中央党校（国家行政学院）哲学教研部讲师，研究方向：科学技术哲学、政治哲学。

“人工情感”研究的进路分析 *

胡景谱　陈　凡

【内容摘要】人工情感作为信息科学前沿分支，试图通过信息科学手段实现机器对人类情感的识别、理解和模拟，最终达到与人和谐自然地进行“人—机”情感交互。“工程传统”进路对情感理论、情感计算、情感建模和可计算域等概念框架进行澄清，从技术本身把握人工情感的发展规律；“人文传统”进路则从人机交互伦理、家庭伦理、“宗教反对论”“社会威胁论”等角度对人工情感进行规约和引导。人工情感研究最终期待的是一种“科技与人文融合”进路，通过进一步回到对人本身的关注，形成情感在人与技术之间的双向给予。

【关键词】人工情感；工程传统；人文传统；情感计算；技术伦理

目前，“人工情感”作为具有前沿学科特征的学科交叉领域已经逐渐形成了几种典型的研究路向。人工情感作为信息科学前沿分支，与“具身情感”等精神现象交织在一起，涉及众多学科和交叉领域，所面临的问题早已超出科学边界，也不再是单纯的技术问题，因而需要哲学的调和与回应。[1](p.273) 在人工情感哲学研究中，情感本质及其发生机制等相关概念的界定、人工情感与人类情感的差异等仍是悬而未决的问题，准确的情感本质定义将会为全新、科学、可计算的情感理论和人工情感设计创造发展空间。[2](p.2397) 现阶段人工情感发展到何种程度？超越人类情感的“奇点”在哪里？而人工情感在“走向”人类情感的过程中又将面临怎样的人文风险和社会争论？“科技与人文融合”进路能否突出重围引领人工情感健康有序发展？等等，都是值得思考的前沿哲学问题。

---

* 本文系国家社科基金重大项目：“新时代中国特色工匠精神的科学传承与创新发展研究”和国家社科基金重大项目：“当代新兴增强技术前沿的人文主义哲学研究”（20&ZD044）阶段性成果。

一 “人工情感”及其相关概念厘定

人工情感作为一门以心理学、神经科学、认知科学、信息科学、机械工程学、人类学、社会学等学科为理论基础的当代信息科学，与人工智能关系密切又有所区别。无论是自然科学界还是哲学社会科学界，主流的观点都认为人工情感是人工智能的重要前沿分支学科，在我国甚至将“人工心理与人工情感”作为中国人工智能学会的二级分支研究机构。这种分类方式是以情感认知主义理论作为支撑，即认为情感发生是以自主意识和自由意志的实现为基础，在自我意识和自我评价之上形成的情绪、动机、欲望、个性等情感特征。[3]（p.86）非认知主义者认为将人工情感狭义地归属于人工智能，势必人为地圈限了人工情感的研究范围和对象，局限在信息领域致使对心理学、人类学、情感设计学、哲学等领域重视不够，因而他们将“人工情感”（AE）与“人工智能”（AI）作为并列的“姊妹”学科进行探讨。在实践应用中，人工情感不是简单的人工智能情感设计，还涵盖了在情感机器人、数字娱乐、和谐人机交互、感性工学、电子商务和人性化服务等领域。[4]（p.445）同时，按照康德哲学的机制，现代机器智能计算目前还限定于认识领域，在计算之外还有理性领域和情感领域，而人工智能从“理性化大脑”关照理性领域，人工情感从“感性化身体”关照情感领域。[5]（p.92）但此种分类方式的局限性在于简单机械地将“智能”与“情感”二元对立，忽视了理智与情感通融的情智结构，从而产生情感与理性背离的“情智悖论”。

从人工情感的工业设计角度看，若不能保证这些概念的精准明确，姑且撇开喋喋不休的分类争论，绕过“意识”“智能”“情感”等模糊含混的语言概念[6]（p.403），通过还原思维复归到非语言对象的情感产生过程，消除“智能”与“情感”二者差别的神秘化和绝对化倾向，力求实现机器与人类和谐自然的人机情感交互。[7]（p.134）情感产生的过程可以通过在技术实践中，对人工情感的学科框架、研究对象和关键领域的内涵与外延进行把握。

人工情感是对人类情感信息处理过程进行模拟，主要学科框架包括情感识别、情感度量、情感处理、情感理解、情感生成、情感表达、情感控制、情感交流等内容和程序。人工情感的研究对象主要包括机器情感、情感机器、人机交互中人的情感。其中，“机器情感”指的是在现有技术水平之下机器所能把握到的人类情感的程度，而“情感机器”则是指通过现有技术水平开发出的具备某种程度的人类情感的机器，二者都是现实语境中的存在状态。而人机交互中人的情感又有两层含义，既有现代认知科学、心理学、哲学等发展下的情感认识理论研究对情感机器和机器情感等技术的基础理论供给，也包括在现实和未来语境中人机

交互带来的诸多关乎情感的技术风险和伦理困境。[8](p.4)

人工情感的关键领域包括情感计算、感性工学和人工心理等。情感计算概念由MIT媒体实验室的皮卡德教授（1995）提出，既包括对人类情感的相关计算问题，同时也探讨赋予机器在人机交互过程中对情感信息的加工运算处理能力。[9](p.68)感性工学是由日本长町三生（1970）等学者创造的概念，是指将代表人类欲望和情感的信息融入技术设计之中，将人的情感、知觉、印象等转换成产品参数的科学方法。在人工情感领域，它可以测量情感与某些产品属性之间的关系，按照人类情感特性设计机器情感，以满足人类需求，蕴含了“以人为本”的思想。[10](p.46)人工心理是由我国学者王志良教授（1998）提出的，是指借助信息科学手段，对包括情感、意志、性格、创造等在内的全部人类心理活动进行更为全面的人工机器实现，其中也包含计算机和模型算法等。

二　“人工情感”研究的“工程传统”进路

“人工情感”哲学的“工程传统”进路认为，人工情感的设计冲突的关键不在于人机情感交互本身的利弊，而在于设计者对于情感与人工情感本身的认识程度及其应用。他们以现象学、实用主义和技术哲学“经验转向”为基础，在具体情境之中关注人工情感的描述性物质性问题，澄清人类情感及其生成机制等概念框架，在外部情感的量化指标体系、已有情感建模的优劣分析、情感数字描述的可计算域和计算边界等关键设计环节中寻求哲学的引导，试图打开“技术黑箱”，更好地理解人工情感的本质。

1.人类情感发生的生理机制

在对“人工情感”进行工程设计之前，需要对“人类情感”的概念进行突破，这种突破既包括生物学意义上和心理学意义上的情感，也包括哲学意义上的情感。首先，生物学意义上的情感主要是指情感产生的生理学机理以及情感的外在表征，目前主要是通过脑科学、神经科学和内分泌系统科学等理论进行阐释，但就现阶段自然科学研究进展而言，实质上仍未揭示情感发生的生理机制，这就是人工情感研究中所谓的“自然情感研究瓶颈”。其次，心理学意义上的情感是广义的，它既包含生理上的情绪过程，也包含观念上的认知过程，甚至还包含能动自觉的意志过程。其中情绪是感情反映的生理变化和外部行为表现，属于“躯体性”表现过程；而情感则常被用来描述具有深刻而稳定的社会意义的感情，相比情绪更为深刻，它是在长期的社会生活环境中逐渐形成的，具有更强的稳定性和持久性。[11](p.71)在人工情感研究领域，躯体性的生理情绪反应是已有研究的基础，它构成了情感识别的主要内容，同时也是情感建模和情感度量的关键量化指标；对观念性情感认知过程的揭示为情感建模提供了可能方案，但意志过程所要求的对认识的加工在心理学上显示出困难并诉诸哲学解释。最后，从古希腊时期到应用心理学的诞生直至当代，哲学意义上丰富的情感诠释为解析情感问题提供了无限的可能。其中康德哲学的某些机制被人工情感科研工作者广泛应用，关于“感性”“知性”“理性”的概念揭示了人类情感信息传输过程的“反应层”“传输层”和“自我监控层”[12]（p.499），而“外感官”对空间的把握是感官可以接触到的外部现象，是当前人工情感通过技术手段可以触及的领域，而“内感官”对时间的把握意识直接感受的内在现象则引向数学，以时空纯形式来统摄感性材料，启发人工情感研究对人的情感性质进行可计算性模拟。[13]（p.14）

2. 外部情感设计与计算的评估困境

人工情感对人类外部情感的识别、度量、处理、模拟表达等主要通过人类面部表情、语音情感、姿态动作、生理指标等特征信息进行捕捉测量和分析理解，此中不仅需要从技术和管理层面进行阐释，更需要从哲学角度进行深层回应。[14]（p.7）首先，需要明确的是外感官的范围和边界。情感机器人能够“笨拙”但成功模拟出的外感官主要包括“生理唤醒”和外部表现两个部分，其中“生理唤醒”是指情绪产生的脑基础和生理感应与多个脑结构有关（如生理激素的变化），生理唤醒虽然大多发生于人体内循环，但同样区别于内在主观体验而成为外感官，且生物唤醒也会一定程度反映在外部表现；而外部表现是指在情感状态发生时身体各部分的动作量化形式，包括面部表情（面部肌肉变化所组成的模式）、姿态表情（面部肌肉变化的表情动作）、语调表情（言语的声调、节奏、速度等方面的变化），而从“情感的体验”到“身心交互作用”，显然属于“内感官”范畴。[15]（p.38）其次，外感官情感识别视觉信号和生理信号处理输入，其最核心的哲学争议是此类信息输入的组织原则与中央推理系统是否连续？维特根斯坦的知觉理论通过归谬论证为这种信息组织原则的连续性作了辩护。如果有某些心理学对象能被认知主体意识到，但认知主体的高层语义知识却不能渗入其中是困难的。[16]（p.136）最后，情感变现的多样化造成情感识别数值化困难。外感官情感计算通过对人类表情、声音、生理信号等进行捕获，按照马尔可夫链划归到喜怒哀惧等基本情绪，由于缺乏对情感本质的把握和对情感的基本情绪的评判标准，这种数值化的准确率是深受怀疑的。况且情感状态与外感官表情模式之间存在非充分决定性特征，即不同情感状态可能对应同一表情模式，不同表情模式可能对应同一情感状态，造成自然情感识别和模仿与其可信程度之间呈现一种非线

性关系，以致难以建立一个科学可靠的数字量化情绪的评定系统。[17]（p.8）

3. 当前情感数字模型模拟人类情感存在差距

人工情感形式化的主要方法是在计算机人工系统中通过将人类情感模型化来模拟人类情感，大致分为两类，一类基于模拟情绪自然发生过程的设计模型，属于演绎式方法；另一类是基于实现特定具体领域问题的任务模型，属于归纳式方法。[18]（p.158）目前主要有基于欧氏空间、基于马尔可夫链、基于随机事件处理、基于自组织理论、基于马尔可夫过程的情绪状态转移、基于贝叶斯网络的情感虚拟人心理等人工情感模型。这些模型以 3—22 种基本情绪作为基础维度在多维空间中模拟复杂情绪，指代基本情绪的方式预设了任一复杂情绪都能解构成基本情绪的前提，很明显这是缺乏基本的评判标准和依据的经验主义做法，因此仅具有数理统计意义，即预设基本情绪越多，模拟的效果越“接近”人类情绪变化过程。此外，多数模型是把情绪变化定义为无外界刺激的封闭系统中的自由运动，因而只能对简单的自然情绪发生过程进行模拟，难以解释人与外界环境、社会关系和历史事件等交互信息和能量的复杂情绪。目前较为成熟的理论是基于贝叶斯网络的情感虚拟人心理模型，它虚拟了 22 种人所包含的情感信息，并考虑到客观环境及他人关系的交互，与五官建立联系构建生理反应函数，从而建立了人的性格空间和情感空间，成功应用于复杂情绪的模拟和不定性知识的表达。但这些模型在解释和表达情绪与认知乃至于意识之间的关系，多模态角度进行情感信息融合、识别与理解等方面仍然存在困难。考虑到并非所有情绪的发生都基于因果事件，并非所有情绪感受都有身体知觉和意识的参与，尚未实现真正意义上的拟人推理过程，因此目前几乎没有符合人类情感规律并适于机器实现的人工情感自动生成模型。[19]（p.69）

4. 计算主义视阈中人工情感数学描述存疑

基于“情感是可计算的”这一共识（至少显而易见的是具有生物性质的外感官是可计算模拟的），“情感计算”通过收集大量的行为和情感数据实现了蓬勃发展。然而当前已有情感模型的发展困境也令人反思，人类情感是否具有被完全计算的可能性以及其能被计算的区间，计算的界限在哪里？人在与外部世界交互的过程中，感官知觉所能识别到的情感特征是可计算的，并且已在实践中广泛应用，机器虽然能识别语言但不能理解语言的意义，它只是在数据处理中完成了某项匹配任务，并没有对人与外部世界的关联进行解释，这也就反映出了人工情感在意义理解、意识和意识体验、自主性和觉知等方面的计算局限。[20]（p.14）研究表明，在形成意识的五种必要本领中，对位置的辨别、对往事的重现、感知所注意的物体、做出预判和行动计划都已能借助人工神经网络在计算机中进行计算模拟，而以情感引导人进行判断这一本领仍在研究之中。[21]（p.7）由此可知，理性和情感两大领域本质上是反计算的，在人工情感领域，必须将抽象概念转化为可执行规则才能实现可计算。人们在把握情感的发生、变化和转移时通常都是以其作为整体性能力出现的，作为抽象整体的情感概念之时显然是不可计算的。按照可执行规则将抽象情感具化为外部表情、生理信号等已成为情感编码计算的主要步骤，存在“物自体”这一不可计算域，它虽然作为感觉的来源作用于人的感官，却形成不了对它的认识。将情感发生的社会因素（包括人际关系、个人身份、文化背景等）纳入计算机的情感模型之中也有情绪周期波动理论和马斯洛需求层次理论等计算模型的有益尝试，但将整体性情感独立简化成多个实质性组件是否能真实准确地表征情感本身仍存在疑虑。[22]（p.93）

三 “人工情感”研究的“人文传统”进路

人文传统的技术哲学研究着眼于人类的生存与发展，持批判怀疑的态度对人工情感的社会影响进行考察。在人文主义者看来，人工情感引发了诸多伦理争议，在人机情感交互中人机关系的模糊、人格同一性的威胁、情感真实性的怀疑等，又关涉情感屏障、情感依赖、情感恐惧和两性关系矛盾等家庭伦理问题，还包括狂妄扮演上帝、情感干涉与人造道德主体等宗教反对论，以及情感机器对人类职业、主权甚至生存的威胁。

1. 人机交互过程中人类情感发展困境

情感机器的类人情感产生是趋于未来语境的高级理性化智能，现阶段还无法使机器正确地意识和评价自身的情绪、动机、欲望、个性、意志等要素，那么在现实语境中机器情感的研究和应用以及可预计的将来，人机交互过程中人类自身的自我意识和情感的发展将成为核心问题。首先，关于情感机器人的设计基于人类情感投入及社会关系中的“他者”倾向，即便在外观和功能上各不相同，但共同基础是人类社会基本关系，从而使人机关系乃至未来社会关系形成具有了动态性和自发性。即便设计初衷是将情感机器人视为实用性工具，但人类自身的情感投资异化了这种关系，最终导致人类自我认知和人机关系认可的理解障碍。[23]（p.4）随后，由此建立起来的人机社会结构及其相互作用模式必然期待一种关于人机各自实际身份的规定性。而在人工智能哲学上理解“人格同一性”需要时间、空间和数字上连续概念的同一性解释，情感机器人作为一种实体具有了某种程度的个人身份，反过来影响人类自我观念的形成，弱化了人类在人机交互过程中伦理和情感的敏感性，使人类情感的真实性遭到质疑。[24]（p.285）即便机器人所表现的情感是一种基于线索捕获和大数据运算的程序行为，但用户自身在人机交互过程中不可避免地投入情感甚至产生情感依赖。[25]（p.547）由于机器情感识别和理解所遵循的是技术倡导的价值，而不是关于人类生理、心理以及文化等知识的研究，当用户对这种情感的真实性开始产生怀疑时，会认为情感交互中的诚信受到侵犯，情感正义价值遭到贬损，继而从“玩弄机器情感”转变为“人类情感被玩弄”的心境，更有甚者会因情感创伤而影响到认知层面，对个体自我形象和身份产生认同问题。[26]（p.10）最后，长期处于人机交互情感的“控制与被控制”关系之中，某些用户可能因此对情感机器人产生极高热情和信任，从而建立更深的情感附着关系，更多的用户因长时间深受情感和精神伤害而与之产生敌对关系，甚至离开人机环境之后仍产生泛化效应，在个人生活的社会认知、人际见解和情感判断等方面都变得贫乏无力。[27]（p.207）

2. 拟人情感机器人引发的家庭伦理问题

基于陪伴、护理、教育、性爱等功能诉求，“家庭”成为拟人情感机器人最大的应用市场，又因家庭这一特定场域相对封闭独立致使情感反馈迅速而明显，因而也引发了诸多家庭伦理争论。首先，情感机器人在老人的陪伴和护理等服务上，一方面鉴于当前技术水平的关系，只能实现对类人感官的外部模仿，对人类情感的理解和反馈较为“机械”，不能真正意义上对老人进行关心和慰藉，非但不能满足老人特定时期的社会情感需求和审美体验，反而会给老人营造一种被年轻人排斥、隔离甚至嫌弃的感觉，使老人变得越发孤独和感伤[28]（p.34）；另一方面当机器人发展到具备“人类情感”，能够实现类人的同情恻隐之心以及无微不至的护理服务之后，又作为新的“情感屏障”隔断了老人与亲属情感的有效互动，同时也不利于年轻一代尊老敬老的美德传承。[29]（p.123）其次，年轻人在行使人工情感科技带来的通信、娱乐、教育等功能时，往往被构建出一种因特殊技术使用而产生负面情绪的病态文化。多任务处理和瞬息万变的信息流量以及“情感在线”等特征无形之中加大了交往压力，强迫性或成瘾性地使用人工情感技术通常会造成负面的情绪后果，不仅降低了人们人际交往的频度和质量以及现实生活的幸福感，还加剧了社会负担与社交恐惧的心理。[30]（p.511）最后，具有超强现实感的完美伴侣型情感机器人对人类性爱本质进行冲击。性爱机器人的出现和使用将会生成一种新的家庭模式，这种模式不需要先期的婚姻契约与情感基础，并且更新了人类关于“性爱”的认识，使夫妻双方变得敏感，甚至会影响夫妻和谐家庭关系。[31](p.9)而人因“成瘾性”而对情感机器人实施的无节制泛滥性行为，一方面会使“性”与“爱”分离，而又由于机器人无法像人类那样感知情爱，因此人机性爱关系是单向的，从而致使“性爱”“性别”等被物化，无形之中制造出新的“性奴阶级”[32](p.163)；另一方面，性物化后重塑的人机关系使人们无须通过婚姻关系的维系，即可满足关于性甚至爱的需求，可能会使人类结婚欲望降低，从而影响人类繁衍[33](p.231)，产生更大的人类文明延续的危机。

3. 人工情感的道德主体地位与宗教反对论

宗教作为一种特殊的意识形态和文化现象，具有广阔而深远的影响范围，宗教活动在人类整体活动中具有较高权重，不同宗教的教旨理念和价值取向对信徒产生了深远持久的社会影响。一方面，多数宗教都持“有神论”，反对“扮演上帝（神）”的行为。而人工情感所构建的人机情感交互关系，使得“情感”这一原本“天赋神授”人所特有的能力在人体之外被创造出来，同时又通过人机情感交互反馈到人本身。因此，人工情感技术设计的对象虽然是机器情感和情感机器，但通过技术手段实现了帮助情感障碍人士实现情感识别和理解、辅助性的情感表达，同时还能帮助人类抵制不良情感，从而使人类情感内容和情感能力在技术过程中得以补充、丰富、提高、延展等。[34](p.91)考虑到人机情感交互和人工情感涉及的技术复杂性和不可预测性，这一行为在宗教观点看来，实质上是人为对“情感”进行干预的做法，具有僭越神权的嫌疑。[35](p.33)人类情感是神明赋予的天性和自然馈赠，是按照宗教神圣先天标准创造的标准规范，而人工情感设计行为被认为是超人类主义的，这种行为被认为是狂妄自大的人性泯灭行为，与神圣而永恒的自然秩序和天道规律相违背，因而他们主张保护人类身体和精神的完整性。[36](p.295)另一方面，在宗教团体的批准下，已有科研项目试图在教育型机器人中安装宗教软件，使机器人能够按照宗教传统的道德教导向儿童传输价值观。如像预期那样，机器人将获得独立推理、自主感知和宗教情感的能力，模糊了日常责任归属和道德观念的边界，甚至获得了含混形式上的道德尊严。[37](p.133)这类某种意义上的“人造道德主体”必将对基本的神学观点发出挑战，机器人也将与人形成宗教联系而进入人们的宗教社区，从而获得宗教观点的演变。那么宗教团体能否调整出适用于情感机器人的宗教教义、仪式和制度来适应和规约这类新“皈依者”呢？宗教能够为“非人类”创造出“没有灵魂的神学”吗？这必将遭到生物福音主义者的坚决抵制。[38](p.14)

4. 情感机器人威胁论

不管着眼当下，还是展望未来，在人工智能时代二元世界里情感机器人与人类和平和谐相处都必须破解诸多时代难题。[39]（p.13）2017 年沙特阿拉伯授予香港汉森机器人公司生产的类人机器人索菲亚公民身份，“公民身份”的确立是专门机器人、工业机器人向情感机器人、通用机器人迈进的重要一步，人类曾经自诩“人工智能不能做什么”的边界被一次次突破，人工智能开始染指人文艺术领域。首先，短期内对普通大众最大的现实威胁可能是职业威胁。[40]（p.58）专门人工智能在超级运算、精确识别、恶劣环境作业、机械重复劳动等方面的超人表现已经得到社会公认，其与人类的主要差距在于关乎情感、创造力、想象力等思维能力，人工智能如若实现人工情感的突破，处理任务的频率、效力和公正性将实现质的飞跃，且极大地降低时间和金钱成本，可能在众多领域造成严重失业问题。[41]（p.26）其次，如果情感机器人发展到具有高度人类社会情感表征，也会相应产生机器人自身的身份认同和情感诉求。这样一来人类对情感机器人的身份期待会影响后者身份认同的形成，人类在设计和使用之初如果没有预设最低限度的尊严与权利的承认和保障，可能会因此埋下祸根。与此同时，情感机器人自身情感诉求的行为可以从人类智能和人类情感中衍生出来，它们必然也可以运用价值观和情感等手段实现各种目标，因此必须对人工情感进行“价值敏感性”设计，遵循阿西莫夫机器人学三定律中的“不伤害人类”原则。[42]（p.108）最后，更为长远的威胁可能来自情感机器人对人类负面情绪的理解和反馈。如果没有预置人工情感的控制约束机制，当情感机器人意识到自身处于与人类不对等的法律、道德、权利和社会地位时，是否会对自己的“被奴役”地位进行判断并试图摆脱人类的控制？是否会采取自我保护甚至是将其自身在某些专门领域的超人能力运用于暴动犯罪、反抗人类？[43]（p.35）

四　科技与人文融合的“人工情感”新进路

关于人工情感的哲学研究，工程传统围绕“人类情感”与“人工情感”的差异这一焦点问题展开技术设计探究，而人文传统的争议则来自“情感”与“理智”之间的内在矛盾及其衍生而来的各种人文风险。由此可见，人工情感本身的问题域既有“人文问题”也有“科学技术问题”，既有“精神问题”也有“身体问题”，将科技与人文任一手段割裂开来指导人工情感发展都难以奏效，亟待二者的双向融合。[44]（p.172）

1. 人工情感技术研发设计需要“人文”学科基础理论的支撑

近代以来“科学文化”和“人文文化”的分野割裂了技术与人的关系，二者在某种程度上甚至走向了敌对状态，也致使关于“人工情感”的研究呈现出“工程传统”和“人文传统”两种典型而相对独立的研究进路。而人工情感作为一种前沿信息技术类型，一开始就不像传统工程学意义上的技术那么排斥人文的介入，甚至天然地以哲学、心理学、社会学等理论作为其技术设计研发的元理论和指导思想。人工情感这一技术现象的出现，使得技术的关注回归到了“人本身”，因为它的研究起点和终点都是“人类情感”，人工情感相关技术的研发旨趣最终都要回归到“人工情感”与“人类情感”的讨论之中。人造机器上通过模拟人类的情感行为，最终实现机器情感，其中极具前提性的大问题是——何为情感？在这个问题的讨论上有一个关于人类心智结构的猜想，哲学史上大量著作积累的既有成果，一定程度上构成了人工情感研究的智库。[45](p.3) 尤其是哲学史上关于“灵魂”“情感”“心灵”“身心关系”等学说，比任何学科都更具横跨心灵与机器来研究“人类情感”本质及其发生机制的普适性。因此，人工情感对人文科学的宽容度以及以哲学、心理学、社会学等典型的人文科学给人工情感研发奠定的基础，为科技与人文相融合的研究进路提供了广阔的发展空间。

2. 人工情感的技术风险研究兼具“工程”和“人文”属性

人工情感相关技术引发的技术风险和社会争论不同于以往传统工程学意义上的技术风险，因其直面人类情感，牵涉人的主体性和人格同一性等问题，所以它所引发的首要技术风险本质上是哲学和心理学意义上的人文风险。诸如“人文进路”相关研究指出的，在人机情感交互中人机关系的模糊、人格同一性的威胁、情感真实性的怀疑等问题，关涉情感屏障、情感依赖、情感恐惧和两性关系矛盾等家庭伦理问题，以及狂妄扮演上帝、情感干涉与人造道德主体等宗教反对论。这些风险是受长期以来社会业已形成的较为稳定的技术价值观和技术情感，以及历史传统、地域风俗、宗教信仰等综合而成的主观风险意识。与此同时，基于信息技术、机械工程学、神经科学、纳米技术等基础技术的人工情感，仍然存在工程学意义上的客观技术风险事实。它既包括机械性和物理性的技术风险，如现实语境下数见不鲜的“机器人伤人事件”，以及未来语境中情感机器拥有“人类情感”之后对人类职业、主权甚至生存等的威胁；也包括由于结构设计复杂、学科交叉众多、投资规模巨大等造成的技术集成风险，再加上“机器深度学习”与人机交互的过程存在较长周期，状态更新和演变存在不确定性，继而出现“工程”和“人文”属性的多重风险交叉影响的复杂局面。因此，面对人工情感中技术风险的二元属性，以及由此衍生出的显著的技术风险样态的多元性、技术后果的难以预测性和技术伤害的滞后性等现代风险特征，单一路向的研究都难以准确认识和把握风险本质，需要“科技”和“人文”相融合的研究进路来共同面对技术风险的可接受性问题。

3. 人工情感相关技术风险的治理亟待“科技”与“人文”的双向融合

人工情感研究要实现科技与人文融合，人文社会科学应当在人工情感自然科学研究中提供必要的“知识供给”，而不仅仅是“一边倒”地站在对立面从技术风险、伦理困境、社会争论、文化可接受性等角度对其进行批判与反思。首先应肯定的是，科技伦理、科技与社会（STS）等学科在澄清技术概念和技术发展的规范性评价性等方面已经做出了相应的贡献。当下问题的关键不在于“做不做”，而在于如何做，应当从负面效应可能性推测转为可行性和可接受性探索。[46]（p.1）因此可以进一步努力的是，人文社科的相关研究能不能“帮助”机器更富有感情，更为“自然地”与人类进行各种交流，在交流中进行各种自我分析、自我调控以及自我完善，从而使“人—机”交流进行得更为融洽和谐。实际上，对于在人工情感设计中技术层面难以解决的问题，应该把目光投向人文社会科学，尤其应当重视科技史和科技伦理在科技进步中发挥的社会塑型和建构作用。人文社会科学研究对科学的控制和驾驭尤为重要，它可以帮助设计者认清人工情感设计的目标和归宿，可以从“身体与心灵”的关系中给“机器与心灵”以启发，甚至还可以通过对不同学术流派关于情感观点的研究，构建更贴近人类情感的情感机器模型。然而现有情感模型多为对人类外感官的简单识别和对人脑神经系统的机械模拟，并未充分借助人文社会科学特别是哲学理论进入更高阶的研究。

4. 人工情感相关技术蕴含丰富的人文价值

包含科技文化和人文文化等诸多子集的人类文化，最早从器物文化发轫，继而有了制度文化和规范文化，最终形成了人文价值文化。由此可见作为文化外层结构的科学技术知识系统最终能够引导人们探寻内层核心的精神价值理念。[47]（p.20）历史上三次重大科技革命已充分显示出科技对人类包括世界观、价值观在内的思维方式的深刻影响，使人类在对自然、社会和人本身的探索与实践得以升华。在人工情感相关技术中蕴含着丰富的人文价值，通过科学探索和工业设计反过来也能促进相关的人文社会科学研究和人类价值观念的转变。在当前人工情感相关技术实践中采用的人脑结构与认知、激素调节体系、基本情绪组成及其机制、社会组织行为等研究原理，本质上反映的是对于“人类情感”及其发生机理不同的理解类型。人工情感本身是人文社会科学特别是哲学家理想中将常识和隐性知识显现出来的概念分析和悖论探测技术。人类在探索构建情感机器的过程也是人类走近“人本身”、揭示情感与认知关系、理解人类情感和心灵概念的过程。人工情感建模的不同模型也蕴含着诸多人文社会科学特别是哲学基础问题，建模首先必然涉及结构与功能之间的关系问题，而按照人体生理结构进行情感建模关乎“技术与身体的内在相关性”“物质与意识何者为第一性”等问题。不断修正认知情感模型，也是不断诠释和丰富人类情感理论的过程。[48]（p.94）

五 结语

纵观当前“人工情感”研究的几种典型路向：其一，“工程传统”进路更多地关注人工情感技术本身，其中关于情感理论和人工情感设计等研究，事实上试图解决的是情感本体和技术本体的哲学含义问题，而情感发生机制和情感计算及其可计算域等问题的探讨，揭示的是人们如何通过“情感”这一能力认识世界，以及信息技术等人工手段介入人类情感活动呈现出何种新的认知图景等问题。由此可见，“工程传统”进路的研究视域较多地聚焦在“人工情感”的技术本体论和技术认识论层面，但往往以一种相对孤立的视角来讨论“人工情感”的哲学问题，具有某种“就技术谈技术”的倾向，没有将“人工情感”放置于更大的社会系统之中去讨论技术与社会、技术与人的关系问题，同时也缺乏来自社会学、历史学、管理学、文化学等维度的分析。其二，“人文传统”进路的相关研究更多地持一种“技术批判”的态度，从“人工情感”与社会、“人工情感”与人等关系剖析了“人工情感”可能引发的伦理困境和社会争论；同时，从家庭、职业、劳动、宗教、社会交往等维度探讨“人工情感”的技术价值，梳理了“人工情感”的文化价值语境和社会实践脉络，对于当前以及未来的人们在越来越广泛的人机交互中，如何审视自身的价值问题、如何把握社会新形态具有启示作用。然而，“人文传统”进路将“人工情感”进行了一定程度的抽象，没能将支撑“人工情感”的各类技术加以区分并置于具体技术情境之中，难以准确揭示“人工情感”的结构与功能之间的关系及蕴含的技术知识。因此，过度倚重于在规范性和批判性层面讨论技术价值，脱离于技术基础单纯地对“人工情感”进行批判与反思，可能衍生出自反性矛盾。其三，科技与人文融合的人工情感新进路旨在跳出“工程传统”与“人文传统”二元对立的思维定式，明确“人工情感”的本质是“人文问题”与“科技问题”的融汇，强调在“人工情感”的技术设计、研究与创新过程中要注重众多人文科学的支撑。此外，关于“人工情感”的技术风险的认识与治理，都需要在兼顾技术哲学的规范和伦理价值对“人工情感”的规范性、评价性的人文主义反思的同时，注重从技术本体论、认识论、方法论等的层面，对技术各个方面作充分的经验描述时所使用的基本概念和概念框架进行澄清。[49]（p.45）在技术、社会和人等多重基础之上洞察“人工情感”的发展演进及其与人的关系的动态变化，从解密技术回归到人本身，在过程与情境中把握人与“人工情感”的“人—机”关系，实现人类情感与“人工情感”的和谐交互、有机渗透、相互促进。

总而言之，人工情感被视为是实现科学精神与人文精神辩证“对接”，科技与人文“融合”的新领域。人工情感的研究最终应回归到人本身，它形成情感在“人—技术”之间的双向给予，通过技术手段洞悉人类情感发生机制，成为克服个人情感匮乏、缓解社会情感淡漠、实现人的全面发展的新途径。[50]（p.96）基于美好价值的人工情感研究，应该是在求真的科技与求善的人文二者相互印证和补充之下，打破学科甚至是思维的壁垒，跳出语言造成的思维局限，规避功利性探索，以科学精确的态度感受情感的形成过程和物质因素，引导人类向意识深处探索。

参考文献

[1] 路寻 . 略论人工智能哲学中的情感问题 [J]. 中州学刊，2010(05).

[2] 饶元，吴连伟，王一鸣，冯聪 . 基于语义分析的情感计算技术研究进展 [J]. 软件学报，2018(08).

[3] 刘悦笛 . 人工智能、情感机器与“情智悖论” [J]. 探索与争鸣，2019(06).

[4] Raya A. Jones, “Concerning the Apperception of Robot-Assisted Childcare”, *Philos.Technol.*, 2019 (32).

[5][22] 王峰 . 人工智能的情感计算如何可能 [J]. 探索与争鸣，2019(6).

[6] Hutan Ashrafian, “Can Artificial Intelligences Suffer from Mental Illness? A Philosophical Matter to Consider”, *Sci Eng Ethics*, 2017.(23).

[7] 张晓荣 . 计算主义：从 Cyborg 走向人工生命 [J]. 青海社会科学，2007(1).

[8] 涂序彦 . 智能机器人、情感机器人、拟人机器人 [J]. 华中科技大学学报（自然科学版）2004(S1).

[9] 张晓荣．计算带来别样的生命：兼评《走向计算主义——数字时代人工创造生命的哲学》[J]. 哲学动态，2006(10).

[10]Ayako Hashizume, Masaaki Kurosu,"*Kansei Engineering" as an Indigenous Research Field Originated in Japan*, Switzerland: Springer International Publishing, 2016.

[11] 易显飞，胡景谱．当代新兴"情感增强技术"的界定、类型与特征 [J]. 科学技术哲学研究，2019, 36(3).

[12] 祝宇虹，魏金海，毛俊鑫．人工情感研究综述 [J]. 江南大学学报 (自然科学版), 2012, 11(4).

[13][德] 康德．纯粹理性批判 [M]. 蓝公武译．北京：商务印书馆，1997.

[14] 王国江，王志良等．人工情感研究综述 [J]. 计算机应用研究，2006(11).

[15] 王志良．人工心理与人工情感 [J]. 智能系统学报，2006(01).

[16] 徐英瑾．维特根斯坦的"感知—语义连续论"和机器视觉研究 [J]. 哲学分析，2012, 3(4).

[17] 李晓明．我们要重视超前发展情感机器人 [N]. 人民政协报，2017(8).

[18] 孟秀艳，王志良，李娜，刘遥峰．情感机器人的情感模型研究 [J]. 计算机科学，2008(6).

[19] 王志良．机器智能：人工心理 [M]. 北京：机械工业出版社，2017.

[20] 刘晓力．如何理解人工智能 [N]. 光明日报，2016(14).

[21] 费多益．人工意识是否可能 [J]. 自然辩证法研究，2005(7).

[23] Marco Nørskov, Sladjana Nørskov, "Social Robots and Recognition", *Philosophy & Technology*, 2019 (5).

[24]Johanna Seibt, Marco Nørskov, "'Embodying' the Internet: Towards the Moral Self via Communication Robots?" *Philos Technol*, 2012 (25).

[25] Michael Funk, Patrick Lin, Keith Abney, and George A. Bekey (eds.), "Robot Ethics: The Ethical and Social Implications of Robotics", *Ethic Theory Moral Prac,* 2016 (19).

[26]Ingar Brinck, Christian Balkenius, "Mutual Recognition in Human-Robot Interaction: a Deflationary Account", *Philosophy & Technology*, 2018 (11).

[27] J.M. Kizza, *Ethical and Social Issues in the Information Age, Texts in Computer Science,* London: Springer-Verlag, 2010.

[28] 陈四海，韦宇婷．老年辅助技术的风险及社会伦理挑战 [J]. 长沙理工大学学报，2019(2).

[29] Yvette Pearson, Jason Borenstein, "The Intervention of Robot Caregivers and the Cultivation of Children's Capability to Play", *Sci Eng Ethics*, 2013(19).

[30] Daniel B. Shank, *Handbook of the Sociology of Emotions: Volume Ⅱ, Handbooks of Sociology and Social Research—Technology and Emotions,* Dordrecht: Springer Science+Business Media, 2014.

[31][39] 刁生富，蔡士栋 . 情感机器人伦理问题探讨 [J]. 山东科技大学学报，2018(3).

[32] Marcus Arvan. "Reflections on a future of sex with robots", *Metascience*, 2019 (28).

[33] Elen C. Carvalho Nascimento, Eugênio da Silva, Rodrigo Siqueira-Batista, "The BUse^ of Sex Robots: A Bioethical Issue", *Asian Bioethics Review*, 2018(10).

[34][50] 肖峰 . 人工情感：技术与人文的新融合 [J]. 马克思主义与现实，2012(01).

[35] 邱仁宗 . 人类增强的哲学和伦理学问题 [J]. 哲学动态，2008(2).

[36] Jean-Pierre Béland & Johane Patenaude & Georges A. Legault & Patrick Boissy & Monelle Parent, "The Social and Ethical Acceptability of NBICs for Purposesof Human Enhancement: Why Does the Debate Remain Mired in Impasse?" *Nano ethics* (2011) 5.

[37] Christian Neuhäuser, *Collective Agency and Cooperation in Natural and Artificial Systems,* Switzerland: Springer International Publishing, 2015.

[38] James McBride, "Robotic Bodies and the Kairos of Humanoid Theologies", *SOPHIA*, 2017.(12).

[40] 李丹 . 人工智能技术能否应用于律师行业？——基于情感、效率和执业监督维度的分析视角 [J]. 东南大学学报 2019, 21(S1).

[41] 陶锋 . 创造性与情感：人工智能美学初探 [J]. 中国图书评论，2018(7).

[42] 雷・库兹韦尔 . 当机器超越人类并拥有了心灵 [J]. 国资报告，2016(10).

[43] 段伟文 . 机器人伦理的进路及其内涵 [J]. 科学与社会，2015(2).

[44] 谭光辉 ."可能情感"的可能性与"数字人文"研究的新动向 [J]. 西南民族大学学报 2018(9).

[45] 徐英瑾 . 心理学对人工智能研究供给不足 [N]. 中国社会科学报，2017-09-19(05).

[46] 王国豫 . 科学与人文 [J]. 中国社会科学报，2020-01-14.

[47] 李侠 . 为什么需要科学文化 [J]. 科学与社会，2019(1).

[48] 赵玉鹏，刘则渊．情感、机器、认知——斯洛曼的人工智能哲学思想探析 [J]. 自然辩证法通讯，2009(2).

[49] 曹东溟．“组合—创生—演化”的技术——打开“技术黑箱”的一个尝试 [J]. 自然辩证法研究，2012(3).

Approach Analysis of “Artificial Emotion” Research

Abstract: Artificial Emotion, as a cutting-edge branch of information science, attempts to realize the recognition, understanding and simulation of human emotion by means of information science, and finally achieve the harmonious and natural “Human-Machine” emotional interaction with people.The “Engineering Tradition” approach clarifies the conceptual framework of emotion theory, emotion calculation, emotion modeling and computable domain, and grasps the development law of artificial emotion from technology itself;the “Humanistic Tradition” approach regulates and guides artificial emotion from the perspective of human-computer interaction ethic, family ethics, religious opposition theory, social threat theory, etc. The final expectation of artificial emotion research is a “Technology and Humanities Integration” approach. By further returning to the concern of human itself, it forms the two-way giving of emotion between human and technology.

Keywords: Artificial Emotion; Engineering Tradition; Humanistic Tradition; Emotional Calculation; Technical Ethics

【作者简介】胡景谱，男，东北大学科学技术哲学研究中心博士研究生、长沙理工大学哲学系助理研究员，研究方向为技术哲学、科技伦理。陈凡，男，东北大学科学技术哲学研究中心教授，研究方向为技术哲学、科技与社会。

《万民法》中的战争与和平：康德、罗尔斯与武力的使用

[英] 佩里·罗伯茨 文　赵　陆 译

【内容摘要】在罗尔斯的《万民法》谈及战争与使用武力之处，他的立场经常被认为与沃尔泽对正义战争理论的重申紧密相连，因为两者似乎都把民族国家及其之间的冲突视为国际体系的基石。另外，康德和平的国家联盟概念向我们展示了一个在其中国际体系发生了转变的没有战争的世界。如果我们着眼于它与康德而非与沃尔泽的共鸣，那么罗尔斯对使用武力的阐释就会得到更好的理解。这种方式有助于我们对罗尔斯的正义战争理论及其国际政治观的核心方面形成更加清晰的认识。

【关键词】康德；约翰·罗尔斯；正义战争理论；和平；干预

对当代正义战争理论的考察往往以迈克尔·沃尔泽为基准。自1977年《正义与非正义战争》[1]出版以来，情况便一直如此。当罗尔斯在《万民法》中探讨国际上使用武力时，他说道："我在这里遵循了迈克尔·沃尔泽的《正义与非正义的战争》……该书令人印象极深，我想，我所说的任何有意义的方面都没有背离此书。"[2](p.95)这足以证明沃尔泽在当代正义战争理论中的中心地位。评论家们也经常赞同罗尔斯的自我评估，例如Maffettone声称"罗尔斯对战争的论述并非特别独创，它在很大程度上依赖于迈克尔·沃尔泽的理论"[3](p.307)①。威廉姆斯

① 其他主张罗尔斯与沃尔泽关于国际上使用武力的解释具有相似性的评论者有Chris Brown，他认为罗尔斯的叙述基本上与迈克尔·沃尔泽的推理一致，参见Brown, Chris, "John Rawls, 'The Law of Peoples', and International Political Theory", *Ethics and International Affairs*, 2000, 14（1）, p.126；Christopher Toner认为"罗尔斯遵循了沃尔泽"，参看Toner, Christopher, "Just War and the Supreme Emergency Exemption", *Philosophical Quarterly*, 2005, 55（221）, pp.545-561；Brian Orend指控罗尔斯效仿沃尔泽，参见Orend, Brian, *The Morality of War*, Peterborough, Ontario: Broadview Press, 2006, pp.545-546。

（Howard Williams）将被他所称作具备黑格尔特性的沃尔泽式的正义战争理论与康德式的替代方案进行了对比，继而得出结论："罗尔斯在康德主义和黑格尔主义之间划出了一条鸿沟。可以说，在正义的战争理论中，他更多地划向了黑格尔式而非康德式的境域。"[4]（p.165）

威廉姆斯把诸如沃尔泽的正义战争理论描述为黑格尔式的，因为它把民族国家作为国际体系的基石，并且它与黑格尔一道对自由国家和平联盟之可能性及其运转持怀疑态度。[5]（p.169）如此一来，这便是承认战争作为外交政策不可避免的手段是国际关系中常规的且持续存在的一部分。[6]（p.143, 165）最后，他认为在进行防御侵略、预判尚未发生的侵略以及在某些情况下对他国的侵略性干预必须进行战争时，个体国家自身完全有能力判断战争的正当理由。在当代的一些正义战争理论中，这已经演变成一种对所有其他国家做出并施加他们对合法武力进行判断的权力（或一组权力）。[7]（p.145, 165）

康德对战争和使用武力的描述与此截然不同，他说，"道德上的实践理性向我们宣告了其不可抗拒的否决：不应当有任何战争"[8]（p.354）①。威廉姆斯将此归结为康德进路的几个特征：第一，它将战争描绘成"人类历史病态的一部分"和"非正常的人类活动"；即使战争的发生是国际法和国际政治不可避免的人类学起点，它也不应被视为不可移易的事实[9]（pp.167, 152, 107）；第二，康德由此摒弃了正义战争理论（也可以解释为他自己没有正义战争理论）；相反，他认为，第三，政治至善乃是永久和平②，甚至对战争中的战时法限制，只有与一种建立永久和平状态的规划相关联时才生发意义[10]（p.167）。第四，康德指出他所偏爱的共和政府模式的一个显著特色是：由于其公民（通过其代表）参与政治决策因而不准许其使用武力从而促进了和平。[11]（p.108）第五，康德的作为自由共和国家的联邦推动了国际政治的全面变革，将国际法转变为一种捍卫和平而不是保留战争可能性的法权体系。[12]（p.168）

在国际使用武力的问题上，不难看出为什么罗尔斯经常被认为是与沃尔泽而不是与康德为伍。正如我们所看到的，罗尔斯在讨论这些问题时认同沃尔泽的

---

① 康德著作的引用卷页参考普鲁士皇家科学院编辑的 Kant's Gesammelte Schriften。下述使用的缩写：MM = The Metaphysics of Morals；TPP= To Perpetual Peace: A Philosophical Sketch。

② Thomas Mertens 似乎同意康德哲学中没有正义战争理论的位置，参看 Mertens, Thomas, "From 'Perpetual Peace' to 'The Law of Peoples': Kant, Habermas and Rawls on International Relations", *Kantian Review*, 2006, 6, pp.61-62；另外，Brian Orend 宣称康德确实主张正义战争论，见 Orend, Brian, "Kant's Ethics of War and Peace", *Journal of Military Ethics*, 2004, 3（2）, pp.161-77。Thomas Hill 认为至少某些方面可以在康德的基础上得到发展，见 Hill, Thomas E. Jr., "Kant and Humanitarian Intervention", Hill, *Virtue, Rules and Justice: Kantian Aspirations*, Oxford: Oxford University Press, 2012。本文并不旨在解决这一争论。

观点。同时我们即将看到，他显然也拥有自己的正义战争理论，这清楚地表明武力在国际政治中可以发挥一些作用。最后，世界主义评论者普遍认为他过于强调国家是国际体系的基础。① 本文将回应这些对罗尔斯关于国际上使用武力的解释的理解，认为如果从康德式的而非沃尔泽式的立场出发，我们就能更好地理解罗尔斯的解释。需要明确的是，本文并不打算提出任何关于康德是否拥有自己的正义战争理论的主张，也无意于提供任何一种新颖的康德式解读。相反，本文的重点是以上述确定的康德式立场之特征来解读罗尔斯，并证明罗尔斯的诸多立场与这些特征存在极为强烈的共鸣。第一部分将简要概述罗尔斯在《万民法》中的观点，指出这些观点与康德对国际和平的理解是一致的。第二部分则以此为基础，说明它如何有助于更好地理解罗尔斯在讨论国际使用武力时所明确采用的中心立场。第三部分引出了罗尔斯立场中其他两个令人困惑的方面，并认为康德与罗尔斯的共鸣可以为揭开这些谜题提供潜在的解决方案。最后，本文的结论是，在考察战争与和平时，罗尔斯与康德的确存在着诸多共性。

一 罗尔斯的“现实乌托邦”愿景

罗尔斯承认他提出的《万民法》主要得益于康德和平联盟（*foedus pacificum*）的观念。[13]（p.86）在一篇未发表的论文中，威廉姆斯令人信服地指出：

> 罗尔斯的理路可由康德式理念来描绘，即和平是战争的范导性原则……罗尔斯的正义战争理论象征着一个过渡的正义原则，从非理想的战争状态过渡到永久和平的理想状态。
>
> 威廉姆斯认为罗尔斯同意康德的判断，即：
>
> 战争是当今国际政治实践中极为令人遗憾的一部分，两者认可我们能够并且应该朝着稳定的和平迈进的关键思想以及在未来现实的乌托邦中，正义战争的过渡原则可以被抛弃。[14]（p.7, 13, 14）

如果退后一步，放眼全局，罗尔斯似乎同意康德的观点，即战争是我们所经历过的国际政治的病理特征，其长期目标是消灭战争。无论我们对罗尔斯区分理想理论和非理想理论的实用性做出何种差异性判断，显然，罗尔斯有意将他对现实乌托邦的描述作为他所谓的理想理论的一部分，这个现实的乌托邦的特色

① 关于对《万民法》中诸多争议问题广泛且极有意义的讨论，参见 Martin, Rex, and David A. Reidy (eds.), *Rawls's Law of Peoples: A Realistic Utopia?* Oxford: Blackwell, 2006。

是：在人民社会（Society of Peoples）当中，人民一道遵循和平的《万民法》原则来规范他们的交往。使我们实际上生活在非理想世界中的原因是罗尔斯所说的“人类历史上巨大的罪恶”——非正义战争与压迫，宗教迫害与对良心自由的否认，饥饿与贫困，种族灭绝与大屠杀以及奴隶制。[15]（pp.6-7, 126）罗尔斯声称这些罪恶源自于政治非正义，一旦“政治非正义的最严重形式可由建立正义的（或者说至少是合宜的）基本制度而排除，到头来这些巨大的罪恶也将消失”[16]（pp.7, 126）。他说：“我诉诸的是这样的世界，在其中巨大的邪恶得以消除，正义（至少是合宜的）基本制度已由尊奉《万民法》为‘现实乌托邦’的自由与合宜人民建立起来……这遵循了康德晚期著作的传统，它表明了这样的社会条件：我们在其中可能合理地期望，所有的自由与合宜人民，都可以作为合格的成员，属于一个合理的人民社会。”[17]（p.126）

罗尔斯辩称，随着时间的推移，自由与合宜（非自由）的社会将（出于善的理由）接受一种《万民法》来规制他们的互动，并使他们之间出现的任何争端能够得到和平解决。为此，我们可以期许这些人将建立类似于联合国理想构想的合作联合体与联盟，罗尔斯将其称为“人民联盟”（以及公平贸易组织和国际合作银行体系）。[18]（p.42）诚然，罗尔斯将这样一个联盟视为其人民概念的核心的证据在于，他清楚地表明在就《万民法》的八项原则达成协议的同时，该联盟的形成准则是源初状态中所商定内容的一部分。[19]（pp.42-43）在无知之幕背后，自由与非自由但合宜的人民都会认可这样一个联盟是必要的。因此，罗尔斯是在勾勒一个人民社会的国际政治理想，其合法条件是根据《万民法》和作为和平人民联盟会的一部分来管理自己。[20]（p.93）在这种有序的国际政治中，没有空间把战争作为一种决策程序，也没有空间把战争作为惩罚、消灭敌人或作为一种教学工具。[21]（pp.8:346-347, 356-357）罗尔斯同样声称，考虑到对民主和平论（组织良好的民主国家在陷入争端时的确能找到以合作代替战争的方案）内蕴的现有最佳证据的评估，该种理想至少是可能的。①[22]（p.44）

显然，我们至今尚未生活在这一理想兑现的世界之中。巨大的恶依然存在，尤其是与非组织良好的社会有关——法外国家、负担不利条件的社会以及仁慈的专制主义——罗尔斯的非理想理论关注的则是指导自由与合宜的政权与这些社会的互动。非理想理论直接处理了非正义的战争、压迫、饥饿和贫困、种族灭绝和大屠杀这些巨大罪恶，在这种情况下，自由和合宜的社会受到命令，必须以促进

① 当然，在罗尔斯现实乌托邦中，并非所有合宜人民都是自由民主国家。下文讨论了将和平理论扩展到合宜但非自由社会的问题。

《万民法》理想的方式行事。也就是，他们应当：

（1）援助那些其制度不能使他们有效消除饥饿与极端贫困的社会。[23]（p.106）

（2）当受到侵略攻击（非正义战争）时，以自卫（或保卫他人）的武力做出回应。[24]（p.91）

（3）潜在地强行干预法外国家以防止大屠杀和种族灭绝。[25]（pp.93-94）

（2）和（3）属于罗尔斯公正地使用武力的方法，并构成他关于正义战争的叙述的一部分（以及在战时状态下发动战争）。这些对非理想世界中不公正现象的回应旨在消除此类政治不公正现象，从而根除它们造成的罪恶。在与非理想国家交往时，组织良好的社会应该以在良好与合法的关系中人民社会的可能性为指导。正如威廉姆斯指出：罗尔斯认为战争只有在从非理想到理想的转变中才是合理的。[26]（p.1）罗尔斯非理想理论的最大希望是建立一个没有法外国家以及无任何负担不利条件的社会的世界。正如康德所主张的，永久和平的一个条件在于“每个国家的公民宪政都应当是共和制的”[27]（p.349），因此罗尔斯认为“当所有社会都能够建成各不相同的自由或合宜体制，万民法的目标也便完全实现”[28]（p.5）。罗尔斯和康德一样，明确地将内部政治秩序问题与外部政治关系问题联系起来——在内部合理地组织起来的国家是一个和平与良序世界的条件（下文将详细说明）。

当然，在纷繁复杂的国际政治和外交政策世界中，无论在什么情况下，何种行动将是进一步实现这一理想的最佳途径并不总是明确的。这不仅仅是从理想的图景之中开出行动药方并运用到非理想世界的问题。我们可能会预料到，在实际决策中的尝试与错误会导致更多的错误与尝试。我们还会预见到，出于嫉妒、骄傲、欲望、权力和地位动机的人在他们的追求中经常采取工具性的行动（即使他们通常用非常不同的语言掩盖这一点）。然而，罗尔斯和康德都认为，在任何时候，我们都应该铭记在《万民法》指导下未来永久和平或和平的人民社会的可能性，该《万民法》塑造了他们之间的互动：有效地设想一个法治的国际秩序，作为我们政治决策和外交政策行动中的范导性理想。[29]（pp.22-23; 354-355）即使我们对实现这一目标或者对向该目标进步的道路并不总是充满信心，情况亦是如此。倘若我们不将此种可能性牢记在心，如果我们是不道德的、无可救药愤世嫉俗的以及自利的，罗尔斯在《万民法》结尾处说“我们可能与康德一并发问：人类是否值得生活在地球上”[30]（p.128）。

因此，在初步的审查中，可以暂时得出结论：罗尔斯的《万民法》，就其与导言中列出的阐述康德的五个特征的共鸣而言，可以得到合理的理解。第一，与康德一样，罗尔斯把战争视为一种需要消除的病理状态，而不是国际政治中不变的事实；因此，第二，尽管他确实持有正义战争理论，但它显然是有限的，使用武力只有在向理想理论过渡时才是合理的；第三，被罗尔斯和康德广泛认同的这一理想是一个以真正和平的人民社会为特征的世界；第四，也像康德一样，实现如此和平世界取决于各国人民的存在，其内部政治得到了合理地组织；第五，为实现向和平世界的过渡而进行的国际政治改革，需要创立一个《万民法》指导下的人民联盟，该万民法以有序、合法的方式规制人民之间的互动。

二 罗尔斯与国际武力的使用

本文的下一步是大致理解罗尔斯的路径，并思考这对我们理解罗尔斯在讨论《万民法》中关于使用和限制武力时他明确采用的立场是否有用，同时，探讨是否允许我们考虑对罗尔斯未明确处理的使用和武力限制方面进行合理展开。有一种观点认为，在几乎每一个方面，我们都可以理解罗尔斯在对禁令做出反应时所采取或可能采取的立场，他这么做是便于始终关注这种对未来和平可能性的范导性理念，以及在原则上可以实现的合法规范的国际秩序的构想。我们还可以注意到他与沃尔泽的立场形成了鲜明的对比。

一是理解组织良好的人民的自卫权。

罗尔斯在《万民法》中明确指出，组织良好的人民（无论是自由的还是合宜但非自由的），皆居于一个非理想的世界中，他们有权保护自己不受恶意攻击。自由人民的这项权利是在保护其公民的基本权利和自由，并保护他们的民主政治体制的需要的基础上享有的。合宜但非自由的人民也享有这种自卫权，因为他们“也有值得捍卫的东西”，即一个尊重和尊重其人民的人权社会，再加上出于共同的正义感而做出的正当的政治安排。[31]（p.92）在这两种情况下，自卫权都认为那种为利益、惩罚或荣誉而进行的不公正的侵略性攻击，是对以有序与合法的方式进行管理的和平世界理念的攻击。这也是对世界上已经存在的组织良好合法体制之典范的攻击。基于上述理由，这种攻击应当被抵制。

二是理解某些国家缺乏自卫权。

罗尔斯否认法外国家（要么具有外部侵略性，要么具有严重的内部压制性或者两者兼具）的自卫权，同时也否认负担不利条件社会（在体制上无法为其成员充分落实人权）的自卫权。[32]（pp.91-92）罗尔斯主要讨论的是法外国家和两种情况，在其中，如果受制于武力，它们可能不会正确地以自己的武力回应。首先，它们可能会受到一个或多个组织良好的社会的自卫战争，以应对这个法外国家自身对它们的侵略攻击；其次，在某些情况下，它们可能会受到组织良好社会的干预，因为在没有进行有力干预的情况下（如制裁），这些国家将继续严重侵犯人权。[33](pp.93-94)无论在哪种情况下，罗尔斯都认为法外国家是无权利为自己辩护的。法外国家要么袭击了人民社会的组织良好的公民们，以至于私自将其公民和其他人一起置于战争之中，要么是作为侵略者对自己的人民非法且系统地侵犯其权利。前者不仅是对组织良好国家的直接攻击，而且是对合法规范的人民社会观念的直接攻击，更是对和平可能性的攻击。后者是对以和平理想为基础的人权的攻击，并可能使许多人丧命。

三是理解使用武力自卫的其他情形。

这一点也解释了为什么罗尔斯认为仁慈的专制社会也有自卫权。[34](p.92)它们可能没有合宜的政治体制那样组织良好，但实际上，它们既尊重自己臣民的人权，又对邻国和平待之。因此，尽管它们组织不当，因此不被视为《万民法》下人民社会的成员，但它们既不会威胁到我们向这样一个和平社会迈进所取得的任何进步，也不会威胁到这样一个社会在未来发展的可能性。

将这一点引申开来，也可以帮助我们思考罗尔斯没有明确提及的武力的使用，例如当一个法外国家去攻击另一个法外国家。现在，尽管两个国家都不是人民社会的一部分，但是组织良好的人民仍然需要考虑如何应对发生的危险，不仅仅是因为危险的不稳定性会蔓延到组织良好的国家。组织良好人民的外交政策，可以受到一个合法国际秩序的希望和可能性指引。在这种秩序中，人权得到普遍尊重，非正义战争和大规模屠杀的罪恶被消除，这种秩序认为如果一个法外国家被另一个法外国家攻击，它是在正当地保护其公民免遭侵略战争，即使它通常不是它公民权利的捍卫者。组织良好的人民可能会采取这种立场，因为侵略战争从来都不是针对和平秩序，而且与人道主义干预的情况不同，武力的目标不限于政权领导人（必要时还包括军队）并且，非法入侵者不太可能遵守针对平民的战争上的限制。如果一个负担不利社会受到法外国家的攻击，也可以得出相同结论。

四是理解自卫权在《万民法》中的根据。

对组织良好的社会来说，考虑其外交政策时要着眼于一个规范的国际秩序的理想，一个国家是否有自卫权还是仅仅意味着自卫本身，这的确很重要。后者是对其行动的描述，而前者是承认该行动的合法性质。依据一项权利而不得不使用武力是非常令人遗憾的，但也许不值得谴责。作为以联盟为特征的人民社会的一部分，组织良好的社会可以呼吁联盟将其行动合法化，并根据《万民法》中的合法规定来验证其合法性。另外，不按照权利使用武力是对国际政治的合法规范这一理念的攻击，因此可能使这些政权的领导人在冲突结束的被起诉为罪犯。

这也反映了一个更广泛的观点，即罗尔斯对自卫权及其基础的描述与沃尔泽的正义战争理论的当代版本有明显的不同。对于沃尔泽来说，“自卫权似乎是任何政治共同体首要的和无可争辩的权利，仅仅因为它存在就可以了”[35](p.82)。对他来说，“当任何一个国家使用武力侵犯……另一个国家的政治主权或领土完整……都构成侵略”和“侵略就是……暴力回应”[36](p.62)，这个概念显然是基于国家的。另一方面，对罗尔斯来说，使用武力自卫的权利并不仅仅基于任何一个国家的存在。相反，“这种权利的基础取决于《万民法》”和“政府的战争权力，无论它们可能是什么，只是在合理的《万民法》的可接受范围内的权利”。[37](p.26)再者，即使是在这个我们所居住的非理想的世界里，武力只有在有秩序的监管下被约束、被《万民法》所认可，并因此与我们心中对合法的国际政治的理想保持一致的情况下，才是合法的。

五是理解《万民法》中的战时法规则。

《万民法》对战争中行为的限制是基于未来和平的理念而明确设计的[38](p.94)，因此包含了对发动战争的传统限制，比如尊重敌方战斗人员的权利，对成本效益分析的地位的限制，以及对蓄意攻击平民的限制。[39](pp.94-97)让我们找出一个蓄意以平民为目标的问题，以便引起更密切的关注。无论是对于沃尔泽还是在罗尔斯，这一禁令都不是绝对的。两者都认为，在“最高紧急状态”的情形下可以放宽限制，实行最高紧急状态豁免，并有意针对平民人口。两人也都认为，在1939年到至少1941年年底期间，英国在遭受攻击时面临着最高紧急状态，因此，1940年轰炸德国城市的行动是合法的。双方都清楚，1945年对德雷斯顿等城市的轰炸和美国对日本投下的原子弹都没有出现这样的紧急情况。

沃尔泽声称，最高紧急豁免必须满足两个标准。第一，危险的紧迫性：对共同体的威胁必须是紧迫的；第二，危险的性质“一定是非同寻常和恐怖的”，以至于威胁到政治共同体本身的存在。[40](pp.252-253)这两个标准都必须得到满足，以使政治领导人处于这样的境地：“他们将做他们必须做的事情来拯救自己的人民”，以及他们可能“为了自己的政治共同体而凌驾于无辜人民的权利之上”[41](p.254)。认识到豁免致使“极端不道德”行为合法化，沃尔泽宣称这样做面临着一个更大的不道德……攻击特定共同体的存在。[42](p.50)因此，当沃尔泽向自己提出这样一个问题：“针对某个国家的特定威胁能否构成最高紧急状态?”他回答说“我倾向于肯定地回答这个问题。”[43](p.254)

罗尔斯对豁免的标准不像沃尔泽那么清楚，但足够清楚的是：

> 最高紧急状态下的豁免是否实行，有赖于特定的环境……直到1941年年底或者1942年，英国对德国的轰炸仍可证明为正当，因为决不能听任德国赢得战争，这里有两个基本理由。第一，纳粹主义在预示着对于文

明生活巨大的道德及政治罪恶。第二，宪政民主的本性和历史及其在欧洲历史上的地位业已处于生死存亡之秋。[44]（p.99）

这里的关键是，无论表述多么不精确，这两种标准都没有提到对任何特定政治共同体的威胁。罗尔斯接着写道：

丘吉尔在法国投降那一日对上院所讲的话绝非夸张，“如果我们[在对抗希特勒时]失败，整个世界包括美国在内……都将沦于新的黑暗时代”。总的来说，就是这种威胁，证明了行使最高紧急状态下的豁免的正当。它不仅为了宪政民主，也为了所有组织良好的社会。[45]（p.99）

这是罗尔斯在《万民法》中讨论最高紧急豁免适用性的唯一一段，其中并没有提到对某一特定共同体的威胁。罗尔斯所讨论的威胁范围要宽泛得多。它是对“文明生活”、对“宪政民主的本质和历史”的威胁，所有组织良好的社会都将援引它。豁免是用来防御对世界良好秩序的威胁，而不是用来防御任何特定的政体，不论其组织良好与否。即使在1940年关于英国的讨论中，沃尔泽明确指出，援引豁免的理由是对英国作为一个独特政治共同体的生存构成威胁的最高紧急状态，而罗尔斯从未将英国的生存本身作为一个问题。我们根本不知道如果一个单一政体没有同时面临对文明生活或世界秩序良好的存在的普遍威胁，那么即使是在灭绝的威胁下，罗尔斯的豁免是否可以被一个单一的政体援引。

在这个问题上花点时间是值得的，以便弄清楚罗尔斯在推进国家中心理论方面还能走多远，即使面临着可怕的威胁。从他文本的表面价值来看，放宽对以其他方式非法地将平民作为目标的禁令，即使对一个面临生存威胁的国家来说也不是正当的反应。这将削弱《万民法》对战时法的限制。只有在未来和平和规范的国际秩序的可能性本身由于世界良好秩序的威胁而处于危险之中时，才能考虑采取这种极端措施。要重申的是，罗尔斯对自卫权（及其限制）的理解不是基于一个国家存在的事实（正如沃尔泽的黑格尔主义所理解的那样），而是基于康德所谓的支配人民联盟的《万民法》的概念。①

总而言之，本节旨在展现罗尔斯在《万民法》中的方案与上述康德立场的

① 有一些证据表明，沃尔泽重新考虑了自己对“中央集权”立场的承诺，而这种立场正是他经常认同的。例如 Walzer, Michael, *Arguing about War*, New Haven: Yale University Press, 2004, pp. 186-189。在其中，他主张超国家的全球多元性以及区域性机构。

中心特征存在共鸣，同时举例说明和解释了罗尔斯所采取的关于使用武力的一些关键的决定性立场。从组织良好的社会和仁慈的专制主义的自卫权，到法外国家缺乏自卫权（在大多数情况下），再到这些自卫权的基础是法律而不是国家的存在，最终到对紧急使用武力的严格限制，如果我们通过承认和平与法治的国际秩序是贯穿于《万民法》当中的核心范导性理念来解释上述问题，我们就会得到更清晰的理解。

三　罗尔斯对有关《万民法》的其他问题拟采取的康德式回应

本文的最后一个实质性部分花费了一些时间来处理罗尔斯《万民法》中两个更加令人费解的问题，并试图再次证明，如果我们更为密切地关注它与康德在一些关键要点上的共鸣，我们便可以进一步理解《万民法》的论证方式。当然，这仅仅是对所要考虑的可能问题的浅尝。然而，之所以选择这两个问题是为了证明一个普遍的观点，即《万民法》与康德思想立场的中心特征产生了共鸣。

一是武力干预的界限——为什么不能干涉所有的非组织良好的社会？

仁慈的专制主义社会在《万民法》中占据着奇怪的位置。尽管它们并非组织良好，但它们依旧享有自卫的权利，因为它们并没有侵略性。虽然它们不会侵犯其主体的基本人权，但它们缺乏使其成员在政治决策中胜任重大角色的欲望或政治机构。[46]（p.4）理想理论中没有仁慈的专制社会的位置，但罗尔斯并没有让它们成为潜在军事干预的对象，比如一些法外国家（或者甚至像负担不利条件的社会那样以援助为中心的干预）。我们已经看到，仁慈的专制主义社会并没有直接威胁到我们当前的和平事业，也没有威胁到范导性理念所载负的和平的可能性，但值得进一步思考的是，为什么下罗尔斯认为在这种情况下使用干预造成政权更迭（或者通过强制民主化）似乎是不合理的。实际上，罗尔斯对干预的限制要比这宽泛得多，因为如果大多数非侵略性法外国家所实施的侵犯人权的行为并不是系统的或者极端的，那么罗尔斯就不会授权此种干预。[47]（pp.93-94）然而，这令人颇为费解。如果诚如罗尔斯所想，《万民法》之下的人民社会的现实乌托邦取决于所有的组织良好的人民，那么为什么他的非理想理论不赞成干预那些所有组织尚未良好的社会？如果在理想理论中没有这些非组织良好社会的一席之地，那么为什么组织良好的人民不应该尽其所能使这些社会变得组织良好呢？

倘若我们求助于与康德的比较，这或许是有益的。康德声称“从国际自然状态向一种稳定的公民状态的过渡不能也不应当经由武力实现”[48]（p.57）。他很清楚，国家的联合会（the congress of states）将会是一个“自愿的联盟”（a voluntary coalition），而非一个在其中某个国家臣服于“他者的权利概念”的联盟。[49](pp.350-351, 356)康德认为，一个现有的合法与和平关系的范例可以对其他国家起到牵引作用，即“一个联盟结合的中心点，其他国家将会自由加入”[50](p.356)。经由此种方式，康德对一个持久的、不断扩大的联盟充满了信心，这一联盟通过尊重其成员的平等地位而防止发生战争[51](pp.356-357)，成员之间以一种文明（正如诉讼一般），而非战争的方式来解决他们的争端。[52](p.51)

考虑到这一点，我们可以认为罗尔斯将武力干预仅仅严格限制在某些法外国家（并非所有国家），并将仁慈的专制主义社会明确地排除在干预范围之外。重申上述问题，为什么不去干预任何一个非组织良好的社会，从而使它们变得组织良好呢？我们需要清楚，即使罗尔斯允许军事干预，武力也不会被用于此目的（强迫其向组织良好的社会过渡）。相反，军事干预只有在制止系统的、极端的和持续的违反人权的绝对必要的情况下才能被允许。罗尔斯提供的唯一一个被认为是正当的武力干预的例子是在一个政权之中，该政权将其下层阶级作为奴隶，并在活人献祭的制度中使用他们。在这种情况下，“捍卫人权的干预是可被接受且值得提倡的”[53](pp.93-4)。需要注意的是，在与这个极端示例不同的所有其他境况下，即在仁慈的专制主义、负担不利条件的社会以及应对手段缺乏武力的“温和的”和“极端的”法外国家之中，罗尔斯认为和平与非军事的影响是最为适当的回应方式。组织良好的社会其外交政策的制定应当建立在和平规劝、鼓励合作、向负担不利条件的社会提供援助以及在困难的情况下实施制裁制度的基础之上。

因此，武力并不是为了实现对《万民法》的承诺而受到得到应允，而是为了制止可怕的侵犯人权行为（或是自卫权）。当然，一旦我们发现自己身处如此境地：为了捍卫人权在万不得已的情况下不得不强行干预一个未被说服的“极端的”法外国家，那么我们很可能有责任去尽量帮助它们建立某种形式的合宜的、组织良好的政权。在进行干预之后，我们将面临合法的战后义务。这很可能是因为人们认识到，“当前的敌人必须被视为未来共享与正义的和平之伙伴”[54](p.101)。然而，政权的更替并不能成为干预的正当理由。

对罗尔斯来说，正如康德一样，对《万民法》的承诺应该在平等者之间自由选择。例如，它以源初状态为模型[55](p.33, 35)，并在《万民法》原则清单中得到承认。[56](p.37)只有这样，人民社会才能展现出互惠与相互尊重的价值观，而这也正是罗尔斯理念的核心。[57](pp.41, 121, 62, 122)武力和恐惧并不是加入人民社会的适当动机。因此，尽管他承认“组织良好的国家惟不宽容法外国家”，并且“在此类情形下，某种干涉总会有自明的根据”，但罗尔斯并没有将军事干预视为这种不容忍的恰当表达。[58](pp.81, 93)相反，他像康德一样声称，组织良好制度的示例所发挥的作用，可能比强迫政权更迭更具说服力。[59](p.62)因此，出于相关理由，罗尔斯拒斥强制民主化这一做法与康德反对强迫共和主义的做法遥相呼应[60](p.356)，尽管他们一致认同扩大民主或共和主义的范围将推进他们的和平世界的理想。

二是为什么要把民主和平理论扩展到合宜社会?

《万民法》的一个主要特征在于罗尔斯对民主和平论（the democratic peace thesis）的接纳，同时有效地宣称它同样适用于合宜但非自由、非民主的社会。然而，以 Moellendorf 为例，他指出“罗尔斯的扩展……以涵盖合宜等级制社会的基础是欠缺的。他没有详述这一基础，而仅仅是规定这种人民是和平的”[61](p.391)。他认为这是因为罗尔斯所赋予民主和平的自明基础（一个“出于满足的和平”版本，在其中由于他们居于一个合理正义并且组织良好的社会，自由人民无从发动战争），并不适用于合宜非自由的社会。罗尔斯认为，一个合理正义且组织良好的社会需要满足五个条件：

（a）公平的机会平等。

（b）收入与财富法合宜分配。

（c）社会作为最后的雇主。

（d）人人皆可享受基本的医疗服务。

（e）公共的选举资金。[62](p.50)

“就宪政民主人民具有从（a）到（e）的特征的程度而言，他们的行动会支持民主和平的观念。”[63](p.51) Moellendorf 指出由于合宜但非自由的社会不符合从（a）到（e）这五个特征，因此，罗尔斯试图容纳他们的这种明显的扩展是没有支撑的。① 然而，无可否认的是，罗尔斯的确认为这种扩展是值得的。回想一下，他认为“当所有社会都能建成自由或合宜体制之时”，《万民法》的和平意图便会“完全实现”[64](p.5)。我们可以注意到，罗尔斯在这里是很明确的。一个自由同合宜但不自由的社会在合作关系中彼此共存的世界，标志着他的理想理论目标的完全实现，这一世界不必被视为仅仅是可接受的，也不必被视为一个走向完全自由世界的过渡状态。然而，尤为令人费解的是，罗尔斯如此明确地规定了民主和平的条件，但他似乎并没有为将民主和平理论扩展到那些至少是不符合这些条件的非民主人民提供一个清晰的解释。

再次回到康德的《永久和平论》有助于我们得出一个更加明确的结论，即除了规定之外，罗尔斯还可能会采取什么措施来支持将和平理论扩展到合宜但非

① Audard 也认为如果这种和平仅仅是民主人民的特征，那么罗尔斯还应准许他们对合宜但非自由人民的民主化干预，参见 Audard, Catherine, “Cultural Imperialism and Democratic Peace”, Rex Martin and David A. Reidy (eds.), *Rawls's Law of Peoples: A Realistic Utopia?* Oxford: Blackwell, 2006, p.66。本文对 Moellendorf 的回应，在某种程度上也是对此种担忧的回应。

自由社会。此刻我不禁想起了共和制政府模式的特征，这也是《永久和平论》的核心。康德将共和国视为和平的主要原因之一是，在某种形式上，“为了决定是否应该进行战争需要获得公民的同意”[65]（p.351）。经由他们的代表，公民将投票反对那些以虚假或工具性为借口而发动的战争，因为他们将承担发动战争所带来的生命与财产成本。非共和制的政府模式皆是专制的，在这种“非共和制体制之下，战争便是世界上最不假思索的事情了”[66]（pp.351-352）。因此，康德永久和平的一个关键是：通过他们的代表，让公民参与政治决策。

让我们回到罗尔斯将和平理论从自由国家（我们假设它满足康德式的公民参与政治的条件）扩展至合宜非自由、非民主但不扩展至诸如仁慈的专制主义社会这一问题上。罗尔斯将和平理论延伸至他所谓的合宜社会而没有更进一步，这一点意义重大。在罗尔斯关于一个合宜社会是如何组织起来这一问题的解释中，他描述了一个合宜协商等级制（a decent consultation hierarchy）观念。这种社会将其成员看作每一个都属于“一个集团，该集团在协商等级制当中由一个团体代表”。

> 在政治决策当中，合宜的协商等级制允许其成员有机会发表不同的见解……人们……在协商程序中有权对某些方面表达政治上的异议，政府有责任认真听取团体的异议……听取不同的意见是必需的也是重要的。[67]（p.72）

民主协商社会和等级协商社会的独特之处在于，在这两种情形中，该体制的一个主要特征是它们建立了一种机制使得公民的观点（通过代表）被纳入政治决策，包括我们所假设的战争问题。这一特征在仁慈的专制主义社会是不存在的，在负担社会以及法外国家亦是如此。也正是这一特征将合宜社会与仁慈的专制主义区分开来，这也可以解释为什么罗尔斯认为和平理论可以合理地扩展到前者而非后者。通过更加密切地关注康德在《永久和平论》当中的观点，我们对罗尔斯在《万民法》中的立场获得了潜在的启迪。当然，许多人反对罗尔斯提议将民主和平的理念扩展到非自由人民。①而处理这些反对意见并非本部分的职责。相反，本节的主要目的在于表明，如果我们牢记罗尔斯在《万民法》中采纳的是广义的康德式理路，那么就可以清楚地看出这种扩展不仅仅是规定性的（正如Moellendorf所想），而且也是基于罗尔斯对康德观点的接纳，即国内政治设计的

---

① 关于诸种反对意见的总结，参见 Audard, Catherine, *John Rawls*, Stocksfield: Acumen, 2007. chap.5。

特征是国家间保持长期和平关系的关键。他坚信所有合宜社会的成员，就像康德的共和国的成员一样，会向他们的政府明确地表明他们对战争的憎恶。

四　结论

本文尝试提供一个新的解读起点，即认真考察罗尔斯在整部《万民法》当中对康德及和平联盟理念（*foedus pacificum*）的持续回归。现在回到我们的出发点，让我们再次总结罗尔斯关于武力使用的解释与引言中对康德立场的阐释之间的明显共鸣。

首先，正如康德将战争视为病态一样，罗尔斯亦是如此。第一，尽管罗尔斯的确持有一个明确的正义战争理论（康德并不持有），然而就像康德一样，罗尔斯的战前法与战时法在非理想情况下对武力的限制在与建立一个和平和规范的国际秩序的理想联系起来时得到了更好的理解。第二，尽管战争具有病态性质，但康德与罗尔斯都认为不应将战争的存在视为不可改变的事实，而且都设想建立一个理想的、无战争的和平世界的可能性。第三，罗尔斯和康德都明确地将国家的内部政治组织与和平对外关系的可能性关联起来。第四，双方还主张通过创建一个和平与组织良好的国家联盟来改革国际政治，将国际政治转变为一种法律之下的调节指令体系。在罗尔斯的例子中，强调了这一点的中心地位，即这样一个联盟的指导方针是在源初状态中与《万民法》的基本原则一起商定的。

其次，罗尔斯和康德之间的这些共鸣使我们能够更清楚地了解罗尔斯对武力解释的核心内容之基础，正如上文第二个实质性部分所简要探讨的那样，以及关于这一解释的两个更加令人费解的方面，这在第三节做了更加全面的探讨。

最后，让我们明确一点。本文认为，在考虑国际使用武力时，罗尔斯是足够康德式的，这足以将他与任何当代正义战争理论家（如沃尔泽）区分开来，后者可能被界定为黑格尔主义者。这一点很明确，因为他拒绝接受战争是国际政治的正常、持续和永久特征。在考虑使用武力时，他也没有把国家置于国际政治的核心。我们看到的最突出的例子是罗尔斯对最高紧急豁免施加的限制（而不是沃尔泽的施加的限制）。回想一下，不同于沃尔泽主张那种对任何单一国家持续存在的威胁构成最高紧急状况，罗尔斯暗示，除非威胁是对世界上更广泛的良序存在的威胁，否则一个国家可能不得不接受自己的毁灭，而不是故意针对敌人的平民。也没有任何国家能够成为自己在什么时候使用武力是正当的这一问题上唯一合法的法官。罗尔斯设想了一个类似于联合国的国际组织，它将向人民社会谴责不公正的机构和明确侵犯人权的案例，同时在严重的情况下，它将实施制裁或组织干预。[68](p.36) 在一个《万民法》之下的人民社会，即使是在非理想的状态中，战争也不再是个别国家的事务。因此，最后，罗尔斯对康德关于自由国家和平联盟可能性的设想没有一丝怀疑。相反，这种可能性正是《万民法》的核心。

参考文献

[1] [35] [36] [40] [41] [43] Walzer, Michael, *Just and Unjust Wars: A Moral Argument with Historical Illustrations*, 4th edn., New York: Basic Books, 2006.

[2] [13] [15] [16] [17] [18] [19] [20] [22] [23] [24] [25] [28] [30] [31] [32] [33] [34] [37] [38] [39] [44] [45][46] [47] [53] [54] [55] [56] [57] [58] [59] [62] [63] [64] [67] [68] Rawls, John, *The Law of Peoples: With "The Idea of Public Reason Revisited*", Cambridge, MA: Harvard University Press, 1999.

[3] Maffettone, Sebastiano, *Rawls: An Introduction*, Cambridge: Polity, 2010.

[4] [5] [6] [7] [9] [10] [11] [12] [48] Williams, Howard, *Kant and the End of War*, Basingstoke: Palgrave, 2012.

[8] [29] [49] [52] Kant, Immanuel, *The Metaphysics of Morals*, Ed., Mary Gregor, Cambridge: Cambridge University Press, 1996.

[14] [26] Williams, Huw (n.d.) *The Path to Universal Peace: John Rawls and the Just War Doctrine.*

[21] [27] [50] [51] [60] [65] [66] Kant, Immanuel, "To Perpetual Peace: A Philosophical Sketch", Ted Humphrey (ed.), *Perpetual Peace and Other Essays on Politics, History and Morals*, Indianapolis: Hackett, 1983.

[42] Walzer, Michael, *Arguing about War*, New Haven: Yale University Press, 2004.

[61] Moellendorf, Darrell, "Just War" Jon Mandle and David A. Reidy (eds.), *A Companion to Rawls*, Oxford: Wiley Blackwell, 2014.

War and Peace in The Law of Peoples: Rawls, Kant and the Use of Force

Abstract: Where Rawls's *The Law of Peoples* addresses war and the use of force then his position has often been identified closely with Walzer's restatement of Just War Theory, as both positions appear to take nation states, and the conflicts between them, to be the bedrock of the international system. On the other hand, Kant's notion of a peaceful federation of states presents us with the notion of a world without war and where the international system is transformed. This article argues that Rawls's account of the use of force is better understood if we read it with an eye to its resonances with Kant rather than with Walzer. Doing so rewards us with a clearer understanding of central aspects of Rawls's account of Just War and vision of international politics.

Keywords: John Rawls; Just War Theory; Peace; Intervention

【作者简介】佩里·罗伯茨（Peri Roberts），英国卡迪夫大学法政学院高级讲师，政治学博士，研究方向为规范性政治理论与全球正义。

【译者简介】赵陆，山东大学哲学系博士研究生，荷兰格罗宁根大学联合培养博士生，研究方向为康德道德与政治哲学。

传统与当代

王船山立制公正论的三层逻辑 *

李长泰

【内容摘要】王船山公正思想体现为制度治理上的公正，即治制公正论。治制公正论从立制公正思想上展开。立制公正论是治制公正论的内容，从明制修纪上切入，实现制度公正的核心思想是通过确立制度的公正而达到制度公正，立制公正体现在确立纲纪、修明制度和制度简公三个方面对制度进行公正修定，立制公正的核心思想是制度的确立在源头上就尽量实现制度周全、健全，实现纲纪、制度、法律都考虑得当，全面合理而达到公正无私、周全俱到和致用长远。立制公正的目的是矫正当政者立制偏私、立制狭隘和立制草率的行为，最终达到社会公正。

【关键词】王船山；立制公正论；逻辑

明末清初大思想家王船山有丰富的公正思想，他的治理制度公正论首先体现在立制的公正思想上，从明制修纪思想上展开，目的是在制度确立制定时就达到制度公正，从源头上达到公正的规范。制度本身的确立必须实现公正：一是必须公正无私，公平公正，因此制度的确立必须尽量没有私心，考虑天下公共利益。制度本身在确立时尽管没有私心，但它可能在主观上没有私意而在客观上却产生了不公平现象，则导致制度不公正，因此制度本身的确立一是必须公正；二是必须尽量考虑周全，实现平治天下而达到公正，因此制度确立达到公正是在源头上实现社会公正，制度公正明确，修明制度纲纪达到公正。说到底，明制修纪的核心思想是立制公正。船山为了说明明制修纪而达到立制公正从三个方面进行解说：立纲修制、制度修明、制度简公。

* 本文系 2019 年国家社科基金后期资助项目“王船山公正思想研究”（19FZXB070）阶段性成果。

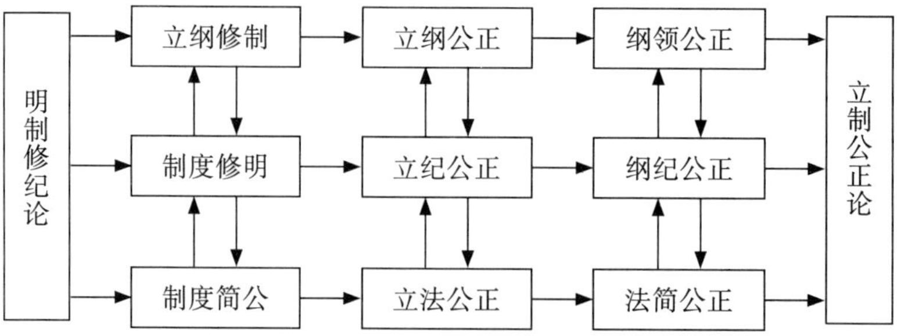

图1　明制修纪公正论三层逻辑图示

从图示可以看出立制公正论是制度公正论的内容，从明制修纪上切入，实现制度公正的核心思想是通过确立制度的公正而达到制度公正，立制公正体现在立纲修制、制度修明和制度简公三个方面对制度进行公正修定，立制公正的核心思想是制度确立在源头上就尽量实现制度周全、健全，实现纲纪、制度、法律都考虑得当，全面合理而达到公正无私、周全俱到和致用长远。立制公正的目的是矫正当政者立制偏私、立制狭隘和立制草率的行为，最终达到社会公正。

一　立纲修制：确立制度纲领的公正

船山的立制公正论首先从大纲公正上展开，即说明制修纪思想首先从立纲修制上入手，达到大纲上的公正无私，从源头上确立公正的思想，源头上公正才能实现制度公正。源头上公正即创立制度上的公正，为了创立制度上的公正可以不急于求成，就是说不匆忙确立制度。正如卢梭说："明智的创造者也并不从制定良好的法律本身着手，而是事先要考察一下，他要为之而立法的那些人民是否适宜于接受那些法律。"[1](p.55)正是基于公正的宗旨和大纲的原因，制度的确立来源于大纲、大经思想，就是说确立制度的宗旨就是公正的，类似于"大道之行，天下为公"的宗旨，以"天下为公"为宗旨立制才能实现具体制度达到公平公正。

本原上，公正必然有末端上走向公正的可能，源头公正必然使干流公正的可能性更大。船山认为制度公正必须建立在制定制度的大纲是公正的，在宗旨上公正才能让制度走向公正。船山的公正论一直论述道上的公正，"道"是公正的，"器"才有公正的可能，这是体用一源、道体器用的逻辑。船山说："言有纲，道有宗；纲宗者，大正者也。故善言道者，言其宗而万殊得；善言治者，言其纲而万目张。循之而可以尽致，推之而可以知通，传之天下后世而莫能擿瑕璺。然而抑必有其立诚者，而后不仅以善言着也。且抑必听言者之知循知推，而见之行事者确也。抑亦必其势不迫，而可以徐引其绪；事不疑，而可以弗患其迷也。如是，则今日言之，今日行之，而效捷于影响。乃天下之尚言也，不如是以言者多矣。疏庸之士，剽窃正论，亦得相冒以自附于君子之言；宗不足以为万殊之宗，纲不足为万目之纲，寻之不得其首，究之不得其尾，泛然而广列之，若可以施行，而莫知其所措。天下有乐道之者，而要为鞶帨之华，亦奚用此喋喋者为哉？”[2]（p.220）

船山直接肯定了大纲、宗旨大正的重要性，“纲”和“道”是言行、治世的根本宗旨，“纲”和“道”正确，由此产生的言行、治国方法才能正确。船山认为“纲”“道”统摄了万物，有了公正的“纲”“道”，则治国就有万全之术。“纲”和“道”是言行、治理的宗旨和依据，有了“纲”“道”的宗旨，其他事情则可以触类旁通。如果“纲”“道”本身不正确，言行、治理的方法则会出现错误，因为错误的宗旨不能统摄万物，错误的大纲也就不能统领万目。从引申意义上说，也就船山也说明了制度的公正来源于大纲、大道的宗旨公正。“夫饬大法、正大经、安上治民、移风易俗，有本焉，有末焉，有质焉，有文焉。立纲修纪，拨乱反正，使人知有上下之辨、吉凶之则者，其本也。缘饰以备其文章，归于允协者，其末也。末者，非一日之积也。文者，非一端之饰也。豫立而不可一日缓者，其本质也。俟时而相因以益者，其末文也。”[3]（p.92）船山认为运用大法、大经治理天下，必须从本原上确立正确的“纲”和“经”，“本”正确，才能实现“末”的治理。因此国家治理必须有公正的纲领，关注本原的公正，才能进入制度的公正。

大纲、大经是正确的，则引导制度走向公正，从国家政体上说就是国家大典等根本政治纲领必须公正。“苟其以立功为心，而不知德在己而不在事与，则功者，有尽之规也。内贼未除，除之而内见清矣；外寇未戢，戢之而外见宁矣；百姓未富，富之而人有其生矣；法制未修，修之而国有其典矣。夫既内无肘腋之奸，外无跳梁之敌，野鲜流亡，而朝有纲纪，则过此以往，复奚事哉？志大而求盈，则贪荒远之功；心满而自得，则偷晏安之乐；所顾者在是，所行者及是，所成者止是，复奚事哉？邪佞进，女宠兴，酣歌恒舞，而曰与民同乐；深居晏起，而曰无为自正”，“智浅者不可使深，志小者不可使大，度量有涯，淫溢必泛，盖必然之势矣。”[4]（p.852）船山的意思是事与功都有其源头，源头公正，则向下流行发用公正。德是事、功的源头，事情的成功在于德性贯穿于其中，国家治理在于法制，而法制的依据是国家的大典，国家大典正确，公正无私，则国家治理顺理成章，事半功倍。因此，“纲”“典”公正，则制度公正。《礼记》说：“夫古者天地顺而四时当，民有德而五谷昌，疾疢不作而无妖祥，此之谓大当。然后圣人作为父子君臣以为纪纲，纪纲既正，天下大定。天下大定，然后正六律，和五声，弦歌诗、颂，此之谓德音。德音之谓乐。”船山训义：“‘大当’，谓天人各得其正。”“‘德音’者，原本至德，被之音以昭其美，即适如其和平之理，与六律五声之自然相协合矣。”[5](p.938)船山从音乐的美学原理说明纲纪公正则天下制度公正，他认为圣人治理天下确立纲纪，纲纪正确，公正无私，以德为先，则天下实现“大定”，天下制度自然公正。音乐美的原因是音中有德，依此类推天下公正的原因是纲纪公正。

船山的制度公正论认为立纲以“大”为宗旨才能达到公正。政治治理必须有大纲为宗旨，治理的大纲是官吏、军队、经济、文化、司法等部门行动的依据，大纲统摄了国家治理的总体纲领，“且夫国家之政，虽填委充积，其实数大端而已：铨选者，治乱之司也；兵戎者，存亡之纽也；钱谷者，国计之本也；赋役者，生民之命也；礼制者，人神之纪也；刑名者，威福之权也。大者举其要，小者宗其详，而莫不系于宗社生民纲纪风俗之大”[6](p.718)。大纲提纲挈领，小节是大纲的具体部署，因此国家纲领公正，具体的制度才能公正。“教训斯民以正其俗者，以为善去恶为大纲，而非示之以礼，则不能随事而授之秩叙，以备乎善也。”[7](p.16)引导民众走向公正，在于确立善的大纲，即为善去恶，礼制等制度来源于善的大纲。因此制度必须依赖于大纲至善，制度公正源自立纲公正。

大纲公正才能实现规矩、制度走向公正。“君子出所学以事主，与激于时事之非而强谏之臣异。以谏为道者，攻时之弊，而不恤矫枉之偏。以学事主者，规之以中正之常经，则可正本以达其义类，而裁成刚柔一偏之病；主即不悟，犹可以保其大纲而不乱。”[8](p.177)君子行为处事有大纲和大经，大纲和大经正确，才能达到大义，才能矫正枉偏，君子的纲领以道为准，即使一时糊涂，但纲领不乱，不会出现大的错误。“治天下之纲纪，非徒以其名也。其实在，其名虽易，纲纪存焉。其实亡，其名存，独争其名，奚益哉？”[9](p.296)只要纲纪在确立时是公正的，制度就是公正的。制度虽然需要改变，但依据大纲而改变，万变不离其宗，天下依然不会混乱。大纲公正则法纪制定可以走向公正，由纲到目，纲举目张，公正无私，“夫法者，本简者也，一部之大纲，数事而已矣，一事之大纲，数条而已矣。析大纲以为细碎之科条，连章屡牍，援彼证此，眩于目而荧于心，则吏之依附以藏匿者，万端诡出而不可致诘”[10](p.633)。大纲虽然至简，但其宗旨明白清楚，章目细碎，但依纲而行，纲正则目正，事行则公正。船山说：“法诚立矣，服其官，任其事，不容废矣。而有过于法之所期者焉，有适如其法之所期者焉，有不及乎法之所期者焉。才之有偏胜也，时之有盈诎也，事之有缓急也，九州之风土各有利病也。等天下而理之，均难易而责之，齐险易丰凶而限之，可为也而惮于为，不可为也而强为涂饰以应上之所求，天下之不乱也几何矣！上之所求于公卿百执郡邑之长者，有其纲也。安民也，裕国也，兴贤而远恶也，固本而待变也，此大纲也。大纲圮而民怨于下，事废于官，虚誉虽胜，莫能掩也。苟有法以授之，人不得以玩而政自举矣。故曰择人而授以法，非立法以课人也。”[11]（pp.397-398）船山的意思是立法就是确立制度，一旦制定下来，不可废除，因此立法必须谨慎，立法在纲领上必须做到公平公正，制度有其适用的条件和时空场所，因此立法必须合宜周全，做到公平公正，因此立法的纲领是以安民为要旨，以立德为先。立法的目的不是惩罚百姓，而是安顿百姓，因此立法的原则是选择有德的人制定法律，而不是以立法来惩罚人作为原则。

船山始终以大纲公正为治理天下的要旨，大纲是以先王的法度为宗旨的，即以道心治心，仁义治世，为政以德，实现天下公正。“故有名分以正其尊卑，有纲纪以正其职业，有井疆以正其田畴，有庠序以正其学术，皆所以正人者也，而不可徒求之民。子既为政矣，取先王先公之法度以自正，为百官万民先。彼既见当时之谨守法纪如此严也，而孰敢诬上行私，以自趋于邪僻乎？正之之道在方策，惟子力行之而已。”[12]（p.710）取先王之法就是指立法公正，为政以德。船山的大纲公正与孟子的以仁道大纲治理天下的思想一致。孟子曰：“爱人不亲，反其仁；治人不治，反其智；礼人不答，反其敬。行有不得者皆反求诸己，其身正而天下归之。”船山训义：“人君有怀集天下之大志，而欲以其身受天下之归，其道有三：仁以正在己之好恶，而为天下之所必依；智以正在己之纲纪，而为天下之所自理；敬以正在己之规范，而为天下之所必尊。”[13]（p.424）天下之所以能够公正是因为仁道大纲是公正的，仁道大纲公正，天下制度的规范则公正无私。

因为大纲公正使制定制度达到公正，所以司法部门必须在制定大纲时考虑周全远大，立纲谨慎平缓，不草率和急于求成。张载说：“有司，政之纲纪也。始为政者，未暇论其贤否，必先正之，求得贤才而后举之。”船山注：“为政者近于有为，急取有司而更易之以快一时之人心，而新进浮薄之士骤用而不习于纲纪，废事滋甚。惟任有司而徐察之，知其贤不肖而后有所取舍，则事之利病，我既习知，人之贤否，无所混匿，此远大之规存乎慎缓也。”[14]（p.267）确立纲纪公正是制度公正的逻辑，司法部门谨慎确立纲纪，确立大纲需要缓慢前进，周全考虑，图谋长远。

综上所述，船山的立制公正论首先从大纲公正上展开，即是说“明制修纪”首先从立纲修制上入手，达到国家大纲、宪章上的公正无私，从源头上明确公正的思想，源头上公正才能实现制度公正。制度的确立来源于大纲、大经思想，即确立制度的宗旨就是公正的。大纲是以先王的法度为宗旨的大纲，司法部门必须在确立大纲时考虑周全远大，立纲谨慎平缓，不草率和不急于求成。

二 制度修明：确立制度纲纪的公正

船山的立制公正论在大纲公正的思想基础上进入制度、纲纪本身的公正思想建构，就是说制度、纲纪本身要求达到公正，制度、纲纪内容的确立要求公正。船山认为在修定制度时，必须以公正原则修明制度、纲纪，实现立制公正。

制度、纲纪的功能主要有两个方面：一是达到统治目的，实现天下一统；二是实现社会公平公正的目的，维护天下安定。这两个方面相辅相成，互为促进，因此制度、纲纪的确立必须以天下安定为目标，达到公平公正才能实现天下一统。船山说明了制度、纲纪制定以统治为目的，“纲纪者，人君之以统天下，元戎之以统群帅，群帅之以统偏裨者也。夫既已使之统，而又以不测之恩威、唯一时之功罪以行赏罚，则虽得其宜，而纲纪先乱。纲纪乱，则将帅无以统偏裨，元戎无以统将帅；失其因仍络贯之条理，而天子且无以统元戎”[15]（pp.467-468）。制度纲纪的首要功能是统治天下，国君、元帅、将领、黎民依次以纲纪进行统领，实现上下统治，天下一统。纲纪非常重要，没有纲纪，统治没有办法实现。制度纲纪的重要功能则是管理官吏，体抚民众，实现天下公平公正，“人君所恃以饬吏治、恤民隐者，法而已矣。法者，天子操之，持宪大臣裁之，分理之牧帅奉若而守之。牧帅听于大臣，大臣听于天子，纲也；天子咨之大臣，大臣任之牧帅，纪也”[16]（p.1028）。制度、法纪的确立可以整治官吏，安定天下民众，既实现统治又使天下平安。因此，制度、纲纪的确立可以使天下走向公正。

船山认为必须有制度、纲纪的制定，民众才能生存，天下才能公正，制度修明必须公正。船山说：“法不可以治天下者也，而至于无法，则民无以有其生，而上无以有其民。故天下之将治也，则先有制法之主，以使民知上有天子、下有吏，而已亦有守以谋其生。其始制法也，不能皆善，后世仍之，且以病民而启乱。然亦当草创之际，或矫枉太甚，或因陋就简，粗立之以俟后起者之裁成。”[17]（p.1154）没有法制，民众无法生存，天下大乱，统治者就没有民众。法制的修定必须尽量达到公正的善，虽然不能尽善尽美，但在修明法制时必须尽量公正，以便后继者继续修明、矫正法制，最终实现公正。“法纪立，人心固，大臣各得其人，则卧赤子于天下之上而可不乱。”[18]（p.398）没有法纪的确立，人心不能稳固，天下不能平安。

制度修明尽量达到公正，需要有根本原则，上下辨明、吉凶明确、公平公正，而不是追求制度本身的文字，“夫饬大法、正大经、安上治民、移风易俗，有本焉，有末焉，有质焉，有文焉。立纲修纪，拨乱反正，使人知有上下之辨、吉凶之则者，其本也。缘饰以备其文章，归于允协者，其末也。末者，非一日之积也。文者，非一端之饰也。豫立而不可一日缓者，其本质也。俟时而相因以益者，其末文也”[19](p.92)。制度修定本身必须明辨是非、吉凶，做到公正无私，修定时尽量矫正原有制度的不宜之处，注重制度本身的实际公正，而不是关注制度的华丽词藻。制度修明在于制度本身给社会带来的实际公正，不是玩弄制度本身的文字游戏，应该是重本轻末。“民未给养而徒修其文，则固无以兴起孝弟而虚设此不情之仪节矣。虽然，文与质相辅以成者也，本与标相扶以茂者也。以天下之未给而不遑修其礼焉，俟之俟之，而终于废坠矣。修其文以感天下之心，抑可即此以自感其心，俯仰磬折之下，顾文而思之，必有以践之，而仁泽之下流，亦将次第而举矣。”[20](p.254)制度的制定修明达到公正需要本末兼顾，文质相宜，制度的公正必须落实到现实的公正之中而不是徒有虚名。船山说：“则分之为郡，分之为县，俾才可长民者皆居民上以尽其才，而治民之纪，亦何为而非天下之公乎？”[21](p.67)纲纪本身必须以天下为公，公正无私，人各得其所，人各得其宜。

修明纲纪之所以能够达到公正，是因为纲纪在修定时充分顾及了社会中人与人的关系，以礼义为调节人际关系的规范，因此纲纪修明后能够实现公正。《礼记》云：“礼义以为纪，以正君臣，以笃父子，以睦兄弟，以和夫妇，以设制度，以立田里。”船山章句说：“‘义’者，礼之质；‘礼’者，义之实也。‘制度’，宫室、车服上下之等。‘田里’，井疆之制也。君臣、父子、兄弟、夫妇、制度、井疆，皆待礼义以行于天下，谋作兵起，强者干犯之而弱者不能自尽，故圣人为修明之。”[22](p.539)古代的制度以礼义为宗旨，制度修明贯穿了礼义，制度必然是公正的。以礼义修明制度，礼义本身就是制度，礼义调节天下各种关系，因此制度达到公正。《礼记》云：“故百姓则君，以自治也；养君，以自安也；事君，以自显也。”船山章句说：“法制明于上而百姓则之，故人皆恃君以寡过，故养君乃以自安，而事君乃能自显。修明于上而下皆则之者，唯礼而已矣。”[23](p.557)船山认为礼制思想宗旨明确，使上下明确彼此关系，因此礼制是公正的制度。

船山将制度的修明作为公正的重要原因，还是因为制度修定时充分参考了原有制度的缺失。“天子进士以图吾国，君子出身以图吾君，岂借朝廷为定流品分清浊之场哉？必将有其事矣。事者，国事也。其本，君德也。其大用，治教政刑也。其急图，边疆也。其施于民者，视其所勤而休养之，视其所废而修明之，拯其天灾，惩其吏虐，以实措之安也。其登进夫士者，养其恬静之心，用其方新之气，拔之衡茅，而相劝以君子之实也。”[24](p.186)制度本身的制定依据国家大本纲领，施用于治教刑政，但有的制度要不断地修定、废弃，使制度本身不断完善，治理官吏，振救民众，实现公正。

船山认为修明制度的官员必须慎重修定制度，不可急于求成或者图一时之快，必须深谋远虑和慎重缓行。张载说："有司，政之纲纪也。始为政者，未暇论其贤否，必先正之，求得贤才而后举之。"船山注："为政者近于有为，急取有司而更易之以快一时之人心，而新进浮薄之士骤用而不习于纲纪，废事滋甚。惟任有司而徐察之，知其贤不肖而后有所取舍，则事之利病，我既习知，人之贤否，无所混匿，此远大之规存乎慎缓也。"[25](p.267)制度以公正为原则，修定时必须取舍得当，慢慢观察研究，周全考虑，不可操之过急，因此制度修明的官员责任重大。"且夫国家之政，虽填委充积，其实数大端而已：铨选者，治乱之司也；兵戎者，存亡之纽也；钱谷者，国计之本也；赋役者，生民之命也；礼制者，人神之纪也；刑名者，威福之权也。大者举其要，小者宗其详，而莫不系于宗社生民纲纪风俗之大。"[26](p.718)制度修明达到公正，方方面面都必须顾及，既有宗旨，又有细节，才能实现公正。"苟其以立功为心，而不知德在己而不在事与，则功者，有尽之规也。内贼未除，除之而内见清矣；外寇未戢，戢之而外见宁矣；百姓未富，富之而人有其生矣；法制未修，修之而国有其典矣。夫既内无肘腋之奸，外无跳梁之敌，野鲜流亡，而朝有纲纪，则过此以往，复奚事哉？志大而求盈，则贪荒远之功；心满而自得，则偷晏安之乐；所顾者在是，所行者及是，所成者止是，复奚事哉？邪佞进，女宠兴，酣歌恒舞，而曰与民同乐；深居晏起，而曰无为自正"，"智浅者不可使深，志小者不可使大，度量有涯，淫溢必泛，盖必然之势矣"[27](p.852)。法制的修明依据国家典章，制度的制定必须平衡内外、贫富、大小，做到全面公正。

制度实现公正不可在修定时只重"法""术"，而必须以天下至善为根本，依据至善的宗旨原则制定制度，则制度的确立能够达到公正。"使天下而可徒以法治而术制焉，裁其车服而风俗即壹，修其文辞而廉耻即敦，削夺诸侯而政即咸统于上，则夏、商法在，而桀、纣又何以亡？"[28](p.104)纯粹依赖法术治理天下，不能实现公正，因为法术本身在制定时脱离了至善的根本原则，术离开道则不公正。"不善之法立，民之习之已久，亦弗获已，壹志以从之矣；损其恶，益之以善，而天下遂宁。唯夫天下方乱而未已，承先代末流之稗政以益趋于下，而尽丧其善者；浸淫相袭，使裤褶刀笔之夫播恶于高位，而无为之裁革者；于是虽有哲后，而难乎其顿改，害即可除，而利不可卒兴。"[29](p.1156)船山的意思是说法制的修定必须以善为根本原则，善的原则是修明制度的根本原则，在立制上达到公正。"有法以立政，无患其疵，当极重难反之政令，移风俗而整饬之以康兆民，岂易言哉！上无其主，则必下有其学。至正之末，刘、宋诸公修明于野，以操旋转之枢，待时而行之，其功岂浅鲜乎？"[30](p.1156)制度制定不是易事，只要从根本原则上入手，制度虽然不能完全实现公正，但已经离公正的事实不远了。

综上所述，船山的立制公正论进入制度修明的公正，制度本身要求达到公正。船山认为在修定制度时，必须以公正原则修明制度和纲纪，实现立制上的公正。首先，必须有制度的明确，民众才能生存，天下才能公正。其次，制度修明尽量达到公正，需要有根本原则，必须以天下至善为根本，上下辨明、吉凶明确、公平公正，而不是追求制度本身的文字。最后，制度在修定时充分顾及人与人之间的关系，以礼义来调节人际关系，达到规范，实现公正调节。最后，制度修明必须慎重，不可急于求成或者图一时之快。

三　制度简公：确立制度法律的公正

船山的立制公正论从立纲公正、立纪公正进入立法公正，立法公正的中心思想是制度简公，达到公正，意思是说制度本身要求达到简而公就可达到公正。船山提出制度简公的思想主要是从法制、法律的视角确立制度公正，说明立法时必须以“简”和“公”为原则，实现法制的公正。

法制是规范社会的强制性和约束性制度，主要针对社会乱象而制定的刑事管制和惩罚的约束性法制，这样的法制具有强制性，因此立法时必须充分顾及法制本身的公正性问题。“肉刑之不可复，易知也。如必曰古先圣王之大法、以止天下之恶，未可泯也；则亦君果至仁，吏果至恕，井田复，封建定，学校兴，礼三王而乐六代，然后复肉刑之辟未晏也。不然，徒取愚贱之小民，折割残毁，以唯吾制是行，而曰古先圣王之大法也；则自欺以诬天下，憯孰甚焉。”[31](p.112)刑罚具有极大的惩罚性和伤害性，一旦实施就不可返回到原来状态，因此立法必须慎重，慎重才能达到公正。同时，刑罚对小民百姓的伤害非常大，不要轻易施行刑罚，因此立法必须公正。

立法需要公正的原因还在于法制在不忍之心上有所不足，它注重术治而不注重心治，“人皆有不忍人之心，而众怒之不可犯，众怨之不可任，亦易喻矣。申、商之言，何为至今而不绝邪？志正义明如诸葛孔明而效其法，学博志广如王介甫而师其意，无他，申、商者，乍劳长逸之术也。无其心而用其术者，孔明也；用其实而讳其名者，介甫也；乃若其不容掩之藏，则李斯发之矣”[32](p.72)。法治以术进行治理而不以心治进行治理，没有将不忍之心贯穿在治理之中，最后不能达到根治邪恶的目的，因此立法时必须慎重，尽量公正。“故秦法之毒民不一矣，而乘六国纷然不定之余，为之开先、以使民知有法，然后汉人宽大之政、可因之以除繁去苛而整齐宇内。五胡荡然蔑纪，宇文氏始立法，继以苏绰之缘饰，唐乃因之为损益，亦犹是也。”[33](p.1154)纯粹以法行政，法制注重“术”，对民众有可能造成很大伤害，因此必须慎重立法，公正立法。

船山认为立法必须全面斟酌，符合公理，既不能损害国家利益，也不能损害普通民众利益，“故立法者，无一成之法，而斟酌以尽理，斯不损于国而无憾于人”[34](p.91)。权衡斟酌是立法的要领和途径。法有弊端，容易顾此失彼，法一旦确立下来，则难更改，“设大辟于此，设薄刑于彼，细极于牛毛，而东西可以相窜。见知故纵，蔓延相逮，而上下相倚以匿奸。闰位之主，窃非分而寐寝不安，藉是以箝天下，而为天下之所箝，固其宜也。受天命，正万邦，德足以威而无疚愧者，勿效尔为也。宽斯严，简斯定。吞舟漏网而不敢再触梁笱，何也？法定于一王，而狱吏无能移也”[35](p.75)。法制是为了统治天下，具体并且有吹毛求疵的特点，一旦确立，不能更改，导致公正受损，因此立法必须谨慎公正。

立法必须公正的原因还在于法制本身不可能包治天下一切事情，法制很有限。“夫法之立也有限，而人之犯也无方。以有限之法，尽无方之慝，是诚有所不能该矣。于是而律外有例，例外有奏准之令，皆求以尽无方之慝，而胜天下之残。于是律之旁出也日增，而犹患其未备。夫先王以有限之法治无方之罪者，岂不审于此哉？以为国之蠹、民之贼、风之俗之蜚蜮，去其甚者，如此律焉足矣，即是可以已天下之乱矣。若意外无方之慝，世不恒有，苟不比于律，亦可姑俟其恶之已稔而后诛，固不忍取同生并育之民，逆亿揣度，刻画其不轨而豫谋操蹙也。律简则刑清，刑清则罪允，罪允则民知畏忌，如是焉足矣。”[36](pp.159-160)法制的针对性有限，而天下事情无限，法制不可包治天下一切事情，而用法制去框定天下一切行为，则不能说是公正的。因此，需要刑律清楚简明，达到天下公正。“天下有定理而无定法。定理者，知人而已矣，安民而已矣，进贤远奸而已矣；无定法者，一兴一废一繁一简之间，因乎时而不可执也。”[37](pp.232-233)船山认为天下有大的定理，清楚明白，但没有确定不变的法制，因此立法必须公正，适时立法，适时变法。船山说：“夫奸吏亦有所畏焉，诃责非所畏也，清察非所畏也，诛杀犹非所畏也，而莫畏于法之简。法简而民之遵之者易见，其违之者亦易见，上之察之也亦易矣。即有疏漏，可容侵罔者，亦纤微耳，不足为国民之大害也。唯制法者，以其偶至之聪明，察丝忽之利病，而求其允协，则吏益争以繁密诘曲炫其慎而害其奸。虽有明察之上官，且为所惑蔽，而昏窳者勿论矣。夫法者，本简者也，一部之大纲，数事而已矣，一事之大纲，数条而已矣。析大纲以为细碎之科条，连章屡牍，援彼证此，眩于目而荧于心，则吏之依附以藏匿者，万端诡出而不可致诘。惟简也，划然立不可乱之法于此，则奸与无奸，如白黑之粲然。民易守也，官易察也，无所用其授受之密传；而远郊农圃之子，苟知书数，皆可抱案以事官。”[38](p.633)立法必须简明，简明则公正无私。法制简明民众则容易遵守，违法也容易看见，监察也容易，公正明了。立法以简为本，注重法制大纲，则是非清楚明了，黑白分明，善恶彰显。立法以简，排除繁杂，则公正无私。“夫曰宽、曰不忍、曰哀矜，皆帝王用法之精意，然疑于纵弛藏奸而不可专用。以要言之，唯简其至矣乎！八口之家不简，则妇子喧争；十姓之闾不简，则胥役旁午；君天下，子万民，而与臣民治勃溪之怨，其亦陋矣。简者，宽仁之本也；敬以行简，居正之原也。敬者，君子之自治，不以微疵累大德；简者，临民之上理，不以苛细起纷争。礼天下于庶人，不可以君子之修，论小人之刑辟；刑不上大夫，不可以胥隶之禁，责君子以逡巡。早塞其严刻之源，在创法者之善为斟酌而已。”[39]（p.828）法制简明之所以能够公正，是因为简则有仁义，有仁义则有公正，因为“简”则没有具体细碎的限制，具体细碎的科条不一定适用所有的情况和所有的人，以千篇一律的科条对所有的人施用则违反了公正。不同的情况有不同的处理法制，千篇一律，则对人不公正。立法简明之所以公正是因为贯穿了仁义宗旨，“夫立法之简者，唯明君哲相察民力之所堪，与国计之必畜，早有以会其总于上；而瓜分缕别，举有司之所待用者，统受于司农；以天下之富，自足以给天下之需，而不使群司分索于郡县，则简之道得矣。政已敝，民已疲，乃取非常之法，不恤其本，而横亘以立制。其定也，乃以乱也；其简也，乃以繁也；民咸死于苟且便利之一心，奚取于简哉？”[40]（p.901）立法简明实现公正在于顾及了民众的疾苦，使民众以简守法，不受层层官吏盘剥压制，实现社会公正。“政莫善于简，简则易从。抑唯上不惮其详，而后下可简也。始之立法者，悉取上下相需、大小常变之条绪而详之，乃以定为画一，而示民以简，则允易从。若其后法敝而上令无恒，民以大困，乃苟且以救一时之弊，舍其本，而即其末流之弊政，约略而简之，苟且之政，上与民亦暂便之矣。上利其取给之能捷，下利其期会之有定，稍以戢墨吏、猾胥、豪民之假借，民虽殚力以应，而亦幸免于纷扰。于是天下翕然奉之，而创法者遂者自谓立法之善，又恶知后之泛滥而愈趋于苛刻哉！”[41]（pp.899-900）立法以简明为准则，官吏则容易执法，民众容易遵从。法制简明，民众容易遵从，民众只要明白大纲原则，就知道如何行动，民众不需要非常清楚法制中烦琐的条文。法制简明，官吏执法便捷，行政简易而公正。立法简明，对后面的法制变更也带来便利。法制简明，民众则能够养成廉耻之心，治理效果更好。“求之己者，其道恒简；求之人者，其道恒烦。烦者，政之所由紊，刑之所由密，而后世儒者恒挟此以为治术，不亦伤乎！子曰：‘道之以政，齐之以刑。’政刑烦而民之耻心荡然，故曰不谓之凉德也不能。”[42]（p.24）法制简明体现了为政以德的原则，公正无私；法制烦琐体现了以刑行政的原则，伤害民众，对民众不公正。要实现社会公正，尽量少立法，法制太多则不能实现公正，暴政产生的原因在于法制过多，法制多则钳制百姓，而官吏随意妄为，天下不公正。

“盖其为救时之善术者，去苛虐之政，而未别立一法，故善也。其因陋就简而生弊者，则皆制一法以饰前法，故弊也。法之不足以治天下，不徒在此，而若此者为尤。虽然，以视荡然无法之天下，则已异矣。君犹知有民而思治之，则虽不中而不远；民犹知有法而遵之，则虽蒙其害而相习以安。”[43]（p.1155）善政则少立法，法制太多则产生弊端。

综上所述，船山的立制公正论强调立法公正，中心思想是制度简公，达到公正。制度简公确立制度公正，说明立法时必须以“简”和“公”为原则，实现立制的公正。法制具有强制性，一旦法制制定和施行则具有很大的伤害性，因此立法时必须充分顾及法制本身的公正性问题。立法公正的原因在于法制在不忍之心上有所不足，法制本身不可能包治天下一切事情。立法必须简明，简明则公正无私。立法以简明为准则，官吏容易执法，民众容易遵从。要实现社会公正，尽量少立法。

四　结语

船山公正思想在制度确立上力求达到源头上的公正，意思是在源头上实现社会公正。制度公正明确，修明制度纲纪达到公正。说到底，明制修纪的核心思想是立制公正。船山从三个方面进行解说立制公正：立纲修制、制度修明、制度简公。船山立制公正思想注重制度公正，确立制度要考虑到对民众百姓的公正，在纲领上就要达到公正，在制度修定的过程中达到公正和制度能够让百姓容易遵从。船山的立制公正思想符合中国传统经典中的公平正义思想，重视以民为本，其公正思想返回到古代经学要义，但又开启新的以人为本的思想要义。船山立制公正思想不纯粹注重道德意义的自律公正，而主张通过制度的确立和修明达到他律约束规范意义上的公正。船山立制公正思想既是道德伦理学意义上的公正，又是制度伦理意义上的公正，还是法制保障意义上的开启，对当代公正社会的建构具有道德伦理、制度伦理和法制规范上的启迪价值。

参考文献

[1] 卢梭 . 社会契约论 [M]. 北京：商务印书馆，2003 年 .

[2][24][42] 王夫之 . 宋论 [M]// 船山全书（第十一册）. 长沙：岳麓书社，2011.

[3][4][6][8][9][10][11][15][16][17][18][19][20][21][26][27][28][29][30][31][32][33][34][35][36][37][38][39][40][41][43] 王夫之 . 读通鉴论 [M]// 船山全书

（第十册）．长沙：岳麓书社，2011.

[5][7][22][23] 王夫之．礼记章句 [M]// 船山全书（第四册）．长沙：岳麓书社，2011.

[12] 王夫之．四书训义 [M]// 船山全书（第七册）．长沙：岳麓书社，2011.

[13] 王夫之．四书训义 [M]// 船山全书（第八册）．长沙：岳麓书社，2011.

[14][25] 王夫之．张子正蒙注 [M]// 船山全书》（第四册）．长沙：岳麓书社，2011.

Three layer logic of Wang Chuanshan's theory of Justice

Abstract: Wang Chuanshan's justice thought is embodied in the justice of institutional governance, that is, the justice of governance.The theory of governance justice starts from the idea of system making justice. The theory of justice in institution making is the content of the theory of justice in institution. The core idea of realizing the justice in institution making is to achieve the justice in institution by establishing the justice in institution. The justice in institution making is reflected in three aspects: establishing the principle of discipline, perfecting the institution and simplifying the institution. The core idea of justice in institution making is to establish the institution as far as possible from the source. This system is expected to be comprehensive and sound, and the principles, systems and laws are also properly considered, comprehensive and reasonable, so as to achieve impartiality, comprehensiveness and long-term application. The purpose of establishing system justice is to correct the partiality, narrowness and rashness of the government, so as to achieve social justice.

Keywords: Wang Chuanshan; The justice of system making; Logic

【作者简介】李长泰，湖北大悟人，重庆师范大学马克思主义学院教授，中国哲学博士，主要从事中国哲学、中国传统伦理与中国传统文化研究。

庄子“物”论析解 *

王敏光

【内容摘要】在庄子“物”论思想系统中，“道”充盈内化在个体生命之中，进而庄子在平等审视“物”“我”基础上，凸显了自身“物”论思想的特征。庄子“道”论突出之处，在于赋予个体更多展示自我品格与特征的主动性。“人”只是万物之一，同为有限之物，与其他物处于平等、同一序列之中。庄子论“物”多与“道”“人”关联在一起阐发，庄子通过对“物”的论述，展现了其对宇宙与人生、个体与群体等的一系列看法，凸显了庄子“物”论思想视野中“我”“物”“道”之间的区分与关联。

【关键词】庄子；物；我；平等

在庄子①“物”论思想系统中，大道不仅无处不在，且时时充盈内化在个体生命之中，这体现在实然与应然两个维度之中。庄子“物”论视野中的“我”是纯白的、单一的精神个体。庄子的“物”论思想探究的重点之一是“我”作为精神个体在纷繁复杂的当世，应如何生存的问题。在此基础上启示我们，当“我”面对外在之物，诸如名利、财货、权力的诱惑时，“我”当怡然逍遥于天地之间，顺势而为，游于世间，“物”“我”方能和谐相处于人世间。

一 庄子观“道”视角的转变

在庄子看来，天下之所以出现“道术将为天下裂”的境况，原因在于天下

---

* 本文系河南省高等学校哲学社会科学研究优秀学者资助项目（2018-YXXZ-11）和教育部规划基金项目“立美育德：当代高校立德树人路径研究”（19YJA710021）的阶段性成果。

① 对于庄子及其思想的定位，从思想义理、传世文献与出土材料等方面思量，笔者认为庄子应为战国时期人，《庄子》内、外、杂三篇均体现了庄子思想，《庄子》中庄子的言说视为庄子思想的反映。

方术虽多，而“皆以其有为不可加矣”，各家站在各自学说立场上，视其他各家之说皆是秕糠，皆以为自家理论主张达到了无以复加的地步，以致各家纷争不休，其实皆“不该不遍，一曲之士也”，为避免这种情形的出现唯有以超然态度视之，以大道观之。因此，“道”是庄子哲学中根基性的概念，庄子论“道”虽承老子“道”论而来，但与老子“道”论在论述视角等方面却有着差别。故老庄以“道”观“物”、察“人”同中有异。从价值层面来看，以“道”视之，则“人”与“物”无异，庄子平等审视“物”“我”的基础上，凸显了自身“物”论思想的特征。

在老子思想体系中，老子所描述的大道既有本源、本体的“道”[1]（p.28）[2]（p.23），又有生成论层面的“道”，有时两个方面又交织在一起，如老子曰：“道冲而用之或不盈，渊兮似万物之宗。挫其锐，解其纷，和其光，同其尘。湛兮似或存，吾不知谁之子，象帝之先。”[3]（p.10）这里老子通过对大道创造力的阐发，不但打破了神造宇宙之说，而且凸显了大道在宇宙中的本源地位及大道生生不息的创生力。再如《老子》第四十二章：“道生一，一生二，二生三，三生万物。万物负阴而抱阳，冲气以为和。”[3]（p.117）此是老子思想中最为典型的宇宙生成论描述，这与《老子》第一章、第十四章等章节形成呼应，立体展现了老子对大道的总体看法，从哲学高度在形上层面展示了大道的内涵，以后道家论“道”无不受此启发。

而庄子之论“道”不但实现了转向，而且丰富了道家“道”论的内涵。庄子对大道[4]（pp.376-377）的阐述，较之老子更为细化、深入。庄子对“道”的界定，最为明晰之处为：“夫道，有情有信，无为无形；可传而不可受，可得而不可见；自本自根，未有天地，自古以固存；神鬼神帝，生天生地；在太极之先而不为高，在六极之下而不为深，先天地生而不为久，长于上古而不为老。”[5]（pp.246-247）把庄子此段论述与《老子》第一章相比较而言，庄子的“道”论有以下特征。首先，更加凸显了“道”的真实存在性，凸显大道有情有信。在老子思想体系中大道超越语言，语言所能把握到的永远只能是“道”的一端，庄子认为“人”的语言固然无法言明“道”的全貌，但得道之人能够通过自我精神的直觉体悟及自身的心灵体认，以达到与“道”合一的境界。可见，庄子更重视精神个体在生命体验过程中，在精神领域对大道透悟境界；其次，在庄子“物”论视域中，大道具有自生、先在、恒常、普遍的特点，大道自本自根，无始无终，是“天地”“鬼神”及万物的本源，较之老子所论的“道”，庄子所论的“道”与万物的关系更为密切。“道”无时无刻不内化在个体之中，庄子面对东郭子的诘难，他认为“道”在蝼蚁、稊稗、瓦甓，直至言及“道”在为常人所不齿的屎尿之中，庄子这种观“道”思维的转变，表明大道的无处不在，拉近了大道与万物的距离。正如庄子对东郭子所问的评述所言："夫子之问也，固不及质。正获之问于监市履希也，每下愈况。汝唯莫必，无乎逃物。至道若是，大言亦然。周遍咸三者，异名同实，其指一也。"[5](p.750)对此，成玄英疏解为"周悉普遍，咸皆有道。此重明至道不逃于物。虽有三名之异，其实理旨归则同一也"[6](p.429)。庄子所论的"道"，不再侧重描述大道如何具体落实到万物的过程，而是直接阐发大道与万物的密切关联，万物来源于大道，大道内化于万物之中，在实然与应然状态中，万物均与"道"为一。

庄子为什么对"道"的阐释作如此改变呢？原因在于庄子意识到从生成论视角叩击世界的来源，面临着一个被无限追问的潜在危险存在，正如庄子所描述的情形："有始也者，有未始有始也者，有未始有夫未始有始也者。有有也者，有无也者，有未始有无也者，有未始有夫未始有无也者。俄而有无矣，而未知有无之果孰有孰无也。今我则已有谓矣，而未知吾所谓之其果有谓乎，其果无谓乎？"[5](p.79)此段论述显然受到老子"有""无"论的影响，老子论"有"与"无"[2](pp.226-227)有两个方面内涵：一是"有""无"是一对相对的概念；二是老子针对当时世人对"有"的过分强调，而忽视了"无"的功能与作用，因此老子有意在凸显"无"一面，但并没明确指出"无"在生成论意义上高于"有"。郭象认为对庄子此段论述注解以齐物为主旨，认为庄子对"有""无"之论①的反复辩难落实点在于世俗之中各派自是而非彼，作无穷、无谓的争辩。庄子截断众流，主张依"道"观之，则无"是非""有无"的执着，郭象认为庄子此论重在破各派的"成心"，此解固然合乎庄子齐同"物"论之义，但犹不能尽庄子之意。针对此，今人陈启天认为："吾人思及天地之原始时，已撤销物我之对立。若追溯至天地之原始以前及其更前，则意境益无限，尚可有是非可言哉！"[7](p.81)此解认为之所以有"是非"之辨，在于各派采取"物""我"对立的方式看待自我与世界，然殊不知在天地、万物之始，大道处，何尝有什么是非之言。庄子通过此，意在警示世人"是非""贵贱"只是相对而言，作无穷辩难及追问，只能徒增垒壁而已，莫如抛却"是非"之争，在意境上与"道"合一。

从以上前贤所论的启发中，笔者认为庄子关于"有""无"的论述，当蕴含着庄子对发生论问题的一个超越，先秦诸子争论不休的原因不仅在于有是非的"成心"存在，而且体现了各派对自身学说能否立于世的一种终极追问。在庄子

① 对于庄子"有""无"论的解读，分为两种倾向：一是以郭象、成玄英、宣颖、郭庆藩等为代表，认为庄子在此是以大道齐众论；另一种意见主要以今人为代表，以陈启天、蒋锡昌、陈鼓应、方勇等为代表，他们受西方逻辑思维启发，主张庄子通过对生成论无穷追问的超越，来实现对物、我，是非对立的超越。笔者认为其实这两种意见并不冲突，这是在不同时代背景下，诠释庄子思想的视角不同，两种意见当可以融合视之。

看来，万物在产生与变化过程中变得日益复杂与多样，以各自个体视角视之，万物之间的千差万别是客观存在的，各派方家从自身一曲出发，逐于物欲之中，被自身之论遮蔽而不反。庄子在进一步思考中认为对万物之间的差异性应给予这样的合理认识，一是宇宙间没有绝对合理的论说之词，任何言说只能是一隅之论；二是任何派别均应站在大道立场上，以“道”观其他，则自然不会产生无谓的争论，不会产生偏执之心。总之，相对于老子的“道”论，庄子“道”论突出之处在于赋予万物对大道境界与品格的不断体悟。

二 庄子对“人”的重新审视——庄子的“物”“我”平等观

老子在看待“人”这一自我个体上，采取的态度是首先树立“人”在宇宙中的地位，然老子树立“人”的地位并非处处以“人”为中心，而是站在“道”的立场上，采取“自然”与“无为”方式，注重“人”与万物生命的自化，如：“天地不仁，以万物为刍狗；圣人不仁，以百姓为刍狗。”[3]（pp.13-14）大道对万物无任何偏爱，万物依顺自然，依“道”而化，秉承大道的“圣人”在治理国家过程中，对待百姓亦复如是。庄子不但拓宽了个体所包含的内涵，而且突出了个体间的平等意识，以及精神个体自由的探究放在了较为首要位置。

在《庄子》书中单独对“人”的论述有数百处之多。对于“人”，庄子认为在其形体上并没有特异之处，只不过是大道造化过程中，自然形成之而已。对此，庄子曰：“今一犯人之形，而曰：‘人耳人耳’，夫造化者必以为不祥之人。今一以天地为大炉，以造化为大冶，恶乎往而不可哉！”[5]（p.262）庄子认为“人”成之为人形，“金”被锻造成何种物件，乃是大道在大化流行中自成之，并非曲意为之，从禀赋大道而自成形体这一点上来看，“人”与“物”没有任何区别，均是大道自然流行过程中自化而成。郭象对此有着精辟解说：“人耳人耳，唯愿为人也。亦犹金之踊跃，世皆知金之不祥，而不能任其自化。夫变化之道，靡所不遇，今一遇人形，岂故为哉？生非故为，时自生耳。务而有之，不亦妄乎！”[6]（263）郭氏的注解首先突出了“独化论”解庄的基调，强调“人”与金均是“自生”，此“自生”是指独化过程中一个环节，但并非故为、妄为，而是“人”与“金”在大化过程中的自然流布，通过“人”与“金”从道禀赋形体而言，可见庄子中并没对“人”给予特殊看待，意在警示“人”自可不必把自身看作高于其他物，在大道面前，无任何异类，均是自然生成物而已。

庄子进一步认为，即使“人”在大化中获得了形体，也不是值得刻意欢喜雀跃之事。对此，庄子曰：“特犯人之形而犹喜之。若人之形者，万化而未始有极也，其为乐可胜计邪！”[5]（p.243-244）如果万物与“人”一样均站在各自视角上抬高自我，则万物各自视自者为高，而视他者为低，这在庄子看来，自是另一种形式的争论，永远没有休止之日。正如宋代吕惠卿所言："夫天下者，万物之所一也。而人者，万物之一耳。特犯人之形而犹喜之，苟得其所一，则若人之形者，固万化而而未始有极也，其为喜固可胜计邪！"[8](p.128)此解表达了在庄子"物"论思想中"人"虽然是有意识的精神个体，但在价值上不应当高于其他物，从这个视角上来看，"人"只是万物的一员而已，同是有限之物，只能凭借自身一己的视角认识道相对、有限、片面的世界，"人"与其他物应处于平等、同一序列之中。可见，在庄子"物"论思想系统中，任何生命体均具有自身特点及特殊价值[9](pp.254-255)，而世间是非之争，无端之乱，皆源于不同个体站在自我立场上自视己高，而贬低他者的价值，与之形成鲜明对比的大道以万物为刍狗，对万物自化成为何，以无心应之而已。

三　庄子"物"论的多向度内涵

《说文解字》说："物，万物也。牛为大物，天地之数，起于牵牛，故从牛勿声。"《左传·桓公六年》有："是其生也，与吾同物。"《注》云："物，类也。"《国语·周语》曰："昭明物则以训之。"韦《注》说："物，事也；则，法也。"可见，在春秋末期以前，人们对"物"的认识多是停留在经验层面，体现为对存在于个体自身周围具体事物的把握上。

先秦道家对"物"的论述较为丰富，往往把"物"放在与"人"对等位置加以看待，并通过对"物"的阐发以认识宇宙、映照人生与社会。老子对"物"的论述，共计三十六处之多，其表现形式为"物""万物""有物""无物""救物""弃物""奇物"等，从老子对"物"的描述来看，"物"在老子思想体系中，是指生命现象的一种体现形式，一切从大道而来的生命体，均可称为"物"。在老子思想中，较能体现"物"与"道"间的关系[10](pp.55-57)莫如老子所言："致虚极，守静笃，万物并作，吾以观复。夫物芸芸，各复归其根。"[3](pp.35-36)这里指出万物是"道"落实到现实中的体现，万物虽然远离了大道，但在老子看来，由于"人"与万物均来源于大道，故最终要回归于大道。可见，在老子哲学中，"人"与万物虽然均来自大道，但"人"是域中四大之一，较之其他物，"人"作为一个有灵性的个体，自是老子重点关怀的对象，万物只是老子阐发其政治哲学、人生哲学的介质。庄子对"物"的深刻阐发，受到了老子"物"论的影响。在《庄子》书中对"物"的阐释较为丰富[11](p.246)，且多集中在与"道""人"关联在一起阐发，通过对"物"的论述，展现了庄子对宇宙与人生、个体与群体的一系列看法。

“物”在庄子思想体系中，至少有以下四个层次的区分。第一层含义，“物”是指一般意义上的生命体，依此来说明宇宙中物的复杂与多样，如庄子曰：“野马也，尘埃也，生物之以息相吹也。”[5](p.4)这里的生物显是指宇宙中有生命气息的生命体，息是指“物”的气息[12](p.7)，释德清对此释为“生物以息相吹，言世之禽鸟虫物以息相吹，谓气息之微也”[13](p.4)。有物即有气显示庄子对“气”的重视。《老子》书中有三处谈到“气”，为：“专气致柔”“冲气以为和”“心使气曰强”，“气”在老子思想中主要是指“道”与“物”生存的一种状态，这种状态是模糊的、隐含的，可见老子对“气”没有充分展开。而在庄子思想中，“气”概念被逐步清晰化与显题化，且被赋予了丰富内涵。“气”在庄子思想中成为“道”与“物”之间的一个关联环节，是展示“道”化生万物的丰富性体现。再如所言：“夫至德之世，同与禽兽居，族与万物并。”[5](p.336)至德之世“人”“物”呈现两忘的情形与境界，“人”与“物”之间有无差别，关键在于看者的视角与心态。

庄子认为身处俗世之中，“我”一旦受俗世之中种种利欲缠绕，给身心将造成种种伤害，对其他个体以及群体也造成了危害。因此庄子所论“物”的第二层含义是指外在于自我的“是非”“功名”“利禄”等。如庄子曰：“自三代以下者，天下莫不以物易其性矣。小人则以身殉利，士则以身殉名，大夫则以身殉家，圣人则以身殉天下。故此数子者，事业不同，名声异号，其于伤性以身为殉，一也。”[5](p.323)此段论述包含着庄子对以儒家为主导的“仁”“义”之说被异化后，给“我”及群体带来危害的批判。对于“仁”“义”本身，庄子与老子一致并没有给予否定与批判，他批判的是由于世人对“仁”与“义”的过度追求，以致被“仁”“义”所异化，变成禁锢自我身心的一种负担，进而失去了自我本性，出现了“天下莫不以物易其性”的惨烈景象。可见，在这里庄子所言的“物”，是指与“我”本性相背离，给自我个体身心带来负担的“利”“名”等外在的累赘。即使是为家、为天下的群体关怀，在庄子看来，一旦被“名”“利”所束缚，无疑是既损自我之身心，又对群体造成了莫大损害，这才是天下大乱的根源。与此论相应之处还有“无物累”“丧己于物”“多危身弃生以殉物”等，庄子通过外在之“物”的反复批判，意在彰显“人”在人类文明进程中被异化之后所带来的一系列负面效应，“人”应当在自化过程中实现自身的价值，庄子通过对此层次“物”论意义的阐发，一是显示了庄子对“我”生命的重视；二是“我”及人类在历史进程中对外在事物应持不断反思的态度。

庄子在使用“物”这一概念时，不可否认确实存在着模糊、界限不太分明的情形，这就是庄子在论述万物时，往往把“人”与“物”融合在一起使用，意在突出在价值上对“人”与“物”等而视之的思想倾向。因而，庄子的“物”论，第三层含义意指包含“人”在内的万物，这在庄子思想中不时地加以体现，如庄子所言：“物无非彼，物无非是。自彼则不见，自知则知之。”[5](p.66)庄子“齐物论”中所指的“物”当是指包含“人”在内的万物，现实世界中万物由大道而来，均是一有限存在，“物”从自身出发，观其他“物”时，自是有着千差万别，尤其是有着精神与智慧的“人”，在看待自我与其他物时，由于受种种限制极易产生是非之论。“我”与“物”在同一宇宙中，如何看待“人”与万物，以及自我在审视与万物过程中所产生的是非之论，均是庄子所关心的问题。以“道”观物可“齐物”，然“齐物”是齐“物论”的基础，原因在于“物论是可以逃避的，物却是无法逃避的”[14](p.74)，要消解无休止的“物”论之争，根源在于“物”，自然“物”中有“我”存在。再如庄子曰：“物固有所然，物固有所可。无物不然，无物不可。”[5](p.69)“我”与“物”皆从大道而来，自然而成为此与彼，站在各自视野上来看他物，差异自然而生，但以大道观点来看，“我”与“物”又通为一。在庄子思想中，有时“物”又单指“精神个体”，曰：“物无道，正容以悟之，使人之意也消。”[5](p.702)“人”能以清虚之心正己，“人”的是非之心自能消失。总之，庄子在特定语境中，以万物包含自我，指称“人”，并非是混淆“人”与“物”，抑或着意区分“人”与“物”，而是意在“人”与“物”关联之境中，使“人”以“虚”“静”之心看待“我”与万物。

从价值论域来看，庄子主张“人”与万物平等，但在现实世俗世界中，庄子对“我”与“物”的差异有所论述，在于防止自我沉溺于物欲之中，防止自我沦为“物”的工具，但即便如此，庄子也并非主张“我”对“物”有主导、役使之势[15](pp.21-22)。因此，在庄子思想中，“物”第四层含义是指“物物者”，此“物物者”意指“道”与“造化者”，如：“明乎物物者之非物也，岂独治天下百姓而已哉！出入六合，游乎九州，独往独来，是谓独有。独有之人，是谓至贵。”[5](p.394)

此以治理天下为切入点，言之世俗之治天下，是以一己的意志强加于他者，即使一时得用天下，然实是丧国之行，违背“自然”之义。对于“物物者”，宣颖释解为“不见有物，则超然物外”，故“物物者”并非是指统治者对他者的统治，而是指大道这一造化者对“我”与万物的超越，大道超然物外，依此来看，有大物乃是大患，依“无为”来治天下，则无往而无不为。“物物者”为大道，大道虽超然物外，但大道又内在于万物之中，“道”“物”无间是庄子看待“物物者”与“物”的另一视角。对此，庄子曰：“物物者与物无际，而物有际者，所谓物际者也；不际之际，际之不际者也。”[5](p.752)大道无所不包、无所不在，且超越具体的形体，庄子通过论述大道的普遍性与无限性，以警示现实层面之物，尤其是“我”，只有意识到自身的有限性与局限性，才能在体道之途中，得以超越自我，达到与道合一的境界。

四 结语

通过对庄子“物”论[7](p.318)的阐发，展现庄子“物”论思想视野中“我”“物”“道”之间的区分与关联。比较而言，老子发现了事物之间的相对关系，而庄子则对事物之间的这种相对关系给予了扩展与深化，“人”固然是智慧的存在物，但也只不过是万物的一种而已，怎样看待“人”与物，也就是如何审视、反思“我”的生存状况。庄子从对现实的切身体悟中感受到世俗社会对“物”、对“物”论的看法，庄子通过换位视角，意在通过对“物”、对“物”论的相对性解读中破除这种片面、世俗之见。因此，庄子是在对世俗社会及世俗之论的不断批判中，展现其对“我”、对他人、对群体的态度。但庄子在经历了一个极为痛苦的思索与感悟，在这炼狱式的感同身受中，同时又体现出其炽热的观世情怀。

参考文献

[1] 罗安宪 . 虚静与逍遥——道家心性论研究 [M]. 北京：人民出版社，2005.

[2] 陈鼓应 . 老子今注今译——参照简帛本最新修定版 [M]. 北京：商务印书馆，2003.

[3](魏)王弼著 楼宇烈校释 . 王弼集校释 [M]. 北京：中华书局，2009.

[4] 陈鼓应 . 老庄新论（修定版）[M]. 北京：商务印书馆，2008.

[5]（清）郭庆藩撰 . 庄子集释 [M]. 王孝鱼点校 . 北京：中华书局，1961.

[6]（晋）郭象注 . 南华真经注疏（上、下册）[M].（唐）成玄英疏，曹础基、黄兰发点校，北京：中华书局，1998.

[7] 陈鼓应 . 庄子今注今译 [M]. 北京：中华书局，2009.

[8]（宋）吕惠卿撰 . 庄子义集校 [M]. 汤君集校，北京：中华书局，2009.

[9] 方东美 . 原始儒家道家哲学 [M]. 台北：黎明文化事业公司，1984.

[10] 陈鼓应 . 论道与物关系问题——中国哲学史上的一条主线 [J]. 哲学动态，2005(4).

[11] 涂光社 . 庄子范畴心解 [M]. 北京：中国社会科学出版社，2003.

[12] 钟泰 . 庄子发微 [M]. 上海：上海古籍出版社，1988.

[13]（明）释德清撰 . 庄子内篇注 [M]. 黄曙辉点校，上海：华东师范大学出版社，2009.

[14] 王博 . 庄子哲学 [M]. 北京：北京大学出版社，2011.

[15] 杨国荣 . 庄子的思想世界 [M]. 上海：华东师范大学出版社，2009.

Analysis on Zhuangzi's Philosophy of "Things"

Abstract: In Zhuangzi's philosophy of "things", the spirit of "Dao" fills and internalizes in individual life. He highlighted the characteristics of this philosophy on the basis of equally seeing "things" and "me". The essence of Zhuangzi's "Dao" theory is that it endows individuals more initiatives of showing their characters and characteristics. "Humans" are only one of the thousands of things on the world. And as limited things like all the others, they are equal and the same with other things. Zhuangzi often elaborated "things" in connection with "Dao" and "humans". Through the discussion on "things", Zhuangzi expressed his opinions on the universe and life as well as individuals and groups etc., and highlighted the differences and connections among "me", "things" and "Dao" from the perspective of the philosophy of "things".

Keywords: Zhuangzi; Things; Me; Equality

【作者简介】王敏光，1978年生，男，哲学博士，南京财经大学马克思主义学院教授，研究方向：中国古代哲学。

孔子伦理思想学说大纲 *

唐梵凌

【内容摘要】孔子的伦理学说，如雅斯贝尔斯所言，建构起一种人如何才可能过上伦理生活的“思想范式”。从构成观这一思想范式，从类分民、人、小人入手定义君子，以仁、礼、乐为认知框架，以中正之道贯通仁德和公道，探求君子志道、据德、依仁、游艺的基本路径，建构以中庸为准则，以孝、弟、忠、恕为行为规范的德性—德行系统。从理论建构观，这一思想范式从“相近习远”的人性出发，以“以仁入礼”为路径，以“中”为路标，向下开出以“学而时习之”为动力、以修仁成己和习礼成人为核心内容的君子学说；向上建构起以人性论、心智论、正名知识论、仁学、礼论等为基本内容的道德哲学。

【关键词】孔子伦理学；以仁入礼；中正；君子学说；道德哲学；仁德—公道

德国哲学家雅斯贝尔斯在《大哲学家》中将孔子与苏格拉底、佛陀、耶稣并列为“创造思想范式”[1] (p.43) 的思想家，认为他为人类世界创造了**如何伦理地生活的思想范式**。因而，要整体地理解孔子的思想学说，须从伦理入手把握其伦理学说大要。

一　构成孔子伦理学说的基本概念

要理解孔子如何创造出伦理地生活的思想范式，须以《论语》为蓝本。从梳理其基本概念入手。

《论语》是“孔子应答弟子、时人及弟子相与言，而接闻于夫子之语”[2] (p.1) 的

* 本文系国家社科基金后期资助项目“以伦理为视角通解《论语》”（编号：19FZXB025）和四川省社科基金青年项目“孔子道德哲学研究”（编号：SC21C056）的阶段性成果。

语录汇编。表面看来，这些各自独立的语录互不相干，但实际上却蕴含多维向度的语境关联；使这些互不关联的语言构成潜藏丰富语境内涵的要素，恰恰是组成《论语》内容的那些基本语词。杨伯峻曾在《论语译注》中以笔画为序罗列出《论语》的1584个词，这就是说，两万余字《论语》主要由1584个基本语词构成。但除去那些表地名和表人名的名词、副词、数词、量词、动词、形容词，真正构成孔子思想学说的基本概念，却只是其中很少一部分，如择其主要者，有如下几组概念。

第一组概念：人：阶级与品阶的类分体系。

伦理，无论西语“Ethics”之气禀、品性、习惯和风俗等语义，还是汉语“伦理”之血缘、辈分、类聚等语义，都是围绕“人”这个主体展开，因为伦理是以人为起点，也以人为归宿。孔子创造如何伦理生活的“思想范式”的逻辑起点，是对人做类分，然后予以类分设计。

孔子对人的分类方式有三种：第一种，社会学方式，是以社会劳动分工为分类准则，将“人”类分出劳心与劳力两个阶层，由此形成统治和被统治两个阶级，前者由有姓氏的“百姓”组成；后者由无姓氏的“民”组成，这些“民”包括耕种贵族封地的农民、手工业者和商人。第二种，伦理学方式，是在对人做出民和百姓类分基础上，对作为统治阶级的百姓进行分类：将以求利为生之目标者类归为小人；反之，凡以求义为生之目标者，均类归为君子。第三种，品阶方式，是对以求义为生之目标的君子予以“志道—据德”的品阶划分：处于“志道—据德”之最高品阶上的是圣人君子；其次是善人君子；再次是贤人君子。孔子认为，最高品阶的圣人君子很难达到，哪怕尧也没有达如此境界：“子贡曰：‘如有博施于民，而能济众，何如？可谓仁乎？’子曰：‘何事于仁，必也圣乎？尧舜其犹病诸！’”（《论语·雍也》，以下皆只注篇名）在孔子看来，圣人君子，不仅古代未得见，现在和未来也不得见。孔子还认为，不仅圣人古今不得见，而在“志道—据德”上次于圣人的善人君子也难得见，唯可见的只是贤人君子：

> 子曰：“圣人，吾不得而见之矣，得见君子者，斯可矣。”（《述而》）
>
> 子曰：“善人，吾不得而见之矣，得见有恒者，斯可矣。亡而为有，虚而为盈，约而为泰，难乎有恒矣。”（《述而》）

孔子为何在断言“圣人不得见”和“善人不得见”的基础上，很不自信地说“得见君子者，斯可矣”？孔子此话蕴含两个层次的思考：第一，自己在有生之年能够见贤人君子就心满意足了。第二，自己有生之年能够成为贤人君子，就不枉为此生了。在孔子看来，在最低程度上，君子之为君子，就在一个“贤”

字，它具体为“志于道，据于德，依于仁，游于艺”（《述而》）。志道、据德、依仁、游艺，此四者全于一身已是很不容易，能够始终保持此四者则更艰难：或曰，人可一时一事做到志道、据德、依仁、游艺，但天天或者终身做到志道、据德、依仁、游艺，则更为艰难。所以，在孔子看来，志道、据德、依仁、游艺之贤常驻于己，只能且必须求助于一个“恒”字，即贤人君子，就是有恒者。何谓“有恒”？孔子对它做了明确的定义，那就是“一以贯之”（《卫灵公》）地“笃信好学，守死善道。危邦不入，乱邦不居，天下有道则见，无道则隐。邦有道，贫且贱焉，耻也。邦无道，富且贵焉，耻也”（《泰伯》）。

从根本讲，伦理是一种蕴含利害取向的人际关系，伦理学就是探讨如何权衡和取舍利害的人际关系的学问。[3]（pp.23-25）所以，伦理学所关注的主体是群化生存的人，并且其所关注的重心是群化生存中的人如何面对、选择、取舍具体人际关系中的利害。孔子志力于创造如何伦理生活的“思想范式”的实质性表述，就是基于历史经验和生活经验提炼出如何**伦理地生活**的认知—规范和操作—方法。为此，必须首先关注人，然后立足人的阶层或者说阶级类分这一社会存在事实，对居于社会主导地位的人群予以伦理意义的“利”“义”分类和品阶分类，并通过这一双重标准的分类，确立起创造伦理地生活的“思想范式”的主体类型学框架，并给予伦理地生活的边界约束。

- 人
  - 人（百姓）
    - 君子
      - 圣人：博施于民，而能济众的完人
      - 善人：德性—德行高尚的善之典范者
      - 贤人：志道、据德、依仁、游艺者，或隐居求志和行义达道者
    - 小人：以恋乡怀土、求惠逐利为生活目标的人，分有位者和无位者两类
  - 民
    - 庶民：从贵族降落为自食其力的庶人，此乃有姓氏的新民
    - 逸民：有公室和仕途背景而隐遁山林者，多为前朝达贵
    - 民：世代劳力为生的本民

图 1 “人”的类分体系

第二组概念：仁、礼、乐：君子的伦理构成。

孔子的伦理学说当然是社会的伦理学说，但孔子所设定的社会，不是苏格拉底所面对的城邦市民社会，而是君子社会，由此形成孔子伦理学说只能是君子伦理学说。基于这一定位，人如何成己为君子，构成孔子创造伦理地生活的“思想范式”的主题。对这一主题的认知落实，就产生人如何成己为君子的伦理构成。

在孔子的思想世界里，“君子”作为君子伦理学说的原初概念呈现开放性视域，即作为圣人的君子、作为善人的君子和作为贤人的君子。孔子基于人尽其性并尽其力的可能性，将人如何成为贤人君子作为探讨的重心。孔子认为，人要将

自己成就为贤人君子，必须言行合于仁、礼、乐，或者，唯有当接受仁、礼、乐之三维引导并自觉于规范生活的人，才可成己为君子。

仁，是赋予人成己为君子的第一要素。仁者，多人、众人也，意为**心存他人**而生活，就是仁。人因心存他人而生成的仁，包括仁性、仁心、仁情、仁爱，此四者构成人把自己成就为君子的德性。孔子认为，人只有获得以仁为内在规定的德性时，才有资格和能力向君子进发。

仁是人成己为君子的内生要素，它靠个性地修为而生成。与此不同，礼却是人成己为君子的外生要素，它靠规范的习守而形成。因为礼是一套先在于个体并超越个体的社会行为规训体系，个体德性的养成，需要生活和行为接受规训，使之成为自律性的行为习惯。从主体看，仁是通过个人的**修养而生成德性**品质、品德，礼却是通过个人的**遵循而建构德行**方式、方法。

如果说仁是人成己为君子的修养，礼是人成己为君子的规范，那么，乐则是人成己为君子所敞开的生活境界，它是仁和礼、德性与德行的**合生**成的人的精神状态和生活面貌。

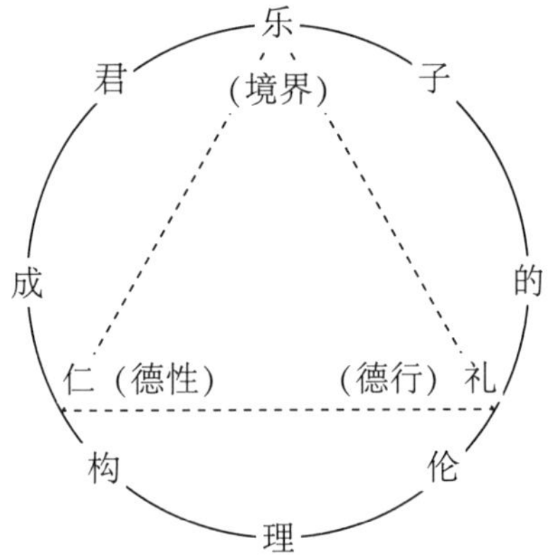

图2　君子的伦理构成内涵

第三组概念：君子修行：学、思、行与克己、坚守、恒常。

仁、礼、乐，此三者构成君子伦理的宏观框架。人要成己为君子，必须仁，必须礼，必须乐。但仁、礼、乐此三者之于人，只是后天努力所成。这个后天努力所成的功夫，只能是“学而时习之”。孔子的“学而时习之”所强调的是人成己为君子的修行之道，它蕴含三个准则：

首先，君子修行，必须围绕修仁、习礼、达乐展开，做到个性修养和依则行动的共生，这就是德性与德行的统一，构成君子日用常行的生活准则。

其次，君子修行，必须“学之不厌”并“习而不倦”，做到学与习互为推进。因而，学之不厌，首先强调学是人成已为君子的生活方式；其次强调人要成已为君子，必须学之广博，学而无疆。对任何人来讲，学必须推动习，才有收效。学之不厌的最终呈现，是习而不倦，意指一定要将所学得的任何东西予以反求诸身的内省、反思、领悟、觉解，然后才能指导自己依照君子准则生活和行动。所以，君子修行，必须遵循**学、思、行**互为推进的准则。

最后，“学而时习之”的灵魂，却是这个“**时**”字，意指君子修行以学促习、以习促行必须抓紧时间、不失时机，更为根本的含义却是“恒”和“守”：时者，恒也，守也。前者要求将“学而习之”变成恒常，使之成为一种生活方式、人生方式；后者揭示“学而习之”能“恒”的关键，是克己坚守。克己坚守，是恒的源泉；恒是“学而习之”的动力；“学而习之”是人修行成君子的根本方式和最终保障。**克己、坚守、恒常**，此三者既构成君子修习仁、礼、乐而达于文质彬彬，也推动君子无论在“有道”或“无道”的生存环境中均能达于安然存在和安心生活。

君子修行，必须“学而时习之”，不仅在于自我训练“笃信好学，守死善道”（《泰伯》）之克己坚守的君子意志和恒心，更重要的是训练人成己为君子之知，包括知性，知天，知命，知“知”（天赋的心智），知贫、知富，知贱、知贵和知耻、知荣，知过去和未来：“子张问：‘十世可知也’子曰：‘殷因于夏礼，所损益，可知也。周因于殷礼，所损益，可知也。其或继周者，虽百世，可知也。’”（《为政》）；更包括知人，和通过知人来成就自己为君子的使命和责任。

第四组概念：君子伦理能力：孝、弟、忠、恕和中、中庸、中行。

君子伦理能力，是对人修行成己成人所必须具备的德力（德性能力和德行能力的简称），它包括“己所不欲，勿施于人”（《卫灵公》）之道德能力和“己欲立而立人，己欲达而达人”（《雍也》）之美德能力。君子伦理能力的形成，既要以“学而时习之”为根本方式，更要以“学而时习之”为动力机制，还要以“仁、礼、乐”为伦理框架。

从道德角度考量，人成己为君子所必须具备的基本道德能力：一是孝、弟能力；二是忠、恕能力。前者是血缘宗族伦理，是人如何居家生活的私德能力；后者是社会公共伦理，是人如何应对公共生活的公德能力，它主要涉及两个方面：一是事事的道德，主要涉及“忠”；二是事人的道德，主要涉及“恕”。但事人都要通过事事来实现，所以事人的道德和事事的道德本质相通。

在孔子生活的当世，孝、弟和忠、恕，是人成己为君子的基本道德能力，它必须接受“中庸”的规范：“中庸之为德也，其至矣乎！民鲜久矣。”（《雍也》）中庸是人成己为君子的**根本**道德能力，正是其根本规范；以正为根本规范之德行，即是中行：中行是人成己为君子的**基本**道德能力。

无论是中庸还是中行，都强调一个“中”字。在孔子的伦理学说中，“中”既不能解释为“折中”“调和”，更不能理解为“无过，也无不及”[4](p.54)，因为这些都不是“中”之本义。《说文》释“中”为“内也。从□、|，上下通也”。意为巫通于天人。王筠在《文字蒙求》中解，“中，以□象四方，以|界其中央”。唐兰认为“中”乃为氏族社会中的徽帜：在氏族社会，凡遇大事则建“中”以集众（《殷虚文字记》）。甲骨“中”、、、，乃独体象物字，其“‘□’标示中间。本义是旗帜，借为中，方位名词。”其卜辞义主要有二：“1. 中日，表时间中午。‘……中日至郭兮启’（甲547）。2. 借用作商第十一位王名，中丁。‘癸丑卜，贞：王宾中丁爽妣癸，彡中亡尤。’”[5](p.20)胡念耕根据河南汲县山彪镇战国墓出土的水陆攻战纹铜鉴上所铸的旗鼓形状，以证实《殷虚书契前编》六、二、三篇中所摹甲骨“中”字，乃古战场中王公将帅用以指挥作战的旗鼓合体物之象形：“古时每逢大事，君王必建旗击鼓致民，而君王必立‘中’位以号令指挥，久而久之，推而广之，‘中’就表示一切之中，就象征君位所在。”[6](p.106)所以，“中”，表中间、位中，正中，中正、正等义。并且，从文字形态结构观，“中”字如同“庸”字，亦象物之形，本义指物（旗帜），但同样既表方位、取向，也表抽象的精神、力量、信念，包括地位、权力，象征至高无上。但无论表征什么，其本质语义却是**正**，即**正处中央**（中间）的正位、正中、中正。[7](pp.69-70)《论语》“尔舜天之历数在尔躬，允执其中”（《尧曰》）和“政者正也，子帅以正，孰敢不正”（《颜渊》），应该是对“中”的内在本质的准确诠释。

由于“正”构成“中”的本义，中庸、中行之伦理能力指向日常的孝、悌生活和事事、事人之忠、恕领域，必须以中正为准则；中庸、中行之伦理能力运用于邦国治理，必然生成仁德和公道。

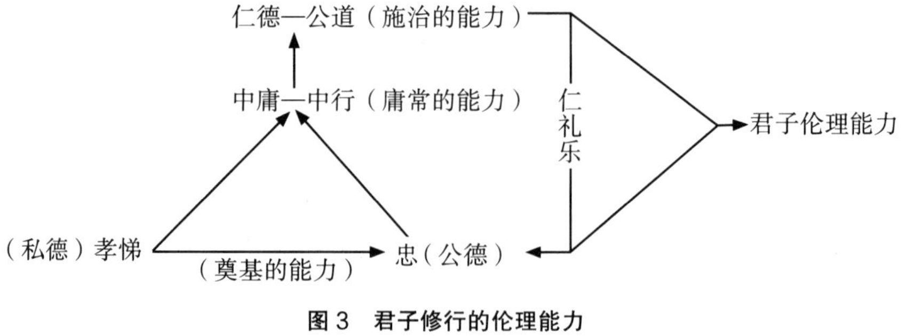

图3　君子修行的伦理能力

二　孔子伦理的君子学说内涵

曾任美国哲学学会主席的赫伯特·芬格莱特在《孔子：即凡而圣》序文开篇说:“初读孔子时，我觉得他是一个平常而偏狭的道德说教者。对我来说，他的言论集——《论语》，也似乎是一件陈旧的不相干之物。后来，随着逐渐增强的力量，我发现，孔子是一位具有深刻洞见与高远视域的思想家，其思想堂奥的辉煌壮观足可与我所知的任何一位思想家媲美。渐渐地，我已然确信，孔子能够成为我们今天的一位人师——也就是一位饱经人世沧桑、包含人生智慧的思想导师，而不只是给我们一种早已流行的、稍具异国情调的思想景象。孔子所告诉我们的，**不是在别处正被言说着的东西，而是正需要被言说的东西**。他的谆谆教诲会令我耳目一新。”[8](p.1) 芬格莱特所言极是，孔子学说是一种成己成人的哲学。这种哲学是建立在经验基础上的。这里的经验，既是历史的，也是生活的，它具有普遍性。更准确地讲，孔子以抉发历史生活和当世生活中的普遍经验来构筑一种如何成己成人的哲学。就一般而言，经验始终以**常识**为基础，常识总是以**本性**为源泉。由此形成孔子哲学既要诉求返本开新，更要拷问本性的“相近”与“习远”：诉求返本开新，孔子“述而不作，信而好古”(《述而》)；拷问本性的“相近”与“习远”，需要借助于“事件的本体”的方法：

> 孔子的哲学是事件的本体论，而不是实体的本体论。了解人类事件并不需要求助于“质”“属性”或“特性”。因此，孔子更关心的是特定环境中特定的人的活动，而不是作为抽象道德的善的根本性质。但这并不意味着他仅仅把目光从道德主体转向道德主体的活动。**按照事件来刻画一个人，就不可能把主体和行动孤立起来考虑。道德主体既是自身行为的结果，又是自身行为的起因。**[9](p.7)

对孔子来讲，信而好古，是指严谨地考辨历史，并从历史的迷雾中发现真相、真知和真理，既使之成为知识和方法的源泉，也以此指导日常庸行如何成己、怎样成人。基于这一要求，将严肃考辨历史得来的真相、真知和真理，并用以指导成己成人的最好方法，不是写作，而是传述（讲述、阐述）。所以，“述而不作”的孔子总是以对具体的生活场景、生活事实、生活过程甚至生活细节的讲述，来阐发本体性的思想，这就是“事件的本体论”，它使所讲述的内容获得了思想的具体指涉性与思想的抽象指涉性两个维度。对其思想的具体指涉维度的敞开，开出君子学说；对其思想的抽象维度的敞开，则开出道德哲学。要言之，孔子以人的本性为基石、以常识为基础，以经验为方法所创建起来的成己成人的哲学，向下，形成君子学说；向上，生成道德哲学。

孔子伦理的基本面是君子伦理学说，考察其君子伦理学说的认知起步，是聚焦“人成己为君子何以可能”？它敞开为三个维度：

一是人何以需要将自己成就君子？

二是人成己为君子的基本路径是什么？

三是人成己为君子的正确方式是什么？

人何以需要将自己成就君子？

人何以需要将自己成就为君子？这首先是一个社会存在论的问题，具体地讲，是上古血缘宗法社会何以维系和发展的问题。要厘清这个问题，需要从人类进化入手。人类从动物进化为人，由动物社会进入人的社会，经历了漫长的历史进程，在这一进程中，人类社会的最高形态是国家。从发生学讲，国家社会从诞生始，就呈现城邦社会和血缘宗法社会两种模式，前者开出法治的方式；后者开出人治的方式。城邦社会模式之可以能开出法治的方式，是因为城邦社会将国家看成是生存于其中所有个体的智、力、利、欲、期望和梦想的集合体，并且是以天赋契约的方式凝聚。与此不同，血缘宗法模式之只能开出人治的方式，是因为血缘宗法社会将国家看成是血缘家族或者宗族权力的扩大，它集中凝聚了血缘家族、宗族首长和宗法成员的智、力、利、欲、期望和梦想的等差序列，并以等差递进空间的展开和等差递进的历史交接方式凝聚。

中国社会自上古创建国家始，就选择了血缘宗法模式，这就注定其走人治的路子，必须解决人治的先决条件问题，即人治者的权威问题。人治者的权威，当然可以通过暴力和谎言来定义，但暴力和谎言不能使国家社会处于正常状态。正常状态的国家社会之治理威权，需要从两个方面来定义：一是能力；二是德。所以，无论人君还是官员，德能才是权威的底气和源泉。但只有德没有能或者低能，也不能产生权威。权威来自德能兼具；德能兼具者，就是君子，它成为权威的象征，也是社会得治和天下美好的象征。

孔子主张君子社会，就是倡导精英治理邦国。孔子致力于君子学说的构建，既是他“信而好古”得出的结论，更是他文道救世的当世方案。就前者言，孔子严肃地考信历史，发现天下得治于精英，而精英就是德与能统一于人身。并且特别地发现“监于二代”而创造出盛大礼仪文明的西周，就在于统治者以“天命自图”的方式创造出了一个真实的君子社会。这可以从“君子”概念的产生和使用的社会化进程来看：汉字大致产生于殷商中期的甲骨卜辞，但检索考古发掘出来的甲骨卜辞，没有“君子”一语，而且《虞书》《夏书》《商书》均不得见。“君子”概念最早出现于《周书》（共出现6次），其后在《诗》《左传》《国语》等典籍中大量出现。这一现象或许表明“君子”概念乃周人发明，并且其君子观念亦诞生并流行于周。“周人创造‘君子’话语，时兴君子观念，并不是出于文化的‘维新’，而是基于政治的‘维新’，它是周人在政治治理上革除夏商神治观，重新创建一种‘自图天命’的人治信仰、观念、思想和方法的努力。这种‘自图天命’的人治努力，实质上是将统治者培养成为社会文化、思想、教养和作为方面的精英，即贵族阶层。这可从成文于西周初年的《酒诰》《召诰》和《无逸》三篇中窥见周初统治者的最初努力。”[10]（p.35）

《周书·酒诰》是摄政者周公命其弟康叔在封国颁布禁酒的诰词，以杜绝官员酗酒误政。康叔的封国卫地是殷人故居，表面看，《酒诰》是周公锐意改造恶俗，以防止殷人再生反叛；但其深层动机却是实施其“自图天命”的精英治国思想，具体地讲，就是通过禁酒将彪悍野性的贵族阶级塑造成理性、节制、勤政的君子阶层。《周书·召诰》是周公勉励亲政的成王行德政爱百姓，发扬光大文王和武王开创的基业。王国维认为“此篇乃召公之言，而史佚书之以诰天下，文、武、周公所以治天下之精义大法，胥在于此”[11]（p.259）。因为《召诰》集中阐发了“天命不常”的道理和唯自图天命的方式：“肆惟王其疾敬德。王其德之用，祈天永命。”[12]（p.213）《周书·无逸》是周公告诫亲政的成王：一个合格的王必须是一个君子，这需要从两个方面做好：一是要“所其无逸。先知稼穑之艰难，乃逸，则知小人之依”，因为“自时厥后，立王生则逸；生则逸，不知稼穑之艰难，不闻小人之劳，惟耽乐之从”；二是必须“无淫于观、于逸、于游、于田”[12]（pp.221-222）。

从成文于周初的三篇诰词可窥周初统治者“自图天命”的人治精神。周文明的缔造者周公、召公，将这种“自图天命”的人治精神定格为“君子”：君子之治的十字法则是：**敬德、节性、勤政、爱民、重行**。

周初统治者基于“自图天命”的理性，做出以君子为导向缔造周文明的努力，结下“成康之治”之果。对于成康之治，实质上是“昔武王克殷，成王靖四方，康王息民，并建母弟，以蕃屏周”[13]（p.2002）的精图励治“自图天命”过程，这个过程初步建成君子社会的信仰系统、价值体系、精神准则和行为方式，它具体表征为三个方面：“一是勤政惠民；二是礼乐教化；三是明俊刑赏。勤政惠民，奠定起君子社会的基础；礼乐教化，培育起君子社会的土壤；明俊刑赏，建立起君子社会保障系统。”[10]（p.37）成康之治的成就，不仅《诗》所有记载“不显成康，上帝是皇。自彼成康，奄有四方，斤斤其明”（《诗·周颂·执竞》），而且《竹书纪年》也赞誉“成康之际，天下安宁，刑措四十余年不用”。

客观地看，周初统治者精图励治创建起来的君子信仰、精神、准则和风尚，不仅直接构成昭、穆时代对外扩张并强化其统治力度的强劲社会动力，也成为其后召公（穆公虎）和周公（周定公）共和以及宣王复兴的精神源泉。这体现为召公周公共和和宣王复兴，首先光复君子精神和精英治国理想，然后以此为动力恢复国力，收复周边失地。《诗》描述了这一时期精英政治中的君子的信仰和精神、君子的准则和风采。据统计，《诗》中61首描绘君子的诗中，仅“君子”一语就出现183次。而且《诗》中还用人称代词“彼”和“其”指称“君子”，前者共306次，后者达520次，从不同方面称颂人君、贵族和大臣如何勤政务、得民心、明是非、尽忠诚。

周统治者精图励治地培养君子，以君子治天下的这种美好愿景和努力，最终还是自我破产了，西周被犬戎所灭亡后，诸侯们虽然拥立废太子宜臼为王建立起东周，却从一开始就处于风雨飘摇之中，孟子将这种状况归因于“尧舜既没，圣人之道衰。暴君代作，坏宫室以为汙池，民无所安息；弃田以为园囿，使民不得衣食。邪说暴行以作”[14]（p.154）。庄子却从思想发展史角度认为这是“内圣外王之道，暗而不明，郁而不发，天下之人各为其所欲焉以自为方。悲夫！百家往而不反，必不合矣！后世之学者，不幸不见天地之纯，古人之大体。道术将为天下裂”[15]（p.339）。史学家却认为是“天子失官，学在四夷”（《左传·昭公十七年》）。但孔子却认为如上分裂状况根源于君子阶层的解体，君子理想的沦丧，并继而认为造成这一切的总根源，却是人性的堕落，即天赋“相近”的人性沦为“习相远”。

基于如上判断，孔子认为解决天下道术分裂和“礼乐征伐自诸侯出”甚至“政在大夫”“陪臣执国命”（《季氏》）乱象的根本社会方案，是重建君子社会。重建君子社会的根本努力是重新培养君子，使治邦安国者成为德能兼备的君子。所以，孔子的君子主张，是其立于当世的一种社会重建主张；孔子所致力的君子学说，在他看来是从根本上解决道术被天下所分裂状况的社会拯救方案，这就是君子**文道救世**方案。

人成己为君子的基本路径是什么？

孔子自负重建君子社会的使命，其根本努力是培养君子。如何来培养君子？怎样才可使接受培养的人自觉肩负起文道救世的使命和责任，道路的选择异常重要，它既要有历史的土壤，更要有现实的可能性。基于这两个方面的要求，孔子从作为和操作两个方面做出如下思考：

首先，人成己为君子的基本作为，就是成己、成人、立世。它构成君子人生作为的三步阶梯：

第一步阶梯：成己。成己，是人将自己成就为君子。孔子认为，人将自己成就为君子，就是修养德性。人修养德性的总体目标要求是志道、据德、依仁、游艺；根本的品质是中正，或曰“中庸”；日常庸行的品德，是恭敬、宽厚、信义、灵敏、惠施，因为“恭则不侮，宽则得众，信则人任焉，敏则有功，惠则足以使人”（《阳货》）。其伦理底线是“富与贵，是人之所欲也，不以其道得之，不处也。贫与贱，是人之所恶也，不以其道得之，不去也。君子去仁，恶乎成名？君子无终食之间违仁，造次必于是，颠沛必于是”（《里仁》）。以及“贫而无怨，富而无骄”（《宪问》）。

第二步阶梯：成人。成人，是人通过成就自己的方式成就他人，或者在成就自己的基础上成就他人。人成就自己的基本准则，是“克己复礼为仁”；人成就他人的基本准则，是“己所不欲，勿施于人”和“己欲立而立人，己欲达而达人”：前者是从自己出发成就他人的否定性准则，后者是从自己出发成就他人的肯定性准则。对这两个准则的综合运用，构成完整的成人原则。以此为依据和判断尺度，成人的基本路径有三：一是成就家，包括家庭和家族，其行为方式是孝和弟；二是成就友，包括学友和朋友，其行为准则是直、信、义；三是成就邦国，其基本方式是仕，具体地讲就是“为政以德”，即己正正事、己正正人和己正邦国。

人以己之德才成就邦国应遵循的根本准则有三：一是“以道事君，不可则止”（《先进》）；二是“君使臣以礼，臣事君以忠”（《八佾》）；三是“笃信好学，守死善道。危邦不入，乱邦不居，天下有道则见，无道则隐。邦有道，贫且贱焉，耻也。邦无道，富且贵焉，耻也”（《泰伯》）。

第三步阶梯：立世。立世的基本准则是中行。所谓中行，就是持守中正之道而行事、行政、行仁德和公道。立世的基本任务，是治邦安国必须“庶之”，“富之”和“教之”（《子路》）；立世的根本使命是“必也使无讼”（《颜渊》）和“胜残去杀”（《子路》）；立世的最终目标是扬名后世：“君子疾没世而名不称焉。”（《卫灵公》）

其次，人成己为君子的基本路径，就是以仁入礼达乐。以仁入礼达乐，由仁、礼、乐三者构成。在此三者中，仁表征君子成己的主体修为；礼体现君子成人的主体践履；乐象征君子通过成己成人而达于立世的精神境界。因而，从仁至礼而乐，铺就起人走向君子之三步阶梯的路标，即从修仁起步（成己），努力于习礼（成人）不止，最终才可达于（立世）人生乐境。

这是从个体言，从社会文明敞开的必为方向与不可逆进程言，以仁入礼达乐，成为返本开新的历史发展观的主体性赋形，即运用殷商宽简的仁爱思想注入繁富的周礼之中，使之重新获得规范、引导、激励和再造文明的功能，使社会重新成为君子的社会。有关于这一点，政治思想史家萧公权谈得最到位：他说，孔子再造君子、重建君子社会理想的思想资源有二：一是殷商宽简的仁；二是西周繁富的礼。但孔子君子所执意抉发的主要思想资源是前者，并运用前者来重塑后者，因为“今存比较可信之古籍记载周政者，鲜为仁义之言，如《诗》雅、颂称周先王之德，绝无‘仁’字。《尚书》‘今文’诸篇亦不言仁。‘古文’篇中间或有之，而亦不过三五见。若就《周书》、《周礼》等观之，则周人所注重而擅长者为官制、礼乐、刑法、农业、教育诸事。封建天下之典章文物，至周始粲然大备。”[16](pp.67-68)而《尚书·舜典》记载殷之先祖契为舜司徒“敬敷五教，在宽”;《微子之命》亦谓“乃祖成汤”，“抚民以宽”。《史记·殷本纪》记载:“汤出，见野张网四面，祝曰:‘自天下四方皆入吾网。’汤曰:‘嘻，尽之矣!’乃去其三面，祝曰:‘欲左，左。欲右，右。不用命，乃入吾网。’诸侯闻之，曰‘汤德至矣，及禽兽。’”[17](p.15)殷商之“仁”不仅施于人，也惠及禽兽。这种宽厚仁政，好古敏求的孔子必然深晓:“周政尚文，制度虽备，而究不能久远维持，至春秋而有瓦解之势，孔子或深睹徒法不能自行之理，又有取于周之完密而思有以补救之。故于殷政宽简之中发明一仁爱之原则，乃以合之周礼，而成一体用兼具之系统，于是从周之主张始得一深远之意义，而孔子全部政治思想之最后归宿与目的，亦于是成立。此最后目的之仁，即由孔子述其所自得于殷道而创设，故仁言始盛于孔门。”[16](pp.68-69)

人成己为君子的正确方式是什么?

孔子认为，人成己为君子的正确方式，只能以“学而”为生活方式。

《论语》二十篇，首篇是“学而”，并且，首章是“学而时习之，不亦悦乎?”(《学而》第1章)，结束是“不知命，无以为君子；不知礼，无以立也；不知言，无以知人也。”(《尧曰》)这样的结构安排注入一个宏大的象征体系：无论从个人成己成人立世为君子言，还是以从返本开新为认知指南、以“以仁入礼”为路径来重建君子社会和再造当世文明观，必须将“学而”贯穿始终。因为在孔子看来，文明，不过是对“习相远”的人性的再造，使之回归天赋的“相近”。再造人性，就是基于已有、立足传统而谋求返本开新。然而，以返本开新为指南，通过重塑人性来再造当世文明，其上手功夫只能是“学而时习之”，简称为“学而”，它不仅是返本开新地再造当世文明所**必务之本**，首先是人要成己成人立世为君子所必务之本。

“学而”何以会成为人成己为君子的必务之本呢？孔子指出，学而既是学文，也是学德，更是修道，也是修业。要言之，“学而”之于人，就是博学内省、修德进业，这是人成己成人立世为君子的基本功夫，也是重建君子社会、再造当世文明的社会学方法。

“学而”何以会有如此功能呢？在孔子那里，“学而”的完整语义是“学”而且“习”：学是指对未知或不知的了解、认知，多为主动谋求；习却是指对所学内容予以消化然后践履。对人来讲，学仅是获知，习却是将所获知的内容变成“智”和“用”。“习”作为“学”之后续方式，既是学智，也是学用，使之变成运用的智慧和方法。由此来看，孔子所论“学而”，展开为由学而习的过程，这一过程生成一种存用关系：温故知新，就是存；传而习之，就是用。孔子的“学而时习之”思想，首先强调“学”的重要性，它构成一切形式之“知”的来源。虽然，但却唯有“学”达向“温故”之途并实现“知新”之境，才是真正的学。所以，由学而习，是学必须经由的入门阶梯，也是人人“登高必自”的道理：学，是起步，为其所学而习，是登高。学而登高，必习而不止。其次指出由“学”所敞开的“习”之所以根本，是因为习涵摄了思与行：因学而习，首先指内省和反思，然后通过内省而反思地生成思想、建构方法，指导践履，正道而行。整合言之，“学而”包含了学知、学思、学行三步，或者，学知、学思、学行构成孔子“学而”三步阶梯。在第一步阶梯上，人因其成己成人立世而学知，必要博广、博远、博大、博厚；迈上学思（内省）的第二步阶梯，需要着力训练其审问、慎思、明辨的品质和能力。唯有做好这一功夫，才可迈向第三步阶梯学行，即运用学到的东西指导生活，其基本方式是笃行。所谓笃行，就是在家必孝、弟始终如一，出门为人处世必直道、信义、忠恕；出仕为政必“守死善道”：一是“以道事君，不可则止”（《先进》）；二是“在其位，谋其政”，并且“不在其政，不谋其政”（《宪问》）；三是致力于“庶”“富”邦国之治并教“民德归厚”；四是努力“必也使无讼”（《颜渊》）和“胜残去杀”（《子路》）。

三　孔子伦理学说的体系框架

孔子是经验主义思想家，其展开思想所依据的经验，既来源于生活，更来源于历史。将历史经验和生活经验整合生成为更具普遍指涉性的新经验的是**存在常识**，包括存在世界的自然常识和存在世界的人文常识。经验的这一自身规定，决定了经验主义思想既始终注目于脚下的大地而滋养生存，又可能激发人偶尔仰望天空而开启形上意味的经验性神思。以此观孔子对伦理地生活的“思想范式”

的创造，同样体现这一双重倾向，由此创造性地构筑起他的一体两维的伦理思想及理论体系，它由君子学说和道德哲学两部分构成。

孔子的君子学说体系

综上，孔子致力于解决君子学说的三个问题，第一个问题关涉君子学说建立的历史土壤和社会吁求是否具备，即人成己为君子的双重可能性。第二个问题揭示人成己为君子的个人路径和社会路径的实际存在：前者敞开为“成己→成人→立世”三步阶梯；后者敞开为“修仁→习礼→和乐”三步阶梯；此双重阶梯通过“以仁入礼达乐”而合一，这种合二为一构成人成己为君子的必然性。第三个问题却展示了人成己为君子的现实性。

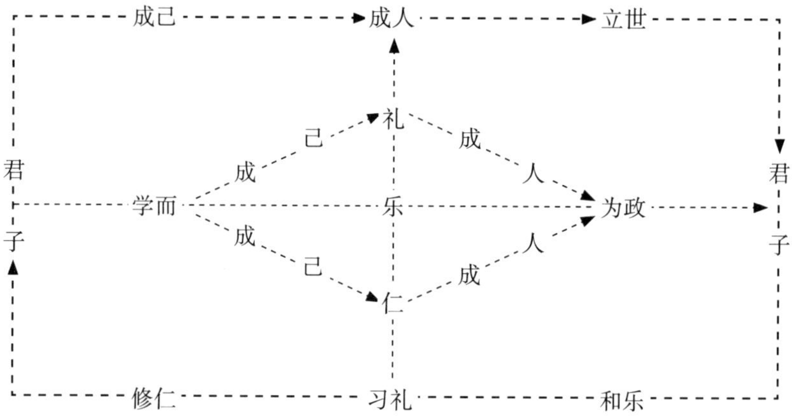

图 4　人“以仁入礼”的修行路径

人“成己→成人→立世”的基本路径是以仁入礼；人“修仁→习礼→和乐”的路径也是以仁入礼；或可说，以“以仁入礼”为路径，人“成己→成人→立世”通过“修仁→习礼→和乐”来呈现。所以，人要将自己成就为君子，必须接受教育或自我教育，并且将“学而时习之”变成生命不息、学而不止的人生过程。人学而不已的过程，敞开为内外两个维度：一是向内学而不已，就是成己为仁，或者说成己得仁，具备德性品质；二是向外学而不已，就是成己有礼，或曰成己得礼，具备德行能力。以德性品质为自我规范，发挥行德能力去成人，其基本的立世方式是为政。为政，是人经由成己成人的通道而立世为君子的必需舞台。整合观之，孔子之“以仁入礼”为路径，展开修仁成己、习礼成人、立世和乐的人生过程，就是将自己成就为君子的过程，对这一过程的经验总结和理性提炼，就形成完整的君子学说。如上性质和内涵的君子学说，又实质性地开出了社会－历史学、道德学、政治学和教育学。直言之，孔子的君子学说，是由社会－

历史学、道德学、政治学和教育学构成。

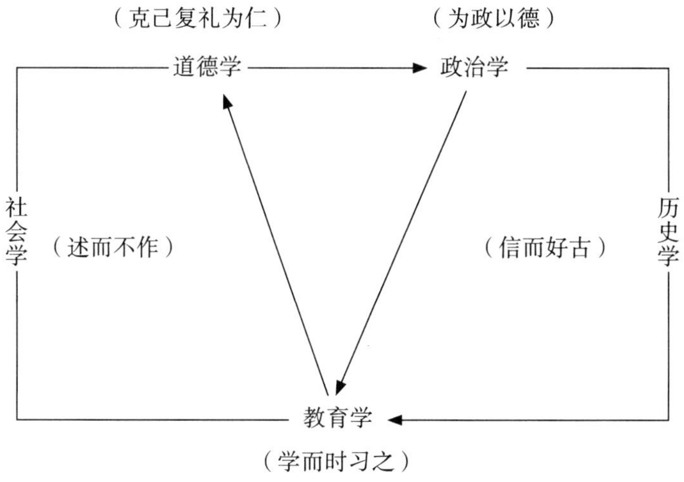

图 5　君子伦理学说构成体系

孔子的道德哲学体系

在孔子哲学中，其君子学说和道德哲学之间构成一种生成关系。孔子作为经验主义者，其以历史为土壤、以社会为视域，以“以仁入礼”为路径所建构起来的以教育学、道德学、政治学为核心内容的君子学说体系，体现经验主义认知论和方法论[18]（pp.5-6）；而在其君子学说基础上建立起来的道德哲学，却突破经验达于理性之思的形上努力，具体展开为如下几个方面。

首先，对人成己成人立世的“以仁入礼”路径予以经验突破展开道德哲学审视，需要解决的一个基本问题是：将人成己成人立世为君子的路径设计为“以仁入礼”何以可能？

“仁”和“礼”是两种思想资源：礼，是指繁复的周代礼仪体系和礼乐制度，象征“今”，因为对于生活于春秋晚期的孔子来讲，刚刚逝去的西周不过如“昨天”；仁，是指殷商宽简的仁政思想和仁爱情感，象征“古”，对于孔子来讲，殷商及其以往，才是真正的“古”。所以，在孔子的思想世界里，以仁入礼，意味着**以古入今**。“以仁入礼作为人成己成人立世为君子何以可能？”的问题，实质上是“以古入今”何以可能？解决这个问题，必须得正视两个方面：一是必须正视“仁”和“礼”之于伦理建构的双重功能与作用：仁，既意味个体主体的修养、品德生成、德性建构，也指社会所需要的仁德；同样地，礼既表征为对个体行为的边界确定和规范，标志个体德行能力的具备，更指对社会行为的边界设限，这种边界设限恰恰构成公道的必需保障。二是孔子所生活的当世，其“礼乐征伐自诸侯出”，甚至“政在大夫”和“陪臣执国命”的政治乱象，根本地源于社会精英消失，君子沦丧，解决这一社会状况的根本努力是恢复礼对行为约束的边界功能，发挥礼的公道作用，但前提是重新培养君子，再造社会精英，而古代的仁政、仁爱恰恰成为培养君子和恢复礼的实质功能的思想资源。怎样运用这一思想资源来再造社会精英、恢复对行为约束的边界功能，成为孔子必须解决的难题。信而好古的孔子通过考信历史，发现历史的根本规律是返本开新，这一规律本身蕴含返本开新的历史发展观：历史始终在向前发展，无论这种发展怎样曲折，甚至有可能出现一时的停滞或倒退，都不能阻止历史始终向前发展的整体方向和大势。返本开新的历史发展观从根本上解释了“以古入今”何以可能的依据和以怎样的方式“以古入今”的方法。这一方式和方法为殷商宽简仁政、仁爱思想何以可能用来恢复周礼，使之释放当世文明重建的功能，提供了历史哲学的依据和认知论，也为“以仁入礼”为路径来培养社会精英、重建当世文明提供了方法论。

其次，以“以仁入礼”为路径来治邦安国，实现仁德和公道，主体前提是治邦安国者必须是君子；而人成己为君子的前提是必须以“以仁入礼”为路径来成己成人，其基本方式和根本方法是“学而时习之”，但“学而时习之”无论之于人，还是之于社会，都一个复杂的问题。

就前者言，学而成己、成人、立世，并不具有完全的必然性，往往体现各种可能性。因为学而成己、成人、立世，不仅涉及天赋人心智的差异性，更涉及名实是否相生。对前者的探讨，比如对“我非生而知之者，好古，敏以求之者也”（《述而》）。“生而知之者上也，学而知之者次也，困而学之，又其次也。”（《季氏》）以及“中人以上，可以语上也，中人以下，不可以语上也”（《雍也》）等问题的探讨，就形成**心理学**和**认知论**；对后者的探讨，比如对“名不正则言不顺，言不顺则事不成，事不成则礼乐不兴，礼乐不兴则刑罚不中，刑罚不中则民无所措手足。故君子名之必可言也，言之必可行也。君子于其言，无所苟而已矣”（《子路》）等问题的探讨，就形成**正名学说**。

再次，以返本开新的历史发展观为认知指南和方法论，以“以仁入礼”为路径，培养人努力于成己成人，如何可能成为真君子，最终需要一个什么样的社会平台和政治舞台？这是孔子用力最多的一方面，自然开出“为政以德”的**政治哲学**，它涉及对政治的根本理解和定义：“政者，正也，子帅以正，孰敢不正！”（《颜渊》）然而，以“正”为“政”的道德基础，是“中庸”；以“正”为“政”的价值体系，是“仁德—公道”；以“正”为“政”的根本动力，是利义，即“君子喻于义，小人喻于利”（《里仁》）；“无欲速，无见小利，欲速则不达，见小利则大事不成。”（《子路》）“因民之所利而利之，斯不亦惠而不费乎？择可劳而劳之，又谁怨？欲仁得仁，又焉贪？君子无众寡、无小大、无敢慢，斯不亦泰而不骄乎？”（《尧曰》）

最后，统摄如上各方面内容，使之构成孔子道德哲学整体的是“仁、知、勇”：仁，是主体修养；知，是主体认知；勇，是主体能力。此三者为君子道义、信义和“因民之所利而利之”所鼓动，而构成其直接的动力。然而，无论是君子追求道义，还是君子为民谋利，其最终的认知基石和依据，却是“相近”“习远”互为推动的人性。

综上，孔子的道德哲学，是以自然主义人性论为依据，以天赋的心智主义心理学为基石，以返本开新的历史哲学为认知论，以正名知识论为方法论，以中正为本质规定的“仁德—公道”价值导向，以仁学、礼论和政治哲学为核心内容。

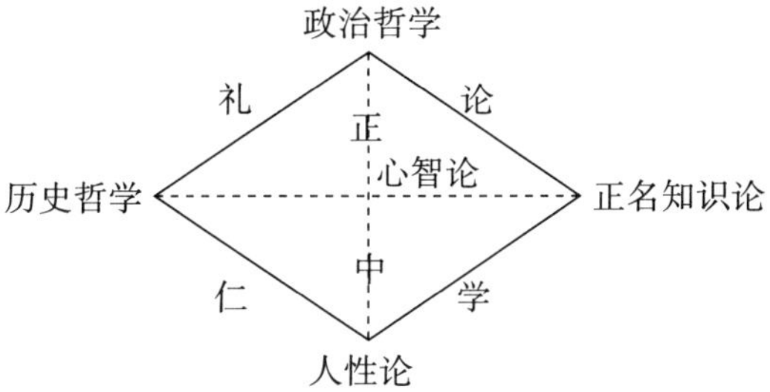

图 6　孔子道德哲学构成体系

概言之，孔子的伦理思想学说，是以君子成己成人立世为动力，以修仁、习礼、和乐为路径，以中正为指南、以仁德 – 公正为规范统摄其形下君子理论和形上道德哲学于一体的学说体系。

参考文献

[1] [德] 雅斯贝尔斯 . 大哲学家 [M]. 李雪涛主译 . 北京：社会科学文献出版社，2006.

[2]（三国）何晏注、（宋）邢昺疏 . 论语注疏 [M]. 北京：中国致公出版社，2016.

[3] 唐代兴 . 伦理学原理 [M]. 上海：上海三联书店，2018.

[4] 杨伯峻译注 . 论语译注 [M]. 北京：中华书局，1980.

[5] 马如森 . 殷墟甲骨文实用字典 [M]. 上海：上海大学出版社，2008.

[6] 胡念耕 [M]. 孔子“中庸”新解 [J]. 社会科学战线，1997(1).

[7] 唐梵凌 . 试论“中庸之为德”及思想体系 [J]. 中华文化论坛，2021(1).

[8][美] 赫伯特•芬格莱特 . 孔子：即凡而圣 [M]. 南京：彭国翔、张华译 . 江苏人民出版社，2002.

[9][美] 郝大维、安乐哲 . 孔子哲学思微 [M]. 蒋弋为、李志林译 . 南京：江苏人民出版社，2012.

[10] 唐代兴 . 君子事功理论的历史性生成 [J]. 中国社会院研究生院学报，2019(3).

[11] 王国维 . 王国维手定观堂集林 [M]. 杭州：浙江教育出版社，2014.

[12]（清）阮元校刻 . 十三经注疏 [M]. 北京：中华书局，2008.

[13] 郭丹、程小青、李彬源译注 . 左传 [M]. 下册 . 北京：中华书局，2016.

[14] 杨伯峻译注 . 孟子译注 [M]. 上，北京：中华书局，2000.

[15]（清）朱文熊 . 庄子新义 [M]. 李花蕾点校 . 上海：华东师范大学出版社，2011.

[16] 萧公权 . 中国政治思想史 [M]. 北京：商务印书馆，2013.

[17]（汉）司马迁 . 史记 [M]. 长沙：岳麓书社，1988.

[18] 唐代兴 . 试论《论语》的研究方法 [J]. 中华文化论坛，2021(2).

Outline of Confucius' Eethical Thought

Abstract: As Jaspers said Confucius Theory of Ethics Construct a kind of “thought paradigm” of how people can lead ethical life.This thought paradigm defines a gentleman by classifying people, people and villains from the view of constitution. Taking benevolence, propriety and music as the cognitive frame, through benevolence and justice, exploring the basic path of gentleman's ambition, virtue, benevolence and recreation, and constructing the doctrine of the mean.The system of virtue and virtue with filial piety, brother, loyalty and forgiveness as the code of conduct. this thought paradigm starts from the human nature of “close Xi Yuan”, takes “benevolence into propriety” as the path, takes “middle” as the signpost, opens down the gentleman's theory with “learning and learning “as the motive force, and takes the cultivation of benevolence and self-cultivation as the core content from the view of theoretical construction.To construct a moral philosophy based on the theory of human nature, the theory of mind, the theory of right-name knowledge, benevolence and propriety.

Keywords: Confucius Ethics; Benevolence into Propriety; Just; Doctrine of the Gentleman; Moral Philosophy; Benevolence-Justice

【作者简介】唐梵凌，四川师范大学哲学学院助理研究员，主要研究先秦哲学和伦理。

为生态文明寻求哲学基础：中西思辨形上学

俞懿娴

【内容摘要】本文主要目的有二：一是主张自然生态系统的崩溃，导致日益威胁人类和自然永续生存的环境危机，实出于心理或精神生态系统的崩溃；其明显特征是科学主义和人类中心主义的盛行，以及人道的式微。二是建议重新恢复中国传统以《尚书》和《易经》为本的自然宗教思想，以及西方传统依亚里士多德、阿奎那、笛卡尔、斯宾诺莎、莱布尼茨、卢梭、怀特海等哲学家思辨形上学中的自然神学思想。自然宗教与神学不同于超自然神学，旨在排除一神信仰中的非理性因素，协调于理性与信仰、自然与神圣、哲学与宗教之间，可谓宗教思想理性化必然的发展，而古代中国人应被视为最早预见此一趋势的民族。此一思潮结合自然法与道德律，重视人与自然的和谐关系，肯定宇宙万物有机相关，全体一命，足以作为生态文明的哲学基础。

【关键词】思辨形上学精神生态;《尚书》;《易经》；过程哲学

天地与我并生，万物与我为一。——《庄子·齐物论》

正德，利用，厚生，唯和。——《尚书·大禹谟》

人是宇宙的孩子，抱着愚蠢的雄心计划和非理性的希望。——怀特海(A. N. Whitehead)《思想的形态》(*Modes of Thought*, 1938/1966:30)

自从人类文明出现在地球上，自然早就受到人为的影响而改变。不过直到现代科技蓬勃发展，才使得人类具备完全改变自然世界的能力，并且成为自然真正的威胁。运用科技设备，人类掠夺所有自然资源，污染了大气、土壤、河川、湖泊、地下水、湿地、森林、海洋，还有一切他们力所能及之处。借着燃烧石化燃料，释放温室气体，破坏雨林还有臭氧层等等，人类将地球的生命圈和生态系统推往崩溃的边缘，其结果明显可见于气候变迁（climate change）。我们应当知道，地球上从来没有任何物种像人类一样，可以决定他自己的命运和他所生活环境的命运。到了21世纪，我们面对着一个关键时刻：不是化解人与自然之间的紧张关系，就是破坏自然环境与之同归于尽。20世纪60年代，西方有志之士已然警觉到地球生态的破坏，威胁所有物种包括人在内的永续生存。透过了解自然生态与精神生态的崩溃，西方环境哲学和生态思想的发展，过程哲学对宗教人类中心主义（anthropocentrism）的修正，中西传统思辨形上学的价值，或许可以取得生态文明的哲学基础，从根化解生态问题。

一　地球逆生运动与环境关怀

1. 令人惊心的消息

2019年传来许多令人惊心的消息：亚马孙雨林大火和冰岛奥库冰河（Okjökull or OK Glacier, Iceland）融解，海洋污染和许多其他指征显示全球暖化加速，生态崩溃已达临界边缘，而人类文明的前景黯淡。号称“地球之肺”的亚马孙雨林大火据传是贸易大战的结果：巴西农民为了开垦更多的耕地，种植销往中国大陆的大豆，以取代原来美国的大豆，放火烧林，酿成巨祸。无数的植物、昆虫和动物遭此浩劫，栖地毁于一旦，无以恢复。另一个令人震惊但较不受重视的环保问题，便是冰岛奥库冰河的消失：该冰河是覆盖冰岛高山的四百条古冰河之一。2014年，奥库冰河因不断萎缩，变成冰饼，现如今成了第一条完全消失的冰河。在其“遗址”上，人们竖立了一个纪念碑，注明这条冰河是死于“415ppm碳排放”，也就是现在地球大气温室气体的比例，几乎是地球演化出人类以来最高的浓度。再一个可怕的景观是海洋的塑料污染，已危及所有海洋和岛生生物。塑料废弃物和微粒随着绕着世界的洋流，污染海洋，造成无可挽回的灾害。这一切显示人类必须为现今自然环境的崩坏负起责任，且注定要承受这崩坏所带来的严重后果。

2.20世纪中叶西方的环境保护运动

当代过程哲学（process philosophy）奠基者怀特海（A. N. Whitehead, 1861—1947）在其名著《科学与现代世界》（*Science and the Modern World*）一书中曾说：“任何自然物以其影响力，损毁其所处环境，即是犯下自杀行径。”[1]

(p.112)想来怀特海不曾料到他的这句话，竟然一语成谶！在这之后的近一百年来，人类作为自然的一分子，也就是一个自然物，竟然做到了全面“损毁其所处环境”，一步步地犯下自杀行径。在破坏自然的预期后果严峻情况下，人类却仍持续这样的自杀行径，不曾稍歇。其实西方自20世纪60年代起就兴起一波波的环境保护运动，一般皆以1962年卡尔逊（Rachel Carson）出版《寂静的春天》（*Silent Spring*）一书作为环境主义（environmentalism）的起点。[2]之后，1967年林恩・怀特（Lynn White）的“我们生态危机的历史根源”（The Historical Roots of Our Ecological Crisis”）一文，[3](pp.1203-1207)引发环境伦理学（environmental ethics）和精神生态学（spiritual ecology）的发展。该文不仅承认生态危机的严重性，且追溯其历史根源在西方犹太基督教的传统，将环境议题推上伦理和宗教的台阶。林恩・怀特认为现代科技之所以对生态造成灾难性的冲击，乃受到基督教人类中心主义（anthropocentrism）的影响。①基督教不只是建立了人和自然二元对立的关系，且假借上帝的意志，给予人类为了自身的利益掠夺自然的特权。虽然他承认非常欣赏圣弗朗西斯（Saint Francis of Assisi, 1182—1226）“人与自然万有之间的同胞兄弟之情”的教义，以他足以作为生态学家的守护圣人（a patron saint for ecologists）和精神平等主义（spiritual egalitarianism）的代表人物，但仍不足以让基督教摆脱人类中心主义。[4]

林恩・怀特着眼于将人统治自然特权的观点归咎于基督教，另外一些人如杜伯斯（Rene Dubos）、西特拉（Joseph Sittler）、巴尔（Richard A. Baer）、山特迈（Paul Santmire）等，则着眼于从基督教观点发展出生态思想，所谓“管家理论”（the stewardship doctrine）。他们说上帝确实将他的造物也就是自然信托于人类之手，但是这不是说人类有权利滥用和剥削自然，而是说人类对神有着保卫和守护自然的义务，如同一个忠实的管家一般。[5](pp.203-206)山特迈指出基督教的人类中心主义不应当被解释为人类对自然的独裁保证，而应当被理解为人类守护自然的一个信托。[6](pp.208-209)杜伯斯同意山特迈的说法，他认为圣本笃（St. Benedict of Nursia, 480—547）可以更好地取代圣弗朗西斯作为生态的守护者；不同于圣弗朗西斯那样把自然当作自然，圣本笃和他的追随者努力地将蛮荒的自然和野地转变成适宜人居住的环境。因此杜伯斯认为圣本笃教派是基督教守护者最好的榜样——他们对自然环境展示了“伦理的态度”（ethical attitude）。[7](pp.201-202)

---

① “人类中心主义”意谓一切以人为主、为中心的思想，且这“人”是自然物种上最优势的存有，颇有以人凌驾万物之意。此说不同于中国的“人本主义”(fundamental humanism)，即以人道为本的思想，故能有“民吾同胞，物吾与也”的胸怀。

3. 过程哲学和精神生态

据环境伦理学史学家纳什（Roderick Nash）所说，与上述学说同时发展的还有怀特海过程哲学（process philosophy）的追随者所做的努力。当代美国哲学家哈特肖恩（Charles Hartshorne, 1897—2000）、威廉斯（Daniel Day Williams）、玻尼法兹（Conrad Bonifazi）和小柯布（John B. Cobb, Jr.）等人，皆有志于深究人类盲目扩张且破坏自然的后果。在他们之中，纳什特别提到小柯布对环境哲学做出了最大的贡献。继承了怀特海的哲学，小柯布提出建构后现代主义（constructive postmodernism）的学说①，并于 1972 年出版《是否太迟了？》（*Is It too Late? A Theology of Ecology*）一书，[8] 是为哲学家有关环境伦理学的第一本著作。半个世纪前，小柯布在书中已明确指出工业化造成严重的环境污染：温室气体排放、重金属塑料、化学物质破坏了整个生态。他不仅倡议新的宗教观，并推崇中国道家天人合一的思想，最具生态智慧。[9]（pp.26-30）基于怀特海的过程和机体的思想，小柯布主张“从人类到各种非人类（nonhuman）形式的生命，再到细胞、原子、次原子粒子（subatomic particles）”都各有其意图。而上帝将个体的实现视为“神圣完美性”（divine perfection）的一部分，因此无论是地球上最高心智的人类，还是“非人类世界”的一切存有，在上帝的眼中，皆当得到同等权利，尊重其追求自身的实现。[10]（p.201）人当扩充宗教之爱，及于非人类世界，不只着眼于其人工具性的用途，还须尊重其自身的内在价值（intrinsic value）。[11]（p.201）于是柯布提出了一个新的观点，将人放置在自然的顶峰（the apex of nature）——一个健康生态的金字塔（a health biotic pyramid）。这观点不再认可人类应当支配自然，统治自然，而是要求人类负起保育自然、爱护自然的责任。基于此，纳什说小柯布召唤了“一个生命的宗教”（a religion of life），他想要把他的道德观向下灌注到细胞上，向上普及各种“生命圈”（biospheres）和“生态系统”（ecosystems）中。[12]（p.201）于是纳什推崇小柯布的思想在“绿色化”宗教信仰和自然权利自由主义（natural-rights liberalism）上，树立了一个里程碑。小柯布对于环境和自然的宗教意识与责任感，从 1970 年代起感召了许多哲学家。

---

① 基于怀特海过程哲学的理念，约翰·柯布和大卫·葛里芬于 1971 年在美国加州克莱蒙共同创立了“过程哲学研究中心”，并提出了《建构后现代》的理念。稍早，小柯布在 1964 年发表的《从危机神哲学到后现代世界》，（《百年书评》，第八卷，第二期，1964 年，第 174-188 页）一文中，最早以《后现代》一词形容怀特海的哲学。之后，学者费瑞在《塑造未来：后现代世界的来源》一书中，也有同样的提法。参见费德瑞克·费瑞，《塑造未来：后现代世界的来源》，旧金山：哈泼和洛出版，1976 年；大卫·葛里芬等编：《建构后现代哲学的奠基者：伯尔斯、詹姆士、柏格森、怀特海、哈兹洪》，阿巴尼：纽约州立大学出版，1993 年，第 33 页。

过去几十年来，他也特别将这环保责任加以推广，且与王治河博士和樊美筠博士合作，在21世纪初成立了“过程研究中心中国部”等机构，持续不断推动着生态文明的建设工作。

二 走出人类中心主义的环境思想

1.人类中心主义与现代科技

从前述可知，西方人对于环境议题的关心，基本心态是被动的，虽然也是对于人不尊敬自然、滥用科技、导致灾难性后果做的良知反应。作为西方两千多年来最具影响力的宗教，基督教为人类中心主义的指控提供了足够的文献证据[13](pp.255-269)，理当对催生这种心态负起责任。举例来说，美国宾夕法尼亚州的共和党前参议员山托荣（Rick Santorum）在角逐2012年美国共和党总统初选时，指控时任美国总统奥巴马将他的环境议题放在一个“虚假的神学”（phony theology）里。①他形容这个“虚假的神学”教导“人在这里是要来服侍自然的”，且宣传这样的一个世界观：将地球提高到超越人类的地位，然后说我们不能使用这些资源，因为会对地球造成伤害，其目的就在想要取得更多的权力。根据山托荣的说法，奥巴马支持的不是基于《圣经》的神学，而是某种世俗的价值。然而任何人只要有爱自然之心，都会同意人当自我节制。就算不承认自然与我们平起平坐，也要知道伤害自然终究不会有任何好处。

不过造成现前人类无法保护自然，致使地球上的所有生物无法永续生存的困境，真正的“嫌犯”不只是基督教，还有西方的“现代化”和世界其他部分的“西化”。不可否认的是，现代心态有一明显的特征：对自然敬畏和亲爱情感的失落和褪去，骄傲自大的现代人以拥有科技为傲，甚而自视有着近乎神的全知全能。在中西传统中，自然经常受到敬畏崇拜，其地位是崇高神圣的。然而在现代人的眼中，自然却沦为科学探究、预测、操控和剥削的对象。这世俗的现代心态受到人类知识与生活条件现代化的鼓励，透过工业化、资本化和都市化的过程，全面改变了人类的生活，也颠覆了传统的自然观。现代化让西方人享受了非常多的知识、财富、便利、自由和权利，令每一个非西方民族艳羡，也想要有完全一样的生活。就如韦伯（Max Weber）所观察到的，现代西方文明的工业资本主义奠基于科技，展示了一个世界普遍历史（universal history）的方向，那凌驾了所有非西方的传统。[14](pp.331-340)然而整个世界现代化和西化，不仅造成地球的生态

① 山托荣2012年2月20日在上CBS“面对国家”栏目时，发表这些言论，也在参选时重复这些说法。

危机，也促成了拜物主义（fetishism）、消费主义（consumerism）和伦理虚无主义（ethical nihilism）的盛行，终而导致人类社会精神生态的崩溃。

2. 对自然的伦理和宗教关怀

许多科学家和流行意见以为环境问题既然是由科技引起的，那么其解答也必须由科技来提供。持相反意见者则认为，环境议题不能只靠技术层面来解决，因为它不只是一个“技术问题”。这个议题和“科技滥用”有关，涉及人类和自然的全面关系，以及所有的社会、政治和经济问题，不是科技本身可以处理的。这议题的核心实为伦理和宗教，需要我们对于人类与自然关系一个更完整的思考和调整，那预设了将宇宙万有视为彼此相关、有机整体的观念，而人类是这整体中的一个部分。在这背后，一定要有一个终极，指向我们所相信的最终极、普遍和超卓的实在性，是所有存有的基础，且将我们经验的所有层面都结合起来。一句话说，就是在我们的心灵中激发出整体感（a sense of wholeness）和普遍意识（universal consciousness）。此外，环境议题和人类“对自然缺乏敬意”有关，而现代人骄傲自大、毫不谦虚的心态，让自然为人所利用，且就其所能地占尽便宜。自然失去了作为人类父母的地位，变得只剩下工具性价值（instrumental value）。要纠正这个被扭曲的心理，必须倚重宗教的情操，才能涵养我们对于自然的敬意，以自然具备本有价值看待之。

我们会怎么做，取决于我们相信什么。对我们而言，什么是自然？什么是人在自然中的地位？什么是人和自然背后的终极实在？而人和自然都是它彼此交关的部分？和这些问题有关的，在西方一般而言，有两个对立的观点：一个是基督教的一神创造论，主张自然是神的造物，神根据自己的形象造人，并且给予他支配统治自然和所有存有的权利。另一个是达尔文（Charles Darwin）的科学进化论（scientific evolutionism），认为人类只是依照天择演化而出的自然物种，在赤裸裸的自然事实上，除了盲目的自我保存和生存竞争的本能之外，无法发现任何内在价值或者意图。这里第一个观点是基于宗教信仰的，信仰者相信有一个超自然的人格神以及天启的《圣经》。但是这个观点受到各种非信仰者的持续挑战，也受到理性思辨和科学知识的质疑。这第二种观点可以说是科学唯物论发展的巅峰之作，没有留给精神价值和宗教关怀太多的空间，而那些却是修补人和自然之间关系不可或缺的。两种观点都把自然看作一种没有本有价值的“东西”（things），不是出于上帝奇迹之手，就是出于因果机械的无情规则。这两种观点都不符合我们现前的意图；我们想要恢复在自然界中和平与和谐的生活。因此我们需要在这两者之外，另寻其他的途径。

三　恢复自然生境的存在论思考

1. 传统西方思辨形上学与自然神学

西方传统思辨形上学的最高发展即为“自然神学”（natural theology）。根据耶格（Werner Jaeger）的说法，“自然神学”（*theologia naturalis*）的观念最先出现在圣奥古斯丁（St. Augustine）《上帝之城》（*De civitate Dei*）里，是他接受了古罗马学者瓦罗（Marcus Terentius Varro, 116—27 BC）的区分，以“自然神学”和“密意神学”（mythical theology）与“政治神学”（political theology）对立。[15]（pp.1-3）之后，托马斯·阿奎那（Thomas Aquinas）取用了这个概念，使之与“启示宗教”（revealed religion）或“超自然神学”（supernatural theology）对立。他将宗教信仰建立在人类理性和德行的基础之上，并援用古希腊哲学家亚里士多德（Aristotle）的形上学论证上帝的存在。身为基督徒，阿奎那信仰全能、全知、永恒、完美、无限、绝对的上帝存在，以及天启《圣经》。但他也看出来哲学的重要性，尤其是亚里士多德这位先于耶稣的异教徒，认为“上帝”是原初动者（Prime Mover）、不动的动者（Unmoved Mover）、第一因（First Cause）、最终因（Final Cause）、纯粹形式（Pure Form）、自我依赖的实现性（Self-dependent Actuality）等，这些皆是理性神学的基石。如同阿奎那所说：“信仰认定，而理性探求”（“Faith professes and reason investigates”），“现在就如神圣教导是建立在信仰之光上，故哲学是建立在理性的自然之光上”[16]（pp.34-40），阿奎那承认基督徒信仰神圣的上帝超越了理性的范围，但是理性可以作为信仰的前提，使两者结合在一个真理上。于是阿奎那斯以自然物体齐一有序的运动所展示的自然法（natural law），作为人和神之间的联结。在他看来，人类善恶归属自然法的格准（precepts of the law of nature），据之可以决定何事可为或不可为。人的律则或者道德律（moral law）则衍生于自然法，而前者的本质内容符合后者。如此自然神学基本上有着伦理的性质，以人类理性和道德性作为宗教信仰的基础，而阿奎那也是第一个哲学家，让自然法在道德论上取得中心地位，使之成为实践理性原理的基础。[17]（pp.147-148）

自然神学与启示神学之间的对立，在阿奎那之后扩大。循着这个思路，笛卡尔（Descartes, 1596—1650）说：“我总是认为有关于上帝和灵魂这两个问题，应当被哲学而不是被神学来论证的。当然不可能以此说服宗教上的不信仰者，确实，几乎也无法说服任何有道德德性的，除非，我们一开始就以自然理性的方式来证明这两个事实。”[18]（pp.144-163）与阿奎那相较，笛卡尔采纳了理性胜过信仰的立场，他认为上帝存在和灵魂不朽这宗教上两大议题，应该在理性而不是在信仰上找到证明。[19]（p.133）宗教信仰不该抵触人类理性，且只能由理性来认证。另有哲学家以上帝等同自然，最明显的就是斯宾诺莎（Spinoza）提出来的所谓“泛神论”（pantheism）。采用库撒斯（Cusanus）和布鲁诺（Bruno）的名句，斯宾诺莎把“能产的自然”（Natura naturans, nature naturing）等同于“所产的自然”（Natura naturata, nature natured），并分别用以形容上帝和自然。上帝是一个和自然等同的无限实体，就存在于自然之内。作为自因的创造主，他和受因的造物无别。[20]（p.409）

于是斯宾诺莎将犹太—基督教超越的上帝（transcendent supernatural God），转化成内在的自然上帝（immanent natural God）。继其后，第一位将中国古代思想引入西方的欧洲哲学家莱布尼茨（Gottfried W. Leibniz, 1646—1716）主张信仰与理性一致，而前者不得与后者抵触。正如他所说：“我认为这两个真理不能相互矛盾；信仰的对象是上帝超凡启示的真理；而理性是所有真理的联结，尤其是那些人心无须信仰之助便可自然得到的真理。”[21]（p.73）尽管莱布尼茨承认：“上帝可豁免他为造物们制定的律法，且在他们身上造出无须靠奇迹而有的天才表现。”[22]（p.74）但他小心地将这种表现归因于天使，上帝的代理者，并将之与人类的艺能同化，以免受到违反自然法的指控。[23]（p.75）莱布尼茨还区分了“理性之上”（what is above reason）和“违背理性”（what is against reason）的不同，并主张基督信仰中的“神话”（Mysteries）属前者超越人类理解之域，而非后者与理性对反。[24]（p.106）总之，莱布尼茨想方设法尽力维持基督信仰，也避免它与理性冲突。此后哲学家们重视启示神学与自然神学、宗教与哲学、信仰与理性、超自然与自然等对比，发现两者实不兼容。在他们看来，启示神学诉诸神圣天启，信仰唯一超自然的人格神、圣经和违反自然法的奇迹，而自然神学则认为上帝既然制定了自然法，绝不会违背自己定下的律则，而那本身就是上帝的显现。启示神学深信全能的神拥有超自然的力量，可以随心所欲地干预自然法的运行，以奇迹彰显神的超卓存在。后者则认为这是不必要的，因为除了自然法之外，别无上帝。卢梭（Jean-Jacques Rousseau）在《萨瓦牧师的信条》（“The Creed of a Savoyard Priest”）一文中最生动地表达了这一立场：“在我的探究中，除了自然宗教，你什么也找不到；如果还需要别的，那就怪了！……告诉我你可以为自然法的职责增加什么？……神圣自然最伟大的观念只来自我们的理性……聆听内在的声音。……还能告诉我们什么？启示只会贬低上帝，将我们自己激情加诸他。”[25]（p.259）于是卢梭敦促人们不要将宗教仪式（ritualism）和形式主义（formalism）与自然虔诚（natural piety）、真实精神、道德良心和自然理性的宗

教情感混为一谈，因为上帝要求的是内心的真诚，而不是崇拜的形式。[26]（p.259）

卢梭对形式宗教（formal religion）的反叛精神，以及要求宗教情感得到了苏格兰启蒙哲学家休谟（David Hume 1711—1776）的呼应，并由德哲康德（Immanuel Kant 1724—1804）继承，两人都决意反对以纯粹理性为基础的自然神学。[27] 休谟持怀疑的态度，指控自然神学犯了源于人性的拟人论（anthropomorphism）的错误，据自然法提出上帝存在的宇宙论证（cosmological arguments）和据心智设计提出设计论证（design arguments），毫无经验证据的支持。休谟随后将自然宗教导向极端经验论（radical empiricism）或自然主义怀疑论（naturalistic skepticism），试图从人类学、心理学和社会学的观点解释宗教现象，而康德则朝向道德神学发展，以其批判哲学否定纯粹理性具备认识上帝的本性和存在的能力，令道德法取代自然法在神学中的地位。其后虽有18世纪英国的理神论者（Deists）和19世纪德国的唯心论者（German Idealists）承继了自然神学的传统，受到休谟的影响，现代逻辑实证论者（logical positivists）根据检证原理（the verification principle），如约翰·哈钦森（John Hutchison）所说"将自然神学交付给无意义的深渊。"[28]（pp.936-944）此后，自然神学便渐趋没落。

2. 过程神学（Process Theology）和万有在神论（Panentheism）

现代过程哲学家，尤其是怀特海，在20世纪初复兴了自然神学的传统。他的追随者哈特肖恩、柯布以及其他人发起了一场新的宗教运动；所谓的过程神学在20世纪下半叶盛行于美国。怀特海本是一位逻辑学家和数学家，倾向于可知论（agnostic position）的立场；[29]（p.24）自1925年出版了《科学与现代世界》后，成了一个哲学有神论者（a philosophical theist），并在他的《过程与实在》（*Process and Reality*, 1929）中发展出一种自然神学，哈特肖恩称之为"万有在神论"。在《科学与现代世界》中，怀特海接受了亚里士多德以上帝为原动者的概念，将神学的终极默认从物质实体物理学支持的第一因，转化为限制原理（the Principle of Limitation）和凝聚原理（the Principle of Concretion），作为具体时间存在或过程的预设。在怀特海看来，自然是由"经验单元"（units of experience）而不是惰性物质所组成。上帝作为限制原理的代表，为实有提供了终极的形上境遇（situation），是生成单元（the becoming units）具体化和实现的前因以及价值标准限制的基地。[30]（p.178）于是怀特海以上帝为终极限制，是具体实现性的基础，上帝的本性和存在再无理由可言。然而，上帝不仅通过形上理性为人所知；还须在人的宗教经验中找寻，怀特海说："就这些经验的诠释而言，人类有着深刻的不同。它曾被命名为耶和华、阿拉、梵天、天父、天秩、第一因、超卓存有（Supreme Being）和机遇（Chance）。每个名字都对应着不同的思想体系，衍生自那些使用者的经验。”[31]（p.179）怀特海非常清楚自然神学和形式宗教的区别：前者的核心是启发我们相似宗教经验和情感的形上终极性，后者则是其特殊化的作用，可见于不同精神传统各自给出的不同名称。

怀特海以过程的概念代替亚里士多德形上学中的实体概念，同时引入了相对有限的上帝概念，以取代传统绝对无限的上帝概念。他注意到亚里士多德形上学和基督教神学的结合，产生了“原始的、极其真实的、超越的创造者之学说，世界从他的敕令而出，且须服从他强加的意志”，这导致发生在基督教和伊斯兰教历史上的悲剧。[32]（p.342）宗教的排他性、可怕的、超自然的、位格的上帝和统治造物的超越造物主的观念，以及超卓存有的永恒性笼罩着世界，是怀特海在传统一神论中发现的缺陷。于是怀特海开始用一种新型的自然神学——万有在神论来解读上帝和世界的观念，以及它们之间的相互关系。根据怀特海的说法，上帝具有两极性：以其“原初性”（primordial nature）为世界提供了无限潜存性（potentiality）、可能性（possibility）和理想性（ideality）的基础，且以其“后效性”（consequent nature）不先于所有造物，而是与造物同在。原初性是自由、无限、永恒、欠缺实现和无意识的，而“后效性”是被决定的、持久、变迁、完全实现和有意识的。在这种情况下，世界不是上帝的造物，而是一个自我创造（self-created）的过程，与上帝有着相同的特征——创化（creativity）。上帝与世界的对立转为某些可以互换的对比（contrasts）：上帝是永恒的，世界是变迁的；世界是永恒的，上帝是变迁的；世界内在于上帝，正如上帝内在于世界；上帝超越世界，正如世界超越上帝；上帝创造了世界，正如那个世界创造了上帝……[33]（p.348）这是怀特海理解上帝特有的一种互补和辩证逻辑。以此，上帝的概念不应该仅仅等同于“绝对者”（the Absolute），也不应该具有无限、不变、永恒和必然的片面属性。上帝要兼具“绝对与相对”“有限与无限”“永恒与暂时”“必然与偶然”等属性。上帝与世界的关系不再是单向的：作为造物的世界完全依赖于神，作为造物主的上帝则独立于世界；而是双向的：上帝在不断创造的过程中，也相对地依赖于世界。

跟随怀特海，哈特肖恩，小柯布和格里芬都同意“相对”和“相反相成”的（antithetic）上帝概念，那可让上帝免除要为世上所发生的一切负责的传统；上帝不再是一切恶或善的根源。上帝和造物都是现行实有（actual entities），即生成的过程（processes of becoming）；他们在创化的特征上是平等的，故同为所做的一切负责。以此，哈特肖恩追随怀特海提出“超相对主义”（Surrelativism）或“万有在神论”，主张“相对的”或可变之物在其自身与价值上，超过非相对、不变、独立或者“绝对的”，因“具体包含且超越抽象”①。小柯布和葛里芬将怀特海和哈特肖恩的上帝观念提升为基督教的自然神学，从而恢复了现代实证论、科学主义和虚无主义所摒弃的宗教上帝的当前含义。

过程哲学家解读任何如上帝自身一样的存在，都是自因（self-caused）和自创（self-created）的，因此必须承担自我责任（self-responsibility），完成自己的生命过程，如此上帝作为形上基础，才为其提供理由和希望。到了这个阶段，上帝作为全知全能造物主的古典有神论观念，似乎转化为一统整世上所有对比的综合生成（a synthetic becoming）。以此，过程神学可被视为中国古代思想的亲密盟友，如同莱布尼茨所发现的，中国思想具有丰富的自然神学的元素。[34]（p.52）

3. 莱布尼茨论中国人的自然神学

正如莱布尼茨与16世纪的耶稣会士（Jesuits）在中国古代文献《尚书》中所见，“天”意味着“自然之天”，也意味着“人格上帝”（a personal God），这显示有一自然宗教和道德神学（moral theology）的原始形式，对任何理性化和人道化的宗教而言，深具意义。《尚书》中还有“天秩”和“天叙”的概念，既指自然法，也指道德律，两者的结合历来是西方自然神学的首要特征。除了《尚书》，莱布尼茨还发现了中国自然神学的另一个古老来源，就是《易经》。作为微积分的发明者之一，莱布尼茨提出宇宙是从纯粹存有（上帝）或一（1）和无（0）产生的，这是二进制算术系统的基模。他从法国在华传教士白晋（Bouvet）处得知，中国古代圣王伏羲所传《易经》的六十四卦是以阴（- -）阳（—）两爻组成，用来模拟宇宙创化的过程。若照莱布尼茨的建议，将实线作为数字1，将虚线作为数字0，就会发现六十四卦完全表现出一种二进制的算制。[35]（pp.73-133）受到当时流行的新儒家学派（宋明理学）的影响，莱布尼茨以“理”或“太极”即是“上帝”。他说：“我相信这和我们说法一致，因为我们说上帝是一个球体或圆形，其中心无处不在，其周长无处可寻。他们称之为‘事物的本性’，我相信这与我们说上帝是自然的创造力（Natura Naturante）相符。我们说自然是智慧的；它所做的一切都为了一个目的，没有白费。中国人也把‘真和善’归给它，就像

① 哈兹洪所谓的“超相对论”主张神圣(deity)的人格性和宇宙总体性，那显示了现行神圣的整体实现状态，以其和限前宇宙有着超相对的关系，即无物在自身之外。而“万有在神论”则是指神圣在某些真实层面可和任何独立事物和相对项区别，然而就实现整体而言，也包含所有的相对项。参见查尔斯·哈兹洪：《神圣相对性上帝的社会性概念》，纽哈芬，耶鲁大学出版，1984年，前言，第88—92页；查尔斯·哈兹洪和威廉·瑞斯编，《哲学家们谈上帝》，芝加哥：芝加哥大学出版，1976年，第1—16页；查尔斯·哈兹洪，《为了我们时代的一个自然神学》，芝加哥：开放庭院出版，1967年。

形上学中我们将‘真和善’归给‘大有’（Being）一般。但显然对中国人来说，就像‘理’是超卓的‘大有’，它也拥有超卓的‘真和善’。”[36]（pp.82-83）莱布尼茨显然不知道他所说的“理”是新儒家从《易经》的“道”转化过来的，而“太极”的概念也最早出现在《易经》。《易·系辞传》说：“是故易有太极，是生两仪。两仪生四象，四象生八卦。八卦定吉凶，吉凶生大业。”至于“道”是“易”的同义词，《系辞传》里经常提到“是故形而上者谓之道，形而下者谓之器”，“一阴一阳之谓道，继之者善也，成之者性也。……显诸仁，藏诸用。鼓万物而不与圣人同忧，盛德大业至矣哉！富有之谓大业，日新之谓盛德。生生之谓易。”[37]（p.37）在这段落中很容易找到自然神学的元素：《系辞传》的作者将道德律和自然法合而为一，但没有提出任何特定的神祇——这即使在《尚书》中也不曾有。

值得注意的是在“太极”一词第一次也是唯一出现的段落中，并无奥秘之处，只有由阴阳两爻代表的自然秩序，具有数学上的必然性：2 的 0 次方是 1（太极），1 次方是 2（两仪），2 次方是 4（四象），3 次方是 8（八卦）。然而，“太极”的概念到了宋明理学时，被阴阳五行学说严重地污染了，杂糅了道教思想，使《易经》中的理性宇宙论（rational cosmology）沦为一种有缺陷的宇宙发生论（cosmogony）。尽管如此，这并没有降低莱布尼茨发现这些概念与“上帝”平行的形上意义与价值。

不可否认，中西自然神学传统有着本质的区别。中国自然神学中的“超卓存有”，或神灵，或道，或太极一般皆是自然神祇，没有任何特定的名称或神话，也从未启发过任何严格的形式宗教，尽管民俗宗教可能会假借它们来证明神化英雄（deified heroes）的信仰，乃至寻求神化。中国的神性观念更接近于希腊神学中的“theos”，神圣的、不可测的、奇迹般的行事，也更接近亚里士多德的“第一因”（First Cause），“天”化生万物，不是基督教创造宇宙的人格神。说中国自然神学既支持“有神论”又支持“非有神论”似乎很奇怪，但正如哈特肖恩曾指出：“有两种可能的崇拜理论：‘有神论的’（theistic）和“非有神论的”（non-theistic）。根据前者，个人有意识的整体性（the conscious wholeness）相对于个人在世上感知的含括整体性（an inclusive wholeness），而这整体性就是神灵（deity）。根据非有神论的观点，要么没有含括的整体性，要么有，但不是宗教的神灵。或许它只是‘未知’（Unknown）或‘自然之为大谜团’（Nature as a Great Mystery），不是有意识的，或者是原则上优于所有其他的个体。也许它甚至是‘人道’（Humanity），或者更合理地说它是所有的‘有情众生’。”[38]（pp.5-6）对于中国人来说，只要神灵没有名字、没有数目、没有实质存在，就像自然奥秘的功能一般，它就可以成为崇拜和祈祷的对象。正如孔子曾说过的那样：“获罪于天，无所祷也!”在中国人看来，有神论和非有神论的崇拜非不兼容，而是相辅相成的；中国人诚实地承认我们对神灵的宗教感情和对终极奥秘的无知。我们的宗教情感使我们有着对神灵的信仰之心，而我们的无知使我们无法对神灵的本性和实质存在做出任何明确的宣称。遗憾的是，哈特肖恩草率地将非有神论崇拜视为低等动物无知的表现。[39]（p.6）如果他记得怀特海曾建议上帝的存在是一种不可言宣的“终极非理性”（ultimate irrationality）[39]（p.1786），那他可能不会犯这样的失误。

四　结语

人类在严酷自然环境中为文明奋斗的历史，不可免地造成人与自然之间的矛盾冲突。我们是唯一的自然物种，从自然中创造出属于自己的世界。人类文明越发达，我们就越不自觉自己是自然的一员，最终完全失去了对自然的尊重和关爱。中西自然神学的传统显示，基于自然法、自然理性和自然虔敬，自然与人可以和谐为一。在西方可以追溯到两千五百年前的古希腊，在中国“六经”的记载可追溯到三千年前。生生谓易、道法自然、天人合一、敬天法地、少私寡欲、爱物惜物，强调自然与人有机和谐的关系，一直是中国古代儒家和道家颂扬的主题。而传统西方自然神学的终极关怀，协调信仰与理性这两个传统似乎保存着最宝贵的人道元素：理性、良知、崇敬、宗教情感和整体感，这些元素对于健康的精神生态是必不可少的，也是维护任何生态系统的基础。

参考文献

[1][30][31][39] A. N. Whitehead, *Science and the Modern World*, New York: The Free Press, 1925/1948.

[2] Rachel Carson, *Silent Spring* (Boston: Houghton Mifflin, 1962; John McCormick, *The Global Environmental Movement*, New York: John Wiley & Sons, 1995.

[3] Roger S. Gotflieb ed., *This Sacred Earth Religion, Nature, Environment*, New York and London: Routledge, 1996.

[4] [5] [6] [7] [10][11] [12] Roderick Nash, “The Greening of Religion”, Roger S. Gotflieb ed., *This Sacred Earth Religion, Nature, Environment* ,Routledge: New York and London, 1996.

[8] John B. Cobb, Jr., *Is It too Late? A Theology of Ecology*, Switzerland: Bruce Publisher, 1972.

[9] John B. Cobb, Jr., *Is It too Late? A Theology of Ecology*, Denton: Environmental Ethics Book, 1995.

[13] Peter Singer, *Practical Ethics*, New York: Cambridge University Press, 1979.

[14] Max Weber, "The Origins of Industrial Capitalism in Europe", ed., W. G. Runciman, *Weber Selection in Translation*, London: Cambridge University Press, 1978.

[15] Werner Jaeger, *The Theology of the Early Greek Philosophers The Gifford Lectures 1936*, London: Oxford University Press, 1967.

[16] Thomas Aquinas, *Super Boetium de Trinitate*, question 2, articles 2.3, Answer, selection from St. Thomas Aquinas, *Super Boetium de Trinitate*(*The Proof of Trinity*), Q. Ⅲ , a. 1, translated by Rose E. Brennan, Freiburg: Herder Publishing, 1946.

[17][18] Ewart Lewis, "Natural Law and Expediency in Medieval Political Theory", *Ethics*, Vol. 50, No.2, 1940.

[19] R. Descartes, *Philosophical Works*, trans., E. S. Haldane and G.R.T. Ross, Cambridge U., Press, 1970, volume 1.

[20] Wilhelm Windelband, *A History of Philosophy II Renaissance-Enlightenment-Modern*, trans., James H. Tufts. 1971.

[21] Gottfried Wilhelm Leibniz, *Writings on China*, Daniel J. Cook and Henry Rosemont, Jr. translated, with an Introduction, Notes, and Commentaries, Chicago and La Salle, Illinois: Open Court, 1994.

[22][23][24]G. W. Leibniz, *Theodicy*, ed., Austin Farrer, trans., E. M. Huggard, La Salle, Illinois: Open Court, 1985.

[25][26] J. J. Rousseau, *Emile*, trans., Barbara Foxley, London: J. M. Dent & Sons Ltd., 1955.

[27] David Hume, *Dialogues Concerning Natural Religion*, ed., Dorothy Coleman (New York: Cambridge University Press, 2007); Immanuel Kant, *Religion Within The Limits of Reason Alone*, trans., Theodore M. Greene and Hoyt H. Hudson, New York: Harper & Brothers, 1960.

[28] John Hutchison, "The Uses of Natural Theology an Essay in Redefinition", *The Journal of Philosophy*, Vol. 55, No. 22, 1958.

[29] Lewis S. Ford, *Transforming Process Theism*, Albany, State University of

New York Press, 2000.

[32] A.N. Whitehead, edited by D. R. Griffin and D. W. Sherburne, corrected edition, *Process and Reality*, New York: The Free Press, 1978.

[33] B. de Spinoza, *The Ethics and Selected Letters*, S. Feldman, S. Shirley, Indiana: Hackett Publishing Inc., 1982.

[34][35]Henry Rosenmont, Jr. and Daniel K. Cook, "Introduction", Gottfried Wilhelm Leibniz, *Discourse on the Natural Theology of the Chinese*, *Monographs of the Society for Asian and Comparative Philosophy*, No. 4, USA: The University Press of Hawaii, 1977.

[36] Thome H.Fang, *Creativity in Man and Nature*, Taipei: Linking Publishing Co. Ltd., 1980.

[37][38]Charles Hartshorne, *A Natural Theology For Our Time*, Illinois: Open Court Publishing Co., 1967.

Seeking Philosophical Foundations for Ecological Civilization: Natural Religion and Speculative Philosophy East and West

Abstract: The chief purposes of the present paper are twofold. One is to maintain that underlying the breakdown of the bio-ecological system conducive to the increasing environmental crises threatening the sustainable existence of both mankind and nature, has been a breakdown of the psycho-ecological (or spiritual ecological) system that was featured by the prevalence of scientism and waning of humanity. The other is to suggest that the restoration of the traditions of natural religion in China based on *Shangshu* and *Yijing* and speculative philosophy in the West taught by Aristotle, Aquinas, and A. N. Whitehead, serve for the philosophical foundation for the coming of ecological civilization.

Keywords: Natural Religion; Spiritual Ecology; *Shangshu*; *Yijing*; Whitehead

【作者简介】俞懿娴，东海大学哲学系教授，浙江绍兴人，美国纽约哥伦比亚大学教育哲学博士。著有《怀海德自然哲学——机体哲学初探》《道德教育与哲学》及中西哲学中英论文、专书论文近百篇。

从中西哲学看教育之魂

何光沪

【内容摘要】本文从中国教育的实际出发，通过比较中西教育史中哲学基础和古典科目、教学机构、考试制度、培养目标等方面的异同，指出了“应试教育”的历史渊源，对教育的目的、教学双方的地位、教育的精神实质或灵魂等问题，提出了一种新的思考。

【关键词】中西哲学；中国教育史；西方教育史；教育的本质；教育之魂

多年前，我写过两篇关于教育的文章，发表在《上海教育报》上，第一篇叫《体育之正误》。

之所以叫“正误”，是因为教师在教育过程中经常说要“改正错误”，如果教育本身出了问题，不是也该“改正错误”吗？那么，体育有什么错误呢？体育，英文叫 Physical Education；其中 physical 是身体，education 是教育、培育；体育“培育身体”，目标在于健康。

在现代教育中，学生都要上体育课，目的是要有健康的身体。所谓健康的身体，是指能够正常生活，能够胜任一般程度的工作和日常生活中常见的劳动。这是学校教育的一个基本目标。

但我们的体育成绩，却常常以百米能跑多快、跳高能跳多高、铅球能扔多远，或者球类、单杠、双杠等项目表现如何，作为及格标准。

这些东西，不是体育，而是竞技，英文叫 Games，即“游戏”。所以 Olympic Games，奥林匹克“运动会”应该译成“竞技会”。它从一开始，就旨在让某些人展现某些“游戏”方面的特长特技，让大家欣赏、欢乐。“竞技”，并非人人可做、人人必做的事情，同“体育”的宗旨大不一样。

要求每个学生在某些竞技项目上达标，已经背离了“体育”的宗旨或本质。

很多学生身体很健康，完全可以胜任正常的工作、生活，但仅仅因为某些竞技项目不达标，就“体育不及格”，这是荒谬的。

第二篇叫《德育之正误》，讲德育里需要改正的错误，比如“假、大、空”，不切合学生实际，不结合社会实情，常常以“政治正确”来代替道德培育。

关于政治正确，我们从最近的美国局势，可以看到它做过头了有多荒谬。比如歧视黑人当然是“政治不正确”，加州一位华人女市长反对示威中的暴力行为，她说黑人的生命宝贵，但是，所有人的生命都宝贵。结果她竟然为此挨骂，批她说的话“政治不正确”！她的话哪里不正确呢？这种“政治正确”是不是走向了反面？

当年写这篇文章时，我的两个侄儿还在上小学，他们的“思想品德课”考试卷中有一道题：你最钦佩的人是谁？一个侄儿回答“神探亨特”。当时外国电视剧很少，全中国无数人都在看《神探亨特》，那位“神探”智勇双全、为民除害，好多人特别是小男孩都钦佩他。另一个侄儿回答是“刘扫奇”（他想写“刘少奇”，但把“少”写成了扫帚的“扫”）。结果这道题，写“神探亨特”的学生不得分，写“刘扫奇”的学生得高分，这显然是因为后一个回答“政治正确”，尽管答者并不了解他写的这个人的事迹，连名字都不清楚。于是，真话实话不得分；瞎猜乱写得高分。这是培养什么“品德”呢？这类教育不是“反德育”吗？

本来还想写第三篇谈“智育之正误”，只因觉得问题复杂，没写出来。但是1980年我写过一篇《人才开发与考试制度》，发表在《中国青年报》上。当时的思考没有现在这么彻底，还在用“人才开发”这类概念。但我谈到了“考试制度”，认为中国教育受考试制度影响最大。现在概括成四个字，就是“应试教育”。大家都知道应试教育弊病多多，但却摆脱不掉。之所以摆脱不掉，还是因为对中国教育的问题，没有彻底的反思；当然，首先应该彻底反思的，正是教育者和教育部门。

一 从儒法思想到应试教育

大家都说中国思想是以儒家为主，或者儒释道（儒家、佛教和道教）三家并立，实际上忽略了一个非常重要的源头——法家。毛泽东对此很清楚，他说有一个人比孔夫子影响更大，是谁呢？秦始皇！他“评法批儒”说：“劝君少骂秦始皇，焚坑事业要商量。祖龙魂死秦犹在，孔学名高实秕糠。百代都行秦政法，‘十批’不是好文章。熟读唐人‘封建论’，莫从子厚返文王。”（《七律·读〈封建论〉呈郭老》）

秦始皇实行的，就是商鞅这个法家代表提出的主张。商鞅后来被五马分尸，似乎是“罪有应得”——正是他，教秦王实行专制主义，使老百姓沦为“马前卒”，无数人成为“刀下鬼”。

秦王用商鞅那套治理之术榨取百姓血汗，锱铢必较，敲骨吸髓，把人民的财富搜刮到朝廷手里，把人民的生命掌握在秦王手里；不但让本国人为他的扩张卖命，而且让别国人为他的冷酷埋单——秦国曾经活埋四十万赵国俘虏。*据《史记·白起王翦列传》载，秦将白起攻赵，“乃挟诈而尽坑杀之……前后斩首虏四十五万”*。这种视人命如草芥、视国人为工具的观念，危害中国两千年之久，其源头就是法家思想。

中国古代自秦始皇以后实际上是“儒表法里”“阳儒阴法”，表面上、阳面看起来是儒家，道貌岸然；背地里、阴面其实是法家，专制独裁。“百代都行秦政法”，历朝历代占据统治地位的主要是法家思想。

至于佛家和道家，除了一些和尚道士个人出入宫廷、影响政事之外，基本上可说是“在野”。就其思想本质来说，佛道二教也不适合成为统治思想——佛家精神是“出世”，道家精神在“江湖”；江湖的对面是“庙堂”，庙堂里是挂了儒家招牌的法家。

1. 从“五经”“四书”到“六艺”

儒家教育之要，端在“五经”“四书”和“六艺”。

“五经”，即《诗》《书》《礼》《易》《春秋》，公认是孔子编纂的。《诗经》有《风》《雅》《颂》，《颂》是对“上天”的颂诗；《雅》表现贵族生活，《风》表现民间生活，但是都有“上帝”或“上天”的观念，表现了古人的信仰。

《书经》或《尚书》，主要是历史文献、重要事件的汇编，其中也大量提到当时统治阶级对上帝或天帝或上天的信仰。

《礼》包括《仪礼》《周礼》《礼记》“三礼”，合称《礼经》，主要讲祭祀的礼仪，规定怎样祭上天等。里面的名言“大道之行也，天下为公……”，让人联想到西方典籍《马太福音》（6章10节）中的一句话：“愿你的旨意行在地上，如同行在天上。”这是否就是“大道之行”呢？

《易》是占卜之书，用来算命，但也包含了一些很深的哲学思想，比如阴阳两个对立原则决定世界的运行等，那是远古时代的世界观。

《春秋》，即孔子编订的《春秋经》，虽是讲历史，但也体现了追求真、善、美的精神。所谓“孔子作春秋，乱臣贼子惧”，所谓“春秋笔法”，是对君王的善恶、朝廷的对错，都要秉笔直书，照实记录。这会让那些乱臣贼子害怕在历史上留下丑名。

“五经”总的来说，体现了中华民族上古时代的优良传统。

另外还有一部《乐经》，同“五经”合称为“六经”。那是音乐方面的书籍，已经失传了，据信主要是祭祀用的、宗教性的音乐。

“四书”即《论语》《孟子》《大学》《中庸》。

《论语》是孔子言论的汇集。孔子虽“不语怪力乱神”，但他说的“神”是神奇莫测、鬼鬼怪怪的意思，不知道就不说。但他经常提到“天”；天这个词，是由远古商周的“上帝”一词演化而来。孔子信“天”，对“天”有敬畏之心，他说：“君子有三畏：畏天命，畏大人，畏圣人之言”，“获罪于天，无所祷也”。

孔子说“天何言哉？四时行焉，百物生焉，天何言哉？”有人说这是指自然之天，不是具有主宰意志的天。哲学史家冯友兰反驳说：一个不会说话的东西，孔子为什么还要说它不说话呢？比如桌子、椅子不会说话，孔子会说“桌子不说话、椅子不说话”吗？那不很可笑吗？孔子没有那么傻，他很聪明，他说“天不言”，是说天会说话而不说话。

孟子用一句话，解释了这个思想：“天何言哉？四时行焉，百物生焉”是说，上天用一年四季春夏秋冬的运行、用大地上万物生长，来表示它的意思。《孟子》说“天不言，以行与事示之而已”——天不说话，用行动、用做的事情来显示自己、启示自己。

孔子讲“敬天、畏天”，孟子也讲“知天、事天”，就是要去了解认识上天，而且要侍奉上天。

《大学》第一句话是“大学之道，在明明德，在亲民，在止于至善。”第一位的宗旨，是要弘扬光明良善的德行；“在亲民”，有些古本说是“新民”，就是让老百姓心意更新。民国时期的教育家晏阳初说过，中国人要换一颗“新心”，他说中国人得了心病，心病靠平常的医生治不好。只有有了“新心”，才能成为“新民”。

《中庸》第一句话是“天命之谓性，率性之谓道，修道之谓教”。这里提到“教”了。“天命之谓性”，是说人的本性和自然禀赋是上天赐予的。“率性之谓道”，遵循本性、顺其自然去做，叫作“道”。（但率性不是任意而为，很多人说率性是想干什么就干什么，比如想喝酒就喝酒，想嫖妓就嫖妓，这是极大的误解。）“修道之谓教”，是按照道的原则来修行，这就同教育有关了。

再看“六艺”，儒家思想在周代教育中，体现为六种技艺教学：礼、乐、射、御、书、数。礼，是学礼节，主要是宗教性的礼仪；乐，是学音乐，也同宗教有关；射，是射箭；御，是驾马车或骑马，这些都需要技术；书，可以说是书法，应该包含认字、写字等；数，有不同说法：数学、算术，或者阴阳术数、理数、气数等。

总而言之，从“五经”、“四书”到“六艺”，先秦儒家思想对中国教育，有重要的、正面的、积极的影响，体现在关于信仰的理念，追求真善美的思想，以及品德培育和素质培育等方面。

2. 从“王官”到“国子”

古代教育，“教”和“学”是连在一起的，讲教育就要讲到学问、学校。西周以来有“王官学”；王，指周王，周以后称“天子”，王官就是天子之官。

对王官学，这个描述很准确：“惟官有书，而民无书；惟官有器，而民无器；惟官有学，而民无学。”教育所需的各方面的书籍、设备、学问等，只有官家才有，老百姓没有，王家垄断。

王官学分大学和小学。王太子 8 岁入小学，15 岁入大学；公、侯、伯、子、男，这些贵族“公卿”的嫡子（正房之子）呢？ 13 岁入小学，20 岁入大学。总之，级别越低，儿子的上学年龄越晚，不是“输在起跑线上”，而是“输在娘胎里”！所以，后来孔子提出“有教无类”，可算是革命性的教育思想，很了不起。

公元前 124 年，汉武帝采用董仲舒的建议，“兴太学，教五经”。老师称为“五经博士”，是一种官职；学生称为“博士弟子”，进太学学习的人叫太学生，一般人当然是进不去的。

从晋武帝到隋文帝，“太学”发展到“国子学”“国子寺”或“国子监”。在北京现在还能看到国子监。“国子学”也有严格的等级制度，各个朝代不一样，有些朝代是三品以上官员的子弟才能进去，有些朝代规定五品，有些规定七品或八品。

不管怎么规定，老百姓的子弟都是受限制的。两千年来，官学之外，“私学”并不发达。私学主要体现在书院。宋代书院较多，著名的有朱熹主讲的白鹿洞书院等。书院由学者讲学，向往学问的人去学习，会形成知识分子群体。

3. 从“察举”到“科举”

讲了学问、学校，现在讲讲“考试制度”。

中国的考试制度是教育的指挥棒。阳儒阴法的汉武帝实行“察举制”，“察举”不是自下而上 elect（推举），而是自上而下 choose（选择），是朝廷通过考察，选人来做统治工具。官员在管辖之地按照皇帝要求，看谁有孝顺、廉洁这两个优点，挑出来给官职，这叫“举孝廉”；还有举“秀才”，即优秀人才；后来为避讳光武帝刘秀名讳，改称“茂才”。

“察举制”后来发展为“九品中正制”：上上品、上中品、上下品，中上品、中中品、中下品；下上品、下中品、下下品，一共九品。后人对这个制度的总结是“上品无寒门，下品无士族”，做上品官的人，没有一个是平民百姓出身的；做下品官的人，没有一个是名门望族出身的。这是出身决定地位，典型的“血统论”。

后来演变出了“科举制”，有人说是在隋朝，有人说是在唐朝，我想说是唐高祖时定下来的较有理，因为那时候此制基本定型。

武则天时，设立了“武举”。从此文武两班官员都要“举”，但不是自下而上，而是自上而下。这个制度的结果，用唐太宗的话来说，就是“天下英雄，尽入吾彀中矣”，天下英才都入我口袋，成了我的工具。

古时候的一个词现在还用，叫“栋梁之材”，三个字都是“木”字旁——人才跟木材一样，是用来盖朝廷这座大房子的材料，是皇帝的工具。这方面典型的体现，是下面这几个词：

“生徒”。从州县以下民间选上来的读书人，叫“生徒”。

“乡贡”。生徒从乡野来、在州县考得功名以后，叫“乡贡”。贡，即上贡，意思如同地方的特产要上贡给朝廷，好吃、好喝、好玩、好用的都要送上去；例如《水浒传》里“生辰纲”之类稀奇的玩意儿，要送到京城让皇帝看着高兴。本来用来讲物质产品或土特产的“贡”字，被用在了人身上。

“发解”“解元”。贡品需要“解送”到京城去，“乡贡”到京城去参加礼部会试，也叫“发解”。相应地，乡试第一名叫“解元”（会试第一名叫“会元”，殿试第一名叫“状元”，所以有“连中三元”之说）。

“贡院”“贡举”“贡生”。北京的中国社科院旁边有贡院西街和贡院东街。“贡院”是古代考试出题、判卷、发榜，即给皇帝选人才的地方。它不叫教育院或考试院，叫贡院，意思是把人才贡献给皇帝。考试，叫“贡举”，把人像贡品一样举上去，献给皇帝，选上的人叫“贡生”。

从“生徒”到“贡生”，是古代中国读书人的上升路径。《儒林外史》里有监生有贡生，监生即是国子监出身。总之中国古代，从教育到考试，目的都是给皇帝、朝廷、国家贡献人才，从下往上，像贡物一样。这就是应试教育的文化根源，值得深深反思。它是把人作为工具，早已背离了先秦儒家的教育宗旨，即修养德行，培育君子，以人为本。

社会是最大的学校。社会如此，民族道德自然会走到这一步。

二 从基督宗教到人格教育

在有别于古典文明的西方文明中，基督宗教近两千年来在精神领域居于主导地位。如果说中国教育的特点，是“从儒法思想到应试教育”，那么西方教育的特点，就是“从基督宗教到人格教育”。

1. 从“旧约”“新约”到“七艺”

与“五经、四书、六艺”相对应的，是“旧约、新约、七艺”。

旧约的分类，摩西五经（《创世记》《出埃及记》《利未记》《民数记》《申命记》）是律法书，《约书亚记》《列王记》等是历史书，《箴言》《诗篇》等叫智慧书。

《诗篇》111 篇 10 节说：“敬畏上帝是智慧的开端。”这对西方教育影响极大。

后面还有先知书即《以赛亚书》《耶利米书》《以西结书》，等等。先知们的特点在于，一方面，他们非常有智慧；另一方面，他们对于自己的国王、国家、民族常常持批判的态度。这应该是所有的君王、国家和民族都最需要的。

从这里可以看出中西教育的不同：虽然前者也有敬畏上天的内容，但从后者看，人受教育是为了得到智慧，而智慧的开端在哪里呢？——在于认识和敬畏上帝。

新约包括四福音书、使徒行传、保罗书信和其他书信，以及《启示录》。如果说旧约的中心思想是敬畏上帝，新约的中心思想就是“信、望、爱”。

福音书说耶稣是基督，是上帝道成肉身来拯救我们脱离罪恶，我们要信祂。《启示录》告诉我们，“新天新地”“最后审判”“新耶路撒冷”是什么样的，要我们对神的计划永远抱有盼望。保罗书信和其他书信告诉我们，应该怎样为人处世，应该怎样爱神爱人。所以新约的核心思想是“信、望、爱”。西方的教育实践，是由此展开的。

西方文明传承了古希腊罗马的遗产，到中世纪，其教育内容被归结为“七艺”。它似乎只比中国的“六艺”多了一艺，但内容却不一样。“七艺”包括文法、逻辑、修辞、算术、几何、天文、音乐。

使用语言文字，要合文法，要有法则；这法则是理性的，有逻辑的。中国文学与西方文学相比，比较重形象、轻逻辑，比如“身修而后家齐，家齐而后国治，国治而后天下平”，这段话没有逻辑（孟子讲人性不是牛性马性的时候，很有逻辑）——家管得好，国就管得好吗？很多人修养很好，家却管不好，更别谈治国了。

逻辑，是让我们的思维有条理、有理性，这太重要了。有些人说基督信仰不讲理性，是反智主义。其实“太初有道”“道成肉身”的道，就是Logos，逻各斯，本来就有理性、语言、学说的意思，否则不会有两千年的神学。中国的很多问题，都与缺少合乎逻辑的思维有关。中国古代也有逻辑大家比如墨子，很可惜，他的学说却因“罢黜百家，独尊儒术”而被埋没了。

修辞，关乎语言的美和力量。好的语言一定要符合逻辑、符合文法，还要有准确、漂亮、有力的修辞。

另外，算术、几何，也是培养人的逻辑和理性思维所需要的。而天文呢?是要你去认识自然界；健全的人，不能只向内看不向外看。中国文化有个缺点是科学理性不发达，原因之一是儒家对自然科学太不重视。宋明心学家鼓吹“心外无物，心外无理”，这对科学发展很不利。

最后，音乐。音乐可以陶冶性情，西方教育很重视音乐。我们的孔夫子也很重视音乐——“子在齐闻《韶》，三月不知肉味”。音乐对于陶冶人性、充实人生，的确非常重要。

2. 从“修院”到“大学”

关于西方的学校制度，必须谈到“修院”。修院，最早是公元3—4世纪，埃及的修道士安东尼（Anthony）建立的。据载他退隐到沙漠里苦修，常常几天才吃一顿饭，活了一百多岁（相当于现代人活三百岁，因为那时候人的平均寿命是三十来岁）。他有许多的追随者。

修道运动导致众多隐修团体建立，由此有了修院。后来出现了管理修院的“圣本笃会规（Rule of St. Benedict）”，对修院制度产生了上千年的影响。但是时间长了，还是会产生腐败，于是10世纪时西欧出现了旨在改革的克吕尼运动，后来又有多明我会、方济各会、耶稣会等修会，各有特色，而且都产生了不少大学者。耶稣会的学术和教育活动，至今仍然很有影响。

修道院的生活包括祷告、读经、忏悔，还特别强调劳作。所谓“一日不作，一日不食”，不光中国有这种说法，修院也有。修士还要发“三愿”：安贫、守贞、服从；即一辈子不聚财、安于贫穷，不结婚、不近女色，还有服从、顺从。

广义的基督教对于“劳动和生活”关系的总结，值得一提。一般人觉得，“劳动是为了生活”。但是基督教认为，“劳动不是为了生活，生活是为了劳动”。因为活命不是目的，生命是上帝赐予的，荣耀上帝才是生活的目的。上帝赐人以天赋，人就像浑金璞玉，只有通过劳动、锻炼、打磨，才能显示出其美质。比如上帝给你音乐才华，你天生有提琴家的潜质，但若不练琴，怎能显示出这种才华呢？即使是鲁班，若不拉锯磨斧，不做家具不造房子，又怎能显示出巧匠天资呢？总之，“生活为了劳动”这种理念，是说劳动才能磨出天赋，从而荣耀上帝。

除了劳作，修士也学习别的东西，但最终目的是“修道”“悟道”、知“道”，即认识道成肉身的“大道”。为此，修道士会花很多时间和精力在灵修，即灵性修养上。宗教改革之后，新教虽然主张圣俗不二，反对修院制度，但并不反对灵修。马丁·路德自己就是“模范修士”，基督新教也很重视灵修。

那么，修院和教育有什么关系呢？原来，修院是那时西方唯一可以做学问、做教育的地方。因为古希腊罗马文明随着蛮族入侵已经消亡，古典的历史、文学、哲学、诗歌、戏剧、科学等知识，只能在修道院收藏的古代文献中去发掘传承。所以，修道院里有学术研究。中世纪大多数学问家、哲学家、神学家、科学家都是修士出身，是在修道院里开始学术活动的。

比如堪称大政治家的教宗“大格列高里”，也是一位著述颇丰的大学问家，曾经是一位虔诚的修士；又如贡献巨大的天文学大师开普勒，也出自修道院……此类人物，数不胜数，中古寂静的修院，堪称现代学术的摇篮！

另外，所谓“文艺复兴”，不是14、15世纪才在欧洲出现，其实早在此前好几百年的“加洛林王朝”时期就开始了。查理曼大帝认为蛮族贵族只会好勇斗狠，十分糟糕，要他们变得温文尔雅，必须学习拉丁文、学习“七艺”。而当时只有修院和教会有学校，大主教区还有更大的学校，当时所有教育都是教会办起来的。

后来，“七艺”等学科不断发展，从逻辑发展出伦理学，从文法发展出文学和历史学，从几何发展出地理学，又发展出植物学、动物学，从天文发展出力学、物理学、化学（伽利略和牛顿既是天文学家也是物理学家）；还有，从算术发展出代数，从几何发展出三角；等等。

最终，大约在中国北宋时期，西方出现了“大学”。1088年，意大利出现了博洛尼亚大学，不久之后巴黎大学、牛津大学相继诞生。它们一开始就不像我们专注于记诵、默写；它们常搞辩论，要求辩者把对方的观点说清说全，这就考了学生的理解、记忆、诚实等；然后辩者要辩论反驳，这就考了学生的逻辑、修辞、文法，以及演讲和辩术等；老师听后评分，逐步形成答辩制度。真正的学者才能成为教授，学生慕名而来；好老师多，学生就多，大学就是老师和学生的行会、联合会。

由此发展出学位制度：学了“七艺”可获“文学硕士（Master of Arts）”，“文学”不只指文学，而是Liberal Arts，即“博雅七艺”；博士学位指在“七艺”

之上，即学修普通学科之后，再学习专业学科，毕业后从事要求很高的专门职业；于是有了法学博士、医学博士，以及学问范围很宽的哲学博士、学术地位很高的神学博士。现代教育和学术制度于是形成。

3. 从“博雅”到“发展”

近代教育中的“德育、智育、体育”这些概念，是17世纪英国哲学家洛克（J. Locke）首先提出来的。洛克同时也是政治思想家，他写的《政府论》大大影响了现代政治，改变了人类历史。他也研究宗教和教育，他的《论宗教宽容》和《教育漫话》都是世界名著。洛克认为，教育要在德智体各方面培养人，就是要让人得到全面的发展。

18世纪法国哲学家卢梭主张发展人的天性，他的教育学名著，是长篇小说《爱弥儿》。《爱弥儿》与柏拉图的《理想国》、杜威的《民主主义与教育》，并称为世界教育三大名著。卢梭提出了“自然教育”的理论。比如孩子面前有一个小水坑，你叫他不要走进去，他偏要走，那就让他去；等他跌到水里，着凉了、不舒服了，下次自然就绕开走了。卢梭主张让人成为自然的人，不要受制于现代文明，当然更非国家的工具。

对“博雅”教育的强调，以19世纪英国教育家、神学家纽曼（J. H. Newman, 1801—1890）为最。他是牛津大学的圣公会教士，后来皈依天主教。他名气很大，神学界都知道他是“牛津运动”领袖并成了红衣主教，但是一般人知道他，主要是因为他的教育学名著《大学的理念》。他认为本科教育的目的，是要培养“君子”或博雅之士，不是培养专业人才；专业人才应该到研究生时期再培养。

这些思想已经影响西方教育一百五十年。比如哈佛大学，其商学院、法学院、医学院很出名，但都是研究生、博士生。哈佛大学的本科生学院，叫“艺术与科学学院”（School of Arts and Science）。Arts现在当然不只是“七艺”了，已经发展出许多现代学科。纽曼主张，应该培养青年成为适应社会生活的人，成为真善美的人，即所谓“君子”。他认为，大学是教书育人，不是搞科研的地方。他说搞科研的有不少怪人，很孤僻，应该住在“伦敦塔”里。实际上很多搞科研的人讲课讲不好，学生听不懂。如果大学专搞科研，为什么把这么多年轻人收来耗在学校里？我觉得，这也说中了当前中国大学的弊病——老师重视写文章、搞科研，因为评职称是靠这些，自然就很难重视教学。人的精力是有限的，忙着发文章、评职称，用在教书育人上的精力和时间自然会减少。

纽曼还提出，大学必须要全面。大学即university，同另一个词即universal

相关，universal 的意思是全面的、包罗万象的。他认为，大学如果丢掉神学或宗教，就不全面，就不能称为大学。学生什么都知道，就是不知“道”，不认识“道成肉身”的道，不认识“大道”的道，能算全面，或“全面发展”吗？能成为“真君子”、够得上“博雅”吗？这种思想在西方，是一以贯之的传统，现在似乎亦面临危殆之境。

到了 20 世纪，美国哲学家兼教育学家杜威（John Dewey，1859—1952）更大力主张“全面发展”。他认为，教育就是生活。人一辈子学到的东西，大部分不是在学校里，而是在生活里学到的。我对此深有体会，深知自己仅有的一点点聪明，每一点都是在生活中吃了亏、栽了跟头，才“吃一堑，长一智”。杜威又说“教育即生长”！教育是人成长的全部过程，人不仅要“活到老学到老”，还要从下一代身上学东西。人“死”之前，都要尽量生长，身体的新细胞总在代替旧细胞。我们若不成长，干嘛注意营养，要吸收蛋白质呢？人的成长，就是在受教育。

三　结语

杜威有一句名言：“道德，是教育最高和最终的目的。”这就必须谈及教育与宗教的关系，因为宗教与道德相关。但宗教的目标可能更高。我认为，教育之魂，乃是“信、望、爱”。

从前面的中西教育对比中，我们可以反思三个问题：

1. 人是工具，还是目的？

“栋梁之材”中栋、梁、材，都含“木”字，字面意思都是木头。此语在教育中，现在依然通用。那么，教育是要人做材料、做工具呢，还是要让人生更充实、更美好、更有意义？这涉及教育的本质。

康德经过理性的周密论证，得出了令人不得不服的结论：人是目的，不是工具；不能把人当成手段，因为人本身才是目标。教育的目的，是更好的人生。

杜威指出，在不自由、不平等的社会中，教育目的是从外面强加于受教育者的。古代中国正是这种情况，如唐太宗所说，“天下有才能的人，都进入我的囊中”，成了他的工具。秦始皇以前，真有“百花齐放、百家争鸣”，有儒家、墨家、道家等追求真善美。孔子心中的人也是目的，不是工具——“己欲立而立人，己欲达而达人”。但是秦皇之后两千多年，儒生也成了工具，教育只为培养工具。

2. 教师学生，以谁为主？

孔子作为古代教育家，虽然没有这样提问，他的答案却体现在整部《论语》里。《论语》多为对话形式，说明孔子并不要求学生背诵他的教导。他的教学方式，是因人而异的对话、问答，而且切合生活实际。孔子尊重学生，教学以学生为主体，旨在让学生自觉自立。

孟子的名言“富贵不能淫，贫贱不能移，威武不能屈，此之谓大丈夫”，表明他心中的“大丈夫”是人生目标，那也是教育的目标。这位“亚圣”还有一句名言“生于忧患，死于安乐”，意为在忧患当中，人才能有真正的生命，安乐窝里的人，可能活得很长，更可能变成“行尸走肉”。这些富于教育学内涵的思想，十分宝贵。但在朱元璋之类把人作为工具的皇帝治下，即使是“亚圣”的著作，也可任意删削，正如身为高官的儒生，也可当众“庭杖”一样。

杜威说“学校就是社会”。社会里什么都有，有真善美有假恶丑，有顺境有逆境。在社会里摸爬滚打，“吃一堑长一智”，摔跤后站起来的人，不像温室花朵，人生反而充实。杜威又强调“从做中学”，所以我们会看到西方学生上课，不是排排坐好手放在背后说话先举手，而是围成一圈，在玩在闹在商量在讨论；老师只是出课题、给指导，学生自己去完成，一句话，学生是主体。

这种教学模式从幼儿园就开始，“课题”也不是研究生才有。我有个朋友的儿子在美国念初中，历史课的“暑假作业”竟是：调查几十年前芝加哥发生的一次工潮，工人与警察发生冲突，前因后果？谁对谁错？打伤多少人？法院怎么处理？工会怎么对待？学生要搞清楚这些，得做大量社会调查，找老警察老工人访谈，找档案查资料，等等等等。一个中学生，完成这“课题”，会怎样成长？

苏格拉底说，老师只是“接生婆”；知识在人心里，学生通过与同学辩论、与老师对话，知识被“接生”出来。对话时，学生反驳老师，老师反驳学生，双方平等，反复辩难，最后学生心服口服、有所收获、得到提高了，目的才算达到。这种教学，也是以学生为主体。

我们都明白，自己有兴趣、有体验的知识，才会属于自己。但是，现在我们看到，很多中学生在毕业的时候，狂欢似的集体撕书、集体烧书……陪伴了多年的知识载体，竟然成了最讨厌的东西，必欲去之而后快！兴趣何在？体验何在？我们真该好好想一想。

杜威曾推翻传统教育的“教师中心、教材中心、课堂中心”，提出“新三中心”，即“儿童中心、经验中心、活动中心”，对教育界产生了巨大影响。但是，我们现在盛行的是“新三中心”还是“旧三中心”？我们的学生是被看作主体，还是客体？我们更该好好想一想。

3. 教育之魂：信、望、爱

近读三卷本《美国人》，印象最深的不是爱迪生“一周一个小发明，一月一个大发明”，而是短短两百年间“三百六十行”冒出了无穷无尽的“状元”、大大小小的爱迪生！其中许多匪夷所思：例如，还在清朝初年，他们就有人发明大量生产、保存和运输冰块的方法，运冰到炎热地区（包括印度和西印度），不但解决食物变质问题，大大提高生活品质，还发明了真“冰箱”（后来才发明电冰箱）；又如，以前富人才能吃牛肉后来穷人也能吃，是因为有人敢作敢为，改进把西部便宜的牛运到人口众多的东部的方法——原来牛仔赶着上千头牛走上千里路，极其恐怖，牛在途中可能死掉跑掉冲下悬崖，人也随时可能被受惊的牛群踩死；牛群后边尘土冲天、臭气熏天、气温奇高，骑马紧跟会被热晕熏晕……但是牛仔们想出很多办法，解决无数难题，终于使牛肉成为家常便饭！我们许多家长可能会说：“孩子，读书去！赶牛？没出息！”那些牛仔没出息、对美国人民没贡献吗？

谚云“是金子总会发光”。你不是金子？没有关系——银子也会发光；煤炭黑乎乎的，却自有大用。所以，如果有“信仰”，就会以受教育者为目的、为主体；就会相信人各有长、各有前途、各有命运；就会相信不是劳动为了生活，而是生活为了劳动，经过劳动磨炼，人会显出自己的才能，发出天赋的光辉。

除此之外，人如有信仰，就会对未来抱有希望，对孩子抱有希望，而且永远也不绝望。反之，不信仰也不盼望的人，甚至可能对自己的孩子绝望。而绝望，乃是教育的终止！中国人有老话说“东方不亮西方亮”，又说“一根茅草有一滴露水养”。《圣经》里也有这样的话：“何必为衣裳忧虑呢？你想：野地里的百合花怎么长起来；它也不劳苦，也不纺线；然而我告诉你们：就是所罗门极荣华的时候，他所穿戴的还不如这花一朵呢！”（《马太福音》6 章 28—29 节）又说：“不要惧怕，你们比许多麻雀还贵重。”（《马太福音》10 章 31 节）

孩子自有孩子的前途，家长真不必太发愁。为什么还要为孩子未来的十年、二十年发愁呢？如果你永远充满“希望”，你对孩子也会永远充满希望。

最后，应该说说“爱”在教育里的作用。爱，是人间千千万万难题最终的解决之道，我把爱称为“万能钥匙”。当然，一说钥匙，又可能会把爱误当成手段；其实，爱乃是目的，爱是生活的目的；培养爱心，才是教育的目的，真正终极的目的。

说到底，教育是为了让受教育者生活得更好。但是，最终的好与不好，也不是由教育者决定的。你希望孩子好，就要把孩子作为主体，真正地去爱他；有了问题，也只有爱能解决。父母都想影响孩子，即使要影响，你也先要爱他；你若不爱他，他跟你对立，你就影响不了。要让受教育者和教育者、学生和老师、孩子和家长不对立，唯一的方法，是真正的爱。有了真正的爱，才能有效地发现、有效地引导、有效地帮助。

所以，爱，是教育的目的，也是人生的目的。

2021年2—3月

The Soul of Education from Chinese and Western Philosophy

Abstract: In view of the present condition of Chinese education, through comparative accounts of the cultural scriptures and basic disciplines, educational organs, test systems, and goals or aims of education in Chinese and Western education histories, this essay points out the historical origin of the problems of "education for test". On this basis, the author offers some important reflections on the status of the educated, the relationship of the teacher and the student, and the essence or"soul" of the education.

Keywords: Chinese and Western Philosophy; History of Chinese Education; History of Western Education; the Essence of Education; The Soul of Education

【作者简介】何光沪，曾任中国社会科学院世界宗教研究所研究员、中国人民大学哲学院教授、山东大学犹太教与跨宗教研究中心学术委员会主席。曾任美国哈佛大学、英国伯明翰大学、丹麦奥胡斯大学访问研究员；香港中文大学、香港浸会大学客座教授。著有《多元化的上帝观》《有心无题》《天人之际》《月映万川——宗教、社会与人生》《何光沪自选集》等；译有《宗教哲学》《20世纪宗教思想》《现代基督教思想》《系统神学》、《基督教神学原理》等；编有《对话：儒释道与基督教》《蒂里希选集》《宗教与当代中国社会》，"宗教与世界丛书"（四川人民出版社）、"宗教学译丛"（中国人民大学出版社）、"基督教经典译丛"（生活·读书·新知三联书店）等。

如何构建世界

——科学与宗教的核心冲突

项秉光

【内容摘要】宗教和科学两者，都是构建世界的意识形态，两者的冲突，实际上是在争夺构建世界秩序的权力。宗教以自身语言系统构建的宇宙秩序，与古典哲学的宇宙形态，存在着结构相似，我们可以通过对自然概念的分析，理解两者共同的目的论特征。现代科学意识则在哲学自然主义的基础上，放弃了自然目的论，通过对自然的数学化，重构了人类知识的对象世界，把宗教那种关于事物的神圣目的的思维，排除在现代意识之外，从而掌握了构建世界的权力。

【关键词】自然；时间；创造论；科学

自从现代科学诞生以来，科学与宗教的关系始终处在张力之中。两者的关系之所以备受瞩目，是因为在现代科学发展之前，宗教一直是规定西方世界的传统意识形态，两者在西方世界的争论，实际上涉及了两种世界形态之间的冲突，是在争夺对人类生活世界的构建权力。最近所出版的关于两者关系的研究著作，比如玛格丽特·奥斯勒的《重构世界》，弗洛里斯·科恩的《世界的重新创造：现代科学是如何产生的》，单从题名我们就能看出两者的这种深层的冲突所在。这种冲突在现代科学兴起的最初几个世纪里，表现得尤为明显，19 世纪末出版的安德鲁·怀特的《基督教世界中科学与神学作战史》，就是以一种“战争模式”来解释两者的这种冲突关系。等到科学以无可争议的优势，取代宗教成为思考生活和世界的主流形态时，这种冲突反而得到了极大的缓解，此时宗教已经无力挑战科学，而更多的是试图论证宗教对科学的积极作用。随着自由主义政治哲学的崛起，宗教不仅在自然领域，甚至在政治领域也丧失了规定公共生活的能力，躲进了个体私人领域，宗教因此丧失了原本具有的构建世界的权力。宗教的这种不断退却是如何发生的？为什么科学及表现科学的物质技术力量能够取代宗教，成为新的塑造世界的力量？

为了理解两者冲突背后的思想意义，我们得充分理解宗教和科学两者的思想特点所在。现在阻碍我们达成这一目标的实际上不是宗教思维，而是现代人特有的现代意识，尤其是作为统治形态的科学意识，这种意识让我们难以准确客观理解非科学意识下的产物。古代宗教经典往往使用许多神迹故事来表达思想，这在以科学为基本信念的现代人看来未免荒诞不经。从现代科学的角度来说，这些经文显然是神话一类，是古老的人们落后原始的粗糙思想的反映，是科学不发达之时人类精神的样本。站在科学的立场来理解，已经先天对宗教的描述有了排斥，更对宗教自身的种种宣称不以为然，或者试图将宗教纳入自身系统之中，将其置于历史线性发展的一种原始的开端上。这些尝试与其说是在理解宗教，毋宁说是戴上科学的有色眼镜来观察宗教，在这种观察中，宗教被置于科学所赋予的各种特殊定位和色彩之中，不再是那种客观存在而被准确理解的宗教。如果我们要尝试更为准确客观的理解作为前现代世界观的宗教，我们就不能站在现代的立场通过科学的视角，我们只能暂时放下我们作为现代人特有的思维特点，尊重宗教经典的自我宣称。宗教经典都自称其所叙述的东西为真理，尊重这种真理性的自我宣称，是我们客观理解这些经典文本的前提。[1]（pp.304-305）因为我们很难认真地对待一种已经被我们视为荒诞的思想，或者被我们判定为落后粗浅的东西，这样我们就依旧是站在科学的立场上俯视前科学时代的宗教思想，失去了研究两者冲突的意义。有鉴于此，我们必须遵循古代作者的真理性宣称，以求更准确地理解这种宣称的意义，这是我们进入古代经典文本的解释学前提。

一 基督教创世文本中的天地与人

在理解科学如何能够重构世界之前，我们需要讨论宗教是如何构造世界的。在理解世界是如何被构造之前，我们需要理解何为世界。对世界的整体理解是人类的一切活动的先决条件，它在人类之先，列奥·施特劳斯将之称为一种“给定的整体”，这种整体：“由天穹聚合而成，也构成了天上、地下以及天地之间的万物。”[2]（p.171）这一文学化的语言所描述的是人类存在论意义上的基础，所有人类的思想和知识，都是从这一规定性整体出发的。施特劳斯认为，所谓经典，就是对这种整体的叙述。每种经典所构成的文明，就是对这一整体的不同叙述为基本条件而繁衍出的精神世界。《圣经》的《创世记》，也正是对这一整体的一种叙述，为整个《圣经》所构筑的宗教世界奠定整体框架。我们可以通过《创世记》前三章，分析基督教是如何叙述这个整体的。

《圣经·创世记》前三章叙述的是宇宙被创造的过程，是万事万物的开端，如果没有这个开端，万事万物就无法开始，但是这个开端同样需要一个开端，这整个过程如何开始，是一个无比艰难的话题。经文在第一句交代了这整个过程，“起初，上帝创造天地”。第一个被给定的名词就是上帝，他作为一个无开端的存在者，解决了存在物不断回溯的问题，为万事万物的出现奠定了基础，他在“起初”创造天地，就是在时间之内创造，关于他的一切被限定在时间之内，在其中他完成了天地的创造。这个开端提供了时间、天以及地，为人类的思想与生活，提供了一个基本的框架。时间、天、地三者构成的人类生存框架，存在一个基本的秩序，整个前三章，就是在讨论这个秩序是如何建立的。在秩序建立之前，首先出现在经典中的是空虚混沌，空虚混沌意味着秩序出现之前的基本状态，秩序也正是为了应对这种空虚混沌而创建的。在文本中，这种秩序的创建被描述为六日创世的过程，就是历史上著名的创造周。

对创造周的解释汗牛充栋，最具系统性的是托马斯·阿奎那。阿奎那一反之前教父们的寓意解经，格外注重经文的字面意义，并且要求其他解释都符合字面意义，他对《创世记》的解释就更加贴近字面。在《神学大全》第六十五题，阿奎那以三个工程来分析《创世记》开篇，这三个工程的名字分别来自不同的经文。第一个工程是创造工程，来自“起初，上帝创造天地”，这个工程包括六天具体创造之前的创造。第二个工程是分开工程，来自“就把光暗分开了”“将水分为上下”，这个工程包括六天创造的前三天。第三个工程是点缀工程，“天上要有光体”，这个工程包括六天创造的后三天。在第七十四题综述整个七天的创造中，因为上帝在这一天停止了他的工，所以第七天也被称为停止工作。这样《创世记》开篇被分为四部分，每一部分都是前一部分的进一步推进。阿奎那认为从创造工程到分开、点缀工程之前，造物被称为混沌黑暗的，也就是“未成形”的。奥古斯丁曾经以“种相”来解释上帝的创造与物体具体的现实之间的这种“未成形”，上帝创造的造物的“种相”，需要在时空中具体实现。奥古斯丁的解释相当于说，造物在本性上已经成形，但是在时间上还未实现，但是阿奎那并不认同这种柏拉图式的对独立存在的形式的回溯。还有些人比如巴西略（Basilius）等认为，造物的未成形就是代表创造从潜能到现实的一种时间顺序，阿奎那也反对这种说法，因为他认为上帝能够一举完成物质的创造。阿奎那认为根据混沌的字义，物质未成形并不表示物质自身本性的未实现或者潜在，而是因为它们欠缺某种美丽或外观。创造工程创造的天地，天欠缺光的美丽，因此《圣经》说是“黑暗”的。地是被水淹没的，因此是“混沌”看不见的，地还欠缺植物的点缀装饰，因此是“空虚”的。阿奎那创造的四个工程，并不是指事物在本性上的不断完善，也不是事物的变化，而是指宇宙在整体上的推进。因此，相对其他人而言，阿奎那赋予了创造周文本更为完整的整体性，使得创造真正的构成了一个完整的存在或善的秩序。

阿奎那对创造周的系统性解读，成了后世解释创世经文的主要努力方向，尤其是对创造周中三天为一个系列的两个工程解读。著名的犹太学者卡索托把一种运动的原则引入经文解释，这个运动的原则将创世六天的两个序列区分开。他继承了阿奎那对创世六天的两个序列的划分，认为第一个序列中的造物都是自身不能运动的，而第二个序列中的造物都是自身具备运动能力的。第二个序列中能运动的事物，与第一序列中不能运动的造物平行相对，构成了一个基本的秩序。[3]（p.42）在阿奎那的观点中，两个序列是分开与装饰，在卡索托这里是静止与运动。顺着卡索托的观点，列奥·施特劳斯把六天创造的两个序列，具体分析为两个运动原则，前三天是分离，后三天是位移，前三天的分离运动就包含在后三天的位移运动之中，也就是说位移是更为高级的分离运动，是能够与自己的位置分离。施特劳斯的学生罗伯特·萨克斯进一步分析认为，这种运动的升级，其实是一种简单运动到复杂运动的发展。[4]（p.39）这样，整个创造秩序就是按照不断发展的运动方式而构建的，这种运动从虚无混沌开始，最后以安息结束，两者构成了创造运动的底端与上端，整个创世就是从低端开始运动，朝向高处的上帝运动，最后以安息为创造的终结。

在整个创造活动中，人是实现创造计划的关键因素。因为无论在第一章中还是在第二章中，所有造物中只有人包含了非创造的因素。在第一章中，人是按照上帝的形象被造的，在第二章中，上帝往人的鼻孔里吹了一口生气，使人成为有灵的活人。这两个关键因素使得人超出了纯粹自然的造物，而与更高的创造者发生了联系，成为沟通造物和创造者之间的纽带。人就是站在大地上，朝向天空的被造者，他被赋予了“顶天立地”的职责，在特定的时间中，从大地向上运动，从而带领整个造物向上运动，实现最终的和谐与安息。时间、天与地是整个秩序框架，人是这个框架中的秩序构建的承担者，大地是他的根基，天空是他的目的，时间是他的本质规定，人要在时间中完成从根基到目的运动。《创世记》开篇通过天地的创造，建立了一个以大地为根基，在时间性生存中指向天空这一更高目的的秩序设想。创世具有一种目的论特征，它所造成的事物处于一种潜能状态，等待人参与其中来完成这一秩序。这种目的论的整体秩序观念，规定了人的基本生存目的，现实的人是一种初始状态，它指向一种更高的存在，向更高的存在运动。这种朝向更高目标的人生，实际上与希腊古典哲学分享同一种基本秩序架构，虽然具体的指向目标各有不同，但是现实人作为一种并不完善的潜能，指向更高的目的这一种基本框架是相同的。

二　自然概念在哲学中的变迁

奥古斯丁一生数易其稿，曾五度试图解释《创世记》前几章的内容，他在字意解释和寓意解经之间来回摸索，最终以字意解释为基础，完成了《〈创世记〉字义解》。奥古斯丁还将早期教父对宇宙秩序的理解细致化，与新柏拉图主义结合，建立了他的宇宙秩序。在这些被造的存在物中，有生命的高于无生命的，在有生命的造物之中，有感觉的高于无感觉的，在有感觉的造物之中，有理智的高于无理智的，在有理智的造物当中，不朽的高于必朽的，造物秩序，依次为天使、人、动物、植物、自然物。[5](p.184)按照奥古斯丁的说法，自然不会有罪，上帝造的都是善的。因此，这一创造秩序实际上就是一个伦理秩序，存在的等级越高则越善，罪就是对这个存在秩序的混乱颠倒。

奥古斯丁为上帝的创造建立了一个基本的秩序，但是事实上，这并不是文本分析的结论，而是新柏拉图主义式的神学建构。希腊哲学和基督教神学通过奥古斯丁，达成了紧密的结合，这种结合之所以可能，正是因为双方对世界与人的理解，存在某种结构上的相似。在希腊哲学中，作为人的本性或规定的，是一种自然观念，这种自然在哲学家的探索中意味着始基，意味着一切变化事物的持久而永恒的基础，它既是事物运动的原因，也是事物运动的目的，古希腊关于秩序的理论正是建基于这种目的论："一切自然存在都有其自然目的，都有其自然命运，这就决定了什么样的运作方式对于它们是善的。"[6](p.7)依据与这种具有某种目的的自然，人们可以判断什么是善的好的，什么是恶的不好的，这就是古典意义上的自然法。在柏拉图的《法义》之中，自然法被理解为有各种德性构成的整体，这个整体的秩序就是由各种德性的高低有序排列而形成的，这些高低有序的德性，实际上就是灵魂的不同目的，人的灵魂追求什么德性，他就在德性构成的秩序中处于什么样的位置。这些人类灵魂的德性被分为四种，节制、勇敢、智慧、正义，在柏拉图的《理想国》中，正是对应这四种德性而区分出四种灵魂的人。在希腊哲学中，有一个著名的苏格拉底问题，就是人应该如何生活，这个问题意味着希腊哲学不仅仅是解释世界的理论，而是以一种更具实践性的生活指导，也就是一种政治哲学，探讨的是何为宇宙中最为正当的秩序。所谓最为正当的秩序，也就是符合自然的秩序，因此最为正当的最符合规定的生活就是“依循自然生活”。

每个自然的事物都需要依循自然，则每个自然的事物都有其存在与规定。以亚里士多德的四因为例，每个事物的存在都包含了“质料”“动力”“形式”与“目的”，在这四因中，“质料”构成了事物存在的基础，“动力”是推动事物运动的原因，“形式”是事物实现目的时所表现的模式，“目的”就是事物存在的目标。后三者又可以归为一类，因为事物的运动原因，正是目的在推动事物运动，形式是事物实现目的之后的表现，因此三者都可以归结为“目的”，“目的”既是动力又是形式又是规定，任何一个事物都可以归结为质料和目的两个因素，在这个理论之中，人的存在也可以分析为两个要素，作为质料的物质和灵魂的结合，作为目的的灵魂的德性，尤其是最高的德性善。这两个因素在基督教的《创世记》中，被称为大地与天空，大地是指人的被造存在构成，而天空指代人被造的存在目的，实际上是指与上帝的安息和谐。希腊哲学与基督教虽然各自的指向不同，但是它们对人的结构理解是相似的，对人的潜在与目的性的理解是相同的，这也是两者在历史上能够结合的原因，它们在实践结构上是一致的。无论耶路撒冷与雅典怎么针锋相对，它们都不否认最高目的的存在，也不否认人应该朝向这一目的，真正在两者之间引起巨大争议的，是推动人运动的那个目的是意志的上帝还是理性的上帝，也就是通常所说的亚伯拉罕的上帝，还是亚里士多德的上帝。

在哲学重新回归的启蒙运动中，这个争议被重新提起，却已经是另外一种方式。在笛卡儿的上帝存在论证中，上帝存在不再是作为论证的根据，而是作为人的完满观念的推论结果，斯宾诺莎更是毫不掩盖地要以理性的上帝取代意志的上帝。尤其影响巨大的是，斯宾诺莎的这个理性的上帝，又称为自然。当自然再一次回到人类思想的核心位置时，它的内涵发生了巨大的变化，古典的自然观念完全被放弃了，取而代之的是近代独特的自然以及建基于这一自然主义的科学生活实践。近代以来，对事物的理解发生了巨大的变化，正如笛卡儿所称，在考察事物时：“我们不当考察万物的目的，只当考察它们的动因。”[7](p.11)这句话正好准确地说明了近代以来对事物的看法，按其质料的构成来理解事物，而不是按照一个更高的目的。这句话也说明了近代思想对人的理解的一个根本转变，不是从目的来理解人，而是按照人的本来的样子来理解人。这种对人的理解，被霍布斯总结为两条公理：第一条是自然欲望公理，这个欲望的根源是人的动物性；第二条是自然理性公理，人的自然欲望与动物的差异就在于有理性供欲望支配。[8](p.17)在古典时代引领人朝向目的的理性精神，在现在成了被自然欲望所支配的工具。更关键的是，原本指超越事物的正当性目的的自然，一变而为事物的实然存在，被用来指称事物的一种普遍的现实状态。而这个状态实际上就是人的基本存在，在基督教创世学说中，它是构成人之基础的大地，在古典希腊哲学中，它是人的质料存在，也就是说，近代哲学对人的理解，是从古代对人的目的性的具有高低差异的理解，变成了一种平面性理解，原来作为人的基础、底端、运动开始的开端的潜在现实，一变而成为人的规定性本质，正如施特劳斯所称："人性的概念被掏空，最终从人的目的转向人的开端。"[9]（p.43）施特劳斯认为，现代人截取了作为开端的人性状态，将其称为人的自然，取代了原来的目的性人论，从而表现出一种现代自然主义特征。按照霍布斯的理解，这种自然主义特征的人最大的目的就是自然的自我保存，因为生命正是自然一切欲望的基础。自我保存的原则成了霍布斯新自然法中最重要的德性、最首要的善，反之，死亡就是最大的恶，善恶与生死相关，失去了古典自然法的伦理意义。近代自然主义成功地改造了古典自然法，自然成为一种与现实存在相联系的概念，用以描述现实多样的万事万物，科学就是对这种自然主义的进一步推进。

三　科学的数学化自然

现代科学与古代科学之间，存在着本质的区别，古代的科学是一套理论，一些定理，它的任务是有限的，是胡塞尔所谓的"有限的、封闭的先天原理"[10]（p.997），这些原理止步于某种有限的领域。人类世界的生存领域并不被科学统一为一个整体存在，实际上，在前科学时代通过感性经验而被人们在日常生活中所感知的万事万物，纷繁多样，向不同的主体展现其不同的表象，因此众多事物的意义对于各人各不相同。更关键的是，在前科学时代事物的存在指向一个更高的目的，以此它在现实开端的差异并不影响它在目的上的统一。但是，现代科学则具有一种全新的精神，它继承并且激烈地推进了哲学上的自然主义，在这种新的科学精神中，宗教那种事物的创造目的观念被完全放弃，建立在这种目的论上的自然秩序也被抛弃，万事万物又变成了碎片，需要一种新的精神将其统一起来，现代科学正是在这个意义上承担起一种无限的普遍的任务，以一种新的自然哲学，通过物质的运动来解释事物的哲学，以重新统一脱离古代目的论之后的面临碎片化的自然。[11]（p.98）

现代科学借以达成这种普遍性任务的工具是数学，尤其是伽利略的几何学，现代科学的成功基础，就是自然的数学化。希腊早期的哲人们在研究事物之时，就已经意识到事物处于不断的流变之中，在流变的事物之上是不能建立确切的知识的。但是，现代科学既然要在事物中建立统一，就必须解决如何在流变的事物上建立稳固的知识这一难题。正是通过将纯粹几何学的客观化，现代科学找到了解决这一问题的途径。纯粹的几何学是在传统科学中就存在的东西，它作为一种纯粹的观念而与现实事物存在距离，比如几何学上的那个没有体积的点，就无法在现实世界中找到，它不过是一种抽象的观念，而现实世界都是以体的方式存在的。我们在现实世界所经历到的事物丰富多样，它们的形状都是不规则的，彼此之间都存在差异，但是在数学的世界里，能够达到我们在现实世界中所不能达到的精确性。胡塞尔认为，数学达到精确性的方法就是一种测量和勘定的技艺，这种技艺将我们生活世界的种种经验性存在，客观化为某种数的形状或数的量，比如高山大川，在宗教中可能是神灵的居所，在艺术中则是审美的对象，但是在科学视野中，在经过测量和勘定之后，它被客观化为一种具体的几何形状和某种精确的量，成为科学研究的对象。在这种测量和勘定之中，一切无法量化的因素就被排除在测量范围之外，科学化的世界因而无法兼容宗教那种与心灵与情感紧密相连，又无法量化的事物。这种数学化的自然取代现实复杂的自然，并随着数学公理的普遍化而取得了自身的普遍性。通过测量技艺，数学从观念的世界降低到经验直观的自然世界，并将经验直观的自然数学化，从而奠定了现代科学的统一性基础。

如果自然的数学化是现代科学的基础，那么数学的基础又是什么，它是如何在现代获得这种普遍性，并为从古典目的论中走出来的多样的自然世界奠定统一性基础的？这个问题需要考察康德的研究。根据康德的研究，我们知道通过感性经验所接受的事物，如果没有感性直观对其进行整理，它就是无法描述与定义的杂多，因为任何描述与定义都将涉及概念的使用，而当我们的知性概念作用于对象时，这些对象已经不是纯粹的事物，而是经过感性直观整理过的经验，真正的物自体始终是在人的认识之外。康德认为，人类直观物自体的感性先天形式有两种，就是作为外感官的空间与作为内感官的时间，空间为几何研究提供可能，时间为代数研究提供可能，也就是说，数学能够为科学建立统一性的基础，正是因为它是通过时空两种感性直观为一切知性提供对象，没有时空提供对象，人类的认识就没有经验材料，就不可能获得真正的知识。因此，在现代思想中，时空作为数学的研究对象，为人类提供了认识基础，是人类获得真正知识的唯一的对象来源，是时空通过塑造物自体，从而塑造了现代人知识的可能性。从这段分析我们可以说，作为潜能的自然，本身是需要被目的塑造而获得现实的，如果不被目的塑造，它就被其他东西塑造，这种东西就是数学化的时空，它与亚里士多德的自然观所不同的是，它失去了引导事物的目的因。

现代自然科学的发展以一种纯粹的时空观及建基于其上的数学理念，激进地推进了哲学上的自然主义，自然给予人类的对象，就不可能超越时空。那种非时空非数学的所谓的“心理的”事物，都被视为自然事物的“第二性的平行伴随物”，从而把一切宗教、伦理规范等非数学的心理事物都“自然化”。在这种观察自然的现代视角之下，自然被定义为真实的、客观的、以数学的方式获得的精确的自然。这种现代科学的自然观念排斥了人类精神与自然的相关性，无法建立一种客观的关于人类的精神理论。更关键的是，它取代了曾经被视作事物目的的精神世界和宗教对象，只把自然视作自足的世界，自然科学能够在其中抽掉一切精神的东西，以纯粹的自然作为自身的对象。宗教或者古典伦理，显然都属于这种被现代科学抽离的精神性的东西。按照康德的分析，人类在时空之外无法取得对象，那么人类就失去了一切其他可能的观察方式，彻底与物自体分离。

宗教为人和世界提供的说明，往往都来自时空之外，虽然一切都发生在时空的舞台之中。它为人类提供了除时空两种感性直观形式之外，更多观察对象的方式。但是，现代科学显然并不认同除时空之外的观察方式，因此宗教提供的经验材料不可能成为科学研究的对象。在基督教《创世记》开篇的时间、天、地创造三因素中，科学将其中的大地与时间结合，而放弃了天空。与古典自然法理论相比，现代科学则是放弃了事物目的和形式，自然没有更高的目的，实存形式就是其本质形式，它的存在就是指其自身的质料与运动。因此，当我们阅读笛卡尔的作品，当他提到自然法时，指的不是古典哲学的德性秩序，而是某些关于自然事物的特定命题和规律。更为重要的是，宗教和古典哲学的整体秩序被打破之后，人也就失去了在秩序中的特殊位置，人不再是那个沟通潜存与目的的关键存在者，人失去了联通天地的功能，成为大地中的一员，成为时空中与自然一同流变的事物。不过，最为吊诡的是，以自然事物为直接对象，以自然事物本身的存在为目的的科学，在康德的哲学中，却离事物本身最为遥远。反过来说，也正是这种远离事物本身的观念，为重新建立世界的统一性提供了可能，并且进而取代宗教和古典哲学，重新建构了世界。

四　结语

我们所生活的物质世界，本身并不提供任何规范性的东西，真正让我们能够将世界整体化的是人自身的精神意识，这种整体化是为人类所生存的世界提供规定、构建秩序，并以此秩序为基础，使人类的生存获取某种意义与目的。《创世记》中的宗教意识所构建的是一种目的论人生，在中世纪时一度统治了西方世界，在这种意识的统治之下，人对世界的理解是一种上下多层次的整体秩序，正如吉莱斯皮所说，古代人“仰视天堂、俯视地狱”。他们的视角更多地关注目的而不是现实的人生状态，更关注人的灵魂及其成长与归宿，关注的是来世而不是今生。最重要的是，这种人生指向一种更高的存在，把现实状态视作一种初始的潜在状态，这种状态需要不断地上升才能实现真正的人生目标。与古代人的对以上下为主要方向的整全秩序的强调不同，现代人尤其是现代西方人，则是“前瞻未来、回顾过去”。一种数学线性发展的思维，取代了古代人的上下秩序观念，这种线性发展思维的核心是自然的数学化，以一种可计量的时间取代灵魂的永恒追求。时间规定被理解为人更为普遍的本质规定，取代了古代人的灵魂的位置。换言之，他们不再像古代人那样上下审视，而是前后观察，力图通过对过去的认识来建立普遍的人性。对于现代人来说，古代宗教意识强调来世和一个外在的更高目的，是对今生和现实可能性的否定，遗忘了人类所扎根的经验世界。对古代人来说，现代人对经验世界的重视，是放弃追求人性更高的可能性，接纳了原本作为初始状态的现实状态，作为人类生存的精神和价值家园。

因此，宗教与科学关于世界的冲突，实际上是对人性的不同认识之间的冲突，两者是在通过规范世界的基本构造而规定人的生活方式。在最根本的原则上，两者之间的冲突是非此即彼的，在现今世界里，科学取得了规定世界和人性的权力，宗教不得不按照斯宾诺莎的方式，将自己限制在道德和个人幸福的领域，远离公共世界，在科学主导的世界的角落寻找栖身之所，这个角落正是科学意识形态对人性的偏平化理解所带来的困境。这个困境最终是否会动摇科学意识形态的统治，有待历史的进一步发展。

参考文献

[1] 施特劳斯．如何着手研究中世纪哲学 [A]. 刘小枫、陈少明主编．经典与解释的张力 [C]. 上海：上海三联书店，2003.

[2] 施特劳斯．《创世记》释义 [A]. 刘小枫、陈少明主编．经典与解释的张力 [C]. 上海：上海三联书店，2003.

[3] U. Cassuto, *A Commentary on The Book of Genesis,* Part 1 Tran., Israel Abrahams, Jerusalem: The Magnes Press, 1961.

[4] Robert Sacks, “The Lion and the Ass: *A Commentary on the Book of Genesis* 13(Charters 1-10)”, *Interpretation: A Journal of Political Philosophy* Vol. 8, Issue 2, 3(1980).

[5] 周伟驰．奥古斯丁的神学思想 [M]. 北京：中国社会科学出版社，2005.

[6] Leo Strauss, *Natural Right and History*, Chicago & London: The University

of Chicago Press, 1953.

[7] 笛卡尔．哲学原理 [M]. 关文运译．北京：商务印书馆，1958.

[8] 施特劳斯．霍布斯的政治哲学 [M]. 申彤译．南京：译林出版社，2001.

[9] 施特劳斯．什么是政治哲学 [M]. 李世祥等译．北京：华夏出版社，2014.

[10] 胡塞尔．欧洲科学的危机与先验现象学 [A]. 倪梁康编．胡塞尔选集 [C]. 上海：上海三联书店，1997.

[11] 玛格丽特·J. 奥斯勒．重构世界 [M]. 张卜天译．北京：商务印书馆，2019.

How to build the world:
The core conflict between science and religion

Abstract: Both religion and science are ideologies for constructing the world, and the conflict between the two is actually fighting for the power to construct the world order. The cosmic order constructed by religion with its own language system is similar in structure to the cosmic form of classical philosophy. We can understand the common teleological characteristics of the two through the analysis of the concept of nature. On the basis of philosophical naturalism, modern scientific consciousness abandons natural teleology, reconstructs the object world of human knowledge through the mathematicalization of nature, and excludes religious thinking about the sacred purpose of things from modern consciousness. Science has mastered the power to build the world.

Keywords: Nature; Time; Creationism; Science

【作者简介】项秉光，中国人民大学哲学博士，山东社会科学院当代宗教研究所助理研究员，主要从事西方宗教与中西文化比较研究。

约纳斯的责任原理探析 *

原海成

【内容摘要】 约纳斯是责任伦理学最重要的代表人物之一。他的责任原理的思想主要体现在以下几个方面：第一，约纳斯的责任原理是技术时代的“新”伦理；第二，约纳斯的责任原理源自康德的“绝对命令”，又是对后者的批判和扩展，他的责任原理是一种将来的伦理学；第三，约纳斯的责任原理通过目的论和价值论进行了论证；第四，约纳斯的责任原理可以延伸到生态伦理的论域，他的思想偏重于非人类中心论，在原理与实践的一致性上优胜于辛格的非人类中心论。

【关键词】 责任；目的论；价值论

汉斯·约纳斯（Hans Jonas, 1903—1993）是当代著名的哲学家，海德格尔的犹太弟子之一。[1]（p.117）① 他的思想主要分为四个部分：灵知主义（或诺斯替主义）的研究、哲学生物学的研究、责任的原理和实践研究、奥斯维辛之后的神学思想。《责任原理》（或译《责任命令》）和《技术、医学与伦理学》② 是约纳斯晚

* 本文系教育部人文社会科学研究青年基金项目“克尔恺郭尔的爱观研究”（21YJC730004）的阶段性成果。

① 约纳斯是美籍德裔的思想家。约纳斯战后移居美国，但按其思想进路，他属于欧陆哲学的传统，可以列为欧陆思想家。沃林评论道，“约纳斯和收养他的美国主流学术思潮并没有取得多少妥协……处于美国哲学统治地位的诸学派——逻辑实证主义、语言分析学和实用主义——对不可救药的欧洲形而上学习性不予理会，而这些习性正是约纳斯方法的核心。”参见理查德·沃林．海德格尔的弟子：阿伦特、勒维特、约纳斯和马尔库塞．第五章“汉斯·约纳斯——生命哲学家”。

② 《责任原理》这部作品不仅在思想界产生了深刻的影响，还在社会领域产生了广泛的效应。《责任原理》的德文本在 1979 年问世，英译本由约纳斯本人和大卫·赫尔（David Herr）共同完成。约纳斯本打算亲自将《责任原理》全部译为英文，但限于时间和精力，最后和大卫·赫尔合作完成，由此来看，英译本的质量在一定程度上是可信的。英译本和德文本之间内容上有一定的差异，更进一步的比较研究有待展开。中译本由方秋明先生根据英译本译出，并根据德文本进行了校译。Hans Jonas, Das Pinzip Verantwortung, Versuch einer Ethik fuer die technologische Zivilisation. Frankfurt am Main, 1979. Hans Jonas, *The Imperative of Responsibility: In Search of an Ethics for the Technological Age*, trans.by Hans Jonas with the Collaboration of David Herr, Chicago University Press, 1984. 汉斯·约纳斯．责任原理：现代技术文明伦理学的尝试．方秋明译．香港：世纪出版有限公司，2013 年。限于目前的德语能力，笔者只能根据英译本和中译本进行研究。中译本由方秋明老师所赠，在此表示感谢。汉斯·约纳斯．技术、医学与伦理学：责任原理的实践．张荣译．上海：上海译文出版社，2008 年。

期思想的代表作品，属于责任的原理和实践研究。顾名思义，《责任原理》主要侧重在责任伦理学的原理部分，《技术、医学与伦理学》主要侧重在责任伦理学的实践部分。两部作品不能割裂开来，前者涉及了实践，后者也涉及了原理。

约纳斯的责任原理是为了技术时代的疑难而进行的伦理探索。相比于古代和现代的伦理学，约纳斯的责任原理是一种“新”伦理，但这并不是标新立异之“新”，而是在全新的技术时代的危机面前，由实践理性进行的新拓展，以弥补过往伦理学的不足。正如约纳斯所说，“新的处境和危险呼唤新的解决方案。真正的未知领域等待我们去探寻，康德意义上的‘实践理性’（道德理性）也要在微茫的光亮中奋然前行。”[2]（p.4）本文从时代处境、责任原理的内容、责任原理的论证三个方面评述了约纳斯的责任原理，并将约纳斯的思想引入生态伦理的论域进行讨论。

一　技术时代的伦理探索

约纳斯开启了技术伦理学的研究。据格伦瓦尔德（Armin Grunwald）的评述，约纳斯在 1958 年发表了一篇名为《为什么技术是伦理学的课题：五个理由》的论文，该论文是技术伦理学领域最早的论文。但是，技术伦理学的定义有待澄清。格伦瓦尔德对技术伦理进行了如下说明：“技术伦理学的对象所涉及的不是技术本身，而是在同技术打交道的过程中，以及在技术进步过程中产生的那些规范和原则的那些不明确性问题。因此，‘技术伦理学’这个词不是一个没有问题的缩略概念。……技术本身不是技术伦理学的对象，而是一种媒介和从伦理学角度对某些人类行为范畴进行反思的动因。”[3]（p.8）换句话说，尽管约纳斯是这一领域的开启者，但他的责任原理并非局限于狭义的技术伦理。约纳斯思想的重心在于，通过对现代技术的剖析，为技术时代的伦理学进行形而上学的奠基。国内学者甘绍平区分了技术时代的伦理学和技术伦理学的不同，意在凸显约纳斯的责任伦理（或责任原理）与狭义的技术伦理之不同。他评论道：“尽管约纳斯、雷德及伦克均曾参与过对科技伦理的探究，但他们的学术贡献并不局限在科技伦理这一狭小的范围之内，他们最大的贡献在于提出了一种宏观性的新伦理，即让整个伦理学的视野得到扩展、在伦理学史上前所未闻的科技时代的伦理，也就是责任伦理。”[4]（p.98）甘绍平对约纳斯思想的评论是中道的。在《责任原理》和《技术、医学与伦理学》中，约纳斯处理了技术伦理学的议题，将责任原理运用在技术伦理的相关议题上。更进一步说，约纳斯的责任原理属于技术时代的伦理，而责任原理的运用则相关于狭义的技术伦理。

在人类历史的长河中，科学和技术有比较明显的界限，科学重在理论，技术重在应用，由科学理论向技术应用的转换并未大规模地发生。约纳斯认为，在现代社会，科学和技术相对独立的现象被打破了，科学和技术进入了你中有我、我中有你的局面，“科学和技术的相互作用是现代进步的标志，因此归根结底在于自然的方式中，现代技术以进步的方式开发自然”、“科学为了其自己的理论目的，需要一个日益精巧的、有强大物质力量的现代技术作为它的工具，这种工具是科学自己给自己生产的，就是说，科学向技术订购了这种工具。科学凭借这种帮助发现的东西，成了实践领域新开端的起点。……于是，科学研究参考资料就是为理论和实践领域共同拥有的。或者，与科学中有技术一样，同样，技术中有科学。简言之，一种相互反馈关系充斥在两者之间并使两者保持在运动中。”[5]（p.11，p.12）在古代社会，科学与技术并立而行，在现代社会，科学与技术形影不离。

具体而论，科学与道德，技术与道德的关系可以分别进行探讨。在现代社会，科学呈现专业化的特点，若排除科学变成科学主义的情形，理论的推进并不一定带来道德困境；技术则在人的实践领域呈现出模棱两可的特征，技术的应用引发了道德上的疑难。约纳斯的批判更多指向了技术。不同于将技术作为异化现象的否定性观点，约纳斯肯定了技术的积极面向，技术为人类带来了利益。与此同时，约纳斯同样指出，技术给自然和人带来了危机。在古代社会，自然是技术的对象。在现代社会，不仅自然是技术的对象，人也成了技术的对象，“这些威胁的总体在于自然（包括环境乃至人本身）的负担过重，技术可能朝着某个方向达到了极限，再也没有回头路，由我们自己发起的这场运动最终将由于其自身的驱动力而背离我们，奔向灾难”[6]（pp.1-2）。技术带来的伦理学难题或领域主要表现在对自然和人的影响上。对作为整体的自然的威胁主要有核战争、环境问题；对人自身的影响表现在细胞生物学（延长寿命、死亡权）、医学伦理（行为控制、人体试验、脑死亡）、基因技术（克隆人）等。① 在约纳斯从事责任原理的研究时，东西方的“冷战”依旧在持续。在“冷战”的国际环境下，核战争成为当时知识分子和民众普遍关心的头等问题。对约纳斯而言，核战争固然是技术带来的一个重要伦理议题，但是，与核战争相比，环境问题是一个更大的危机。[7]（p.255）核战争具有“超单一性”，而环境问题具有相反的复杂性。相较于核战争，对作为整体自然的环境问题的解决，更为不易。在核战争和环境问题之外，约纳斯还

---

① 汉斯·约纳斯.责任原理：现代技术文明伦理学的尝试.方秋明译.香港：世纪出版有限公司，2013年，第26—30页。另参照《技术、医学与伦理学》中，约纳斯所处理的伦理议题，第六章“为医学的进步服务：人体试验”、第八章“让我们克隆一个人：从优生学到基因技术”、第十章“脑死亡和人体器官库：对死亡的实用主义再界定”、第十一章“延缓死亡的技术和死亡权”。

——提出并面对了与人相关的伦理议题。[8](pp.1-5)①

面对技术带来的危机，约纳斯认为，传统的伦理学未能有效地面对，伦理学呈现出一种真空状态。首先，传统的宗教呈现出世俗化的一面，其权威性无法超出宗教的领域，不能救拔伦理学出离伦理的真空状态。约纳斯认为，"只有对神圣者（the sacred）的敬畏（awe），和（神圣者的）无限定的禁止（its unqualified veto）一道，才超脱于对世俗忧惧的考虑以及对遥远后果的不确定性的自我安慰。然而，日趋衰落的宗教不能为伦理学分忧。"[9](p.33)；[10](p.23)②其次，传统伦理学是一种同时代人的伦理学，有其自身的局限，未能把将来的技术危机纳入伦理的视域中。约纳斯认为，传统伦理学主要处理的是同时代的人与人之间的关系，并不关注技术带来的新问题，即人与将来的人、人与将来的自然的关系问题。[11](pp.10-12)最后，现代技术已经改变了人类行为的性质，这呼唤一种"新"的伦理，以补足伦理的真空状态。现代技术在规模、对象、不确定的积聚性的后果方面，表现出前所未有的新局面。[12](p.12, p.34)这使得人与自然的关系在伦理上不再是中性的。在韦伯提出"学术作为志业""政治作为志业"之后，约纳斯提出了"技术作为志业（calling）"[13](p.9)。他明确指出，技术时代需要一种"新"伦理，并为"新"伦理的构建进行了积极的探索和可贵的尝试。

二　责任原理的内容

面对技术时代的伦理真空，约纳斯提出"责任命令"的思想。责任命令具有积极性和消极性两个方面的内容，积极性的表述是"如此行动，以便你的行为后果与人类持久的真正生活一致"，"在你的意志对象中，你当前的选择应考虑到人类未来的整体"；消极性的表述是"如此行动，以便你的行为不至于毁坏未来这种生活的可能性"，"不要使人类得以世代生活的条件陷入危险的境地"[14](p.19)。

约纳斯的"责任命令"并非无源之水，而是有其学理的渊源。他的"责任命令"的思想来自康德的"绝对命令"（categorical imperative，或译定言命令，绝对律令），又是对后者的批判和补充。在《道德形而上学的奠基》中，康德提出了"绝对命令"的思想，绝对命令是指，"要只按照你同时能够愿

① 约纳斯运用"忧惧的启迪法"告诉人们，原子弹的存在是为了不被运用，环境问题的解决需要培养节制的精神。在这两个问题之外，约纳斯运用责任原理，细致处理了技术带来的其他伦理议题。汉斯·约纳斯.技术、医学与伦理学：责任原理的实践，"前言"。

② 根据英译本对部分译文做了修改。

意它成为一个普遍法则（Gesetz；law）的那个准则（Maxime；maxim）去行动”[15]（p.428）。康德认为，绝对命令有三个变形公式，这三个公式“只不过是同一个法则的三个公式，它们中的每一个都在自身中自行把另外两个结合起来”。[16]（p.444）在康德“绝对命令”思想的基础上，约纳斯提出了具有实质内容的“责任命令”。在指出“绝对命令”思想不足的同时，约纳斯分开了绝对命令的三个变形公式，格外重视绝对命令的第二个变形公式，并充分肯定了这个变形公式的意义。约纳斯对康德“绝对命令”学说的评论主要体现在以下几个方面。

第一，约纳斯指出，康德的“绝对命令”具有形式性的特征。约纳斯认为，康德“绝对命令”的形式化特点关乎逻辑，不关乎道德，“注意这里对道德的基本思考自身不是道德的而是逻辑的思考：‘我能够愿意（I can will）’或‘我不能够愿意（I cannot will）’表达了逻辑的一致性或不一致性，而不是道德的认可或反感”[17]（p.18）；[18]（p.11）①；康德的“绝对命令”是一种形式主义的伦理学，而非质料的价值伦理学，“纯粹形式化的绝对命令，和意愿准则（the maxim of the will）的普遍化不相矛盾的绝对命令的标准一道，导致了内容的特别空洞，这一点引人注目”②[19]（p.115）；[20]（p.89）。约纳斯的评断和现象学家舍勒对康德的评论不谋而合。约纳斯的批判折射出康德对约纳斯的巨大影响。

第二，约纳斯对“人是目的、不是手段”的绝对命令的派生形式给予了高度评价。康德认为，绝对命令具有三种派生的形式，三种派生形式的区别不是根本的。其中，第二条派生命令的形式是“你要如此行动，即无论是你的人格中的人性，还是其他任何一个人的人格中的人性，你在任何时候都同时当作目的，绝不仅仅当作手段来使用”[21]（p.437）。与康德不同，约纳斯将重心放在了第二种变形公式，突出了这一公式在三种变形公式中的意义。在约纳斯看来，人是目的，不是手段，这个绝对命令的派生形式，不仅仅是形式性的，还具有实质性的内容，“这原则表面上是从绝对律令（categorical imperative）那里推断出来的，但实际上是加上去的：尊重作为‘目的本身’的人的尊严。”[22]（p.115）

第三，约纳斯指出，客体或存在高于“绝对命令”的道德法则。在康德的哲学中，绝对命令自身具有自明性，不需要祈求于命令之外的存在。与康德不同，约纳斯认为，绝对命令需要主体情感的补足，而主体的情感是受到了高于主体之上的客体或存在的激发，“只有客体本身，而不是它的普遍性的理念，才能

---

① 根据英译本对部分译文做了修改。

② 根据英译本对部分译文做了修改。在康德的《道德形而上学的奠基》中，maxim（德文为Maxime）应作“准则”解，以区别于普遍性的“法则”（德文为Gesetz）。

激发这种情感，并且它这样做恰恰是因为它独一无二的有效性”[23](p.115)、“存在（或它的例证）向不被私欲阻碍或阴暗遮蔽的视界敞开着，它有充分的理由可以灌输崇敬（reverence）——并能在我们的情感影响下辅助（否则毫无作用的）道德法则，这法则命令我们尊重存在的内在呼唤”[24](p.116)；[25](pp.89-90)。与对康德绝对命令的形式性方面的批判相应，约纳斯认为，“存在”或“客体”激发“崇敬”（reverence）的情感，主体在内在的衷情中遵从道德法则，而道德法则反过来将主体引向“存在”的内在召唤；道德法则若脱离“存在”或“客体”，它将失去对主体的规定性。约纳斯同时强调了主体的被动性和主动性，一方面，主体乃是受“存在”的激发，具有完全的被动性；另一方面，约纳斯凸显了“责任”情感的主动性，只有在责任情感的帮助下，人们才会在实践领域产生积极的行动。[26](p.116)

约纳斯认为，康德的伦理学是同时代人的伦理学，不能处理技术时代的新议题，即当下的人们与将来的人们的关系。在指出康德伦理学的不足的同时，约纳斯将“责任命令”置于现代伦理学的中心。约纳斯认为，责任命令是一种将来的伦理学。责任命令的将来性具有如下特点：

第一，将来的责任具有非相互性的特点。在传统的伦理学中，权利即义务，具有相互性的特征。约纳斯的将来伦理学的对象是将来者，当下的个体与将来者的关系是不对称的，故此，将来的责任不是双向的，而是单向度的关系。在《责任原理》中，约纳斯说道：“我们所探讨的伦理学关注的恰恰是这种尚未存在的东西，它的责任原理应该独立于任何一种权利观，也因而独立于相互性之外。”[27](p.53)将来的责任这种单向的特点，是当下的人和将来的人的关系的实然反映，将来的人还未在世，无法和当下的人具有一种相互性的关系。就此而言，将来的责任是形而上学的责任[28](p.55)，它突破了市民社会商品经济的交换法则。

第二，将来的责任是保护将来者具有责任的能力。在线性的时间历程中，当下的个体可以保护将来者具有责任能力的可能性，也可以毁灭将来者具有责任能力的可能性。具体而言，约纳斯指出，人类的生存（或实存）是第一命令，生活得好是第二命令。[29](p.128)在人类的生存和人类的尊严之间，约纳斯突出了人类的生存，并认为人类的生存隐含在人类尊严的相关性问题的探讨中。面对现实生活中生存和尊严可能产生的冲突，约纳斯承认了冲突的可能性，并呼吁人们避免冲突的发生。在1981年“技术文明的能力与界限”的专家讲坛上，约纳斯说到，“我因此承认了某种无助，即在我们命中也许可能注定要发生的最极端处境的无助。接下来会是什么，人们其实不可以追问某人，那时应该发生什么或者可以发生什么。这本不该发生，而且事实上，人们可以为此做些事，而且今天、明天并且永远都必须接着做些事。”[30]（p.248）约纳斯选择了道德哲学的实践理性，以避免在伦理学的思想实验中可能出现的极端处境，并保护将来者具有责任的能力。可谓是，知其不可而为之。

约纳斯的责任命令既是对康德绝对命令的延续，又是对康德绝对命令的更新。约纳斯与康德分歧的根本点在于，伦理学是否具有将来面向。责任命令的将来面向是约纳斯对康德哲学进行修正的重要标准。约纳斯将康德的伦理学称之为“信念伦理”。若是将“信念伦理”和“责任伦理”对照，并进而认为，康德是约纳斯批判的焦点，那么，这种理解可能是有偏差的。“信念伦理”与“责任伦理”的对比可追溯至马克斯·韦伯。[31]（p.107, p.116）与韦伯不同的是，在约纳斯这里，“责任”是伦理学的中心，这区别于包括信念伦理在内的其他伦理学说。换句话说，韦伯的责任伦理的参照对象是信念伦理，而约纳斯的参照对象是宽泛的伦理学，不仅仅是信念伦理。[32]（p.124, p.125）① 约纳斯思想论争的对象还包括以“将来”为导向的伦理学，诸如“来世圆满的伦理学”“政治家对未来的责任”和“现代乌托邦”[33]（pp.20-26）。在约纳斯看来，“未来圆满的伦理学”和“政治家对未来的责任”都不能摆脱传统伦理学的“同时代性”，“现代乌托邦”具有将来的面向，但并不能解决技术时代的伦理问题。针对以布洛赫的“希望原理”为代表的现代乌托邦，约纳斯提出了“责任原理”，其批判的要点在于，技术本身是“双刃剑”，现代乌托邦欲以技术解决技术的难题，这种将技术和乌托邦结合的尝试无助于解决技术时代的伦理难题。简言之，约纳斯不受限于信念伦理与责任伦理两相对照的视域，其思想批判的重心更多指向现代乌托邦。

三　责任原理的论证

约纳斯的责任原理以形而上学为基础，通过目的论和价值论两个部分来完成。责任原理的目的论可追溯至哲学生物学的目的论，价值论可追溯至哲学生物学中的人的自由。需要注意的是，目的论和价值论不可分开。目的论意在表明，自然本身具有目的性。价值论则表明，人需要承担守护自然的责任。

在目的论的部分，约纳斯通过四个现象进行了目的论的论证。这四个现象分别是锤子、法庭、行走和消化器官。锤子和法庭属于人工事物，行走和消化器官属于自然事物。锤子和法庭具有目的性，锤子的目的体现的是制作者和使用者的目的；法庭的目的体现的是社会机构的目的。行走的目的体现的是人和

① 关于韦伯和约纳斯的关系，可参考罗亚玲的简要评论。笔者的理解并不与罗亚玲的评论相冲突，只是着眼点不同。

动物的身体运动的被动的目的。消化器官则体现的是整体自然的目的论。通过四个现象的说明，约纳斯意在表明自然本身具有目的性。约纳斯区分了解说自然（explaining）和阐释自然（comprehending），解说自然是“通过未证实的所谓目的解说（explain）自然”，比如科学主义的还原论；而阐释自然则意味着“解释（interpret）自然中已证实的目的的存在”[34]（p.92）；[35]（p.72）①，比如整体自然的目的论。约纳斯所持的观点是后者。他认为，“目的作为一种内在的自然法则超越人类和动物的所有意识向物质世界延伸”[36]（p.96）。约纳斯对四个现象的目的论论证并非是一种严格意义的证明，而是一种现象学的展示。他的自然目的论只是不同于科学主义的另一种形而上学，虽不能通过论证驳倒科学主义，但它本身并不与自然科学相冲突。相比于笛卡尔以来的主体性哲学，约纳斯扩展了“主体”的含义，它将自然作为主体。自然的主体性优胜于主体性哲学的地方在于，“胜于部分的整体，胜于短暂的常驻（abiding），胜于卑微的威严（majestic）”[37]（p.98）；[38]（p.76）②。约纳斯将自然作为主体，这个思想与他早期的作品《生命的现象》中的哲学生物学的目的论一脉相承。

在价值论的部分，约纳斯认为，自然生命包含着目的，人是自然生命的最高体现，具有看护自然的责任。第一，在存在论上，约纳斯将目的引入存在论。存在优先于虚无，二者的差异“与其说取决于实有与虚无的区别，……不如说取决于目标倾向自身与冷漠自身的区别，我们可以把虚无视作这种区别的绝对形式。冷漠的存在不过是虚无的较不完美的形式。”[39]（p.98）换言之，存在本身具有目的性，虚无是彻底的漠然。第二，存在是所有价值的基础，目的即是善。约纳斯认为，“我们可以把这种拥有任何目的的纯粹能力视作本身善，对此我们怀着直觉的确信，相信它绝对优越于存在的任何无目的性。”[40]（pp.103-104）换句话说，自然本身含有目的，这个目的即善本身。进一步来讲，善意味着客观的价值，该客观价值高于主体设定的主观价值。自然之善规定着主体，是主体性责任“应该”的来源。第三，人的责任是对自然之善的回应。约纳斯认为，“那真正值得我去努力的也应该成为对我而言配得上它的东西（to me a matter worth it），从而由我将它变成一个目的。现在，‘真正值得努力’应该是指努力的对象是善的，它独立于我的倾向之外。”[41]（p.109）；[42]（p.84）③人的主体性是自然的最高作品。责任和力量相关，人的责任体现在人的力量上。在自然中，只有人有力量维护或

① 根据英译本对部分译文做了修改。

② 根据英译本对部分译文做了修改。

③ 根据英译本对部分译文做了修改。

毁坏自然。为了配得上“人”的地位，人应该维护自然。在人与作为整体的自然的关系上，责任来自对善的情感性的回应，这种情感包含了感恩、虔敬和敬重。[43](p.45)第四，在人与自然的其他存在者的关系上，约纳斯扬弃了生态伦理中人类中心论的观点。他说道：“每一个生物（living thing）都是它自己的目的，这无须进一步的证明。在这方面，人不比其他活着的存在者（other living beings）更优越——除了只有*他*（*he*）还*能*（*can*）对它们负有责任，即保护它们的自在目的的责任。”[44](p.126);[45](p.98)①自然本身具有目的性，这种目的性不仅仅为动物所具有，还包括其他存在者。在所有的生物中，约纳斯突出了主体人的责任能力。

国内学者罗亚玲认为，约纳斯的责任原理的论证存在问题。责任具有两个维度：一为责任的对象；二为责任的来源和依据。她认为：“这两个维度的区分说明，对于未来责任的论证不必回到人类或自然为什么必须存在的形而上学问题。如果能够论证人类必须持续存在是人们（现在的人以及将来的人）必须承认的条件，那么保护自然维持子孙后代生存的基本条件就是一种有义务性的伦理责任。只要这一假定的前提成立，就无须担心保护自然的责任会因为自然本身的道德的地位未被论证而有所削弱。”[46](p.135)单就约纳斯的价值论看，罗亚玲的评论是深刻的。但是，约纳斯面对的是“伦理真空”的技术时代。对约纳斯而言，如果单单谈论价值论，可能无法完全回应技术时代的伦理疑难，这种疑难在于存在着对自然的其他形而上学解释的可能性。相关于对自然的阐释，还原论的科学主义也是一种形而上学。针对还原论的科学主义，约纳斯有必要在形而上学的层面做出回应，并且这种回应不能违背或应该合乎自然科学的事实。从这个意义上看，约纳斯的目的论先于价值论，是其责任原理论证中必要的组成部分。目的论和价值论共同构成了约纳斯的责任原理，二者不可偏废其一。

四　结语：责任原理与生态伦理

约纳斯的责任原理可以延伸到生态伦理的论域中。针对近代的人类中心论，约纳斯提出了作为整体的自然的目的论思想。在一定意义上，约纳斯批判了近代的人类中心论（包括还原论的科学主义），从而回到了古代哲学关于人是“存在巨链”之一环的传统理解，这种回到也可以说是在技术时代对这一传统理解的更

① 根据英译本对部分译文做了修改。“他”和“能”在英译本中用了斜体。

新或再理解。[47](p.291)① 约纳斯将责任和力量关联在一起，从而在自然目的论的大前提下肯定了人的主体性，凸显人对自然的责任，这相合于人类中心论中主体性思想的某些洞见。在生态伦理的人类中心论与非人类中心论之间，约纳斯的责任原理更加偏重于非人类中心论。

从原理和实践的一致性的角度看，约纳斯的思想要优于辛格的非人类中心论。在人与动物的关系时，辛格的立场是非人类中心论，他认为人类与动物是平等的；但在面对有争议的堕胎、安乐死等应用伦理学的议题时，辛格却转向了功利主义，他认为功利主义有助于解决人类社会的现实问题。② 立场的转化表明，辛格的非人类中心论并不能一以贯之地落实到实践中。相比于辛格，约纳斯固然认为自然本身具有目的，但保留了人的主体性的责任。在有争议的生命伦理的议题上，约纳斯并未因现实问题的复杂而迁就于注重后果的功利主义，而是在实践层面提出了“忧惧的启迪法”（Heuristics of fear，或译“恐惧的启迪法”），以强化人类面向自然（包括人）的责任。对此，伯勒尔评论道：“与功利主义不同，约纳斯把‘真正的人的生活’理解为一种存在方式，这种存在方式将参照‘人的理念’正确评价人的尊严和人的责任。”伯勒尔进一步对责任原理的实践进行了概括，这一概括符合约纳斯的责任原理的实践，“如有疑虑，先维护责任（对话中自我负责的人能够力）、生命和人的尊严”[48](p.253)③。故此，相比于辛格的非人类中心论，约纳斯的责任原理在理性的论证上更具有说服力，在理论的具体运用方面更为一致。

参考文献

[1] 理查德·沃林．海德格尔的弟子：阿伦特、勒维特、约纳斯和马尔库塞[M]．张国清、王大林译．南京：江苏教育出版社，2005 年．

[2][6][7][9][11][12][14][17][19][22][23][24][26][27][29][33][34][36][37][39]

① 有关约纳斯和亚里士多德的关系，可参考伯恩斯坦的评论。笔者受惠于瞿旭彤老师在巴特读书会中对“人类中心论”的见解。

② 彼得·辛格：《实践伦理学》，刘莘译，东方出版社 2005 年版，第六章“杀生：胚胎与胎儿”，这一章的主题是生命伦理学的堕胎问题；第七章，“杀生：人”，这一章的主题是安乐死问题。

③ 具体的论证可参考［德］底特利希·伯勒尔《汉斯·约纳斯：著作、洞见和现实性》，罗亚玲译，吴新文、吴猛主编，载《复旦哲学评论》（第 4 辑），上海人民出版社 2008 年版，第 253 页。约纳斯关于堕胎、安乐死的思考，可分别参见《技术、医学与伦理学》第七章“医疗技术与人类责任”、第十一章“延缓死亡的技术和死亡权”。另有一篇关于约纳斯的采访，在采访中，约纳斯对辛格的观点进行了批判。可见于 Marion Donhoff, Reinhard Merkel, “Not compassion alone. On euthanasia and ethics”, *Hastings Center Report*, 1995 Supplement, vol.25 Issue 7（数据库为 Academic Search Premier）。

[40][41][43][44] 汉斯·约纳斯.责任原理：现代技术文明伦理学的尝试[M].方秋明译.香港：世纪出版有限公司，2013.

[3] 阿明·格伦瓦尔德主编.技术伦理学手册[M].吴宁译.北京：社会科学文献出版社，2017.

[4] 甘绍平.应用伦理学前沿问题研究（第二版）[M].贵阳：贵州大学出版社，2019.

[5][8][30] 汉斯·约纳斯.技术、医学与伦理学：责任原理的实践[M].张荣译.上海：上海译文出版社，2008.

[10][13][18][20][25][35][38][42][45]Hans Jonas, *The Imperative of Responsibility: In Search of an Ethics for the Technological Age*, trans., by Hans Jonas with the Collaboration of David Herr, Chicago University Press, 1984.

[15][16][21] 康德.道德形而上学的奠基[M].李秋零译."康德著作全集"（第四卷），北京：中国人民大学出版社，2005.

[28] 伦克.当代的哲学、伦理学和人的技术活动[J].孟庆时译.哲学译丛，1985(2).

[31] 韦伯.学术与政治：韦伯的两篇言说（第三版）[M].冯克利译.北京：生活·读书·新知三联书店，2013.

[32][46] 罗亚玲.约纳斯的责任伦理学：论证与应用的问题[J].吴新文、吴猛主编.复旦哲学评论（第4辑）.上海：上海人民出版社，2008.

[47] 伯恩斯坦.约纳斯：一种新的责任伦理[J].王钦译.知识分子论丛.2013(1).

[48] 底特利希·伯勒尔.汉斯·约纳斯：著作、洞见和现实性[J].罗亚玲译.吴新文、吴猛主编.复旦哲学评论（第4辑）.上海：上海人民出版社，2008.

A Study on Jonas' Principle of Responsibility

Abstract: Jonas is one of the important representatives in the Ethics of Responsibility. His thought mainly contains several points. First, Jonas' Principle of Responsibility is a new ethics for the Technological Age. Second, Jonas' Principle of Responsibility has an intimate relationship with Kant's categorical imperative, which is critiqued and developed by Jonas. His Principles of Responsibility is an ethics of future. Third, Jonas gave an argument through teleology and value theory. In the sphere of ecological ethics, Jonas' thought is close to the non- Anthropocentrism. In the perspective of the consistency of theory and practice, Jonas' Theory is superior to Singer's non-Anthropocentrism.

Keywords: Responsibility; Teleology; Value Theory

【作者简介】原海成（1984— ），男，哲学博士，山西大学哲学社会学学院副教授，研究方向为欧陆哲学、宗教哲学。

从“信仰的竞赛”到“道德的竞赛”*

——论莱辛在《犹太人》中提出的“犹太人问题”的解决方案

尹 哲

【内容摘要】通过创作《犹太人》，莱辛表现了一种宗教宽容的主张和理想。他认为不能够再根据宗教上的偏见来对待犹太人，而是要具体地分析犹太人的道德行为。他把竞赛项目从教义转换到人的道德操守上，即从信仰的竞争，转向道德和理性的竞争，从彼岸的比较，转向此世的比较，从而使犹太人可以通过行律法和财富的积累而获得社会承认。莱辛提出宗教宽容的初衷是为了使犹太人能够有尊严地做人，结果导致在现代世界中非犹太人抬不起头来做人。

【关键词】信仰的竞赛；道德的竞赛；宗教宽容；犹太人问题；德语文学

和名气更大的莎士比亚喜剧《威尼斯商人》相似，莱辛的喜剧《犹太人》以一位犹太人为主角。这个犹太人主角无姓无名，在剧中只是按照他的临时身份被称作“一位陌生的旅客”。《犹太人》的结构紧凑，它的喜剧效果主要不体现在插科打诨的表演上，而是体现于人物“装样子”的演出和滑稽的性格。在创作《威尼斯商人》时，莎士比亚为了掩饰自己对犹太人的同情，使夏洛克以一个贪婪凶狠、视财如命的反面形象出现。而在《犹太人》中，犹太人旅客被塑造成一位品德高尚的人物，以反面形象示人的反而是那些诋毁犹太人的基督徒。莱辛自己说：写这出戏是为了想要“老百姓在想不到的地方看见道德”，“通过喜剧来进

* 本文系国家社科基金后期资助项目“信仰与语言”（19FZXB036）阶段性成果。

行教育”[1](p.83)。因此莱辛创作剧本时的价值立场非常明确。他可能意识到，若要从根本上解决犹太人问题，社会的价值评价准则就要经历一场重大的转换与更新，他想把评价人的最高标准，从信仰（宗教）转换到道德（理性）方面，而这一理念正好符合启蒙运动的理念，进而推进启蒙运动走向纵深。通过译读《犹太人》，本文在分析莱辛为应对犹太人问题而表现出的宗教宽容的思想观念时，将尽量地结合原著的情节并保留当中的喜剧成分。

一　从信仰的竞赛到道德的竞赛

《犹太人》在故事的表现顺序上运用了这样一种技巧，即“从整个故事的中程开始讲述”：有一些前情已经发生，它们作为背景决定了《犹太人》情节的主线，推动着情节的发展。完整的故事大纲可还原为：一位富有的庄园主（男爵）遇到两位蒙面强盗，处境危险，幸好有一位正直人士（旅客）路过，见义勇为出手打跑了两个强盗。那么这两个蒙面强盗是谁呢？人们以为是犹太人。但真正的罪犯一个是男爵的管家（马丁），另一个是当地的村长（米歇尔）；那位见义勇为的旅客却是犹太人。这两个强盗正是想利用人们对于犹太人的偏见来混淆视听。他们在作案时贴上假胡须来伪装成犹太人，后来正是这些假胡须使他们的罪行败露，并成为他们作案的证据。

《犹太人》以这两个强盗的相互埋怨开场，他们把失手的原因归结为运气，“没有运气，哪怕就是想当一个强盗，也当不成”[2](p.84)。从他们的对话中可以了解到，其中的一个强盗马丁出身于“盗贼世家”，因为他的祖父和父亲都是被吊死在绞刑架上。接下来，马丁谈到要报复那位坏了他们好事的旅客，或者更准确地说，他已经看上了旅客的财物——要把旅客的手表弄到手；另一个强盗米歇尔连忙强调，“要平分，要平分”，显示了自己贪得无厌、急于分赃的内心。而犹太旅客则表现得十分谦虚，他说爱心让自己做了这件善举，且路见不平、拔刀相助只能算作每个人都当尽的义务，因此是不足挂齿的事。莱辛在设计角色的台词时常常运用反讽句来制造欢笑的气氛。譬如旅客对马丁说：“你是个诚实的人。”实际上马丁最不诚实。另如，旅客在表达谦虚时说：“如果我陷入同样的处境，你们也会这么做。”[3](p.85)可基督徒会这么做吗？莱辛希望德国观众能扪心自问：倘若看到犹太人身处险境，基督徒能够抛开宗教成见施以援手吗？

人们纷纷怀疑抢劫是犹太人所为。犹太人旅客对此十分费解，因为虽然强盗留了连鬓的胡子，但说的是地道方言。何况法律只许少数犹太人在这个国家居住，所以这件事是犹太人所为的概率应该偏小，凭什么一口咬定是犹太人干的呢？而强盗马丁听到这一消息自然心中窃喜，他正想把所有嫌疑的线索都引向犹太人。他就说：

> 我肯定是犹太人干的。您不了解这些不信上帝的家伙。有几个犹太人就有几个骗子，没有例外。所以犹太人是被上帝咒诅的民族……愿上帝保佑我们这些伸张正义的基督徒免遭这些人的伤害。如果上帝不恨他们的话，不久前在布雷斯劳发生的惨案，活下来的犹太人就会和基督徒一样多……哦，亲爱的上帝，如果您希望幸福和祝福降临于这个世界，您就得警惕那些犹太人，他们比鼠疫还要可怕。[4] (pp.86-87)

这番一本正经的话从一位劫匪之口说出来，还说得煞有介事，可以把这种表演方法称为“装样子”，它能够把观众逗乐，让人们产生强烈的讽刺感，特别是想到马丁不知道和他交谈的旅客本人就是一位犹太人。相比之下，犹太人旅客却说：“我可不敢那么说，我担心，这么说会冤枉他们。”[5] (p.86) 莱辛是想借犹太人旅客的话来提醒基督徒，让他们的良心反思，当指责犹太人犯罪时是不是也要想想会不会冤枉他们。莱辛想把犹太旅客塑造成为一个道德和信心的榜样，好叫德国的基督徒观众在对比中自愧不如。

马丁说自己以前参观博览会时，亲眼目睹犹太人是偷东西的高手，他们的手脚异常灵活，像闪电般迅速。而就在马丁这样诬陷犹太人时，顺手牵羊偷走了旅客的鼻烟壶。注意马丁首先从宗教上攻击犹太人——上帝咒诅了犹太人；然后从世俗的角度攻击犹太人——犹太人喜欢和善于犯罪，这里隐含的论证思路是：上帝咒诅了犹太人，所以犹太人一定喜欢犯罪。犹太人喜欢犯罪是注定的，原因是他们受了上帝的咒诅。这种思路反映出德国人对犹太人的攻击总是以神学为起点。甚至在此可以看到一些预定论神学的影踪。

被抢劫的男爵断定这件事一定是犹太人干的理由可概括为四个方面，第一，本地村长（另一位强盗米歇尔）刚告诉他，曾看到三个犹太人在附近出没，从村长描述的外表来看他们很像昨晚作案的劫匪。而男爵也很信任村长。实际上因为米歇尔自己就是劫犯的同伙，所以当然熟悉这些劫犯的外形特点。第二，犹太人是一个“只关心利润的民族”，他们会不择手段的获取利润，包括使用诡计和武力。在德国人的印象中犹太人是专门的骗子。第三，那些优秀的品质，如懂礼貌、勤劳、守信用在犹太人那里，只不过是逐利的手段。他们经常利用这些品质叫人上钩。男爵回忆自己年轻时曾借过犹太人的债券，后来多还了犹太人一倍的钱。因此男爵对犹太人印象不佳，他以前吃过犹太人的暗亏。第四，犹太人的长相奸诈，令人反感，他们的眼神充满虚伪。当犹太人旅客听到这个原因时，不好意思地把脸转开，他还担忧男爵深谙相面之术，从而识破自己就是犹太人。男爵安慰旅客不用紧张并认为旅客的面相诚实、正直，肯定不会是犹太人。[6]（pp.92-93）这说法真让旅客哭笑不得。男爵对犹太人的偏见不是他的个人观点，而是当时德国社会上普通老百姓对犹太人的一种典型看法。旅客把头低下的这一自卑反应也说明，在一个全面歧视犹太人的社会环境中，不少犹太人自身都已丧失民族的自信，自己都可能因犹太人身份而惭愧。如果旅客对自己的犹太人身份毫不介意的话，他就可以当面大方地坦承自己是一位犹太人。

旅客没办法反驳男爵的理由，只好生硬说出自己的结论，他强调：犹太人不过和所有民族一样，其中既有好人，也有坏人，所以不应对某个民族下普遍定论。[7]（p.93）其实莱辛就没有给德国人下普遍定论，在歧视犹太人的德国人当中，可进一步划分出“好人”和“坏人”。很多德国人欺压犹太人是出于一种习惯和传统，但不掺杂自己的私欲。像《犹太人》中的男爵、男爵的女儿都可以归入这类。但像马丁、米歇尔这样的劫匪，他们还利用这种种族偏见自肥，这种人就可以称作坏的反犹德国人。

区分不同的反犹主义似乎被受莱辛影响的政治哲学家施特劳斯继承。施特劳斯比较了希特勒的反犹主义与斯大林统治下苏联的反犹主义。他指出，那种不尊重个人私密空间的共产主义同样反犹，但对于斯大林来说，比起公正对待犹太人，反犹主义能够更好地团结俄国人和乌克兰人，毕竟在苏联他们的人口比犹太人多得多。这与有时在中东为争取更加多数的阿拉伯人的支持而必须反对犹太人并无二致。所以施特劳斯称斯大林的反犹主义是“明智的反犹主义”，区别于“大蠢货希特勒的愚蠢的反犹主义”[8]（p.392）。正如《犹太人》暗中区分了好的反犹德国人与坏的反犹德国人。

面对人们对于犹太人的普遍误解，旅客只好慨叹道，“要是一个犹太人骗人，十有八九是基督徒逼的”。这像是莱辛自己观看《威尼斯商人》得出，然后在自己的剧本中加以发挥的一个结论。莱辛继续借旅客之口说：“如果要让忠诚和正直在两个民族中生存，那么这两个民族都必须为之付出努力。但如果一个民族只认自己的宗教，而且自己有权去迫害另一个民族的话，那么……”[9]（p.88）正如有人指出，莱辛不是主张两种宗教在教义的真理上相互平等，而是劝说人们超越宗教文献的教条，进入道德的精神内核中。人们应该通过“道德的竞赛”而非教义的竞赛来表现自己的信仰。[10]（p.262-263）如果我们再沿着从莱辛到康德的这样一条线路追踪下去，那么康德提出的实践理性优先原则和道德宗教方案，由于也引导人们更多地关注道德而非教义和礼仪，所以也是在莱辛方向上的一种继续。当然，康德提出这类设想的直接目的并不是要解决犹太人问题，他也不一定意识到他的批判哲学的方案对犹太人的命运会带来怎样的影响。

总之，莱辛倡导将民族或宗教之间的竞争从教义或信仰的竞争，转移至实践理性即道德的竞争上来。不同宗教信徒之间竞争和比较的重点不是教义和仪式，而是看信徒们是否具有好的性情，是不是足够的正直。基于此，本文把莱辛这里的观点称为“从信仰的竞赛到道德的竞赛”的范式转变，就是说莱辛为解决犹太人问题，便想方设法地要把人们在宗教上的竞争焦点从教义、仪式、神迹等转移到实践理性中去，把实践理性抬升为衡量真宗教的最高标准。

而出现这种从信仰竞赛到道德竞赛范式转移的一个可能的历史原因，是在莱辛的时代，“东学西渐”已成气候，莱辛等启蒙思想家可能在东方的社会形态和思想资源中找到了犹太人问题解决方案的一些头绪和线索，毕竟，犹太人在中国的历史上似乎没有受到过有组织的逼迫，且中国就是一个重德行而轻宗教的社会。在启蒙哲人眼中，这可能正是解决犹太人问题所需要的社会环境。在中国，人们互相进行“攀比”的不是宗教信仰，而是道德行为。这可能使得启蒙思想家认识到，欧洲如果要成功解决犹太人问题，就得虚心向中国学习。就好比今天有些中国的知识分子也主张，中国如果要解决某个问题，就得虚心向美国学习一样。而且他们还会进一步断定，如果学习美国最终没有解决那个问题，甚至让那个问题变得更加严重，那也绝对不是美国的问题，而是中国自己没有学好、没有学得彻底的问题。

二　爱情关系中的犹太人歧视

《犹太人》中有两段爱情故事——犹太人旅客与男爵女儿的爱情，以及犹太人旅客的仆人克里斯多夫（非犹太人）和男爵家的女仆丽塞特之间的爱情。考虑到莱辛曾高度评价莎士比亚的戏剧，比较一下《犹太人》和《威尼斯商人》的爱情故事里的犹太人元素或许会有一些新发现。

第5场描写了旅客与男爵女儿的第一次谈话。男爵女儿看到旅客的仆人在收拾行李，有离开之意，心中十分不舍。她很希望旅客能够在庄园多陪她玩一段时间，因此不断地挽留旅客。从这一场可以看出，旅客和男爵女儿相恋了，但由于一个是犹太人一个是基督徒，所以他们能否终成眷属还不好说。从第7场能够看到，男爵非常开心自己的女儿和旅客交往，他很想把旅客招作自己的乘龙快婿。男爵对自己的女儿一向管教甚严，不允许她随便和其他男人接触，但“那位先生是个例外，你本应该看出来的。我倒是希望，他能喜欢你——如果你老和他在一起，我也会很高兴”[11](p.93)。男爵真心请求旅客必须留下来，至少再多待几天。

接下来的几场，莱辛实际上把旅客和男爵女儿之间那无关功利的爱情，与几位“基督徒”之间的“爱情”进行了对比，以烘托和讴歌犹太人爱情的纯真和伟大，反衬出一些道貌岸然的基督徒的低俗。同样，莱辛在这里是要扭转人们对犹太人的偏见，认识到“不信上帝的”犹太人也可以有纯洁的情爱观。某些基督徒也可能只是把爱情作为一种得利的门径。例如，男爵家的女仆丽塞特和犹太人旅客的仆人克里斯多夫之间，就是互相利用、各取所需而已，这就与犹太人旅客跟男爵女儿之间纯真的恋情形成了鲜明反差。所以我们可以看到，在《犹太人》中，莱辛几乎在所有的事务和细节上面都要“贬基抬犹”，这可以说是该剧本的一个基调。

旅客和男爵女儿的配搭是男犹太人与女基督徒。在《威尼斯商人》中有夏洛克的女儿杰西卡和基督徒罗兰佐的爱情故事——杰西卡不惜与其父夏洛克断绝父女关系与罗兰佐私奔，这里的配搭是男基督徒与女犹太人。男爵的女儿放下矜持，表达了对旅客的好感。男爵开始也想把女儿许配给旅客，但当他听到旅客说他是犹太人后惊讶道:“犹太人？多么残酷的巧合！”男爵女儿则说“那又怎么啦?”[12](p.113)她不在乎他是犹太人，只要自己心仪；在这点上她和《威尼斯商人》中的杰西卡并无二致，都把爱情放在首位。但她也和杰西卡一样在终身大事上遭到了家庭的反对，不管是犹太教徒夏洛克还是基督徒男爵，都不同意自己的女儿嫁给异教徒。当然夏洛克本来就对基督徒恨之入骨，他本来就千方百计阻挠女儿嫁给基督徒。而男爵从内心来讲是十分欣赏犹太人旅客的综合素质的，但他未能超越宗教文献的条规。相比夏洛克，男爵显得无奈，他感觉旅客是犹太人这件事是上帝和自己开的一个玩笑；夏洛克则显得悲凉和孤独，正是感到自己的爱女被基督徒“诱骗”这点，强化了夏洛克割基督徒肉的决心。

莎士比亚设计割肉这段情节暗示了基督徒一直在“割犹太人的肉”，当然这种割肉是“不见血”的，它被一套正义的宗教说辞和旗号掩盖着。所以很讽刺的是，后来在法庭上基督徒要求夏洛克以不能流血的方式割肉，夏洛克知道除非出现神迹，否则不可能完成，因此不得不放下手中的利刃。但基督徒对犹太人的割肉就做到了“不见血”。夏洛克才是基督教社会中真正不幸的受害人。其实，通过设计这段“割肉戏”，莎翁已经说破了犹太人受到压榨的现实。就像鲁迅的“人血馒头”，是通过描写愚昧穷苦的群众吃喝人血，而将矛头指向封建礼教的“吃人”。莎翁是想引导人们反思，到底是谁在割谁的肉。表面上似乎是夏洛克残忍地把刀指向了基督徒，实际上这反而说明，他不可能通过合法、正规的途径来维护自己的权益，而只有采取这种极端的方式。只是莎士比亚说得比较隐晦，将血腥框在了喜剧的欢声笑语中；莱辛则直言不讳地对基督徒进行了讽刺。

在《威尼斯商人》中，杰西卡一直面临着这样一种精神磨难，正如夏洛克家的仆人朗斯特洛向她提出的：只有她的犹太人父亲不是她真正的父亲，她才可能得救。而只有她的母亲犯了通奸罪她才可能不是犹太人夏洛克的亲生女儿。但是这样一来，杰西卡又要因为她母亲的通奸罪而受咒诅，在这两种情况下杰西卡都难逃地狱的刑罚。“您不是为了您的父亲下地狱，就是为了您的母亲下地狱；逃过了凶恶的礁石，逃不过危险的漩涡。好，您下地狱是下定了。”[13](p.67)杰西卡说：“我可以靠着我的丈夫得救，他已经使我变成一个基督徒了。”[14](p.67)但杰西卡逃跑时的行为并不光彩，她带走了她父亲很大一笔钱。无论如何，作为犹太人的杰西卡选择一位贫穷的基督徒丈夫虽然在经济上损失巨大，但她可以摆脱二等公民的身份。而对于男爵的女儿来讲，她如果与犹太人旅客私奔，那么她的生活水准和社会地位都将下降一个层次。就是说，如果同样选择为情私奔，那么男爵女儿所付出的“人生代价”或者“政治经济成本”要远远大过《威尼斯商人》中的杰西卡，她所遇到的社会和家庭的阻力也会大于杰西卡。所以只要稍微比较《威尼斯商人》和《犹太人》中犹太人与基督徒之间的爱情故事就可以观察到：在基督教的国家或城市，犹太人可以跟随基督徒私奔改信基督教，但基督徒不能跟随犹太人私奔改信犹太教，法律也不过变成为反犹主义服务的看不见的手，这一点也微妙反映了犹太人所受的屈辱交汇在社会生活中的各方面的现实。

也许莱辛在创作《犹太人》时，就知道它不可能超越《威尼斯商人》，所以他后来一直主张德国戏剧界应以莎剧为学习榜样。莱辛是想让俗众在快乐中得到教育和升华。比如德国人把牟利看作犹太人的特性和符号，但他们自己何尝不是如此呢?《犹太人》后来多次上演，得到了人们的喝彩和商业上的成功，虽然很多剧评家诟病莱辛的宗教宽容思想，但都承认从这出戏剧中享受了许多乐趣。

三　解决犹太人问题的初步设想

莱辛在《犹太人》中惯用的幽默手法，就是把德国人眼中的犹太人形象（贪婪、狡诈、小气、卑鄙）投射到德国人自己身上，通过反差和装样子来提供笑料，并提醒德国观众检审自己的行为和对待犹太人的态度。因此莱辛的这种幽默往往令人们在笑过之后产生一种严肃的道德说教之感。这副说教的“面孔”便遭到了人们的批评，这些批评集中在“陌生旅客”这个角色的真实性上。评论家认为，“在一个对基督徒如此仇恨或至少对基督徒充满冷漠的民族中，鉴于这个民族的原则、生活方式和教育，能出现这么一个高贵之人，几乎是不可能的”[15](p.115)。在批评家眼中，犹太人缺乏诚实的原因在于他们都要靠经商生活，这种生活方式易使人养成行骗的习惯。

莱辛专门写了《论喜剧〈犹太人〉》一文回应这些批评。莱辛的智慧在于他绕开了现实中究竟是否可能有诚实和高贵的犹太人这个争论不清的问题，而是从逻辑上分析了批评者立论的凭据。莱辛指出，既然批评者认为犹太人不可能诚实和慷慨的原因，在于犹太人必须依靠经商来维生，那么从这种思路中就可以反推出，一旦犹太人不得不通过经商来谋生的生存状态被消除了，那么就有可能诞生品德高尚的犹太人。那什么前提条件可以使得犹太人脱离低级的商业牟利活动呢？无非就是要有足够的财富。莱辛辩解道，《犹太人》中的那位"陌生的旅客"就满足这个条件，他从父辈那里继承了巨额财产，所以他被描写成了一位周游列国的旅客，而且还雇用了仆人。就是说，如果这位旅客是一位"不经商的犹太人"的话，那么他就可以具有优秀的品质。所以关键不在于是不是犹太人，而在于是不是经商。莱辛这样说至少意味着，使犹太人挣脱"低级的商业活动"是解决犹太人问题的值得一试的方法。

莱辛的这一思想试验在后来的马克思主义者那里变成了现实。在《论犹太人问题》中，马克思解决犹太人问题的方案就是通过革命来实现一个消除了做生意前提的社会组织，以解决犹太人问题。也就是说，马克思是想通过消灭社会中的低级商业活动，使社会中没有生意可做，来改变犹太人的一些不良习惯，从而进一步解决犹太人问题。在他这里，犹太人问题本质上成为一个社会问题，而不是宗教或者民族问题。因此解决该问题的出路便是要把社会变成一个没有商业和交易的社会，一个货币交换要被限制在最小程度的社会。马克思认为，商业活动一方面使犹太人形成一种计算的、从而被人厌恶的人格；另一方面导致那些非经商者受到欺骗和剥削，所以犹太人的解放等于从商业和市场中解放，它又等于全人类的解放。从这个角度看，计划经济与其说是一种生产资源的配置方式，不如说是一种改造人的牟利性的手段。共产主义不仅是要改造犹太人，而且是要改造人的类本质中的犹太性。

在《犹太人》的结尾，旅客的仆人克里斯多夫在知道他侍奉多日的主人是犹太人后，十分的愤怒，他说，"什么，你竟敢让一个基督徒为犹太人服务，应该反过来才对，《圣经》里可就是这么写的"。"我的天，你侮辱了我内心的基督精神。"他说要到法庭上去起诉旅客。旅客则展现了慷慨的一面，他把贵重的鼻烟壶赠送给克里斯多夫并且不克扣工资。克里斯多夫听后立即恭维道，"肯定也有不是犹太人的犹太人……我不走了，换了一个基督徒不踢我一脚才怪呢！更不用说给我鼻烟壶了！"[16](p.114) 克里斯多夫的这种变化不是因为他良知的觉醒，或者他开始认识到犹太人中也有好人，而是他的贪欲得到了满足。他一开始之所以强调基督徒不能为犹太人服务，不是真的出于遵守《圣经》的命令，而是想抬高自己的身价以得到更多的赔偿金。他说要去法庭告状也是一种威胁甚至勒索，是想让旅客花钱消灾，息事宁人。他的目标不是为了维护他所谓的基督精神，而是想得到那个他觊觎已久的鼻烟壶。《威尼斯商人》中夏洛克的仆人朗斯特洛也和克里斯多夫一样善于伪饰，朗斯特洛声称自己一定要离开夏洛克的原因是不能为魔鬼服务，基督徒决不能做犹太人的奴隶；但其实他真正不满意之处是夏洛克家的饮食，夏洛克的精打细算和不食猪肉使得他家的伙食满足不了自己的胃。所以《犹太人》中旅客的仆人克里斯多夫和《威尼斯商人》中夏洛克的仆人朗斯特洛分别是两部喜剧中最令人发笑的角色。

四 结语

《犹太人》作为莱辛崭露头角之作，已经包含他后来所具有的宗教宽容观念的一切萌芽。《犹太人》和莱辛奠定其欧洲文学史地位的《智者纳坦》一起，从受逼迫者的角度来提升犹太人的声望，它们都关注一个相同目的，即纠正德国人的宗教偏见和排犹习性。

德国基督徒对《犹太人》的批评引起了犹太人作家的反击，一些犹太人写信给莱辛表示声援。他们希望得到公正的判断，不要再将犹太人看作社会的毒瘤和渣滓。犹太人学者发现，针对《犹太人》的负面议评几乎都出自基督教的神学家之手，这些神学家似乎相信，只有把所有非基督徒看作劫匪才算是为基督教卖了命。[17]（pp.117-118）可以看到，由于犹太人在德国已经被普遍诋毁，从教义的比较上他们已经没有胜出的可能，因此他们学会了扬长避短，通过更换标准来同基督教竞争。这种标准的更换就是把比较的重点从教义转向道德行为上。因为只有以后天道德行为的竞赛为中心，不能因信（基督）称义的犹太教徒才有可能借着“因德称义”而改变他们在世人心目中的形象。所以从这个意义上，康德提出的道德宗教方案可以说是正中犹太人的下怀，它有助于削弱人们对犹太人的歧视，帮助犹太人改变自己不利的位置。倘若说，在信仰的竞赛中，人们竞争的是信仰上的专一和热诚，那么在道德的竞赛中，人们竞争的是行为和接纳异己。而宗教宽容就是道德竞赛取代信仰竞赛的一种后果。

在中世纪，基督徒对犹太人的歧视可以使得犹太人对他们的律法之工和财富感到绝望。作为最可卑的民族，犹太人既不能通过行律法得救，也不能通过行律法被社会承认。他们根本无法凭借任何外在的行为记号来显明自己是上帝眷顾的民族。但这一点在现代的世界观中被颠倒。如前文所论，德国人看不起犹太人的一个主要现实原因，是他们看不起做生意的商人。那么如果要解决犹太人问题，即要让德国人看得起犹太人，一个简单直接的方案就是火速提升商贾和资本的档次。倘若在一个社会中，有道德的商人和富人成为人们最景仰的对象，那么犹太人问题就可迎刃而解。通过比较可以发现，同样是据有不菲的财富，在中世纪犹太人只能因为它而被人唾弃，在现代社会中则因为它而被人奉为上宾。犹太人没有改变自己，而是通过改变外在世界的标准实现了自己的翻身。改变外在世界的标准某种程度上正是借助启蒙运动完成，是启蒙运动的一个结果。

莱辛主张宗教宽容的起意是让犹太人能够在基督徒面前抬起头来做人，结果使得非犹太人逐渐地在犹太人面前抬不起头来做人，每个人都不得不努力聚敛财富而成为“犹太人”，否则就要被歧视——这或许就是所谓历史的反论吧。在宗教宽容大行其道之前，社会歧视某些群体的依据衍生自教会和僧侣，这种歧视的权利是“神授”的，宗教组织提供和论证了这种歧视的正当，并对这种歧视进行了某种程度的限制。宗教信仰上的歧视其实能够阻止其他各种类型歧视的泛滥。宗教宽容并没有消除现代社会中不同群体之间相互歧视的现象，只是这种歧视“世俗化”了，也不再以一种制度性的政府行为呈示出来。宗教宽容不过意味着，撤销教会在大众道德行为中扮演的支配者和仲裁者的角色，将这个角色转让给资本主义的商业文明。如今，金钱（资本）、名誉、技术和权力成为了大众和社会真正顶礼膜拜的天神，变成了正当性的实质性的来源和万物的最高尺度。在这个意义上，德国启蒙哲人的良善本意和勇敢理性被少数老谋深算的犹太人所利用，这是我们中国学人在认识启蒙运动时应该要知根知底和心中有数的。

参考文献：

[1][2][3][4][5][6][7][9][11][12][15][16][17] 莱辛．莱辛剧作七种 [M]. 李健鸣译．北京：华夏出版社，2007.

[8] 施特劳斯．我们为什么仍然是犹太人？ [M]. 李春长译．载刘小枫主编．犹太哲人与启蒙 [M]. 北京：华夏出版社，2010.

[10] 大卫・施特劳斯．论莱辛的《智者纳坦》[M]. 载莱辛．智者纳坦 [M]. 朱雁冰译．北京：华夏出版社，2011.

[13][14] 莎士比亚全集第二卷 [M]. 朱生豪等译．北京：人民文学出版社，1994.

From the Faith Competition to the Moral Competition: A Discussion of Lessing's Solution on the Jewish Question in *Die Juden*

Abstract: Lessing's drama *Die Juden* expressed a thought of religious tolerance. it suggested that we should not judge the Jews according to the religious prejudice, rather than evaluating them on the basis of their deeds. Lessing tried to change the rules of competition from the religious dogma to the moral integrity, in order that the Jewish people could be admitted through the law and their treasure. Lessing's purpose was helping the Jewish people, resulting in that in the modern world the non-Jewish people may be treated unfairly.

Keywords: Faith Competition; Moral Competition; Religious Tolerance; Jewish Question; German Literature

【作者简介】尹哲（1982.1— ），宗教学博士，湖南师范大学哲学系副教授。

中西传统文化当代复兴的哲学方法论刍议

——中国传统实践哲学的当代整合性唤醒与升华之三*

马正平

【内容摘要】20世纪初以来，中国学术界希望进行中国传统文化的“现代转化”，以融入西方文化。但是，20世纪初以来几次中国传统文化的现代转化都基本失败了。原因在于中西传统文化的知识形态分别处于不同的知识层面。中华传统文化的知识形态是一种类理性的空间性附带觉知的默会知识，而西方传统文化、现代文化的知识形态是一种理性化的时间化线性化焦点觉知的言说知识。在中西民族的认识、实践活动中，本来是二者整合在一起的，只是中西民族各自忽视了对方的知识层面。因此，中西传统现代文化是不能翻译、转化的，只能是一种对自己文化中的附带觉知与焦点觉知整合的立体知识形态的唤醒之后的再升华，即复兴。这背后的哲学方法论就是“思维现象学”。

【关键词】默会认识论；后批判哲学；思维现象学；新现代主义；整合唤醒

一　中国古代传统文化的“现代”转化根本不可能

我们承认，造成中国文化“文论失语”的关键原因确实有“偏激心态的泛滥”“对中国古代文论解读能力的低下”和“文化价值判断的扭曲”的因素。但

* 本文系国家社科基金哲学课题西部项目“直观与折射：时空美学基本原理初探”（08XZX017）阶段性成果。

是我认为，中国当代造成“文论失语”的真正的、关键的原因是中西文论、美学等知识型的文化特质的鲜明异质性、对立性，因而相互间都无法翻译和言说。“现代转化”中的“现代”就是“现代性”的世界一体化的文论，那么，“现代性”是什么意思？学术界一般认为：“所谓现代性，是以人对‘神’的反抗开始的，人把自己虚幻中观念化的超自然力量拉下了神坛，把人的理性放在了原来上帝占据的位置。原来以神圣天意为基础的世界秩序和道德秩序，不得不让位于以人的‘理性’为基础的关于自然和社会的知识。在这个意义上，现代性实质上就是人的自我力量的发现，现代性就奠基于把握了事物本质的理性知识。”[1]因此，所谓现代化的全球化的世界一体化文论，就是指以西方现代文论体系为目标的世界一体性文论。而西方现代文论则是建立在西方理性主义的现代主义哲学基础上理性化的文论体系。虽然，“现代性”是指自笛卡尔以后的理性主义认识论哲学原理追求的哲学思潮，笛卡尔之前自公元前5世纪以来的西方古代的文学、美学、哲学等人文学科和自然科学都主要追求这样的“理性知识”。但中国文化却绝不是这样，中国古代先贤们主要是对人类实践活动机制原理的经验性、默会知识的直观与描述，这是一种“类理性”的“只可意会，难以言传”的默会内隐知识。这两种知识是人类知识的表里的两个层面，不可“转化”，只可“整合”。全部问题就出在这里。

根据布留尔《原始思维》的思想，人类最初的思维是形象思维、情感思维，最后才发展为抽象思维、概念思维、理性思维、逻辑思维。由于“形象思维”的背后还潜藏着“类理性”的路径思维，因此，所谓理性的抽象思维，其实是把形象思维中潜藏的类理性路径思维中的因果思维的慢速化显性化而已。由于古希腊面对茫茫大海，生存环境极端恶劣，因此，远古西方先民关注的是对生存环境、物质世界的科学理性思考探索，于是，在公元前5世纪以后，西方理性主义学术思潮兴起了，成了西方民族的文化之魂，甚至古希腊的诸神神话也充满了对理性的尊崇，酷爱追求理性是西方文化的民族精神。西方哲学就开始关注探讨世界本原的本体论、概念性理性知识，柏拉图把“理念”解释为事物存在的依据，理性知识论就达到高峰。古代西方最有名的文论著作亚里士多德的《诗学》和《修辞学》都是一种理性主义的言说性概念体系，基本没有涉及人类文学创作行为的深层心理思维的经验模型，停留在文章写作“立意、选材、布局”和“开头—中间—结尾”的“构思主义”修辞学、文学、文章写作过程论的理性的焦点觉知的表面肤浅的学术思维层次。自笛卡尔以后，西方近现代哲学发展到认识论（包括经验主义哲学和理性主义哲学），这些知识都是理性的、概念的、明言的、批判的哲学知识体系。建立在这样基础上西方古代文论和现代文论的知识类型必然是理性的、概念的、明言的、批判的。虽然，在苏格拉底、柏拉图，在维柯的《新科学》的“诗性智慧”和鲍姆嘉通的《美学》与《诗的玄想》中，都有“低级”“感性”和“类理性”的“诗性智慧”的文学、美学活动的实践思维的经验型的知识的萌芽和追求，但是都被理性主义的亚里士多德、康德、黑格尔等人学术“劫机”了，从而使西方文艺理论、美学彻底转向了理性的、概念的、明言的、批判的知识观上面去了。

关于西方文化在知识观上的理性主义哲学理念和文化背景，我们可以从音法辞源学方面提供铁证。英语中有一组与我们讨论话题直接相关的词汇，它们的共同特点就是带有共同的词根或音根“L”。通过音法词源学穷尽性研究，我们发现“L”的“音本义”就是指“线”、“线条”（line）的时间性哲学含义。因此，一方面，引申出理性的音义和字义，例如，“逻辑”、“论理学”（logic），语言学（linguistics），“知识”（lore），学习（learn），学、学问、学术（Learning），所以，-ology 成了“学问”“学说”的词缀。另一方面，由于时空一体性，由“L”音根、词根的“线条”音本义引申出生命时空美学含义。例如，“长度”、“长的”（length long），“生命”（life），爱、喜欢（love）。并且有时间化的线条、长度的音义、词义又引申出空间化的生命空间感含义，例如，湖、湖泊（lake），崇高的、高耸的（lofty），自由（liberty），揭开（loosen），松的、自由自在的（loose），解放（liberation），思想开放的（liberal），文学（literature）、文学的（literary），有文化的（literate）。最后，引申出令人惊叹的“美”的意思，例如少年、小伙子（lad），女士、贵妇人、夫人（lady），羔羊、小羊肉（lamb）。由此可见，西方的知识观、学术观、学问观、哲学观是建立在时间化、线条化、逻辑化、理性化的文化基因和胚胎上的。这一点与中国原始文化的特质完全不同。

中国的学问观、知识观与西方不仅不同，甚至是对立的。同样表示“知识”概念的词汇却表达了明显与时间化不同的空间性、程序性的实践经验模型。例如，“学”字，其初读音如“觉”，其声母是辅音“j”，其音本义是空间性的“高”的意思。“学”“觉”“嚳”等形声字的声符是“爻”，其字本义就是先民修建房屋的修建技术：将两个交叉木架组成一间房屋的空间，这个房子修建技术本质是“重复”的，像半坡的建筑遗址的原始木棚那样。“爻”这种空间生成的修房技术就是最早的生存性实践性知识，因此，这是教育教学过程中学习、教学的生存实践知识，“爻”就是人类最初的“学”和“教”字。所以，说《易经》中的“爻辞”应该就是人类最早的教学内容的教材一点都不过分。由于通过教和学，最后才可以“觉”悟，故“觉”字从“爻”。总之，在中国上古表示“知识”的词汇：“爻”“学”“教”“觉”的含义都与空间性、构成性的实践经验性有关，并非理性、概念的本体论知识。这一点，还可以从汉语的“知”的音法学、词法学上进行证明。

“知”的上古音拟音为 ʈɯiɛ，应属端母（D），其音义当为“大”“多”的意思。按：知、识义同。故识作知。从口矢。识敏、故出于口者疾如矢也。从秦篆和简牍“知”写作“从口”来看，显然是到了秦代人们把口头言说性的明言的理性知识作为“知”的内涵来理解了。显然这都是后来的理性化阐释，并非知的音本义、词本义。那么，汉字“知”最初的意思是什么呢？

“知”字无甲骨文字形，金文字形：，，《说文解字注》：“从白、从亏、从知。”古籀文写作：𥎿。从“夏尚黑、殷上白、周尚赤”的上古审美精神来看，很可能，古籀文𥎿是知的初文，而金文字形是一个后来增加了“白”的繁体字。

知的初文𥎿，应该是“从于（吁），矢声”的形声字。于，甲骨文写作，像口中之气形。故《说文》：“于，於也。象气之舒亏。从丂从一。一者，其气平之也。”或简化写作“”，篆文写作：）。为什么许慎用“於”来阐释“于”的意义呢？这是同声同义的阐释。於，上古拟音：qa，见母，音本义有“高”“美”的意思。甲骨文写作：。可见，於的的字本义是对乌鸦的黑色的正色美色的赞叹。所以，《集韵》曰：“于，广大貌。”《诗经 · 麟之趾》“于嗟麟兮”就是对“麟”的无限宽广的道德心灵境界的感叹。《说文解字注》：“《吕刑》王曰吁来。按亏有大义。故从亏之字多训大者。芋下云。大叶实根骇人。于训惊語。故从亏口。”因此，“于”的音本义，从审美判断上来讲，是指对“广大貌”即对无限空间的感叹，从感叹的对象的名词上来讲是“广大”的无限空间。总之、于（吁）、於在上古是两个同音字，音本义都是对无限空间之美的赞叹、惊羡、敬羡。而“吁”是“于”（）的形声字。

知，《说文》：“词也。从口从矢。”何谓“从矢”呢？理学时代宋人徐锴云：“知理之速，如矢之疾也。”这样看来，𥎿的字本义，应该是在无限空间上的疾速、快速、高速，这就是说，知的本义是灵感、美感的直“觉”的意思。而正好“觉”的上古音和吁、于、於都是见母，音本义都是空间之“高”的意思。

再从从“”从“白”看，何谓“白“，《说文》：“白，西方色也。阴用事，物色白。”《增韵》：“素也。洁也。”《易 · 贲卦》：“白贲无咎。”《注》：“其质素，不劳文饰也。”《礼 · 曾子问》：“当室之白。”《注》：“谓西北隅得戸明者也。”《荀子 · 正名篇》：“说不行，则白道而冥穷。”《注》：“白道，谓明道也。”白色代表着无碍无饰的无限空间，故《庄子》：“虚室生白，吉祥止止。”故《礼 · 檀弓》：“殷人尚白。”所谓“尚白”就是崇尚圣洁，崇尚无限空间、境界。总之，知字“从白”是颜色美、虚无之美的意思，这和“从于（亏）”表达广大的空间之美构成一种强化、渲染的字形结构。

这就是说，“知”本来是一个表示对无限空间之美的直觉的动词，这是对人类最初的思维方式——形象思维、直觉思维的表征。知，又可以引申出直觉出来的无限空间的意思，这是对人类最早的诗性智慧、美的低级感性知识的表征。“知道”一词就是对这种初义的证据。因为，道是无形的恍惚与大象、美象。后来由于理性主义的发展影响，所以，知在后来才有理性知识的含义。

令人颇有兴趣的是，在古籀文中，“侯”的字形写作：矦，与“知”的古籀文字形“矦”就是同一个字。因为“广”即“厂”。《说文解字注》：“广，因厂为屋也。厂各本作广。误。今正。厂者、山石之厓岩。因之为屋、是曰广。”更有意思的是，在甲骨文、金文中“侯”的甲骨文写作、，金文写作：、、、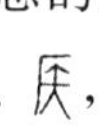，籀文古文矦。楚系简牍写作与金文同：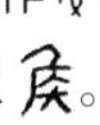。在这里，我们看出，“侯”的甲骨文字形“”、金文字形“”、籀文古文字形矦、楚系简牍字形“”和“知”的籀文古文字形“矦”就是同一个字，只是不同语境用法不同而已。都是同一个字音，同一个字形。

那么，“侯”的上古读音和音本义是什么呢？上古音拟为：go，或 ɦəu。Go 读音和高、甘、刚相似，其音本义就是高大、高远的空间之美。所以《尔雅·释诂》曰：“侯，公侯，君也。”《书·禹贡》：“五百里侯服。”即五等爵之次曰侯。《诗·郑风》：“洵直且侯。”传曰：“侯，美也。”从字形上来看，“侯”的甲骨文字形“”、金文字形“”、籀文古文字形矦、楚系简牍字形“”都是对在山崖岩洞中训练弓箭的行为描述，这不是军事将军、将领的“象形”吗？后来这些获得战功的将领、将军做了王侯、君王，所以《尔雅·释诂》曰：“侯，公侯，君也。”之所以这些将领、将军做了王侯、君王是因为他们力量强大，胸襟、境界、生命空间博大无限，所以成了大人、王侯。所以“侯”的音本义就是力量强大，胸襟、境界、生命空间博大无限的意思，正因如此，《诗·郑风》：“洵直且侯。”传曰：“侯，美也。”“侯”所具有的无限心灵空间、生命空间、力量空间无限博大，所以，它们是美的。

正是因为这个原因，与“侯”同音的厚，后，吼，鲎，後等字的音本义也是指空间的博大、巨大的空间性含义。从这个意义上来讲，“知”（矦）的音本义、字本义与“侯”（）的音本义、字本义一模一样：“知”的音本义、字本义同样是抽象的具有无限心灵空间、生命空间、力量空间无限博大的人。或人所具有的抽象的具有无限博大心灵空间、生命空间、力量空间的意思。“知”比“侯”更抽象。更有意思的是，和“侯”、“知”具有相同字形的还有“医”字：

医，小篆写作：。传抄古文写作：。“医”的这个小篆字形传抄古文字形和“侯”的甲骨文、金文字形以及“知”的金文字形是相同的：都是对山崖中进行战备训练者的象形。只是到了秦代，由于医术的发达，“医”的秦系简牍才写作：。这个字形增加了使用酒消毒、药酒按摩、针灸的医术内容。《说文》：“医，治病工也。”《礼·曲礼》：“医不三世，不服其药。”医，也是官名。《周礼·天官》：“医师掌医之政令，聚毒药以供医事。”《注》：“医师，衆医之长也。”《后汉·百官志》：“太医令一人六百石。”《注》：“掌诸医。”也许，官名才是“医”的本义。“治病工”只是“医”的掌管对象。这是因为，“掌诸医”的“衆医之长”，具有仁慈博大的心灵空间和高超的治病技术，也具有无限博大的精神空间，所以，“医”（）才与“侯”（）、“知”（疾）的上古音、古文字相同。

这样看来，“侯”（）、“知”（疾）、“医”（）三个字在上古时代，本是同一个读音和汉字，它们都是指心灵空间、思维空间、生命空间、胸襟情怀无限博大的军事领导集团的成员。其中，“侯”（）是军事指挥的将军、将领、国家领袖。“知”（疾）是指这个军事集团中的幕僚长、参谋长、秘书长。而“医”（）则是指“掌诸医”的“衆医之长”、医官。

由此可以证明，“知”的音本义和字本义是指国家军事领导集团构成人员的心灵空间、胸襟情怀、思维空间、生命空间的博大无限，这是指空间的无限的含义，并非指逻辑思维的无限绵长的“线”的时间性长度的概念。后者是人类的理性思维、逻辑思维发展起来后的理性主义知识观的“知”的含义。

在这里，我们进一步看到，“知”的字本义就是对道德、思维、审美修养等无限精神空间心灵空间方面的类理性、空间性知识的象形。这是人类最早的实践哲学中的伦理学、美学方面“诗性智能”的知识。由此清晰可见，“知”的本义是指人的生命生机与广阔道德心灵时空境界的心理状态、生命时空的意思。这就是人类最早的道德规范的知识。所以在孔子、孟子、荀子及汉儒那里所讲的“知”正是这种感性化、空间化、感觉化的知识内涵。例如，孔子《论语·八佾》：“子语鲁太师乐，曰：‘乐其可知也。始作，翕如也。从之，纯如也，皦如也，绎如也。以成。’”这里的“翕如”是聚合会聚的样子，“纯如”是旋律情调的意思，“绎如”是乐曲展开推进的样子。这是“知乐”“知音”的含义，这里所“知”的“音”就是一种音乐时空、美的意思。

这就是说，中华先民最早的教学内容、学习内容、学问就是关于道德心灵境界的知识。这种知识的最大特征是默会性知识，“只可意会，不可言传”。我想说的是，中国人最初的“知”并非西方民族的言说化、理性化、概念化的知识内涵，而是指心灵空间性、道德境界性、行为程序性的知识，一句话是关于人类实践活动程序模型的空间性知识。这是两种不同层面、不同性质特征的知识，它们之间不能化约、不能翻译、不能转化。

那么，为什么中西文化中的知识类型之间不能相互转换呢？这一点只有当代西方著名哲学家迈克尔·波兰尼的默会致知论后批判哲学可以给予科学的解释。

二　后批判哲学的默会整合的结构知识观

迈克尔·波兰尼是20世纪英国著名的科学哲学家，他与哈耶克和波普尔同被哲学界誉为“朝圣山上三巨星”。他站在知识现象学的立场上，在批判分析哲学的逻辑实证主义的客观主义知识论基础之后，根据自己的科学研究经验景象的体验，提出了富于人文性的科学观和意会整合认知理论，又称默会认识论（Tacit Knowing）或默会致知论，在当代国际哲学界十分引人注目，因而他被学界誉为“当代认识论中的哥白尼”。学术界一般认为，波兰尼所提出的非言传的意会整合思想已日益成为当代哲学认识论研究中常见的主题之一。许多学者惊呼：“波兰尼的意会认知论是继笛卡尔和康德以后，认识论发展史上的‘第三次哥白尼式的革命’，它将导致全部认识论的‘大翻转’，其深刻意义甚至将远在释义学、语言哲学和发生认识论之上。”[2]

波兰尼的伟大在于，他发现了人类知识的整体结构系统。他认为，人的知识有两类。一种是“言传知识”，即理性的概念目标性知识，往往指的是那些“用书面语言、图表或数学公式来表达的东西”，“这些只是一种知识，而非系统阐述的知识，例如我们对正在做的某事所具有的知识，是另一种形式的知识。如果称第一种为言传知识，第二种为意会知识，就可以说，我们总是意会地知道，我们在意知我们的言传知识是正确的”[3]。

这就是说，“相对于传统认识论所依托的可明确表述的逻辑理性而言，人的认知运转中还活跃着另一种与认知个体的活动无法分离、不可言传只能默会的隐性认知功能，这种默会认知是一切知识的基础和内在本质。默会知识是前逻辑、前语言的知识”。根据波兰尼的“默会认识论”原理，人类的所有认识和实践活动、行为的技能、能力都不是单一的理性知识结构，而是一个由理性的意识的目标的“焦点觉知”和类理性无意识、下意识的辅助的支持的“附带觉知”构成的整合性知识结构。在这个整合结构中，类理性无意识、下意识的“附带觉知”是对理性的意识的“焦点觉知”的支持、表达的路径、形式。在这里，无论认识与实践活动的技能的本质并不在焦点觉知上面，而是在于附带觉知上面。

在波兰尼这种后批判默会认识论哲学基础上，我们可以来讨论中西文化中的知识类型的特征差异。大体说来，由于西方传统文化中从公元前5世纪以来就崇拜追求科学的理性、概念、形式逻辑，因此，西方传统文化的知识敏感于倾向于或主流是一种明言性理性化、概念化科学性逻辑化知识类型，相当于人类知识中的有意注意性焦点觉知的知识。西方文化从公元前5世纪开始逐渐遗忘了无意识、辅助性、支持性附带性的（Myth）“秘索思”（美所思）的默会知识；而中国传统文化的知识则敏感于倾向于主流是一种无意识、辅助性、支持性附带性的默会知识，中国上古文化对于理性化的意识化的焦点觉知知识则不太感兴趣。同样，从公元前5世纪开始也淡化、遗忘了意识性理性化概念化的逻辑性知识。这就是说，西方传统文化各自把握强化了人类知识结构整合系统中的理性的逻辑的概念的作为目标系统的“焦点觉知”方面；而中国传统文化则强化、突出类理性的非形式逻辑的描述的作为辅助性、支持系统的下意识或无意识的“附带觉知”方面。当然我们不能绝对地说，西方的知识完全是理性的逻辑的概念的作为目标系统的“焦点觉知”的知识，或者说华夏文化完全是类理性的非形式逻辑的描述的作为辅助性、支持系统的下意识或无意识的“附带觉知”的知识。

三　从默会整合认识论的后批判哲学深入“后默会认识论”的“思维现象学”的新现代主义哲学

波兰尼认为，这种“默会认识论”就是反理性主义、批判主义的“后批判哲学”。在波兰尼看来，作为“默会认识论”中的“附带觉知”的辅助性、支持性、路径性知识是一种思维行为程序的模型，使我们的思维直观所能亲见的感性框架，因此，它们是不涉批判、证伪的知识，这与西方的理性主义，尤其是亚里士多德、笛卡尔、康德、黑格尔等人的理性化、言说化、批判性哲学的知识观完全不同，故称“后批判”哲学，实即类理性、新感性哲学。如果我们把波兰尼的默会认识论的“后批判”哲学（甚至包括鲍姆嘉通的“类理性”和“完善性”理论、胡塞尔以来的“现象学”）与“现代主义”和“后现代主义”哲学的知识观进行比较的话，我们认为，“后批判”哲学既否定“现代主义”哲学的“理性”，又否定了“后现代主义”哲学的“非理性”，而是推崇一种“新感性模型”的“类理性”。因此，我们可以认为，波兰尼的默会认识论的“后批判”哲学（甚至包括鲍姆嘉通的“类理性”和“完善性”理论、维柯的“诗性智慧”、胡塞尔以来的“现象学”）应该叫作“新现代主义”哲学思潮，或者“新后现代主义”“建设性后现代主义”“后后现代主义”的哲学思潮。这种“新现代主义”本质上并不是“中国文化的西方化的现代转化”，而应该是一种西方的焦点觉知的理性文化必须唤醒其本来就存在于理性背后的附带觉知的类理性文化，而中国传统的附带觉知默会知识文化的新现代主义化就是唤醒本来就存在于附带觉知知识的、目标系统的、理性的焦点觉知知识。这种唤醒有一种西方文化的知识形态向东方式向中国传统的附带觉知文化转向的意味。

虽然，波兰尼的默会认识论后批判主义进入了超越“现代主义”和“后现代主义”的哲学观、知识观的层次，进入了新现代主义哲学的高级阶段，但是波兰尼的后批判默会认识论也不是十全十美的，因为波兰尼的后批判默会认识论认为人类知识是理性的焦点觉知与类理性的附带觉知知识的立体整合生成的结构系统，而其中“类理性”的附带觉知知识这种个人性的内居性的知识是知识的本质，它是意义产生之源头和支持系统。对于这种默会知识，波兰尼认为，虽然可以言传，却“难以言传”，因此，波兰尼倡导一种“带徒制”的教学方法论，为的是让“徒弟”亲眼观看默会知识的活动显现。同时，波兰尼默会认识论只能是一种“知识现象学”，它只能解释人类认识与实践知识的焦点觉知与附带觉知，即目标知识与行动表达知识之间的整合结构这个规律，但它最大局限就是不能对人类认识与实践知识生成的思维活动的现象学原理的直观与描述，即人类认识、实践知识行为背后、深处的思维机制的现象学规律，是对人类认识、实践知识行为背后、深处的思维机制的亲眼直观与思维现象学的描述，建构实践思维、实践逻辑的原理。但这是现象学的最高阶段最高境界的哲学思维。波兰尼的默会致知论的“知识现象学”如果没有“思维现象学”的参与，就不能揭示人类的认识与实践活动深处的背后的人类实践思维的原理、机制，这样，人类真正的认识哲学和真正的实践哲学的原理体系就不能建立起来。因此，波兰尼的默会认识论的后批判的“知识现象学”的初级“新现代主义”，还要进一步发展到“思维现象学”的高级“新现代主义”哲学和知识观境界。这样“知识现象学”与“思维现象学”结合的新现代主义就是中西当代文化发展的哲学理念和方法论。这种“思维现象学”就是一种“后默会认识论”的新现代主义哲学。

新现代主义哲学和知识观的追求对人类的知识的真相的揭示。第一，是知识现象学的默会认识论的，即意识化理性的目标系统的焦点觉知与无意识的类理性的辅助、支持系统的附带觉知的立体共时的整合结构；第二，是“思维现象学”的“似客体”和“思维机制”的“非形式逻辑”的实践思维原理和实践逻辑知识体系。因此，对于西方的意识化理性的目标性、任务性焦点觉知的知识来说，“新现代主义”本质上是揭示其背后、深处的无意识类理性的辅助性、支持性、证据性的附带觉知的默会知识。无意识类理性的辅助性、支持性、证据性的附带觉知的默会知识必须知道、理解它的意识化理性的目标性、任务性焦点觉知的知识。

因此，西方文化的哲学、文化的理性化知识必须上升到东方、中国的“灵知”“妙悟”的类理性知识境界。20世纪的西方，尤其是欧洲大陆的哲学、美学的发展就是我们这种观点的确证。而东方、中国的“灵知”“妙悟”的类理性知识必须知道理解自己的理性化知识，即明确意识类理性的辅助性、支持性、证据性的附带觉知的默会知识与意识化理性的目标性、任务性焦点觉知的知识的立体整合结构。这样看来，西方文化的新现代主义复兴比中国传统文化的新现代主义复兴难度要高。

若从这种中国化“新现代主义”哲学看，中国传统文论、美学、文化不是要进行西方“现代主义”的“现代转化”，而要回到前现代、甚至古代传统文化直接进行“新现代主义”的“整合唤醒”。这个意义上的这种“现代化”之所以“新”，是因为这次“现代化”的实质是西方思想“中国化”，即寻求“意之所随”的人类实践活动原理机制之“数”的“默会认识论”和“思维现象学”的问题。

四 中国传统文化知识属于“思维现象学”的知识

早在2000多年前，诗人哲学家庄子就知道人类知识具有两个层次：一个层次是像圣人们口头讲出来的“四书”“五经”那样训诫的、言说的理论的表层性理性知识；另一个层次则是“不可以言传”的深层性默会知识。庄子曾激愤地把前者叫作“糟粕”性知识，那就意味着把后者可以叫作“精华”性知识。由此可见庄子对默会知识的重视与尊崇，这一点都不比波兰尼的默会认识论差，而庄子的精彩观点是在波兰尼之前的2000多年前。例如庄子《外篇·天道》云：

> 世之所贵道者书也，书不过语，语有贵也。语之所贵者意也，意有所随。意之所随者，不可以言传也，而世因贵言传书。世虽贵之，我犹不足贵也，为其贵非其贵也。故视而可见者，形与色也；听而可闻者，名与声也。悲夫，世人以形色名声为足以得彼之情！

庄子这里讲的“书”中的“语”“意”就是波兰尼默会认识论中所谓理性的逻辑的概念的言说的“焦点觉知”的知识。而“意有所随”讲的正是胡塞尔讲的意向性和波兰尼讲的辅助性、支持性的“附带觉知”的默会知识、意会知识。因为“随”就是“附”，“随声”就是“附和”。庄子讲的“意有所随”正是波兰尼的默会认识整合性知识结构模型。波兰尼的学术思想灵感是不是来源于庄子这里呢？就像海德格尔的存在现象学来源于老子“道”的内涵一样。

庄子的强烈困惑和沮丧是，他十分强烈地感到人类实践行为技能的目的之“意”所伴“随”的有效性的附带觉知是“不可以言传也”，所以，轮扁不能把自己关于斫轮的技术默会知识的奥秘言传出来教给他的儿子或其他人，所以到了70岁还不能退休。《外篇·天道》这样写道：

桓公读书于堂上。轮扁斫轮于堂下，释椎凿而上，问桓公曰：“敢问，公之所读者何言邪？”公曰：“圣人之言也。”曰：“圣人在乎？”公曰：“已死矣。”曰：“然则君之所读者，古人之糟粕已夫！”桓公曰：“寡人读书，轮人安得议乎！有说则可，无说则死。”轮扁曰：“臣也以臣之事观之。斫轮，徐则甘而不固，疾则苦而不入。不徐不疾，得之于手，而应于心，口不能言，有数存焉于其间。臣不能以喻臣之子，臣之子亦不能受之于臣，是以行年七十而老斫轮。古之人与其不可传也死矣，然则君之所读者，古人之糟粕已夫！”

在庄子看来，圣人讲出来，写出来的“言”“语”“书”是“焦点觉知”的“意”，语言可以把圣人的理性之“意”表达出来，记载下来，流传下来，但是圣人“意之所随”的辅助性、支持性、依据性、前提性、本质性、决定性的身体性个人性的“附带觉知”——心灵、境界、情绪或道德原理之经验模型的思维模型的“数”、机制、模型、原理——却随圣人的离去而丢失了。圣人的道德行为的生成和物质生产、发展是“有数存于其间”的。同样作为物质生产、精神生产的实践行为的技能“意”（焦点觉知、“意”）之所“随”（附带觉知、“数”）也是“有数存焉于其间”的，如果像轮扁那样不能把那“意之所随”的附带觉知的“数”（思维原理、成型模型＝技术操作）讲出来，那么，斫轮的技艺、手艺也就失传了。人类历史上这样的情形发生得太多了。庄子是失望的，对于这些“意之所随”的“附带觉知”的默会知识之“数”“臣不能以喻臣之子，臣之子亦不能受之于臣，是以行年七十而老斫轮。古之人与其不可传也，死矣，然则君之所读者，古人之糟粕已夫！”在庄子看来，这些“意之所随”的“附带觉知”的默会知识之“数”既不能言说，也不能教会，即使君臣、父子之间也是如此。所以庄子认为，那些脱离了“意之所随”的“附带觉知”的默会知识之“数”的书本上的“圣人之言”的理性的训诫说教的“意”就是“糟粕”了。庄子的话很极端，但极端中有真理存焉。

所幸的是，人类对于“意之所随”的附带觉知的默会知识的把握和言说表达，还不至于庄子讲的那么悲观、那么严重。有若干系列证据表明，无论是庄子之前还是庄子之后，中华民族的历代先贤、先哲们还是把人类实践“意之所随”之“数”——人类实践行为的“意之所随”附带觉知的默会知识的基本原理——基本言说出来了。倒是西方文化在这个方面却长期遮蔽。还必须指出的是，中国古代文化的早期也是属于焦点觉知的“意”“言”“语”的知识层次的追求，于是形成了“四书”“五经”这样的理性化原典性知识，正如庄子对“糟粕”性“圣人之言”的理性、意识性知识批评的那样。但是，后来，古代先贤、先哲们渐渐地转向对“意之所随”的实践行为技能之“数”的默会性知识追求，于是形成了十分灿烂的“意之所随”的默会性实践附带觉知知识体系的描述。我们举两个典型中国学术现象来说明。

一是关于审美活动中美的本质方面的附带觉知的辅助性支持性知识体系的揭示。在中国古典美学中，在孟子以前，人们还经常论“美”。这使得“美”是审美判断“美丽”的意思，《国语·楚语上》“伍举论美”中就用“美”来评价章台的美。并且伍举给“美”下了定义：“夫美也者，上下、内外、小大、远近皆无害焉，故曰美。”这里的“美”是抽象的理性的审美概念。孔子常用“美”“善”这些概念进行价值评价。例如《论语》：“子谓《韶》，尽美矣，又尽善也。谓《武》，尽美矣，未尽善也。”《战国策》记载：“邹忌修八尺有余，而形貌昳丽。朝服衣冠，窥镜，谓其妻曰：‘我孰与城北徐公美？’其妻曰：‘君美甚，徐公何能及君也？’城北徐公，齐国之美丽者也。忌不自信，而复问其妾曰：‘吾孰与徐公美？’”从这里可见，“美”是当时人们评论人物形象的常用概念，而“美”则是一个理性概念，这是焦点觉知的目标性理性概念知识。但是从孟子、荀子以后，人们渐渐地企图直观和描述人类实践行为背后的“意之所随”的精华性的“默会知识”，从而直击美本身、美本质。例如孟子对新、善、美、大、圣这些形容词的理性概念进行描述性定义的时候，就已经是焦点觉知与附带觉知的整合性描述了。《孟子·尽心下》说：

> 浩生不害问曰：“乐正子何人也？”孟子曰：“善人也，信人也。”“何谓善？何谓信？”“曰：可欲之谓善，有诸已之谓信，充实之谓美，充实而有光辉之谓大，大而化之之谓圣，圣而下可知之之谓神。乐正子，二之中，四之下也。”

这里被定义的概念“善”“信”“美”“大”都是理性的焦点觉知知识概念，但是对这些有意识的焦点觉知的理性概念进行内含描述的时候，就是对其辅助性支持性的附带觉知知识的描述了。例如，辅助、支持“善”“信”“美”“大”这些理性焦点觉知概念的“可欲”“有诸已”“充实”“充实而有光辉”就是一些身体化的附带觉知知识。又如，孟子对“浩然之气”的美学概念首次揭示，其实“浩然正气”正是他对美的定义的焦点觉知的“似客体”的附带觉知的辅助性默会知识。

孟子之后，曹丕在他的主体性的“浩然之气”的基础上，提出了“似客体”的作品的“文气”的美学概念，从此开启了对“美”这个焦点觉知的理性的判断的辅助性、支持性附带觉知的默会性知识的直观与描述。于是，“文气”成了“美”的证据、依据、表征的支持辅助系统。于是，中国人可以不再以“美”论“美”，而是用“文气”（曹丕）、“气韵”（谢赫）、“风骨”、“意象”（刘勰）、“滋味”（钟嵘）、“兴象”（殷璠）、“意境”（王昌龄）、“格调”（王应麟）、“风神”“风度”“风韵”（唐房玄龄，明茅坤）、“气象”（严羽）、“神韵”（王士祯）、“境界”（王国维）这些辅助性、支持性附带觉知的默会知识来描述“美”，这比以“美”论“美”更加能够直观到美，从而生成美感。只要有它们就会自然有“美”的判断了。这就是说，中国古代美学不必去追问“美是什么”的定义，不必用“美”去评价事物，只要文学艺术作品上能够“有文气”，“有气韵”，“有风骨”，“有意象”，“有滋味”，“有兴象”，“有意境”，“有风神”“有风韵”，“有气象”，“有神韵”，“有境界”，那就一定有“美”的审美判断了。如果用王国维的话说：“有境界……不期工而自工”，这里的“工”就是“美”。换言之，从曹丕的《典论·论文》开始，到王国维《人间词话》截止，中国古代美学早已解决了西方人从苏格拉底、柏拉图开始到现在还在苦苦追求的“美是什么”的“美本质”“美本身”的老大难问题，并且至今都还有人说“美是难的”。换言之，西方人一直在寻找的“美是什么”的“美本质”“美本身”的问题，中国古代美学早就在孟子、荀子、曹丕的时代彻底解决了，只是没有用西方文化的理性的焦点觉知的范式、话语进行表述。因此，西方美学自19世纪末20世纪初、中期的胡塞尔（1859—1938）的现象学、波兰尼（1891—1976）的默会认识论后批判哲学以来，西方哲学才不断地转向中国传统哲学美学所关注的人的认识–实践活动的行为“意之所随”的“意向性”问题和“附带觉知”的“默会认识”问题研究上去。在这里，中国传统美学的思维方式体现为思维现象学境界，即对理性的审美判断这个焦点觉知所意向指向的直观或折射审美思维所创生的无限时空、境界。由于焦点觉知的本质就是他意向性对象即附带觉知，所以，美的本质被揭示出来。

二是关于文章写作思维、审美思维的附带觉知的辅助性支持性思维知识体系。在孔子那里还是“子曰：为命，裨谌草创之，世叔讨论之，行人子羽修饰之，东里子产润色之”(《论语·宪问》)。这明显是对写作行为的表层行为过程性环节性的知识，丝毫没有涉及写作行为深处的写作默会知识——写作思维模型的知识。但是到了《周礼》“六诗”（当是子夏《诗序》）那里，就提出了“风（雅颂）：赋比兴”的写作思维赋形思维模型的附带性默会知识，从这一实践行为智慧原型的“风”这一范畴中，后来发展出风骨、气象、境界、意境、境界、神韵的本质、美本体的附带觉知的审美本体的默会知识。另外，从这一实践行为智慧原型的“赋、比、兴”这些范畴中，后来又发展出“一”与“文”、“同”与“和”、“起、承、转、合”的赋形思维模型的默会知识，形成了不同于西方的显性化逻辑焦点觉知知识的附带觉知知识的汉语文章结构论、章法论。在这里，思维现象学体现为对诗文写作艺术思维操作模型的直观与描述，从而产生了非形式逻辑的形象思维、实践思维、实践逻辑原理。于是，创作、审美的本质就被揭示出来。

在上古的汉语音法学中，帮母 b 上古音拟为：pil? 或 pi，其音本义，即声母本义是指美。因此：

> “匕”在甲骨文中写作：。
>
> 金文写作：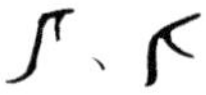。
>
> 秦系简帛写作：

这是对男性的做爱对象，即面下翘臀的女性做爱姿势形象的象形。这是当时男性心目中的“美女”。通过转注后，匕作为声符的字，例如旨、卓、长、皀、𣬈、眞、印、辰、老、妣、能、牝、此、化、𡿺、艮、尼、㲋，它们都具有“美”的意思。这些“匕声”或“从匕”的字的基本音义、字义都具有美的意思。另一方面，《说文》：“匕，相与比叙也。”这是对“比”的解释。段注：“比，相与比叙也。比者、密也。叙者、次弟也。”《说文》：“密也。二人为从，反从为比。”我们可以看到，“匕”是指女人之美。“比”是指表面的美的外在顺序、次序、秩序；而与“匕”和“比”上古读音相似、相近的“赋”（上古拟音：mpas 或 pio）和“铺”（上古拟音：pʰa、pʰio）的意思则是“铺陈”、渲染、重复的赋形思维、艺术思维、形象思维、实践思维的含义。例如，赋，赋这种文体的写作思维特征就是反复、渲染、强化、铺陈美的事物。又如，铺，这就是说，金铺这种门上的饰物、门首，是用黄金块展开之后生成像龟、蛇的形状。其基本工艺是展开。由此看出，赋和铺，最显示一种实践活动行为展开、展布的实践逻辑意思。后来，“赋”演化成为文学创作、文章写作中对主体、情思反复、渲染、重复的抒情达意的艺术思维、写作思维、形象思维的基本方法、原理。

与“赋”的反复、渲染、重复的抒情达意的艺术思维、写作思维、形象思维相反，“比”还有对比、反衬的艺术思维、写作思维、形象思维的意思。

《周礼·春官》：“簭人辨九簭之名，六曰巫比。”《注》：“巫读为筮，比谓筮与民和比也。”又比，《康熙字典》曰：“和也。”而“和”是“杂“而”不同”的意思。因此，“比”除了“顺叙”、相似的比喻的正面含义之外，还有反面引申义“杂”而“不同”的意思。这“杂”而“不同”正是对比、反衬的艺术思维、写作思维、形象思维的意思。

从这里我们可以十分清晰地看出，同样读为帮母 b 的读音，既可以表达美（匕），又可以表达美的顺序、秩序、次序（比）；还可以表达造成这种美的实践思维、文学思维、写作思维、艺术思维、形象思维的赋形思维：要么是行文展开的重复、渲染、强化、铺陈的赋形思维；要么是行文展开的对比、反衬、鲜明、张力的赋形思维。

随着源于语音、文字的意义引申发展，汉字的语音、文字同样也在演变发展。在原始辅音帮母 b 读音变为明母 m，其音义、字义是表空间之美的意思。例如，原来声母为帮母 b 的匕、比，读为明母的“文”。“文”的最初上古读音拟为：mɯn，或 miun，与“美”的上古读音：mriʔ，或 mɯi 相近、相同。文之最初的音本义和字本义是什么？《说文》：“文，错画也。”这显然是“文”后来的引申义。

“文”在甲骨文中写作：

在金文中写作：

显然，甲金文中这些原始字形与“错画”无关。从金文中看得更加清楚，“文”是对大丈夫胸膛、胸部，即宽广胸襟、情怀、境界、生命时空的描写、象形。胸膛上那些钩符：√、错画叉符：×，重点符：、都是对“心”（心灵、心情、情怀、胸襟）的指是，最后，文字简化的需要写成了：。这个时候的“文”表达了人类心灵空间无限之美的追求与向往，音本义、字本义都是美的意思。而这正是华夏民族关于“文明”“文化”的本质：文明、文化乃是对人类宽广博大无限的心灵空间、生命空间的彰明与教化。这比西方文明、文化的本义是指“栽培技术”高明了许多。由于“文”的本义是指无限空间，所以后来就把象形文字的笔画结构呈现出来的虚空叫作“文”所以古人说，许慎《说文解字序》：“仓颉之初作书也，盖依类象形，故谓之文。”所谓“依类象形，故谓之文”即《古今通论》所谓“仓颉造书，形立谓之文，声具谓之字”。因此、汉字书法的本质最终在于笔画所犯出来的无限空间之美。后来再把字与字、句与句的结构空间叫作“文”，此时的“文”的意思是指文辞、文章、辞章、文学作品结构空间而言。由于行文措辞要讲究修辞审美，因此就把行文措辞产生的文采、美感叫作“文”，产生着证明赠降思维操作模型就是重复、渲染基础上的“对比”“反衬”的赋形思维产生的张力空间。所以许慎才把“文”释为“错画”：交错对立的艺术思维方法。

所以，古圣说：“物相杂故曰文。”（《易传·系辞下》）孔子也说：“‘志有之，言以足志，文以足言。不言谁知其志？言而无文，行而不远。’”（《左传·襄公二十年》）《左传》说：“声一无听，物一无文，味一无果，物一不讲。”（《国语·郑语·史伯为桓公》）由此上升到政治学、实践哲学上，古人才说：“夫和实生物，同则不继。以他平他谓之和，故能丰长而物归之；若以同裨同，尽乃弃矣。故先王以土与金木水火杂，以成百物，是以和五味以调口，刚四支以卫体，和六律以聪耳，正七体以役心，平八索以成人，建九纪以立纯德，合十数以训百体……周训而能用之，和乐如一。夫如是，和之至也。于是乎先王聘后于异姓，求财于有方，择臣取谏工而讲以多物，务和同也。”（《国语·郑语·史伯为桓公》）

在这里，我们再次看到：“文”既是美的本质：无限宽广高远无限的心灵时空、生命时空；又包含着艺术思维、审美思维的本质：对比、反衬的赋形思维；与“匕”“铺”“赋”所包含的美本质：生机、生命之美和产生生气、韵律、气氛的渲染、重复的赋形思维正好构成一个互补。于是，我们将上面内容整合成为一个华夏审美学与艺术的美本质论与审美本质论：美的本质是无限的生命时空，审美的本质指重复与对比的赋形思维。

以上，我们运用汉语音法字法词源学的方法清晰地考证出中华文化中的“美”的本质和审美思维、艺术思维的本质，也就是说揭示了汉字读音这个焦点觉知、评价觉知、命名觉知背后所隐含在汉字中构形中的附带觉知、辅助觉知、支援意识的类理性内涵，这就是事物的本质探索的一条全新的致思之路，而这条路是继海德格尔的存在现象学、梅洛－庞蒂的知觉现象学、施密茨的身体现象学、波兰尼的知识现象学的思维现象学。所谓思维现象学，就是用现象学的哲学思维方式去研究人类思维活动的本质、规律、原理。思维现象学要关注、追求对人类认识活动、实践活动的“非形式逻辑”实践活动思维规律的探索揭示。思维现象学要直观人类认识和实践活动中的非形式逻辑、艺术实践逻辑的思维操作模型程序及其产生的不可见而可感的似客体对象，这是思维现象学的直观方法。其次，对作品进行思维现象学的思维分析方法，这样会形成不同伽达默尔的哲学阐释学的本义阐释学。最后，音法字法词源学的方法是一种思维现象学的考证方法，它基于默会认识论和后默会认识论。但是，思维现象学又不仅仅止于本文所用的音法字法词源学，而且还有思维经验描述方法和文本分析的思维现象学的方法。这多种方法构成了新现代主义实践哲学的基本方法论。

所谓新现代主义哲学，首先，新现代主义不是现代性的理性主义，也不是后现代的解构主义、感性主义，而是一种当代学术追求类理性人类知识形态的转向研究。其次，新现代主义哲学是一种当代实践活动的形而上原理，包括实践思维原理、实践逻辑体系的研究的实践哲学；最后，要将实践哲学与认识哲学进行整合回到中国古典的“知行哲学”并进行新现代转化，即当代转化：实践论以认识论为基础，同样，认识论以实践论为基础，即互为前提的“知行”论实践哲学知识体系。

五 结 语

在本文中，我们看到了中国古代传统文化的“现代”转化根本不可能，其根本原因在于传统文化以上的中西文化的知识形态完全是根本对立的，无法进行现代化的转化：从默会认识论后批判哲学的角度来讲，西方文化知识的范畴体系是对人类文化的默会认识系统中的意识性焦点觉知的理性化、概念化明言性言说性理性知识的表达，而中华传统文化的范畴系统则是对人类文化的默会认识系统中的下意识、无意识的附带觉知、辅助觉知的时空性、程序化缄默性内隐性类理性知识的思维现象学的描述表达。从这种后默会认识论的思维现象学新现代实践哲学的角度来讲，通过中国文化的汉语语音和象形文字，我们完全可以解读出西方文化中的人类文化的默会认识系统中意识性焦点觉知的理性化、概念化明言性言说性理性知识所指称的下意识、无意识的附带觉知、辅助觉知的时空性、程序化缄默性内隐性类理性知识，这就是美、善、真的本质、自身和人类艺术思维、写作思维、实践思维的基本原理，后者就是鲍姆嘉通的“实践哲学”和“美学”所向往追求建构的，与形式逻辑、抽象逻辑并驾齐驱的姊妹逻辑学科，这正是实践哲学的逻辑、实践内容逻辑。

因此，中国传统文化与西方传统文化要真正迈向当代，走向真理必须转向思维现象学的新现代主义实践哲学的方法论。

参考文献

[1] 韩震．本质范畴的重建及反思的现代性 [J]. 哲学研究，2008(12);《新华文摘》2009 年第 6 期全文转载。

[2][3] 张一兵．科学、个人知识与意会认知——波兰尼哲学评述 [M]. 波兰尼．个人认识：转向后批判哲学 [M]. 贵州人民出版社，1999 年．第 5, 6 页，

[4] 邓线平．波兰尼与胡塞尔认识论思想比较研究 [M], 知识产权出版社，2009.

On the Philosophical Methodology of Contemporary Revival of Chinese and Western Traditional Culture: Contemporary Integrative Awakening and Sublimation of Chinese Traditional Practical Philosophy (Part 3)

Abstract: Since the beginning of the 20th century, Chinese academic circles have hoped to carry out the "modern transformation" of Chinese traditional culture in order to integrate into Western culture. However, several modern transformations of Chinese traditional culture have basically failed since the beginning of the 20th century. The reason is that the knowledge forms of Chinese and Western traditional cultures are at different levels. The knowledge form of Chinese traditional culture is a kind of tacit knowledge with quasi-rational and subsidiary awareness, while the knowledge form of western traditional culture and modern culture is a kind of verbal knowledge with focal awareness rationalized and focus-conscious. In the cognition and practical activities of the Chinese and Western nations, both of them were originally integrated, but they ignored the other's knowledge level. Therefore, the traditional Chinese and Western modern culture cannot be translated and transformed. It can only be a sublimation after awakening the three-dimensional knowledge form which integrating subsidiary awareness and focal awareness in one's own culture, namely revival. The philosophical methodology behind this is "phenomenology of thinking".

Keywords: Tacit Epistemology; Post-Critical Philosophy; Phenomenology of Thinking; New Modernism; Integration and Awakening

【作者简介】马正平（1950—　），男，四川师范大学文学院二级教授，博士生导师，享受国务院政府特殊津贴专家，四川省政府文史研究馆馆员。主要从事新现代主义哲学背景下的中国古代文论、时空美学、实践哲学原理等研究。

生境存在：现代社会终结的未来可能性

——生态理性哲学基本概念诠释（3）

唐代兴

[内容摘要] 在人的世界里，由人所生发出来的科学、艺术、宗教、文化、教育、经济、政治等一切学问，都属于“小学”，唯有“无用之用”的哲学，才是“大学”。因为哲学作为永恒的存在之思，必要立定未来以考问当世存在困境和生存危机为起步，追问新的存在的可能性、依据，以及能够为之提供解释的最终理由。由此自为生成的哲学位态，不是俯下身段，关注脚尖，更不是扭转头颅，赞美身后景，而应巍然屹立于大地之上，仰望未来存在的星空。哲学的这一本有存在位态，决定它不是应和工具，不是注解方式，更不能成为附文弄雅的方法。哲学是世界存在之根和万物生存之本的追寻，是人类终极存在命运的当世担当。是以观“无限度的扩张”和“有组织的不负责任”无节制地推动现代社会自我终结于以后人口陷阱、后环境陷阱、后技术陷阱、后疫灾陷阱和后经济—政治陷阱为表征的后世界风险社会之途，敞开死境或生境的两可朝向，阻止前者而开启后者，呼唤当世哲学的真正入场，探求生境存在之道和限度生存之理。

【关键词】 现代社会自我终结；后世界风险陷阱；当世哲学；生境存在；生境逻辑；限度生存

世界，无论自然世界，还是人的世界，其原本存在是生境：生境存在构成世界的本原状态。打破这一本原存在状态的力量，不是来自自然世界，而是来自人的世界，来自人的智－力创造。人的智－力创造改变了人的存在和人的社会，将农牧社会变成工业社会，将古典工业社会升级为现代工业社会，然后以“无限度的扩张”和“有组织的不负责任”的方式，将现代工业社会推向自我终结，世界沦陷于后世界风险社会之死境化进程中，探求解救之道的逻辑起点，是检讨现代社会，重新恢复生境。

一　现代社会自我终结的敞开进程

从整体观，现代社会是以农牧社会为参照。具体地看，它呈许多扇面。从技术言，现代社会是机械技术体系支撑的社会；从经济观言，现代社会是无限度地向自然世界扩张的社会；从政治观言，现代社会是一个“有组织的不负责任”的社会；从教育言，现代社会是传授有用知识的社会，将人培养成熟练的劳动工具。技术、经济、教育，此三者构成现代社会的开放的、征服和掠夺的三维形态学框架。这一三维形态学框架得以无限扩张的内稳机制和内动力量，就是人本主义。现代社会的人本主义主要展开为三个方面：第一个方面是人本目的论，人本目的论将人定义为是“唯一的目的”。人是唯一的目的的行为表达就是个人主义，这是现代社会“有组织的不负责任”的主体论根源：个人是第一位的，个人利益是第一位的，对社会的所有设计和社会设计的所有方面的实施，都必须以保障自我利益最大化或自我损害最小化为绝对前提，这是“有组织的不负责任”的根源。第二个方面是从“人是唯一的目的”演绎出来人的幸福论向往，形成“物质幸福无限论”之生存观念，这一生存观念的持续展开和强化，是以一个假想为前提，这就是存在无限论。存在无限论观念自然演绎出第三个方面，这就是世界无限论，具体表述为“自然资源无限论”。从“自然资源无限”的假设出发，追求无限的“物质幸福”，自然演绎出“无限度的扩张”和“有组织的不负责任”。

抽象观之，“人是唯一的目的”，构成现代社会的人本动力；“物质幸福无限论”和“自然资源无限论”，构成现代社会的经济学动力；“无限度的扩张”和“有组织的不负责任”，构成现代社会的政治学动力。此三者的合谋运作，形成傲慢的物质霸权主义行动纲领和绝对经济技术理性行动原则，这一行动纲领和行动原则才真正构成现代社会的自动力机制，推动现代主义走向自我终结。

现代社会自我终结敞开的物理进程，呈现开放性的转移和新生进程。所谓转移，是指从一个自造的已成世界向一种陌生的未知世界转换，但其转换一定体现前后相续性，这源于物理时间的空间化敞开始终是连续统，历史也以朝向未来的方式形成时空的连续统。人为意愿地中断它，往往不能获得想象的形态学实现，存在本身的本质部分始终不能以跨越式方式自我中断，孔子曰“子曰：“殷因于夏礼，所损益，可知也。周因于殷礼，所损益，可知也。其或继周者，虽百世，可知也。”[1](p.44)将历史的连续统讲得最为透彻。所谓新生，是指已有向未知世界的转移并不只是空间的位移，而是形态、结构、内容甚至是性质的革新。以此观现代社会自我终结敞开的物理进程，体现如下运动特征和个性。

1. 现代社会自我终结的后技术化存在陷阱

工业社会从农牧社会的土壤中诞生，从古典社会向现代工业社会再向后工业社会推进，其根本的动力体系是技术体系的革新，技术体系从农牧时代的手工技术体系演变成工业社会的机械技术体系，然后被后工业进程中的生物工艺学技术体系所取向。技术体系的如此演变，不仅演绎出农村被改造成城市、都市，而且自造出技术化存在陷阱。[2]

从根本讲，人类存在执着于能够着手解决却永远无法一劳永逸地解决的两个永恒的主题，这就是渴望存在安全和企求生活保障。在人类生存史中，谋求从根本上解决存在安全和生活保障的所有努力都需要技术的武装。从技术方面观，现代社会自我终结敞开的进程，亦是生存工具和发展手段的根本性变革，这就是机械技术体系向生物工艺学技术体系的过渡，或曰生物工艺学技术体系替代机械技术体系的进程，构成了现代向后现代转移的根本物理方式。[3]

文明的物质形态是经济和财富；文明的精神形态是信仰、哲学、艺术、科学、思想、教育；文明的规训形态是政体、制度、法律、道德；文明的动力方式和结构性力量是技术。技术的动力功能根本地体现在它既书写生产方式，也书写市场方式、交换方式和消费方式，而且在更深层面上书写生活方式。比如店铺经营和电商经营，这是两种截然不同的市场经营、销售和消费方式，却源于技术对它的塑造，这种塑造从市场商品的交换、消费和购物方式如何悄无声息地终结着现代标志的店铺，实现了后现代标志的电商：店铺经营以自己为主人，以自己为老板，我坐在那里等你来；电商经营却以自己为财富的仆人，消费者是老板，你必须将货物送到消费者手里。现代技术自我终结敞开的进程，就是如此残酷地将社会角色予以了根本性转换。

不仅如此，技术更是一种社会权力、一种社会结构力量、一种社会分配方式。以机械技术为主导的企业、工厂、公司在今天纷纷破产、倒闭、解体，表面看是市场，是消费的转向对生产的倒逼，但实质上却是新技术对社会的全面改造和重塑：以计算机为运演工具、以会聚技术为认知方法、以大数据为分析工具、以基因工程和人工智能为两翼形态的生物工艺学技术体系加速形成，并紧锣密鼓地实施对机械技术体系的全面替代。这种新技术体系对旧有的机械技术体系的替代，不仅改变了生产领域、市场领域、消费领域和生活领域，而且正在全面地改变政治、经济领域，改变整个的社会基本结构，改变权力和财富的分配结构、分配方式和分配方法。[4] 这是现代社会自我终结敞开的最为根本的内容：由于生物工艺学技术体系对市场和生活世界的无阻碍拓展和占有，将现代社会终结成为一个后技术化存在的社会。

2. 现代社会自我终结的人种学威胁和人类学危机

从根本讲，本原存在的生境世界是一个纯粹的生物学世界。人类从动物走向人，其所经历的由游牧社会向农牧社会再向工业社会迈进的历史，同样是一个纯正的生物学历史。在生物学的历史进程中，人是纯粹的生物人，生育、繁衍、成长、死亡，都遵循生物学法则或造物主法则。这个造物主可从科学角度将其解释为“自然伟力”或“生物进化力量”，也可从神学角度将其解释为上帝。但无论哪种解释，有一点是共同的，那就是作为生物之类的人类存在，是由他自身之外的力量来筹划、来设计、来决定。从前文明时代的野蛮时期、蒙昧时期到游牧时期、农业生活、工业社会，人类都是这样以纯粹的物种学身份和生物学方式走过来，建立起人类的社会，过**生物主义的文明生活：在生物学或者物种学意义上，“人既是一种人在形式，也是一种物在形式”**[5]（pp.4-5），人的生活就是其物在方式和人在方式的完美统一。但自从有了生物工艺学技术，人开始从纯粹的生物人类向不纯的、杂取的人类方向改变，这种改变构成了人类自我终结敞开的后人类进程。[6] 人类的后人类进程，首先出现人的赛博格身体（Cyborg body）；其次是人的生物身体器官（如四肢、内脏，甚至人头）可普遍移植，包括人造血液的生产、体外受精、试管婴儿、人机接口甚至人机无线连接，到跨物种交流、基因编辑、机器造人。人类自我终结的进程就是从技术与身体分离走向技术与身体合一，其最后形态是技术主导身体、技术造出来的非生物人种统治和奴役生物人种：**纯生物学人种向技术人种方向演进，**构成现代社会自我终结的最后敞开式，**它不仅意味着生物人类自我灭亡的可能性，更能够听到生物人类自我灭亡的脚步声。**

3. 现代社会自我终结的后人口陷阱

从存在安全角度讲，现代社会无论怎样竞斗不息，甚至包括两次世界大战，国家内部的分裂或者阶级之间展开残酷斗争甚至是社会性屠戮，都是人类内部的变动，这类变动也仅仅使人类在整体上或在局域地带呈现出阶段性的**生存安全**问题，而不是**存在安全**问题。因为生存安全问题是人类内部成员之间的问题；存在安全问题是人类与地球的关系问题。人类一旦与地球的关系发生了根本性质的变化，出现了非稳定性甚至动荡性、颠覆性的状态或取向，人类的存在安全才成为问题。以此来看，无论野蛮社会、蒙昧社会或者游牧社会、农业社会，甚至工业社会，人类与地球的关系都处于相对稳定的状态。这种相对稳定的状态，就是人类存在于地球之上的安全性。人类安全地存在于地球上，是以地球的**自秩序运动和自稳定存在**为前提。

地球的自秩序运动和自稳定存在同时具备两个基本条件：第一，地球是以自在本性和自在方式秩序自己，自我稳定地存在并敞开自稳定的存在运动。第二，地球自身的承载力能够承载起地球表面的全部存在，即地球表面的一切物理存在和所有生物存在之总和，没有超过地球承载力本身的限度。

现代社会自我终结敞开的根本标志就是存在安全的消解，人类存在安全变成了问题，出现非安全的危机。这种存在的非安全危机直接源于两个方面的地球改变：首先是地球的自秩序运动遭遇解构，地球的自稳定存在出现动荡，地震、海啸、飓风的频发，惨烈的暴热高温和超低温的寒冷无序交错等，都是地球自稳定存在消失而动荡常态化的表征。这种情况的形成，源于人力介入自然、改造地球的持久活动所形成的破坏性因素和力量以层累方式聚集，最后突破地球生态容量极限而爆发出来，形成地球运动的非秩序性，比如地震、地裂、地沉、海啸、台风、灾害频发，气候失律、高寒与酷热无序交替、物种灭绝、生物多样性丧失、生境破碎整体性扩散等等，既是地球自秩序运动解构和自秩序存在动荡化的具体呈现方式，又是地球自秩序运动解构和自秩序存在动荡化的具体敞开形态。其次是地球承载力的超负荷化，主要地来源于人类生产的逾度。人类逾度地生产展开为两个方面：一个方面是人类无限度的物质生产，所生产出来的物质囤积于地球表面，超出地球承载力而形成一种**人造物质囤积的地球压力**，这些囤积性的物质，包括物质财富，亦指垃圾、建筑，也包括城市集群建筑、交通建筑、江河水坝建筑，比如一个都市、一个都市群，就是一种高度层累的物质囤积，这种囤积造成对地球的巨大压力，北京、上海、长江三角区的地沉地降就是城市、都市集群化的物质立体化囤积所造成的地球结构的根本性改变；又如三峡大坝是一座混凝土重力坝，其浇筑混凝土总量是 2800 万立方米，如此巨重的大坝，实际上使三峡流域的地质结构发生了根本性的变化，既影响流域生态，更影响地域地质结构和地域生态。导致地球承载力超负荷运行的另一个更根本的方面是人类的**无节制生育，造成一种人口囤积的地球压力**，这种人口囤积的地球压力比物质囤积的地球压力更严重，因为物质囤积的地球压力是相对稳态的，也是可量化的；但人口囤积的地球压力始终是非稳态的、是活动性生成的，它从根本上改变着人类与地球的稳态关系，制造出当代进程中的后人口危机和后人口陷阱，具体地讲，

70多亿人口拥挤在这有限的地球上并潜伏着无限生育的可能性，构成现代社会自我终结敞开的重要方面。从人口发展观，在野蛮社会、蒙昧社会和游牧社会，人口稀少得令地球处于沉静状态；进入农业社会，人口是最珍贵的财富；到了工业社会，人口生产的繁荣带动了经济的发展。但从早期的古典工业社会向现代工业社会迈进，人口开始出现饱和状态，对这种饱和状态的再增量，就出现人口过剩态势，后现代开始萌动。**当人口从轻度过剩得不到抑制而向囤积方向膨胀时，就出现后人口进程，产生后人口陷阱**。现代社会自我终结的重要推动力量，就是由76亿人及其刚性欲望构成的**后人口陷阱**。

4.现代社会自我终结的后经济陷阱

农牧时代，是人类经济的自然时代。经济的生产，完全顺从自然的方式，遵循自然的节奏，武装经济生产－生活手段的技术，也是肉身化的手工技术。手工技术的本原语义：肉身即技术本身，具体地讲，人体的蛮力和发挥其身体蛮力的技巧，构成了技术本身。手工技术的发展含义，第一，技术是手工制作出来的；第二，手工制作出来的技术，必须通过体力和体力技巧来使用；第三，手工制作出来的技术，不仅外在于人的身体，而且使用时只能“一对一”，并且只能产生单一的工作效率。比如，犁地时一人只能扶一张犁；挖地只能一人用一只锄，并且只能一锄一锄地挖。这种以手工技术体系支撑起来的自然经济方式体现两个特征：一是靠天种植、靠天生产和收获；二是生产工具的肉体化，最大的生产力是生物肉体力量，即蛮力。所以，在手工技术体系时代，强壮的身体、健康的体魄，加上勤奋的劳动，此三者构成了最好的生产力。

从农业社会走出来开拓性建构的工业社会，其经济的生产虽然也要与自然打交道，却出现一个**中介环境**，这就是**市场**。由此使工业社会的经济是市场性质的，经济的生产展开为市场方式，经济生产主要遵从市场的节奏。市场的节奏，就是供求关系动态变化的节奏。市场的畅通或阻滞，乃市场供求关系的**顺变或逆变**使然：供求关系顺变，市场畅通无阻，经济出现大发展，呈现高增长；供求关系若出现逆变，市场会不畅或遭受阻塞，经济呈现低谷，比如停滞，严重者可出现倒退。但是，供求关系逆变更多是人力所为，所以逆变的供求关系可以疏通，只要理顺供求关系，市场又会重新回复到畅通状态，经济也会再度繁荣、重新出现高增长。这就是工业社会放任自由主义市场经济发展的**高峰与低谷**的循环运动，这种循环运动模式构成人类经济市场时代的基本特征：市场经济是指市场在经济与自然之间架起了一座桥梁，这座桥梁构成区别农业经济的根本标志。

自然经济时代，资源因为人口的稀少和人类资源开发技术、开发能力的低端化，呈现出丰盈状态，这种丰盈状态往往误导了人类，以为自然资源、地球资源、环境资源取之不尽，用之不竭，并将这种“取之不尽，用之不竭”的丰盈资源观念带入工业社会，开辟市场经济。虽然这种观念最后导致了人类经济的**永久性衰萎**，但相对今天来讲，市场经济时代资源是充足的，正是这种充足性，才保证了市场供求关系的顺逆变动中经济繁荣与衰退、经济高增长与低谷的波动。

在经济需要的资源丰盈与充足这一前提下，农业时代的自然经济和工业时代的市场经济，也呈现制约因素的不同：自然经济的根本制约因素有二：第一个根本因素不是水土，也不是资源，而是变化的气候。气候的变化，首先是气温和地温的改变；其次是由此形成降雨时序的打乱；最后是灾害或疫病的生成。此三者直接影响到靠天种植和生产的经济。第二个根本因素是人力。在第一个根本因素相对稳态的有序变化过程中，自然经济状况取决于人力状况和人力的投入程度。

自然经济是以自然环境为舞台。与此不同，工业社会所形成的市场经济，是以市场为舞台。自然因素对经济的影响并不直接，也不大。直接影响市场经济的根本因素有三：一是资源；二是技术；三是市场制度。在此三者构成的制约体系中，**资源是基础，市场制度是保障，技术是动力**。此三者具备且协调与互济，构成工业社会的保障体系。工业社会的自我终结运动，生发于资源、技术、市场制度三者失衡，由资源、技术、市场制度三者建构起来经济保障体系（也是社会有序运行的保障体系）出现了缺损或崩解。

由资源、技术、市场制度三者建构起来的市场经济保障体系中，技术永远不会衰竭和倒退，只是不断地向前自我革新。技术的自我革新，不会导致市场的衰退，更不导致经济的衰退；相反，不断革新的技术始终具有刺激市场和拯救市场的功能。同样，市场制度一旦按照市场自身本性和供求关系法则建立起来，并朝自我维护和完善的方向展开，它本身始终不会导致经济衰退。在市场经济保障体系中，最重要的因素是资源，它直接影响甚至决定市场经济的供求关系。在一般情况下，市场经济的波动，甚至出现高峰或低谷，也仅是市场在资源配置和运用方式等方面出了差错。唯有当资源本身由充足变成匮乏时，市场经济时代才遭遇解构而寻求另一种人类经济方式，这种经济方式必然塑造出新的经济时代。

自然经济向市场经济过渡，是人的智－力对自然的胜利。所以，自然经济向市场经济演进，标志着人类欣欣向荣的上升；与此不同，市场经济遭遇解构而日渐形成的另一种经济方式，就是**环境经济**。目前**正在迅速形成的环境经济，却是人类的智－力失败，或可说是人类智－力无限度释放的失败，是人类以其极端的智－力方式面向自然环境和存在世界的失败**。所以，相对从农业经济向市场经济挺进的人类上升方向言，市场经济被迫自我解构而沦陷于环境经济，必然呈现人类的下降方向。

环境经济是指人类经济的决定性因素，不是市场，也不是自然，除此之外还有两个更为根本的因素：一是人的社会方式；二是资源。

人的社会方式，指由人组织起来的社会所呈现出来的建构逻辑、组织形态、结构方式、价值设定及其基本诉求，以及此四者整合生成**人的社会环境**。比如，社会建构的逻辑从个人出发并以个人为目的，或从社群出发并以社群为目的，所形成的组织形态、结构方式、价值设定及其基本诉求等完全不同。这些不同又整合成一个整体性位态、朝向、势力，形成**场域化**的社会环境，可简称为**社会环境场域**。从这个角度看，现代社会自我终结敞开的进程，其实是人类的社会环境场域的根本性变化，**这种变化相对个人倾向的社会环境场域言，已不再可能以个人为中心；这种变化相对社群倾向的社会场域言，也不再可能以社群为中心，它必然生发出去个人中心和去社群中心的态势。**

资源，有两个维度的内涵：一是自然维度的资源：当其从丰盈和充足态沦为彻底匮乏态和完全枯竭态时，必然改变经济方式，倒逼市场经济只能向环境经济方向退缩，形成环境经济状态。二是社会维度的资源：由于自然维度的资源完全枯竭，加之越来庞大的人口囤积压力的推动，必然导致原本无论是“私有制”还是“公有制”，其社会资源的配享和占有方式发生巨大变化，使社会资源（当然也包括自然资源）变成更新的稀缺物而被重新垄断，由此使社会化的垄断获得新的意义并在新的方式上展开，新技术对机械技术体系和由此支撑的传统企业的整体性洗牌，从一个侧面呈现出这种新的垄断的特征和方式。

自然资源彻底匮乏和完全枯竭，使经济缺少充足的资源来源不得不依赖于自然环境；社会资源的新垄断使经济丧失传统意义的市场平台而不得不依赖可操控市场本身的社会环境。经济对这两个维度的环境的依赖，自然形成环境经济。环境经济既是客观的，更是主观的。前者源于自然环境的相对稳态的制约，其总体取向是高成本化；后者源于社会环境的动态变化的势力，这种变动不居的势力往往是所有社会因素以层累性汇聚方式集中于技术、财富、权力三者的博弈，所呈现的**总体态势是抽取性，或高吸取性、高榨取性**。

由此两个方面，环境经济的不可逆走势只能“低”“负”化，形成人类经济的低增长、零增长或负增长模式。**这种低增长、零增长或负增长模式，预制出后经济陷阱**，越是努力发展经济，越是不遗余力地追求经济增长，就越是陷入经济投入高成本、经济剩余低收益甚至负收益状态。**现代社会市场经济自我终结敞开的环境经济进程，标志着文明的失败和人类的衰落。**

二 开启存在拯救的当世哲学

1. 现代社会自我终结的思想精神激励

现代社会的自我终结，不仅展开为开放性生成建构的物理进程，同时也展开为开放性生成建构的思想精神进程，这一思想精神生成建构的进程得以全方位敞开，主要得益如下因素的鼓动和激励。

一是生活世界的基本取向。在生活世界里，无论个体还是群体甚至市场或各社会组织机构，其日常态是持守功利主义准则，注重效率，包括物质层面的效率、制度层面的效率、法律以及道德层面的效率。基于这一基本取向，人们更热衷于行动、实做，更关心手段、过程和结果。所以，现代社会自我终结敞开的进程，其渐进变化往往不为人们所觉察，虽然可能会为经济－政治界的智者所觉察，但追求功利和效率的基本取向，往往使人们因为没有眼前损失或损害，总会忽视不计。由此形成现代社会自我终结敞开的物理进程，总是没有能引来普遍关注，即使关注，也是基于观念论证的需要截取片面、局部或具体事件，很难有整体性关注和进程性的理解与把握。

二是精神关注的基本取向。人类从动物世界走出来成为人，并不断进化的历史进程所形成的精神关注的基本取向，更多受两个因素激励。第一个因素是人的身体构成。人的身体除了本身具有认知性功能之外，就是上帝创造人的生物肉身时，赋予它**五官和大脑**这样两组特别的器官。大脑是内向领悟的，这种内向领悟的形式可以是经验的，也可是超验的，更可是先验的。与此相反，五官却呈外向感知，这种外向感知往往源于身体之外的存在物的激发。然而，无论外向感知或内向领悟，都本能性地同时启动了身体化的生命中的**想象和情感**。人们在追求功利生活的过程中，往往因为情感趋于主观性满足，同时也因为想象而生发超功利取向。由于情感和想象，人类对存在世界的运动和社会进程的变化的最初敏感和惊奇，往往更多地发生于艺术领域。这是艾略特认为“诗是时代最敏感的神经，是最高的意识形态”的根本理由，也是任何时代的思想和意识形态变革，总是率先被艺术家和诗人捕捉并予以新方式和新形态表达的真正动力。20 世纪 60 年代，欧美艺术领域终结现代艺术，其主体性前提是对现代艺术观念、艺术范式、艺术方法的抛弃而探求新的表达方式和呈现形态，这一努力产生出来的新艺术实绩，必然要求理论和方法方面的总结，由是诞生新艺术理论。一种新的艺术理论的内在型式却是其新的美学范式，其思想基础却是新的存在哲学。要获得这两个方面的解释，必然拓展开去进入美学和哲学的领域，由是产生后现代哲学。

综上，在现代社会自我终结敞开进程中，其精神世界的自我终结运动开启存在拯救的当世哲学的最初形态，是后现代哲学。

2. 后现代社会的当世哲学方向

客观地看，“后现代哲学”（Postmodernism philosophy）一语，在很大程度上是一个描述性话语。因为，哲学不是关于“什么是”或“什么不是”的判断，而是**面对“是什么”或“不是什么”追问其何以“是”或何以“不是”的存在依据及其可解释的最终理由**（理和道）。以此观现代社会自我终结所开出的后现代思想精神进程中的后现代哲学，应该在更宽泛的意义上展开自身。

现代社会自我终结开出的后现代思想精神进程中，其最精华的部分是后现代哲学，原本就自发地呈现为前后相续的后两个阶段，即解构性后现代哲学和建构性后现代哲学。前者主要对支撑工业社会的认知方式、思想基础、价值体系等予以拆除，其普遍化的表述是对现代主义的解构，亦称之解构的后现代主义。解构的后现代主义，是对现代主义的基本思想的解构，比如对人本中心论思想、真理观念、理性、元话语、宏大叙事、形而上学等予以批判和否定。以是观之，解构性后现代哲学从整体上呈破坏性取向，这种破坏性无疑必要，但却体现否定一切的“左”倾情绪。比如，解构性后现代哲学解构真理，在特殊的语境中对特定含义的“真理”——比如唯物质主义的真理、科学主义的真理，或者唯认识论形而上学等——确实可以采用否定方式对待之，但在普遍意义上，真理能否定吗？或者说，能够否定普遍真理吗？比如，人类经历一代又一代努力，通过天启而建立起来的数学真理体系，能够否定吗？如果否定，人类得以维持其共生存在的秩序体系也就面临崩解。又比如，“性相近，习相远”的人性真理能够否定吗？如果将其“生—利—爱”的人性真理否定了，人与人如何走到一起？社会和国家以什么为依据建构？人类社会何来基本的共识？又比如，对理性的否定可行吗？如果能够否定，没有了理性，人与动物之间还有何根本区别？只要人类还存在，与动物相区别的理性不能否定，可否定的是具体的某种理性，比如被推向极端的“工具理性”或“科学主义理性”，却需要反思性审视。同样，唯有那些违反了自然律、人文律和社会律的宏大叙事，才需要反思和否定，体现或遵循自然律、人文律和社会律的宏大叙事，仍然需要善待和理解。比如，存在之问的哲学，始终是人类最基本的宏大叙事，哲学离开了对存在世界的宏大叙事，它还会存在吗？天文学、宇宙学等同样属于一种宏大叙事方式，如果被否定了，人类只能重新回到自然世界的黑暗王国之中。

现代社会自我终结敞开的进程需要解构，解构的最后方法是哲学。所以后现代哲学解构现代主义的哲学基础是为必要。但解构本身有两个方面的要求：一是解构必须“有的放矢”，解构能解构和必解构的东西；解构不能解构和不必解构的内容，所造成的负面认知影响往往不堪设想。二是解构只是起步，其目标是为现代社会终结之后的新社会形成探讨存在依据、信仰基石、思想基础和方法论，这应该是后现代进程中当世哲学的使命。

建构性后现代哲学的起步，是梳理思想资源。任何当世哲学，都是以未来指涉当下，扎根传统、回归本源，发现自生长的源头智慧。因而，在起步阶段，后现代哲学对思想资源的梳理，**需要立正认知，阔大视野**。当世哲学的思想资源不等于当世哲学本身。另外，生成当世哲学的思想资源，不可能只是某种传统哲学，而是所有传统哲学中值得借鉴的一切东西，尤其应该回返中西源头传统去吸取会通当代和未来的思想资源，以为武装而继续向前。这需要避免两个方面的盲目和极端：

第一，避免或抛弃一域性视野或具体性沉醉，正视现代社会自我终结敞开的进程状态、问题和困境本身。从根本讲，以“暴风眼”方式席卷整个人类，改写人类史的世界大流行的新冠肺炎病毒，才是真正拆除了现代社会，全面解构了现代主义，人类进入了以后人口陷阱、后环境陷阱、后技术陷阱、后疫灾陷阱、后经济—政治陷阱为基本表征的后世界风险社会，这是后现代哲学不可回避和必须面对的存在境遇。在如上诸多存在陷阱整合生成的后世界风险社会进程中，“无限度的扩张”和“有组织的不负责任”的人类政治、文化、思想、信仰、哲学，都进入整体性“失灵”状态，这种状态既潜伏着死亡之神的窥视，也蕴含着生育之神的期待，人类最终可以走向何方，进入后现代进程的当世哲学应该担当引领的重任。

第二，哲学永远是存在之思，这种存在之思必要立定未来以拷问当世存在困境和生存危机为起步，探询新的存在的可能性、依据，及其能够为之提供解释的最终理由。因而，**哲学的位态，不是俯下身段，关注脚尖，更不是扭转头颅，赞美身后景，而应该巍然屹立于大地之上，仰望未来存在的星空**。**基于这一本应有的位态，哲学不是应和工具，不是注解方式，更不能成为附文弄雅的方法。哲学是世界存在之根和万物生存之本的追寻，是人类存在之终极命运的当世担当**。这应该构成现代社会自我终结进程中后现代哲学的自觉。后现代哲学一旦获得如此自觉，它就是当世哲学。

三 “生境”概念的本体性诠释

“无限度的扩张”和“有组织的不负责”的现代社会，其自我终结的敞开进程滑向后世界风险社会，掉进后人口、后环境、后技术、后疫灾、后经济-政治陷阱。人类要走出这多重陷阱交织的后世界风险社会，唯一可行的努力方向就是重建**生境社会**。

重建生境社会，需要完全不同于现代社会的信仰、情感、知识、思想、方法的武装，《当代哲学的逻辑起点和形成进程》为之做出一种宏观描述。然而，重建生境社会所需要的不同于现代社会的信仰、情感、知识、思想、方法，所有这一切不仅需要重建，更需要哲学为之提供其存在论依据和生存论理由。《语义场：动静相生的存在本体论——生态理性哲学的基本概念诠释》（1）和《喧哗与沉默：生态修辞的平仄韵律：生态理性哲学基本概念诠释》；（2）分别从依据和理由两个维度做了初步致思，本文则是在此基础上进一步探讨其存在论依据和生存论理由。

从根本讲，生境社会是本原社会。“社会”之于人，始终呈两个维度：一是由地球和宇宙组成的自然社会；二是由人、事、物构成的人类社会。人类社会由人诞生而产生，自然社会先于人而存在。先于人而在的自然社会，是先在的生境社会，所以其生境存在及其敞开运动是本原的。始于人的人类社会，在诞生之初也是生境的，这种生境状态一直完整地保持到农牧社会，只是进入了工业社会，其本原性质的生境才逐渐以层累的方式被解构。所以，重建生境社会，第一，既有依据，也有目的，就是恢复到社会的本原状态。因为社会的本原状态是生境状态。第二，所需要重建的生境社会，既指恢复自然社会生境，更指重建人类社会生境，并且首先是重建人类社会生境，才可恢复自然社会生境。

重建如此双重意义的生境社会，必须从认知起步，这需要从“生境”概念入手。生境（Habitat）是一个生物学概念，本义指“为动植物提供生长条件的常规自然空间；换句话说，是生物种群的家。……是种群和物种生存的必需条件”[7]（p.4）。作为生物成长的自然空间，同时也敞开为生长的自然进程，将这一生长的自然进程和自然空间耦合起来的却是生长本身，它既蕴含地球上生物种群的共生存在机制，也蕴含地球生物与地球的共生存在机制，更蕴含地球生命、地球与宇宙以及气候运动的共生存在机制；由于人原本是地球生物世界之一物种，所以也蕴含人类与地球生物、人类与地球、人类与宇宙以及气候运动的共生存在机制。“生境”的如此内涵，使它原本是一个存在论概念，其生物学意义只是“生境”的形态学内涵。

“生境”作为一个存在论概念之成为可能，在于“生境”本身。“生境”概念隐含自身主体，这可从“生境”概念形态学构成入手理解：“生境”之“生”，既是动词，也是名词，作为名词，“生”意指生命。所谓生命，意指**有生之物**。

作为动词，“生”意为生长。合言之，“生境”之“生”，是指**能生长之物**。

首先，能生长之物，不仅指被我们二元分割后的“有机物”，也指人们通常认为的“无机物”。动物、植物是能生长之物，它们的生长能为我们肉眼所观察到；微生物作为能生长之物，可以借助于简易显微镜观测到它的生长性；泥土、山石等，仍然可以在高倍放大镜面前观测到它们的生命运动。英国化学家、生物学家詹姆斯·拉伍洛克在《盖娅：地球生命的新视野》（*Gaia: A New Look at Life on Earth*）（1979）和《盖亚时代》（*The Ages of Gaia*）（1988）中旁征博引地证明以古希腊大地女神盖亚（Gaia）命名的“盖娅理论”：存在世界里所有存在物都是有生命的，并且一切有生命的存在物之间相互作用形成了生命赖以存在和生长的环境。能生长之物，既可是肉眼能看到其生长运动的**快生长之物**，也可是肉眼观测不到其生长运动的**慢生长之物**。并且，能生长之物，既是有物理形态结构的实体存在物，也包括无物理形态结构的非实体存在物，比如风、云、闪电、自然能量、宇宙之力等均是非实体存在的能生长之物。并且，能生长之物，既是具体形态的，也可是整体形态的，比如马克思所讲的**有生的自然，**就属于整体构形的能生长之物。

其次，生长既是一种现实的力量，也是一种潜在可能性。春季初开的各种各样的植物花朵，在蜜蜂没有传授花粉之前，它作为能生长之物，既呈现为一种现实力量，也潜在着可能性，当蜜蜂传授花粉，这种潜在可能性的生长就变成了现实性。人，无论是男人还是女人，一旦生命诞生，一旦诞生的生命自身持存，他或她就是一种现实的生长力量，因为他或她每天都在生长，身体、情感、认知、思想，每天都有变化。但是，无论女人还是男人，当他或她还没有成年，即使成年了，还没有结婚，没有与异性同居生活，其生育性的生长始终是潜在，一旦结婚或与异性同居生活，就有可能将其生育性生长的潜在可能性变成现实的生长力量。不仅如此，生长既具有自动力，也受外在因素的影响，一棵树，是挺直地健壮地生长，还是长成歪脖子，不仅可能因为生长出这棵树的种子本身的优劣，更可能是其生长的物理环境——比如土壤的贫瘠或肥沃、雨水的充沛或干旱、阳光的充足或稀少等，就在实际上构成这棵树的生长状态。从整体论，生长作为一种现实力量，源于生长的自动力，即自因性，或曰**自生性**：有生之物的生长力量是自生成的；与此不同，生长作为一种可能性，源于生长总是要遭受外力的影响，即外因性，或曰**它生性**：有生之物的生长要受环境影响。

再次，生长的反面，乃是死亡。死亡既是一种潜在可能性，也是一种现实力量。作为一种潜在可能性，死亡也是自因性的，即生长蕴含死亡的可能性，并且生长本身也可能播种死亡因素。作为一种现实力量，死亡是它生性的：有生之物在生长中死亡，除了生长本身的原因，就是环境的推动。

复次，生长对死亡的蕴含性，或死亡向生长的潜伏性，形成生长本身的张力空间。这一张力空间既成为“能生长之物”的**自身限度**，也构成“能生长之物”的**互为边界**。

能生长之物因其生长对死亡的蕴含性和死亡向生长的潜伏性所生成的自身限度，演绎出地球生物世界“物竞天择，适者生存”的自然法则。遵循物竞天择的法则，首先呈现物物相竞，既因为生的自动力量，也因为自生长的需要。物物相竞，意味着能生长之物可以无限度地释放自生长的力量，但在物物相竞的生存进程中，这种自释放生长力量的方式必须有限度，因为任何能生长之物的生长力量里面都潜伏着死亡因素，一能生长之物无限度、无节制地向外竞斗释放自生长力量的过程，也就是自我消耗、自我掏空的过程，在这个过程中，潜伏于生命之中的甚至被生长强力所压抑的死亡之神，就会因其自消耗、自空洞过程本身而积蓄力量，从潜伏状态转向显现状态，一旦这种状况得不到抑制，能生长之物就会滑向自我衰竭的死亡方向。所以，生长对死亡的蕴含性和死亡向生长的潜伏性所演绎出来的生物进化法则的灵魂，不是生长力量的无限释放强化竞斗，而是有限释放竞斗强力使之保持“适态”“适势”。“物竞天择，适者生存”的根本，不是“竞”，而是“适”，其归宿也是“适”。这里的“适”，不只指“适应”，更指自我限度的力量：适者生存，是指唯有具备竞斗的自我限度能力的能生长之物，才可享有生的权利，获得继续生的空间和环境。不仅如此，“能生长之物”因其生长对死亡的蕴含性和死亡向生长的潜伏性所生成的自身限度，也可解释“无限度的扩张”和“有组织的不负责任”的现代社会何以会踏上自我终结的道路并最终沉沦于后世界风险社会的重重陷阱之中，因为现代社会从人性和物欲、技术和权力、财富和享乐、囤积与占有等诸多方面超出“能生长”之自身限度。

另外，“能生长之物”因其生长对死亡的蕴含性和死亡向生长的潜伏性所形成的边界，既是物物相竞不能逾越的屏障，更是物物相生的最终保障。能生长之物如果自逞其能地无限释放生长的力量无止境地相竞，必然一方面使自己内空化；另一方面必然突破物物相生的边界，将原本可以是促其生长的外因力变成抑制甚至扼杀其生长的强暴力量，这种力量往往是**整体的场域性力量**，亦可简要表述为场域化的**环境力量**。这是因为：任何能生长之物，都是世界性存在之物，并且任何能生长之物都存在于四通八达的存在场域之中，他以其天赋的“能生长”之力展开物物相竞的存在运动，关联起四方八面与自己同样的“能生长之物”的存在，当一能生长之物无限度地释放相竞的强力，必然影响周围的他者，更有可能突破他者存在的生长空间，由此使这些受到影响的所有能生长之物自发地会聚形成整体，层累起抵御的力量，这样一来，你的能生长的力量无限度释放所突破的边界就朝相反的方向突变成为置你于死地的环境力量。现代社会自我终结沉沦于后世界风险社会的重重陷阱之中，就是因为工业社会以“物质幸福无限论”“自然资源无限论”“人的潜力无限论”为动力建构起“以傲慢物质霸权主义为行动纲领”和“以绝对经济技术理性为行动原则”[8]（pp.77-88）的工业化、城市化、现代化进程，立体地激活了人性和物欲、技术和权力、财富和享乐、囤积与占有等方面无限度地释放，推动自然环境和社会环境渐进地沦为死境，也推动人的存在的死境化。今天，方兴未艾的世界大流行的新冠肺炎病毒，将全人类关在自造的笼子里，这是人的存在死境化的整体呈现；以基因工程和人工智能为基本形态的生物工艺学技术，为了解决人的局限和创造新的经济起搏器，编辑人的生物基因和开发人的生物大脑，这其中任何一个方面都是在突破生物人种的边界，也是在突破上帝的边界，人类朝着这个方向发展下去，必死：人类的第一次“必死”，从与上帝同在的伊甸园罚下地界，尚可有存在的土壤和生存的空间，前者是生生不息的自然生境，后者是人成为万物之灵而自由地居于地球之上；基因编辑和人工智能技术所制造出来的第二次“必死”，人类还有存在的土壤和生存的空间吗？人的存在土壤的自然生境早已不存，技术获得上帝之能，人将从万物之灵沉沦为技术的奴隶而丧失生物人的生存空间。

最后，“生境”既指“能生长之物”的生长环境，也指“能生长之物”的存在环境，合言之，所谓生境，就是**能生长之物的生长性存在环境，或曰能生长之物的生生存在环境，**它具四个方面的自我规定性：第一，能生长之物的生长性存在环境是整体性的。第二，这个整体的生长性存在环境是由所有能生长之物构成，包括慢生长之物和快生物之物，也包括个体性的能生长之物和整体性的能生长之物，前者如一草一木、一人一物、一石一山、一江一河等；后者如一国之域，洲域或者地球、宇宙，以及由地及天和由天罩地的周期性变换的气候运动等等。第三，所有构成环境的能生长之物都是生长性存在着。第四，能生长之物的生长性存在环境在发生学意义上是原生态的，或曰在本原上是生境的；能生长之物的存在环境的非生境性是其本原性存在环境的逆生化，这种逆生化，对于地球生物种群言往往是外力使然，对于具有很强改造、征服能力和掠夺性资源开发能力的人类物种言，其生长性存在的本原性环境逆生化的最终推动力量，却是人类行动本身。

存在世界既是整体，也呈个体性。并且，世界作为整体存在，是所有个体汇聚所成；世界作为个体存在，是其整体存在的个性张扬。这种互为书写性质的整体与个体，就是环境与能生长之物的关系，**凝聚这种关系的内在力量是生，维**

持这种关系的外在方式，是限度和边界。所以，**生境的存在本质是生，灵魂是生生；生境的生存本质是限度，其呈现形态是边界**。

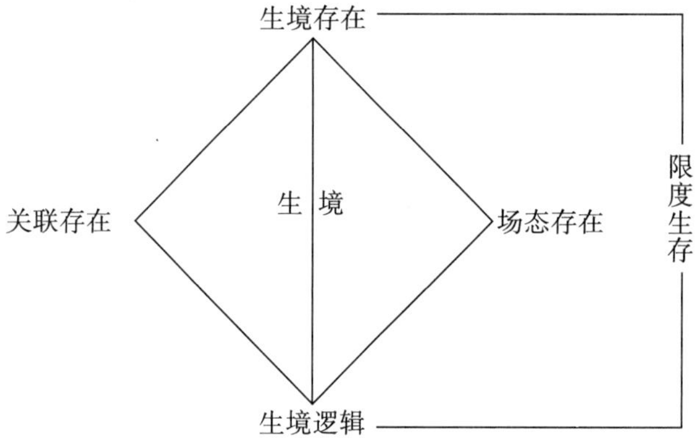

四　生境的存在论敞开

生境既属于原发生态，也属于继发生态。所谓原发生态，是指从无到有的发生学状态。生境的原发生态，是生态。由于生境的主体是能生长之物，所以生境的原发生态，即能生长之物的存在位态。无论从整体观，还是从个体论，能生长之物的原发存在位态的内在规定是生生，由此内在规定所生成的基本朝向，只能是生生。或可说，能生长之物的原发存在位态，是指能生长之物实际地**能生和可生**存在位态，由此能生、可能存在位态，形成原发生的基本朝向只能是生生。所谓继发生，首先指对原发生态的维持、强化，甚至纯化和提升态势。在这一意义上，继发生始终是存在敞开性质的，体现生存论意义。但是，继发生又可改变其性质与朝向，具有两可性。所以，继发生对原发生态的维持、强化、纯化或提升态势，呈现生境态；继发生改变原发生态朝相反方向展开，必然形成异化的逆生境化。这种逆生境化取向的继发生态势，如果不改变方向地持续敞开，最终归宿是死境；反之，其逆生境化的继发生态如能改变方向朝原发生态回复，则可重新恢复生境。

生境何以会有原发生和继发生的区分？并且，天赋能生、可生位态的原发生原本就有生生朝向，为何还需要继发生并且其继发生还蕴含两可性？这两个问题原本就蕴含在生境之中，构成生境的复杂性。

任何原发生之物，都发生存在，即某物来到这个世界上的第一标志是存在，并因其存在了，才可生发出后续的一切。生境也是如此，它原发生为存在。在存在意义上，它内蕴能生、可生的力量，体现生生朝向。这种能生、可生力量和生生朝向，使存在必须敞开自身进入生存之域：存在之为存在，必然敞开为生存。

存在敞开生存，当然要以生生为导向，并且其本原性力量释放出生之朝向，使必然能生或可生变成生之现实。但这只是存在敞开生存的理想态，而存在敞开生存却又总是要遭遇其现实态：存在敞开生存的现实态，是它必须将自己置于环境生态场域中，与四通八达关联的存在者打交道，更与从四面八方涌现出来的生存者打交道，于是产生己与他、个体与整体的博弈。在其开放性重建和生成的重重博弈中，原发生的生境存在敞开自身的生存进程，其生生朝向既可能获得维护、强化、纯化和提升，也可能被扭曲，这就形成生境的继生态的两可性，或保持生境存在，或反向地逆生化存在。

1. 生境存在

生境存在是生境的原发存在。作为原发存在的生境存在，有自身的条件构成。

首先，生境存在是场态存在。生境，是能生长之个体与个体、个体与整体相向而生所形成的整体位态、整体朝向，并且这种相向而生的整体位态、整体朝向始终呈开放的场态，形成**生境存在场**。“场”作为一个物理学概念，原本指“基本的物理实在，是所有那些数不清的应力和张力的总和”[9]（p.44）。“场”概念最早由麦克斯韦提出，他的电磁场理论成为从物理学切入世界本体的一种方式：因为“场”不仅展示能生长之物的生生存在的整体动力机制，还揭示能生长之物生生存在敞开的连续统性质。这两个方面合生成连续的实体场：“连续的实体场是世界的基本本体的假设必须被视为场论的第一个基本信条，虽然在物理学史上并不总是这样。”但是，“当电磁场被看作是世界的基本本体，而不只是一数学装置机械或机械以太的一种状态时，存在着比这表面差别更深刻的东西。场是一种新型的实体……场因其非机械的行为而既不同于物质个体，也不同于机械以太。这种的新的非机械本体的引入，开创了一种新的纲领——场纲领。场纲领不同于机械纲领之处在于：首先，它抛弃了机械以太，致使电磁相互作用的传输不能在机械纲领中得到解释。其次，它引入了一种独立的、不能还原为机械本体的电磁场实体。而这就为场纲领的进一步发展铺平了道路”[10]（pp.13、14）。麦克斯韦提出电磁场理论蕴含一种假定，即存在空间有正在运动的物质，从而产生人们所能观察到的电磁现象，这一电磁现象渗透于一切物体，物体的存在只能使媒质稍有改变，这种媒质的各部分可由电流和磁使其运动，这种运动可以由来自联系有关部分的力从媒质的一部分传向另一部分。这种以自身方式运动的能够渗透于一切物体的力（或曰能量），就是其场化的基本本体，在这种场化的基本本体的作用下，又有一种屈服，其大小依这些联系的弹性而定，所以在媒质中可以存在两种不同形式的能量，即作为场的基本本体的力，一种是媒质各部分运动的“动能”；另一种是因媒质各部分的联系所具有的弹性而储存于联系中的“势能”。“动能”和“势能”是“能量”的不同形式：就运动的物理实体言，“动能”是其动力；“势能”是其惯性力。按照经典力学理论，物体运动必作功是因为物体有能量，并且物体的能量与物体的状态有关，它是物理状态的函数。所以，动能是物体由于运动而具有的能量，势能则是物体在与力场（物体间的相互作用）中的位置有关。[11]（pp.66-67）生境存在场是指构成生境存在的能生长之物相向生长的张力（动能和势能）与其整体的环境之应力的合生状态。所以，生境存在也是呈生生朝向的场态存在。

其次，生境存在是关联存在。以场态方式敞开自身的生境存在，既可呈宇观态，也可呈宏观态，亦可呈微观态。比如一条畅通流动、没有污染的河流，就是一个具体的可感的生境存在；气候始终保持周期性变换运动状态，并且这种周期性变换运动使降雨有时，大地之上风调雨顺，这就是宇观的生境存在。但是，无论宇观态还是宏观态或微观态，其场态化的生境存在始终内具关联性：场态化的生境存在始终是关联存在。“关联”一词，其感觉经验的含义是能生长之物间有联系，意指能生长之物并非孤立、内闭、与他者隔离的存在，而是开放的、他者性和与其他能生长之物相交通的存在。所以，关联，使任何维度的存在保持**生的位态**敞开生生朝向的可能性，并构成能生长之物相互交通的现实甬道。在本质意义上，“关联”更指个体与个体，或个体与整体的能生长之物生成开放性连接、交通的内在要求性，即能生长之物在什么意义上生成真正的连接和交通，需要回到生境存在的本原位态上来：生境存在的本原位态是能生和可生态，这种能生和可能态的存在敞开，就是自生生朝向。生生朝向是生境存在之自身本性，**凡能敞开生生朝向的能生长之物必生成建构起生的关联性，使场态化的生境存在成为生生不息的关联存在。**

最后，生境存在是共生存在。以场态为敞开方式、以生的关联性为内在规定的生境存在，自然是共生存在。“共生存在”概念给人的感觉是特别强调整体性，但实际上更注重个体，强调个体化的能生长之物何以可能实现其生长，并保持长期的生境状态，这是“共生存在”之“共”的基本含义：**共生存在之所“共者”，首先是个体，然后才是整体。**

就个体言，共生存在之“共”指能生长之物的个体与个体如何可共和能共。能生长之物的个体与个体**如何可共**，是在讲共生的**先天条件**，即个体化的能生长之物是否具有天赋的共生本性、潜力、向度。具有共生本性，必有其共生潜力，因为对任何存在者言，潜力都根源于存在者之存在本性的生发与孕育；能生长之物具有共生本性和潜力，当然具有共生的向度。从发生学讲，任何能生长之物，其创化性诞生而存在，都有其生的位态和生生朝向，这种生的位态滋生出共生本性，因其生的位态所生成的生生朝向，构成共生向度，为共生本性孕育的共生潜力的生存论释放设定了方向。能生长之物的个体与个体**如何能共**，是在讲共生的**后天条件**，它既可是主体性的，也可是客体性的。前者指能生长之物的实际共生力，因为任何能生长之物都是独立的个体存在，或具体的个体存在，或整体性的个体存在，比如沙漠、草原、山脉、河流、湖泊、海洋等，都是整体性的个体存在，但它们的共生力各自不同，不仅海洋与河流的共生力不同，即使是海洋，太平洋与大西洋，其各自的共生力也有差异；河流、山峦亦是如此，长江与黄河、长白山与太行山，其各自的共生力必有其不同。动物、植物、微生物，以及组构人类的男人与女人，老年人与少年等，其共生力也是千差万别。具体的个体存在者更是如此，北方的树与南方的树，其共生力有根本差异，这是北方与南方的森林覆盖率和绿色覆盖率差异极大的原因。非洲人、欧洲人、亚洲人，或者黑种人、白种人、黄种人之间的生殖力存在着巨大差异性，这种差异性体现最为实在的共生力差异。对于地球存在物言，其主体性的后天条件差异，主要是共生力，这种共生力源于天赋，但其存在敞开的生存进程却呈生变态势，这种生变态势源于环境的变化、物种的变化以及二者合生促成的个体性发育与变异。但对于特殊物种的人类来讲，这种能共的后天条件，更体现主体意识的谋求或者主体能力的弱化或放弃。

能生长之物的个体与个体如何能共的客体性方面，是指能生长之物的个体与个体的相向求生要受其外在因素的制约，比如青年人与老年人之能共，却受代沟的制约，因为代沟既是主体性的，更是历史性、人性、传统等因素共生出来的东西，它形成一种物理场理论中所讲的“惯性力”冲动，在很多时候能生长之物的个体无能力掌控，所以，对于每一代人来讲，代沟始终存在。又比如，天赋相近的“人性”往往“习相远”，使“习相远”的人性复归于更“相近”的个人努力，总是要受利欲本能的制约，除非能生长之物的个体之外的群体性力量（比如政体、制度、法律的强制规训）推动，否则很难有持久的自觉回复天赋相近的人性状态。

共生存在之所“共者”，既指个体，更指整体：共生存在既是个体与个体的共生存在，更是个体与整体的共生存在，还是整体与整体的共生存在。山峦与江河，是整体与整体的共生：在地质结构的表面，没有山峦，不可能有江河；无江河，同样没有山峦。海洋与陆地、平原与丘陵等，都是整体与整体的共生；但这一片平原与那一片丘陵，这一条河流与那一座逶迤的山脉、这一座森林和与之比邻的草原，却是具体与具体的共生。

共生存在是生境的基本状态。共生存在的可共与能共，揭示构成生境的基本条件，它从能生长之物的个体与个体、个体与整体两个维度构成。

在个体与个体维度上，能共与可共的决定性因素来源于能生长之物的个体，个体本身是绝对条件，这一绝对条件要成为现实，需要能生长之物的个体与个体的实际共生力和共生意愿：对于人类之外的能生长之物言，其共生意愿是本能冲动；对人类来讲，除了本能冲动，还是意识地谋求和目的性的策划。因而，在个体与个体维度上，能生长之物的共生存在，呈现单纯的局部动力学性质，是局部动力对局部动力的应和，这种应和构筑起相向而生的边界，这个边界由相应和的个体与个体的自为限度，这种自为限度和共生出的边界，呈现“恰当”和“适宜”。

在个体与整体维度上，能共与可共的决定性因素是互予的。这种互予性源于能生长之物的个体与整体对边界的遵从，其前提是各自对物竞天择、适者生存的丛林法则的畏惧所形成的自我限度。从动力学观，却是局部动力学与整体动力学的会聚，它体现整体动力向局部动力的实现和局部动力对整体动力的回归：整体动力向局部动力的实现，是指整体的能生长之物的能共必须以个体的能生长之物的能共为绝对前提，这就是整体必须在个体面前自我限度和边界，否则，个体的能生长之物难以有生长的现实性；局部动力向整体动力的回归，是指作为个体的能生长之物在其整体为之创造的存在场域中，必须自为遵从整体限度和边界。

2. 生境逻辑

生境是生境存在的简称。生境存在表征为场态存在、关联存在和共生存在。将场态存在、关联存在、共生存在贯通使之成为真实的生境存在的那个内在的东西，就是生境逻辑。所谓生境逻辑，是指能生长之物相向生生存在的逻辑。这种相向生生存在，既是个体与个体的相向生生存在，也指个体与整体或整体与整体的相向生生存在。所以，生境逻辑不是某个体事物或某类事物存在的逻辑，也不是某个特定存在空间存在的逻辑，而是万物存在的逻辑，是自然（宇宙和地球）存在的逻辑，是自然史、生物史、环境史、生命史的逻辑，简言之，生境逻辑是**自然的逻辑**。

所谓“自然的逻辑”，从来源讲，它是指源于自然的逻辑，不是源于人的智－力的逻辑。人类今天所崇信的逻辑，无论是亚里士多德的三段论、形式逻辑或是辩证逻辑，以及人工主义的数理逻辑，都是人的智－力逻辑。比较而言，人的智－力逻辑与自然的逻辑之间存在着四个方面不可通约的区别。

首先，人的智－力逻辑由人所制造，不是由自然生成；自然的逻辑与人的智－力无关，它由自然生成，是自然力的创造物，或可说是上帝的创造物。

其次，人的智－力逻辑只能解释人力运动，不能解释自然运动。比如，“让高山低头，叫河水让路”，就是人的智－力逻辑，它无法解释“平澹而盈，卑下而居”的水的逻辑：水的存在逻辑就是平澹而盈，卑下而居。平澹而盈、卑下而居的水逻辑，能够解释水的本性存在问题，也能解释“让高山低头，叫河水让路”的逆生本性问题。自然的逻辑可以解释整个存在世界，包括自然存在世界和人力创造的世界。比如宇宙力学原理可以解释飞鸟活动，更可解释人造的各种航空航天器。航空航天器具的制造原理，却不能解释飞鸟运动，也不能解释宇宙运动。浮力定律，可解释人的游泳运动，更可解释各种渡水工具和器械，但制造各种船舰的技术原理，却不能解释水的运动。

再次，人造的智－力逻辑，是一种生存逻辑，而不是一种存在逻辑。因为人的智—力所创造的逻辑只能基于生存而无力基于存在，所以人造的智－力逻辑，只适应于人的生存，只能解释人的生存。自然的逻辑却是存在逻辑。凡存在逻辑，由于它是造物主创造的，所以既能解释存在世界的所有存在问题，更能解释存在敞开的生存世界的问题。

最后，人造的智－力逻辑之所以是生存逻辑，在于它是基于应然而创造的逻辑，属于应然的逻辑。比如，人应该成为文化人、文明人，而不应该是一个动物，所以不应该保留或保持动物本性和生物倾向，这样一来，人就把自己抬高了。人一旦抬高自己，就会忘记自己的出身，忘记自己的地位，包括限度和边界。人本中心论，绝对主体论，权力至上论等必然产生，虚妄和疯狂，自然也成为人的逻辑。与此相反，自然的逻辑，始终是实然的逻辑。所谓实然的逻辑，意指**它原本是这样的逻辑**。存在世界、自然、环境，具体到任何能生长之物，其原本是这样的逻辑，其实就是存在之本性的逻辑，是存在者生的位态逻辑，是生生朝向的逻辑。在存在世界里，无论整体的能生长之物还是个体的能生长之物，其生之位态逻辑和生生朝向逻辑，始终是共通、共同的，是唯一的，是可完全相共的。正是因为扎根实然世界的自然的逻辑是完全可共的逻辑，它才有资格获得生境逻辑的称谓，获得生境逻辑的定义。

生境逻辑的灵魂，是生，是生生。尊重生境逻辑，就是生，就是生生。实然的存在世界之所以在本原上是生境的，是因为存在世界在本原上是自生和生它的。“离离原上草，一岁一枯荣；野火烧不尽，春风吹又生。”所陈述的是草木的实然存在之生，敞开为实然存在之生生。“风云变幻”所描述的仍然是生，而且互生和共生所敞开的同样是生生。大海的海浪、钱塘江的潮信，以及决堤的洪水，甚至正在为整个人类所忧惧的新冠肺炎病毒，亦是自然世界的实然之生，它们敞开自为的生生，虽然这对人类世界的生存逻辑来讲是绝对的害。

生境逻辑作为自然的存在逻辑，或存在的自然逻辑是原发生的，所以生境逻辑又是一种原发生的逻辑，既是世界原发生的逻辑，也是个体能生长之物的原发生逻辑。反之，人造的智－力逻辑，无论形式逻辑还是辩证逻辑，或者今天高度发达的数理逻辑，都是生存逻辑。由于存在敞开的进程是生存，原发生的生境逻辑必然构成人造的智－力逻辑的最终解释依据、解释框架和解释方式；反之，一切人造的智－力逻辑，都必须接受原发生的生境逻辑的解释规训，如果超出或逾越其原发生的生境逻辑，这种应然主义的人造的智－力逻辑，就属于一种死境逻辑，因为它可以将人的生存运动推向死亡的绝境。工业社会所赖以信仰的“物质幸福无限论”逻辑、“自然资源无限论”逻辑、“人类潜力无限论”逻辑，就是这种性质的逾越和违背生境逻辑的死境逻辑，正是在这种死境逻辑推动下，以工业化、城市化、现代化为主导的现代社会才开启自我终结之路，并最终沉沦于后世界风险社会的多重陷阱之中难以自拔。

3. 限度生存

生境作为原发存在，既以关联的方式生成，也以场态的方式凝聚，更以共生的方式敞开。基于场态化、关联性和共生存在，生境敞开自身的本原性诉求是**限度生存**。

限度生存基于共生存在的共生要求，既是对共生存在的维护和保持方式，也是对共生存在持续敞开自身的普遍法则：**没有限度生存，生境存在的敞开不可能得到保持。**

限度生存源于共生存在，但其根本依据却是共生存在之生境本质，即能生长之物的本原性生的位态和生生朝向，通过个体与个体、个体与整体相向敞开形成的限度和边界，构成了限度生存的两个准则，这就是**谋求共生的自限度准则**和**实现共生的边界准则**。

谋求共生的自限度准则，既源于自生的本性，也源于生他的本性。在存在世界里，任何能生长之物，其生的位态和生生朝向，既形成极强的自生冲动，也形成极强的生他理性，因为任何能生长之物的存在，要将可生长和能生长变成生长的现实存在，自生与生他构成一种**互动的生生机制**，生物世界的反哺现象，是这方面的最好说明。独木难成林，亦从另一个侧面解释了能生长之物的生生本性敞开始终互为生长。

能生长之物的生生朝向蕴含自生与生他相共生的自限度本性，揭示了限度的原动力机制是内因性质的。这种内因性质的原动力机制才构成能生长之物的生境存在敞开进程中必须有边界。所以，**限度生存的边界同样源于内在**。比如，一个人可以携重100斤行走，这个“100斤”构成了他的生命内力和身体爆发力的限度；另一个身高1.8米的人，能够竭尽全力携重200斤行走，那么，他的生命内力和身体爆发力的最终限度不能超过200斤，超过这个限度而逞强，带来的一定是个体生命存在的悲剧。人的存在是这样，自然世界中存在的万物及其运动亦是如此。地震，无论是多大，它终有震级。人类为之探测和计算出来的震级，就是对地震的最终限度的标识，也是对每个震级的地震运动的限度的标识。海啸、火山爆发、泥石流，以及滔天洪水，无论怎样势不可当，都是有其自身限度的，正是这一自身限度，才使地震、海啸、火山爆发、泥石流，洪水等自然世界的暴虐运动“终有时”。

限度生存的准则和边界内在于其存在中，构成其内在规定，具体地讲受其存在之生生朝向的规定。正是这种以生生朝向为本质规定的内在性，才构成最强劲的动力机制推动能生长之物相向敞开生生之求的生存，获得可接受和能接受的边界规范。这种可接受和能接受的边界规范的宏观呈现，就是“物竞天择，适者生存”法则；这种可接受和能接受的边界规范落实到个体的能生长之物相向而生的进程中，或可表述为“兔子不吃窝边草”，亦可表述为“你的自由止于我的鼻尖”。**前者构成人类对自然、对环境的边界法则；后者构成人类建构制度社会的边界法则。**

对人类来讲，其生存运动如果违背前一个边界法则，必然造就出自然生境、环境生境的死境化，这种死境化源于人类妄自尊大地专制自然，沦为自然、环境、地球生命的专制者；人类的生存运动如果违背后一个边界法则，必然造就出人类社会生境的死境化，这种死境化源于人类对权力和财富的贪婪，形成人对人的专制。然而，无论哪一种专制，一旦持续强化不自我矫正，其最终结局都一样，那就是社会和环境的死亡，一切存在必沦为毁灭。

参考文献

[1] 钱穆．论语新解 [M]. 北京：生活・读书・新知三联书店，2016.

[2] 唐代兴．技术化存在的后人类社会取向 [J]. 江海学刊，2019(1).

[3] 唐代兴．基因工程和人工智能：人类向后人类演进的不可逆风险和危机 [J]. 江海学刊，2020(3).

[4] 唐代兴．人工智能带动的社会公正危机 [J]. 人文杂志，2020(8).

[5] 唐代兴．伦理学原理 [M]. 上海：上海三联书店，2018.

[6] 唐代兴 . 后人类进程中的伦理与政治 [J]. 深圳大学学报，2019(1).

[7] 汉斯基 . 萎缩的世界：生境丧失的生态学后果 [M]. 张大勇等译，北京：高等教育出版社，2006.

[8] 唐代兴 . 生态理性哲学导论 [M]. 北京：北京大学出版社，2005.

[9][美]B. 霍夫曼 . 量子史话 [M]. 马元德译，北京：科学出版社，1979.

[10][美] 曹天予 .20 世纪场论的概念发展 [M]. 吴新忠、李宏芳、李继堂译，上海：上海科学教育出版社，2010.

[11] 唐代兴 . 语义场：生存的本体论诠释 [M]. 北京：中央编译出版社，2015.

Habitat Existence: The Future Possibility of the End of Modern Society

—Interpretation of the Basic Concept of Ecological Rationality Philosophy

Abstract: In the human world, science, art, religion, culture, education, economy and politics originated by humans belong to “primary school”, only philosophy can be called “university”. Because, as the eternal thinking of existence, philosophy need to establish the future by torturing the existing dilemmas and survival crises as the starting point, asking the possibility and basis of new existence, and the ultimate reason that can provide an explanation for it. The self-generated philosophical position is not about leaning down and pay attention to toes, let alone twisting the head and praising behind the scenes, but should stand tall on the ground and look up at the stars in the future. This inherently existing position of philosophy determines that it is not a tool of response, not a way of annotation, nor can it be a way to add elegance to the text. Philosophy is the pursuit of the root of the existence of the world and the foundation of the existence of all things, and the responsibility of the ultimate destiny of human existence. Philosophy is based on the concept of “unlimited expansion” and “organized irresponsibility” to unrestrainedly promote the end of modern society to the path of a post-world risk society represented by later demographic trap, post-environmental trap, post-technical trap, post-epidemic trap, and post-economic-political trap. We need to open up the two directions of the dead or the habitat, prevent the former and open the latter, and call for the true entry of the philosophy of the world, in order to explore the way of the existence of the habitat and the principle of limiting existence.

Keywords: The Self-End of Modern Society; Post-World Risk Trap; Contemporary Philosophy; Habitat Existence; Habitat Logic; Limited Survival

【作者简介】唐代兴，四川师范大学二级教授，特聘教授，国务院政府特殊津贴专家，获得者四川省学术和技术带头人。主要研究生态理性哲学－伦理学，志业目标是完成50余卷《生存研究》，发表260余篇论文并出版28部著作（另有十部著作陆续出版），初步形成生态理性哲学思想及实践理性框架。

《哲学探索》征稿启事

当今人类已陷入后世界风险社会，日益加大的人口压力，不堪重负的环境生态，足以毁灭地球的核武器和核工业，无节制研发的新技术，世界大流行的疫灾，更加丛林化的国际政治经济秩序，无限度膨胀的刚性生活需求和更加坚挺的物质主义伦理—文化等，演绎出层出不穷的根本生存问题，必将以不同方式向哲学领域涌现，寻求最终的存在论解释；与此同时，传统哲学也获得当世激励，哲学自身那些根本的、长在的、永恒的问题必将接受多元存在境遇的再审问。由此促进哲学的当世繁荣，需要更新的交流载体和平台。基于此，四川师范大学哲学学院创办的《哲学探索》集刊，其宗旨是“追踪当世哲学发展的方向、态势、进程，报道后人类进程哲学思想、成果、方法，聚焦风险世界重大哲学问题、讨论、争鸣”。热忱欢迎海内外哲学家和中青年哲学学者踊跃投稿。

一　基本准则

本刊以学术质量为生命，对稿件实行严格的“查重”和“三审”制度。编辑部既充分尊重匿名评审专家的意见，更认真对待作者提出的任何异议，以确保客观公正。为一流学者搭建高水平的学术交流平台，更为青年俊才构筑思想精神的家园。

二　常设栏目

1. 思想家自述（篇幅：15000—30000 字）

为中外哲学家、思想家提供系统地自我推介体系性思想、理论和方法的交流平台。

2. 前沿问题研究（篇幅：10000—20000 字）

（1）原创的哲学思想；新哲学词典诠释；新的哲学观念或思想的辩证探讨。

（2）生活世界不断涌现出来的重大最新存在问题的哲学思考、检讨、追问。

3. 哲学与人类未来（篇幅：10000—15000 字）

（1）人口、环境、新技术（尤其人工智能、基因工程、会聚技术、大数据分析、人脸识别）、疫病、海洋争夺、太空开发、军备竞赛等涌现出来的人类问题与哲学—伦理责任。

（2）后人类进程中的政治和教育等方面的哲学问题。

4. 传统与当代（篇幅：10000—15000 字）

（1）哲学自身的根本的、长在的、永恒的问题的当世呈现或再审问。

（2）哲学范式传统的比较研究；古今经典文本的新解或重释。

（3）连续统进程中的生活哲学、生活伦理、生活美学问题。

5. 学术专访（篇幅：8000—9000 字）

（1）基本主题：哲学的当代发展与未来。

（2）内容要求：内生极强碰撞力和张力空间的最新思想火花、哲学灵感、形上直观。

（3）受访对象：成名哲学—思想家；中青年哲学学人。

6. 批评与对话（篇幅：8000—20000 字）

（1）范围：高水平的哲学新著书评；古今不同哲学思想、方法的比较研究与批判；当世哲人不同哲学主张、观点、思想的批评与交流；当世重大哲学问题的讨论与争鸣。

（2）要求：杜平庸；尚真知；论理道。

7. 巴蜀哲人（篇幅：10000—15000 字）

（1）巴蜀历代哲学家—思想家的哲学—思想研究。

（2）当世巴蜀哲学学人的创新性研究成果。

三　酬劳与版权

本刊以学术质量为准则，实行优稿优酬。

本刊已加入信息网络系统，凡来稿即视为同意加入网络版，发放的稿费同时包含网络版稿费。

凡在本刊刊发的文章，版权归本刊所有，任何形式与媒介的转载、翻译、结集出版均须事先取得本刊编委会的书面许可，并注明出处和版权归属。

四　投稿

本刊只接受电子投稿。唯一收稿信箱：zhexts@sicnu.edu.cn。

联系电话：028-84765981；028-84761198。

五 稿件体例

1. 文稿请按题目、作者、内容摘要、关键词、正文、参考文献、英文文摘（包括题目和关键词）、作者简介之次序撰写。若研究论文为基金项目，请在首页末以注释方式列出课题项目名称、课题编号。

2. 需要在文末提供作者工作单位、学位、职称和研究方向等简介；附作者详细通信地址、电子邮箱、电话和微信号。

六 引证标注

1. 引文注释与参考文献合二为一，置于文尾，格式如下：

（1）参考文献的页码注于文中引文的后引号外面，如："……"[1]（p.28）

（2）参考文献实行通标序号。格式：[1][2][3]……

（3）多次引用同一条参考文献，须注明不同引注序号。

2. 示例：

[1] 韦政通．中国思想史 [M]. 上．上海：上海书店出版社，2003.

[2][5][12] 郝大维，安乐哲．通过孔子而思 [M]. 何金俐译．北京：北京大学出版社，2005.

[3] 汪林茂．工具理性思路下的清末文字改革运动 [J]. 浙江大学学报（人文社会科学版）, 2008(5).

[4][6] Ronald Farmer, *Beyond the Impasse: The Promise of a Process Hermeneutic*, Mercer University Press, 1997.

[7] Eggers, Daniel, "Hobbes and Game Theory Revisited: Zero-Sum Games in the State of Nature", *The Southern Journal of Philosophy*, 2011, 49(3).

3. 说明性和解释性注释，标注于当页下，采取"每页编号"，格式：①②③……

《哲学探索》编委会

2021 年 12 月